俄罗斯国际象棋丛书之三

国际象棋战术手册

下 册

[俄] 谢尔盖·伊瓦申科 著

徐家亮 译

人民体育出版社

图书在版编目（CIP）数据

国际象棋战术手册. 下册 /（俄罗斯）谢尔盖·伊瓦申科著；徐家亮译. -- 北京：人民体育出版社，2008(2021.12重印)
（俄罗斯国际象棋丛书；三）
书名原文：Chess School
ISBN 978-7-5009-3380-9

Ⅰ.①国… Ⅱ.①谢…②徐… Ⅲ.①国际象棋－基本知识 Ⅳ.①G891.1

中国版本图书馆CIP数据核字(2021)第221284号

*

人民体育出版社出版发行
三河兴达印务有限公司印刷
新 华 书 店 经 销

*

850×1168　32开本　10.5印张　256千字
2008年3月第1版　2021年12月第8次印刷
印数：24,001—27,000册

*

ISBN 978-7-5009-3380-9
定价：38.00元

社址：北京市东城区体育馆路8号（天坛公园东门）
电话：67151482（发行部）　　　邮编：100061
传真：67151483　　　　　　　　邮购：67118491
网址：www.sportspublish.cn
（购买本社图书，如遇有缺损页可与邮购部联系）

出版前言

俄罗斯是世界国际象棋强国，产生了许多伟大的棋手和著名的棋书。现在引进的这套俄罗斯国际象棋丛书，就都是由知名人士撰写的，体现了俄罗斯国际象棋教学的传统思路和缜密风格。

丛书由六册组成，分别是《学校国际象棋教科书》《国际象棋战术手册（上册）》《国际象棋战术手册（下册）》《国际象棋开局指要》《国际象棋中局指要》《国际象棋残局指要》，适于国际象棋初中级爱好者阅读。

我国国际象棋的进一步发展，需要更深厚的基础。愿丛书的出版能为此尽一份力。

目 录

前言 …………………………………………（ 1 ）
符号说明 ……………………………………（ 3 ）
六级习题 ……………………………………（ 5 ）
七级习题 ……………………………………（ 39 ）
八级习题 ……………………………………（ 73 ）
九级习题 ……………………………………（107）
十级习题 ……………………………………（141）
十一级习题 …………………………………（171）
习题解答 ……………………………………（209）

前 言

你已经阅读了国际象棋战术手册的上册，并且能够用 1 到 3 步正确的着法破解简单的习题。这时，你就进入了下一阶段——学习破解更为复杂的需要更深思索的棋题的阶段。这类战术配合和运子法不仅会带给你胜利的喜悦，而且还有美学的享受。非常幸运的是，在国际象棋的宝库中永远有储存着这类战术妙着的图书和杂志。我们这本新书也包含了许多人所共知的著名棋手包括已故的和当代的著名大师的对局中出现的精彩杀法。书中编入的还有许多特殊的排局作品，它们不是练习题，而是称之为创作研究的艺术排局。这些排局的战术思想比实战对局中的战术着法所表现出来的内容更为精晰和更容易记忆。

像上一本战术手册一样，教学材料也按照难易程度由易到难分节编排。其中每一节的学习难度，可以大概地估计为使你的等级分增加 100 分左右。因此，本书将带领你从 1600~1700 的等级分开始进入国际象棋艺术的一个等级，它标志着你的国际象棋基本知识在学完这本书之后已经达到了 2200 分以上的稳定的实际水平，达到了在实践中大概相当于候补大师等级的水平。

此书是著者为创作一本国际象棋战术手册付出了 25 年心血而取得的劳动成果。当然，仅仅依靠战术，你还不可能打败所有的对手，但是你若没有战术知识，那么，你在国际象棋方面将一事无成。战术或许可以说是国际象棋中最美妙、最有魅力的内容，当你学下国际象棋刚刚起步的时候尤其如此。我希望通过本书的学习会加强你系统学习国际象棋的愿望，并带给你无穷的快乐！我能够非常自豪地说，当全世界国际象棋爱好者共享成功阅读我们这套书的第一册的喜悦并将这种喜悦广为传播的时候，则系统学习的愿望必将进一步加强。

谢尔盖·伊瓦申科

符 号 说 明

=	局势相当
+ −	白方占有决定性的优势
− +	黑方占有决定性的优势
#	将死
!	很好的一着
!!	极好的一着
?	错着
!?	值得注意的一着
?!	有疑问的一着
variant	变着

六级习题

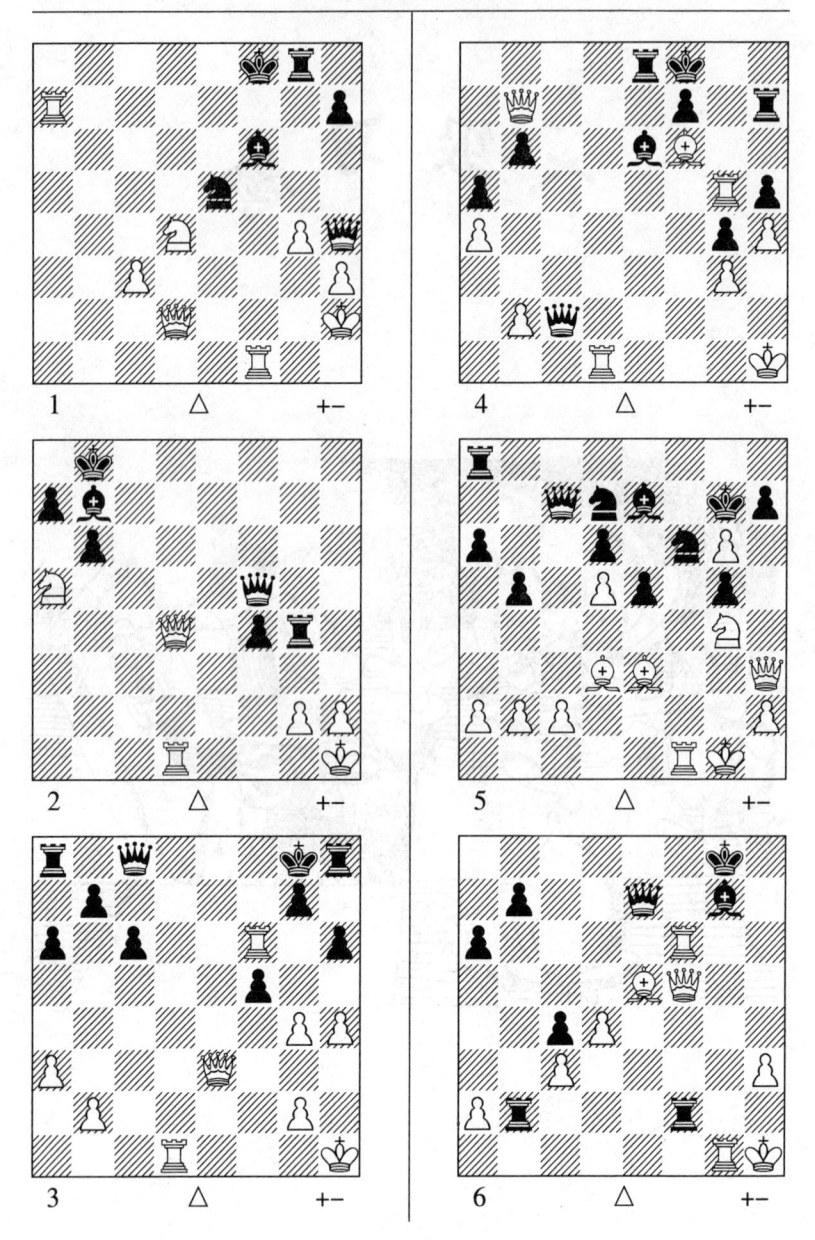

六级习题

1 △ +−

2 △ +−

3 △ +−

4 △ +−

5 △ +−

6 △ +−

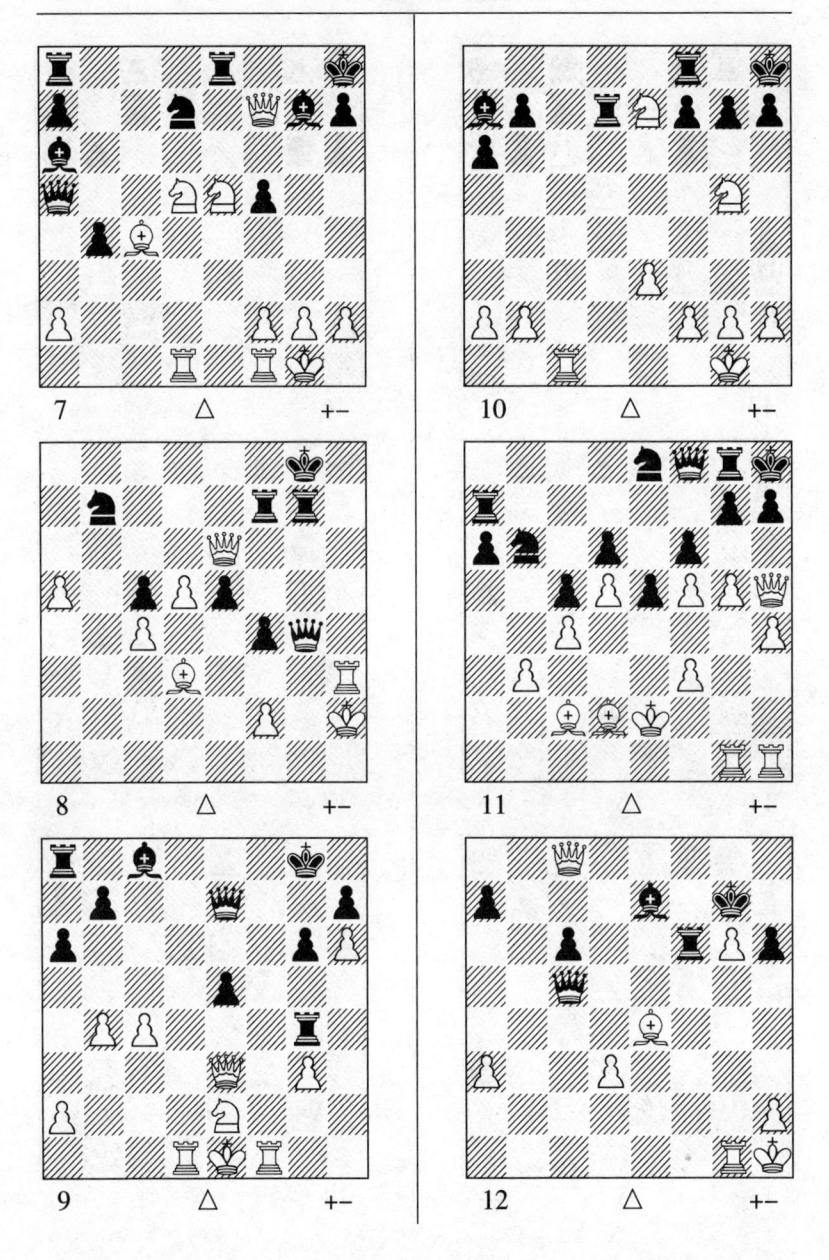

六级习题

7 △ +−

10 △ +−

8 △ +−

11 △ +−

9 △ +−

12 △ +−

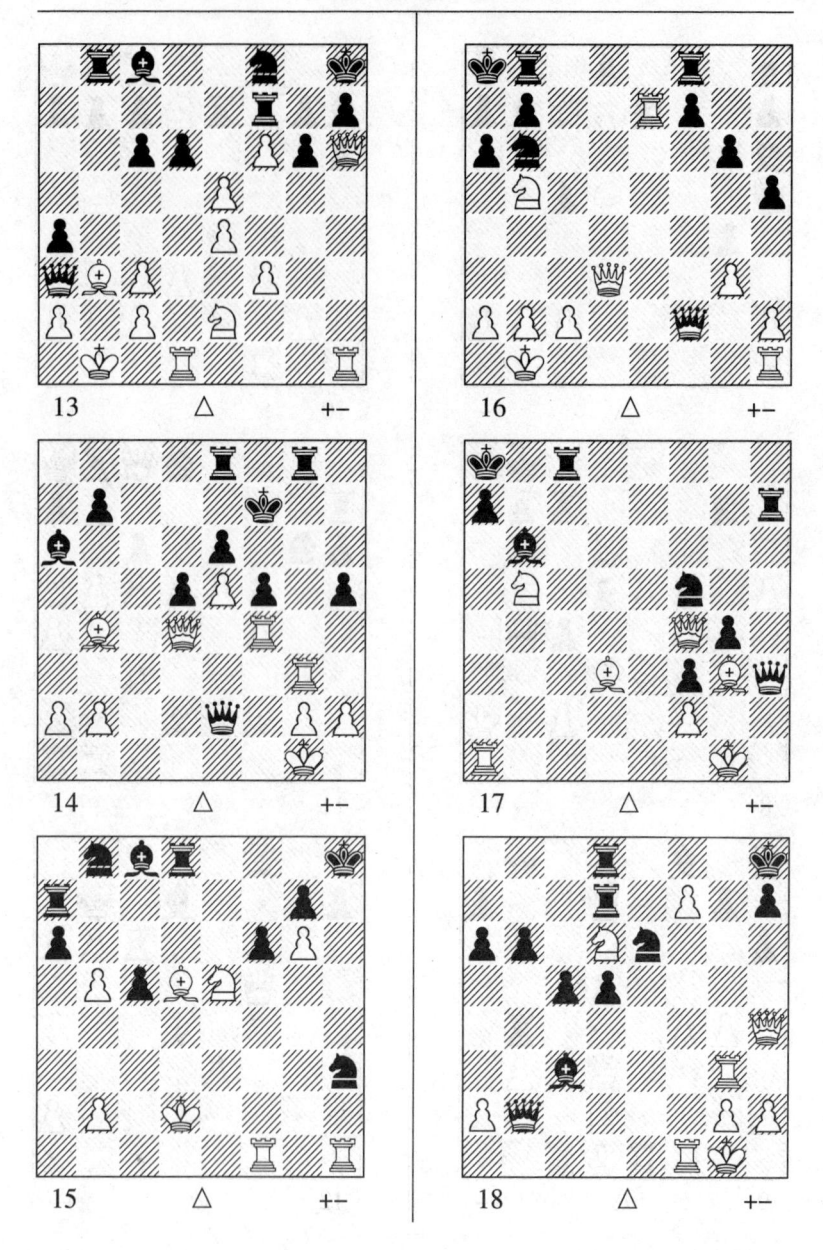

六级习题

13 △ +−

14 △ +−

15 △ +−

16 △ +−

17 △ +−

18 △ +−

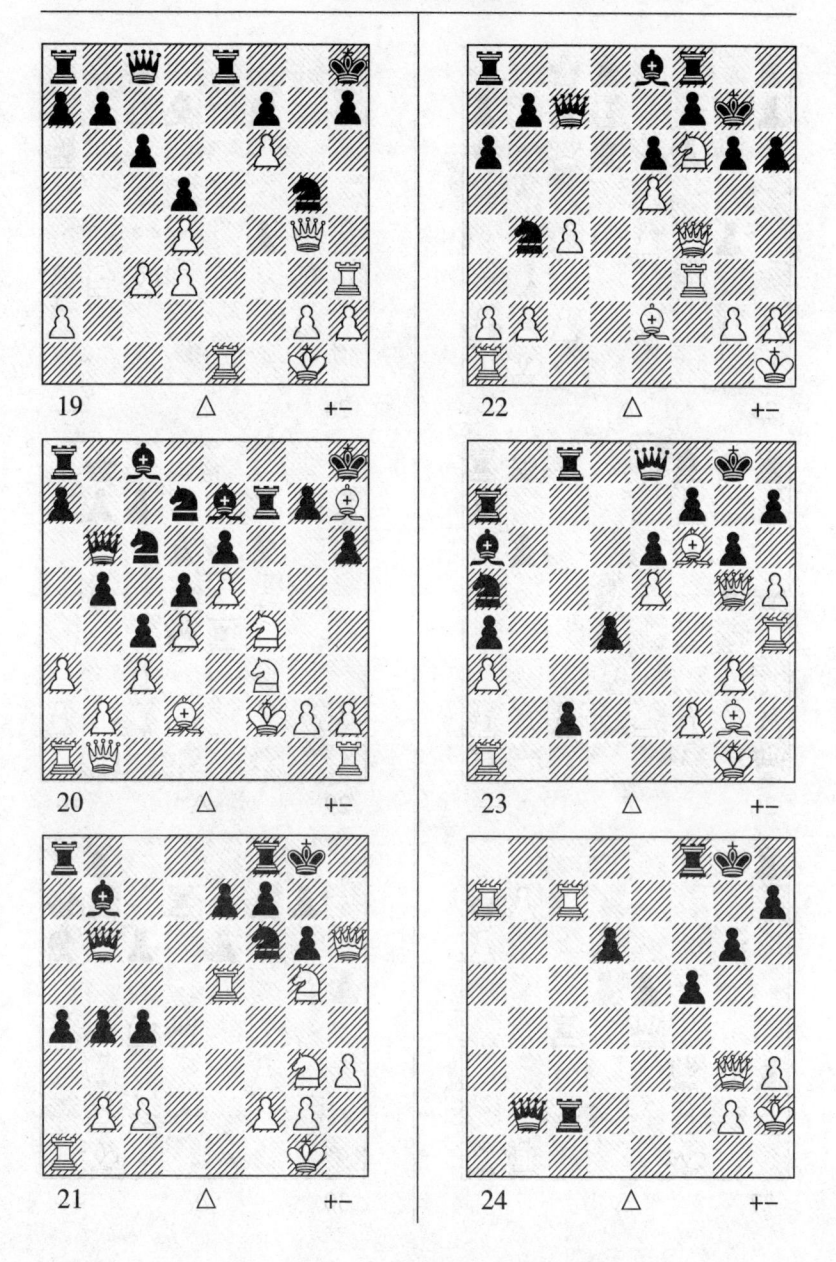

六级习题

19 △ +−

20 △ +−

21 △ +−

22 △ +−

23 △ +−

24 △ +−

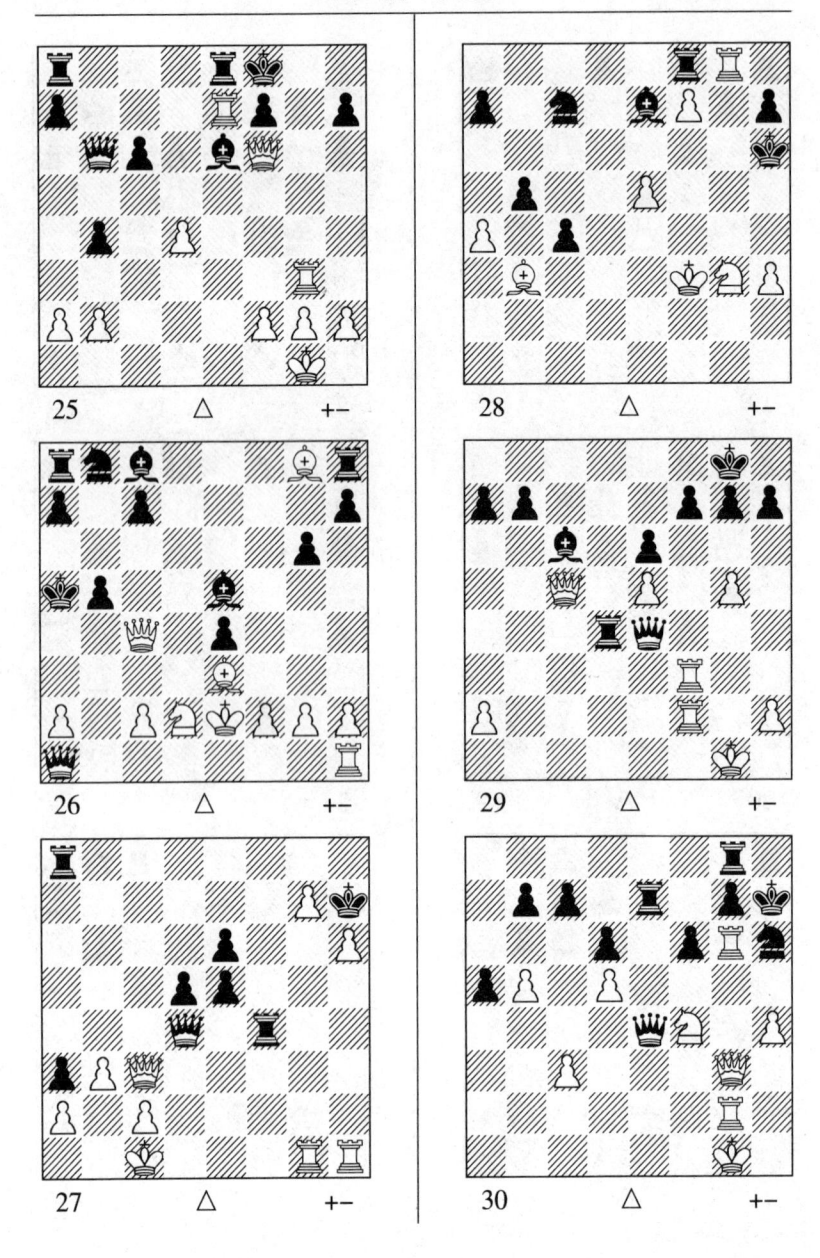

六级习题

25 △ +−

26 △ +−

27 △ +−

28 △ +−

29 △ +−

30 △ +−

10

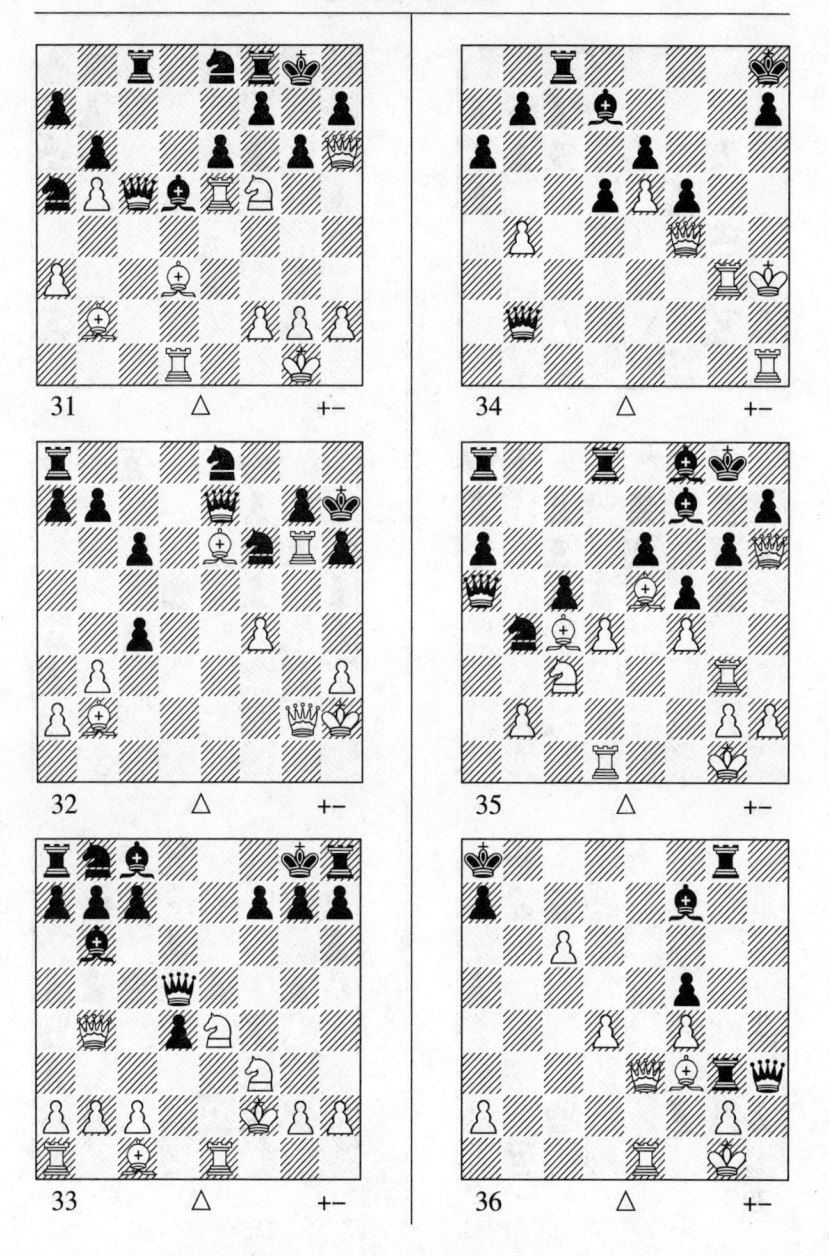

六级习题

31 △ +−

32 △ +−

33 △ +−

34 △ +−

35 △ +−

36 △ +−

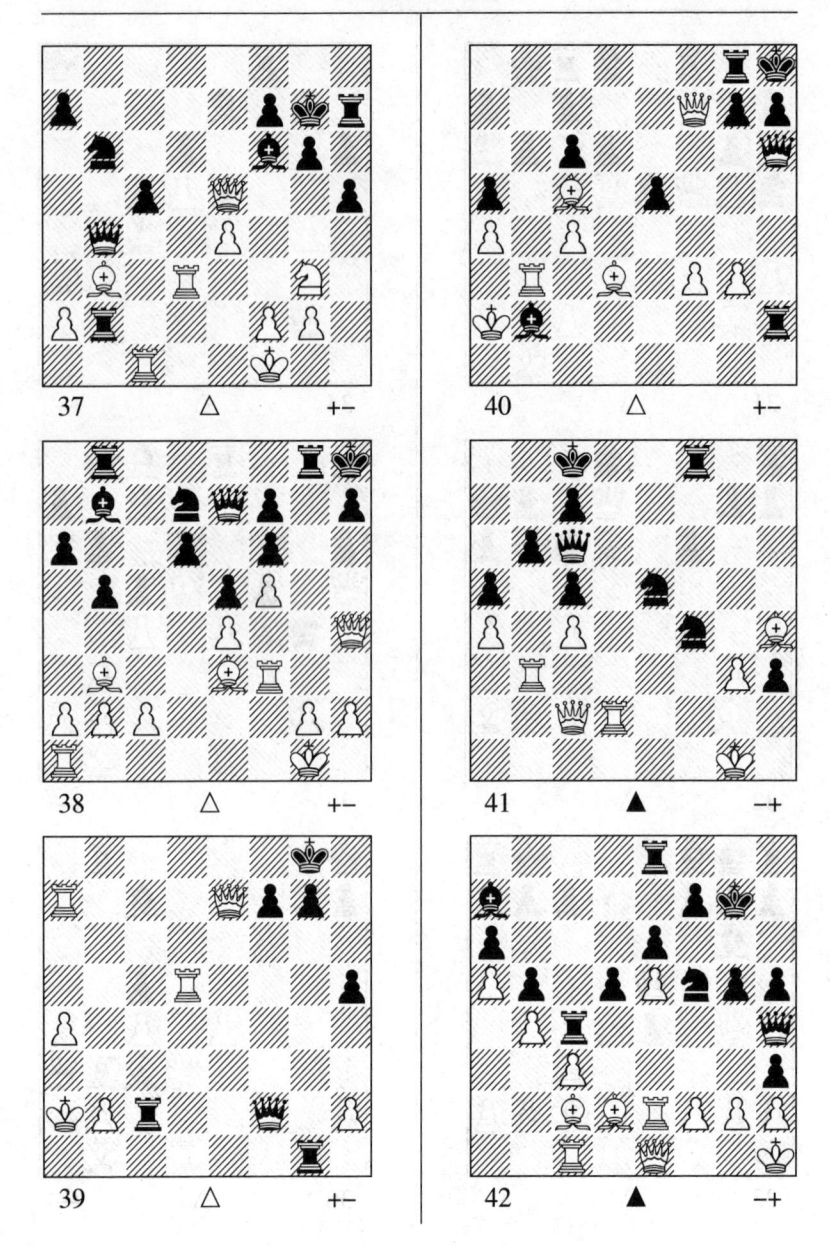

六级习题

37 △ +−

38 △ +−

39 △ +−

40 △ +−

41 ▲ −+

42 ▲ −+

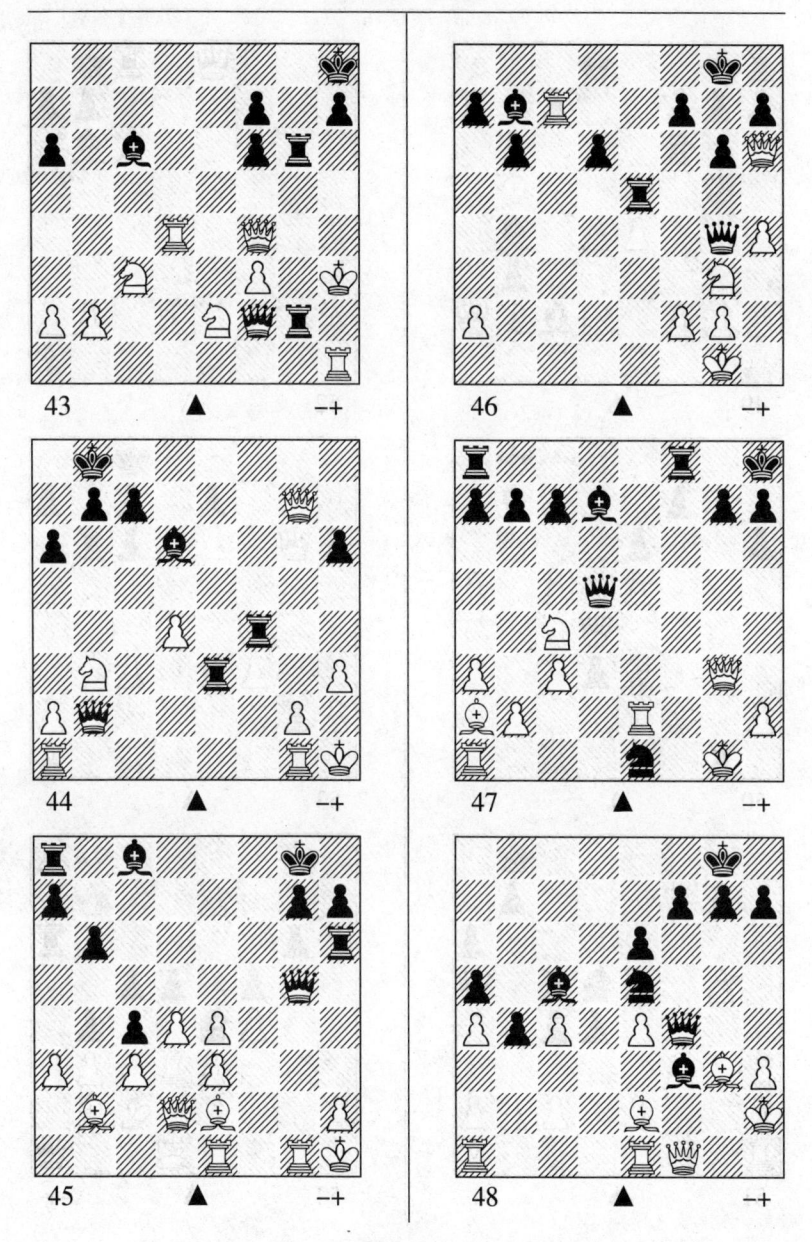

六级习题

43 ▲ −+

46 ▲ −+

44 ▲ −+

47 ▲ −+

45 ▲ −+

48 ▲ −+

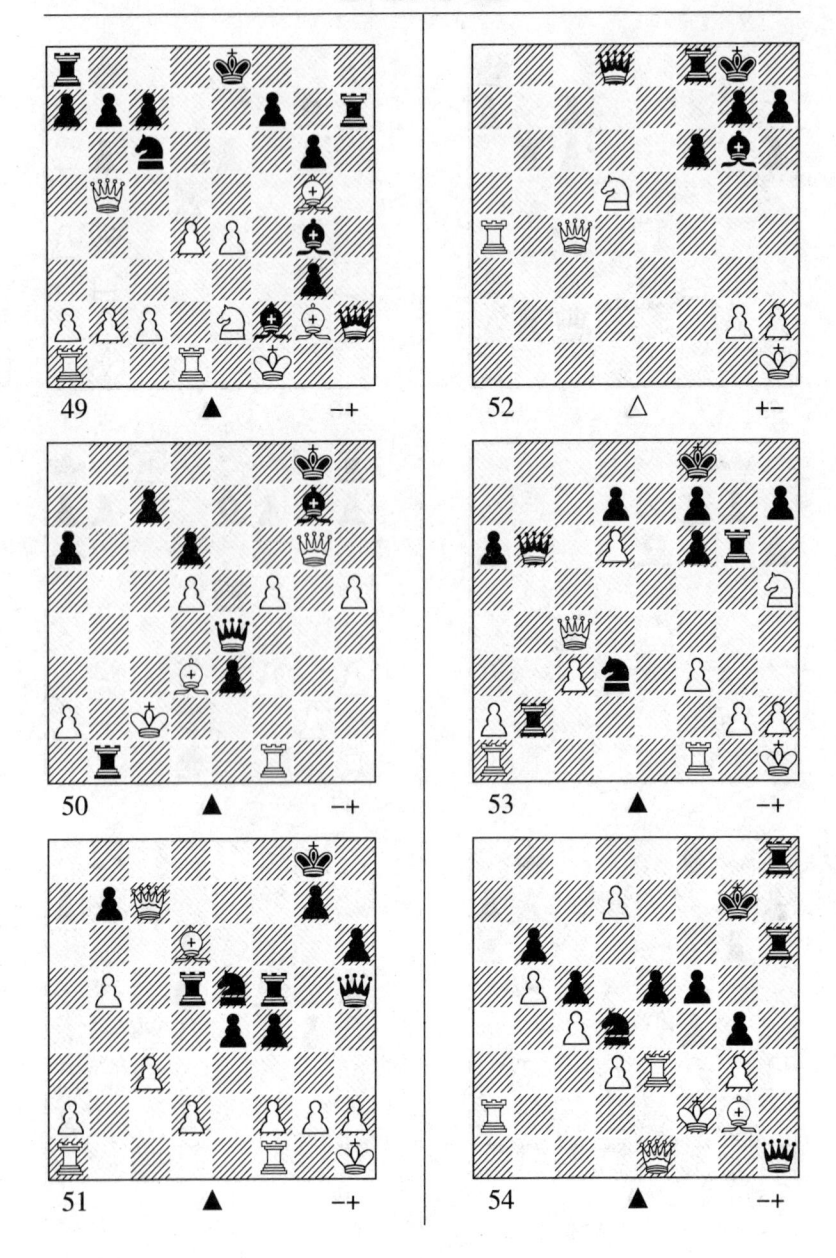

六级习题

49 ▲ —+

50 ▲ —+

51 ▲ —+

52 △ +−

53 ▲ —+

54 ▲ —+

14

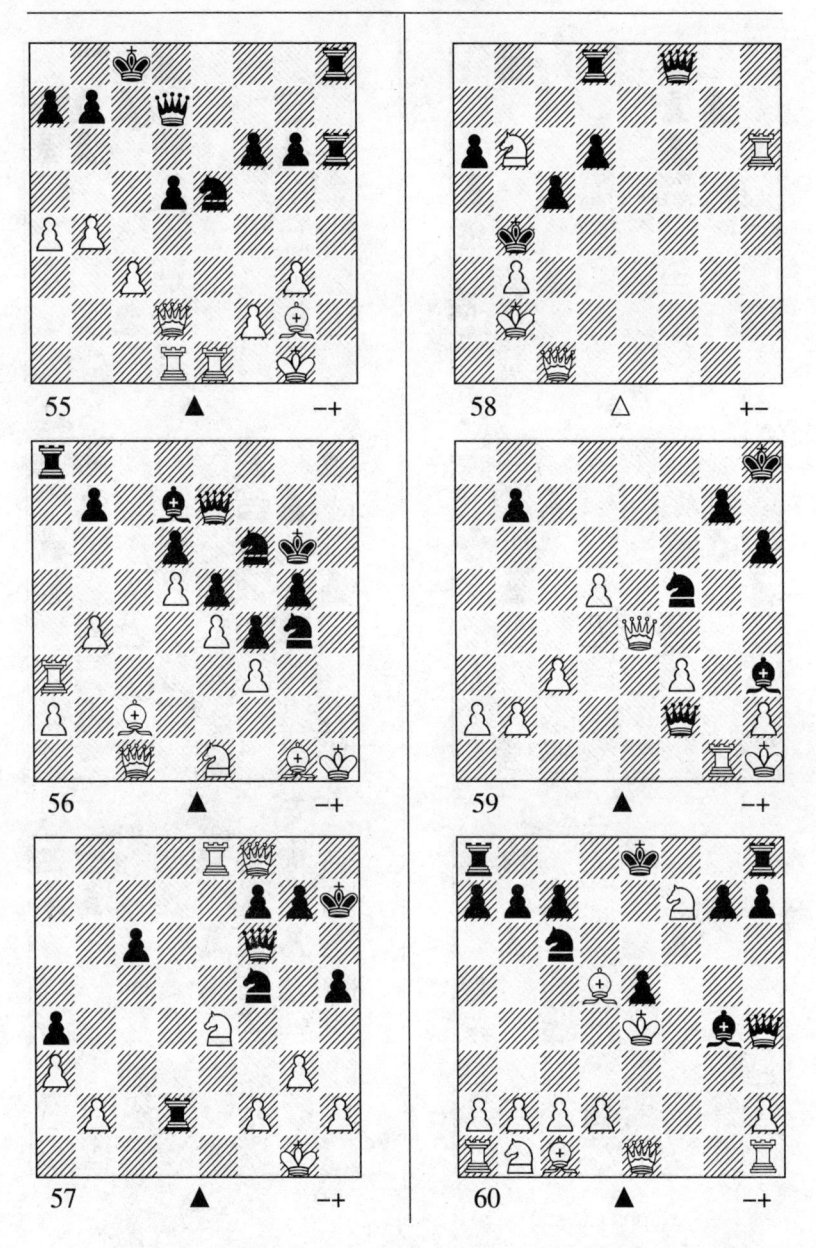

六级习题

55 ▲ −+

56 ▲ −+

57 ▲ −+

58 △ +−

59 ▲ −+

60 ▲ −+

15

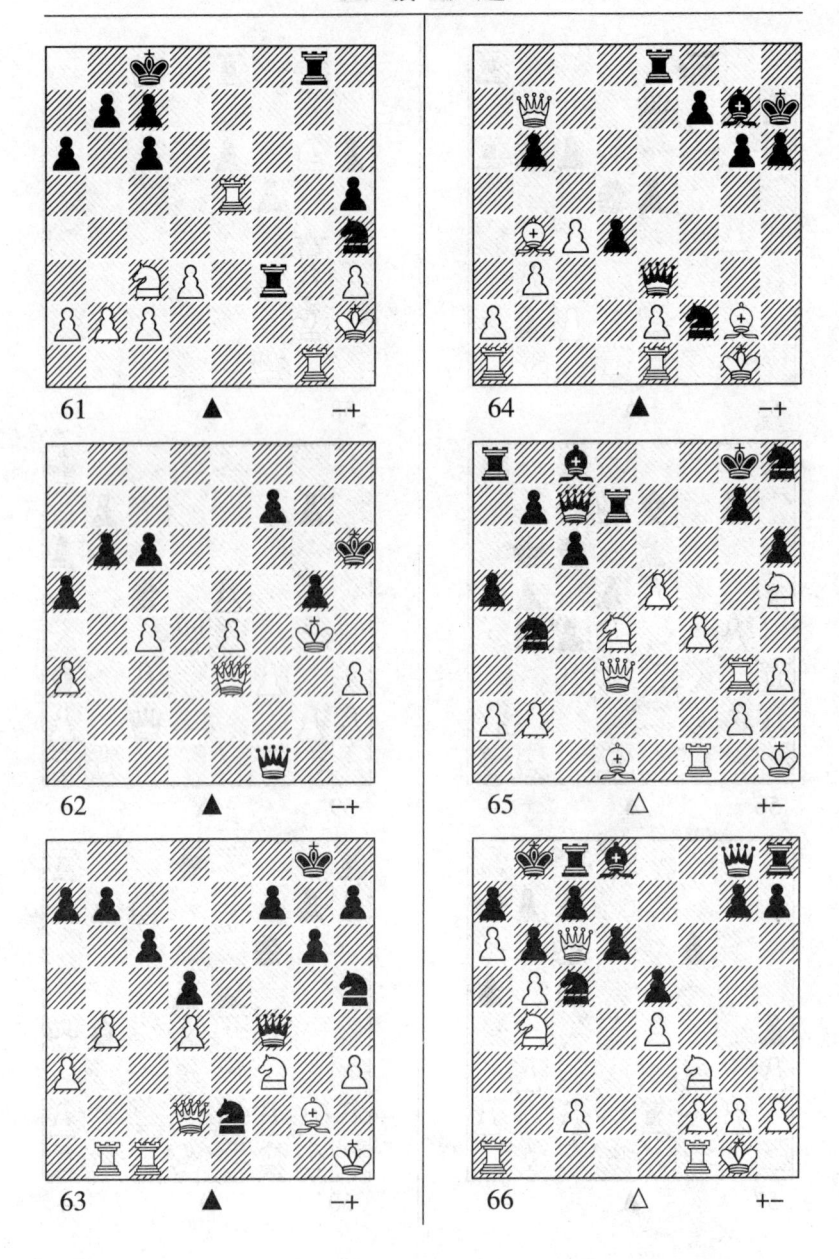

六级习题

61 ▲ −+

62 ▲ −+

63 ▲ −+

64 ▲ −+

65 △ +−

66 △ +−

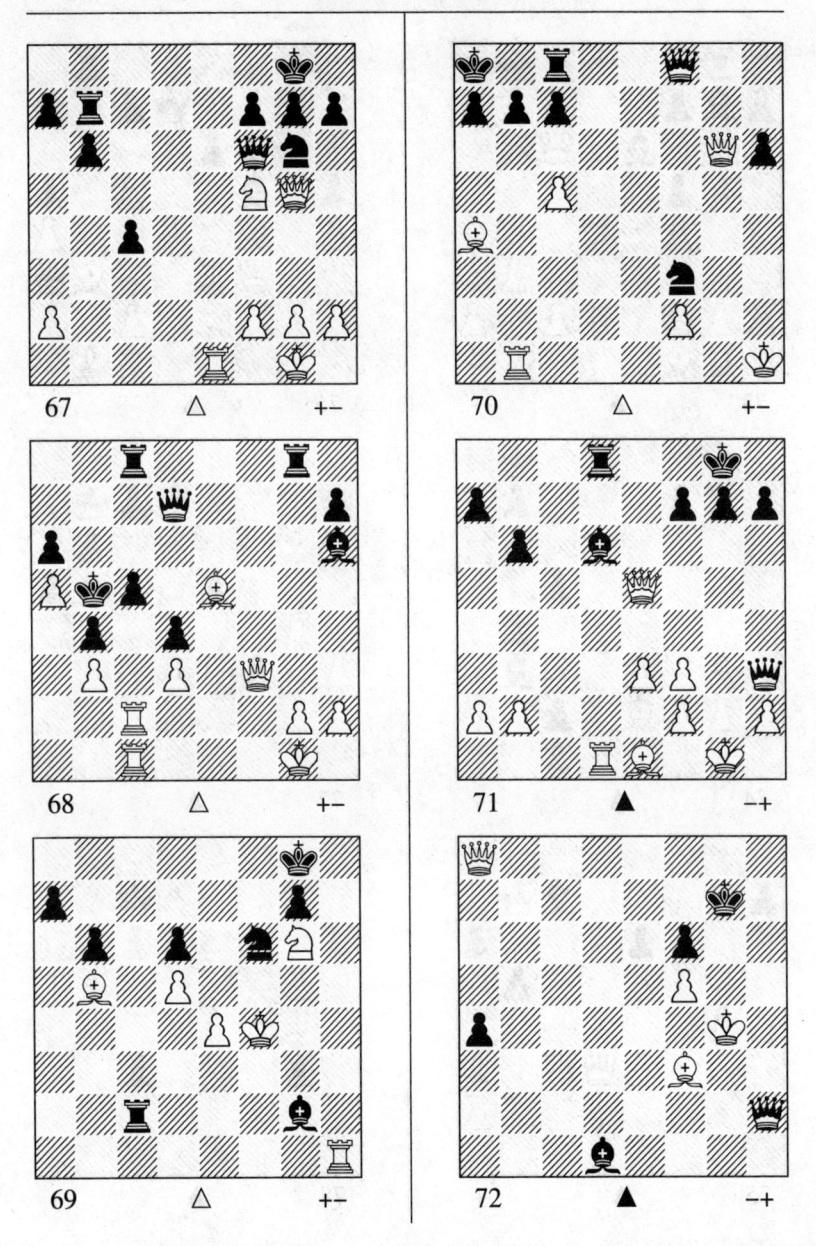

六级习题

67 △ +−

68 △ +−

69 △ +−

70 △ +−

71 ▲ −+

72 ▲ −+

17

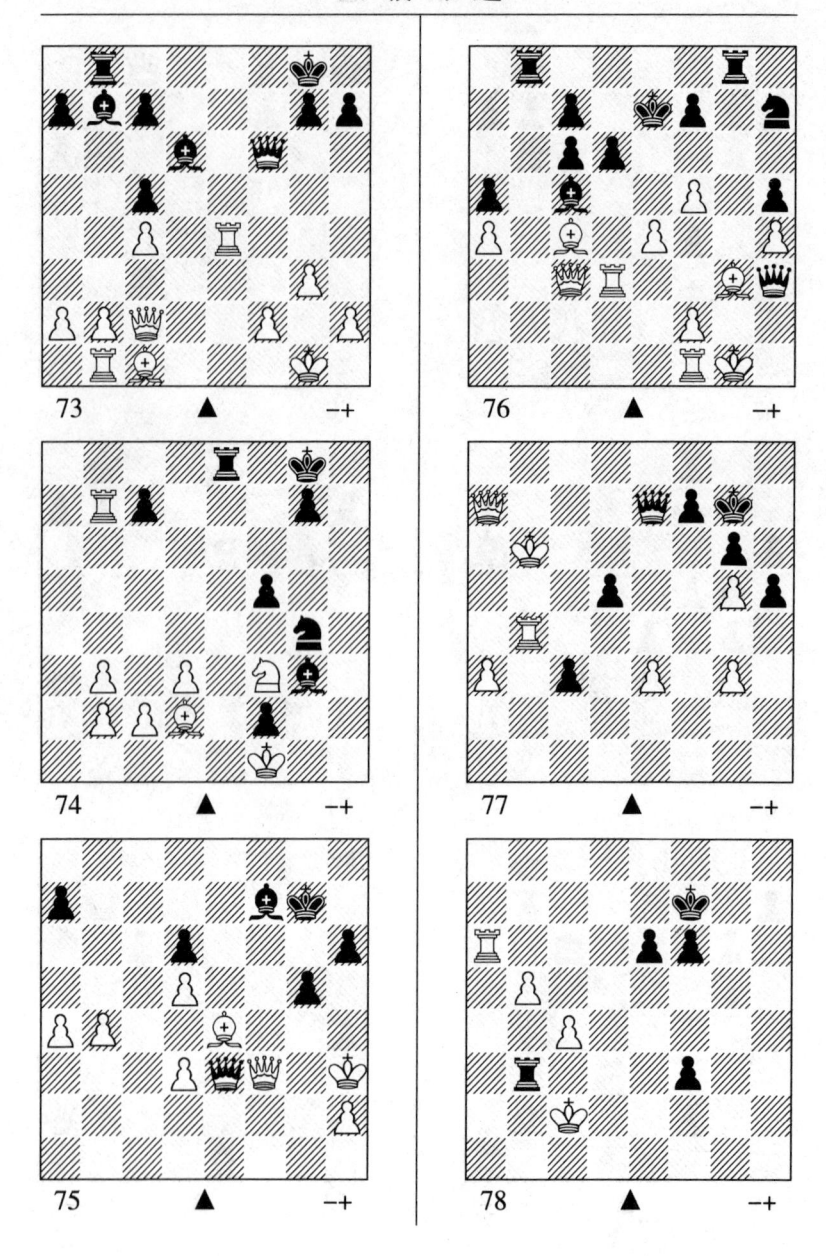

六级习题

73 ▲ —+

74 ▲ —+

75 ▲ —+

76 ▲ —+

77 ▲ —+

78 ▲ —+

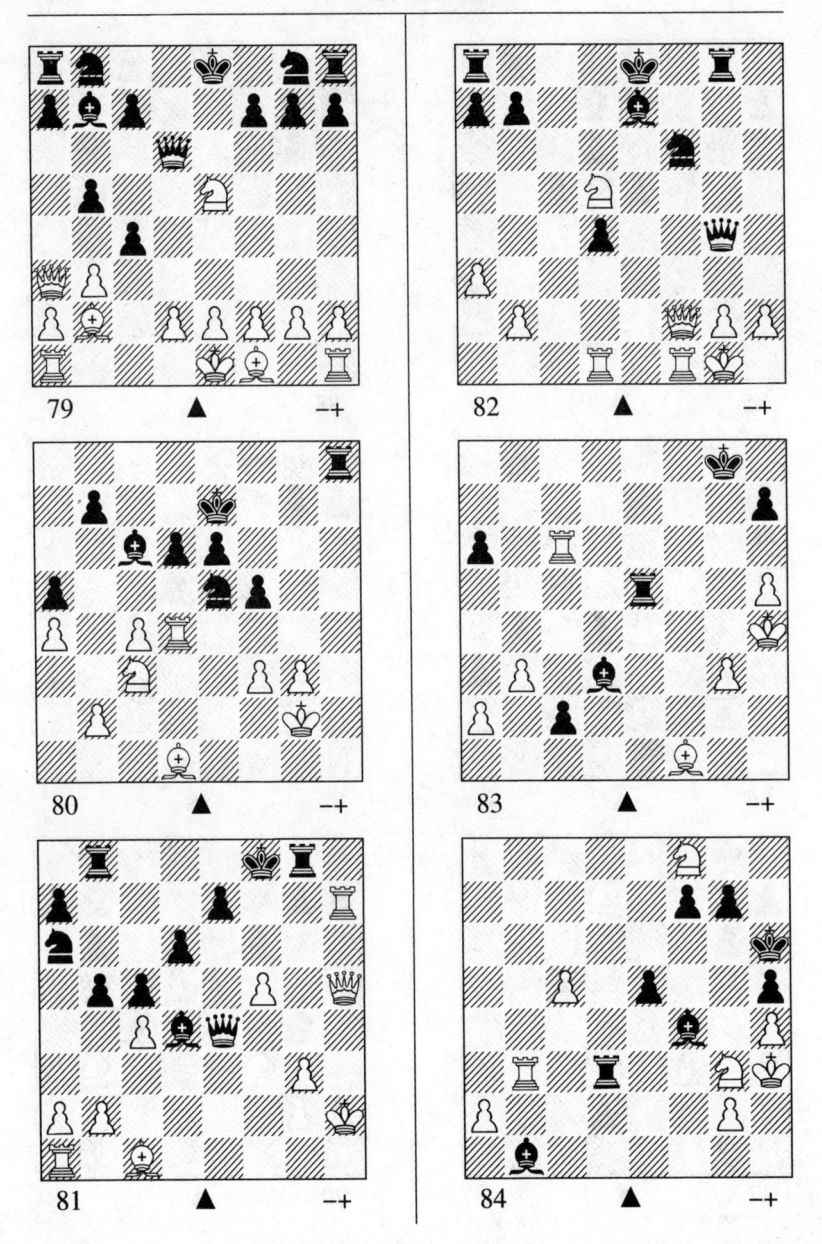

六级习题

79 ▲ −+

80 ▲ −+

81 ▲ −+

82 ▲ −+

83 ▲ −+

84 ▲ −+

19

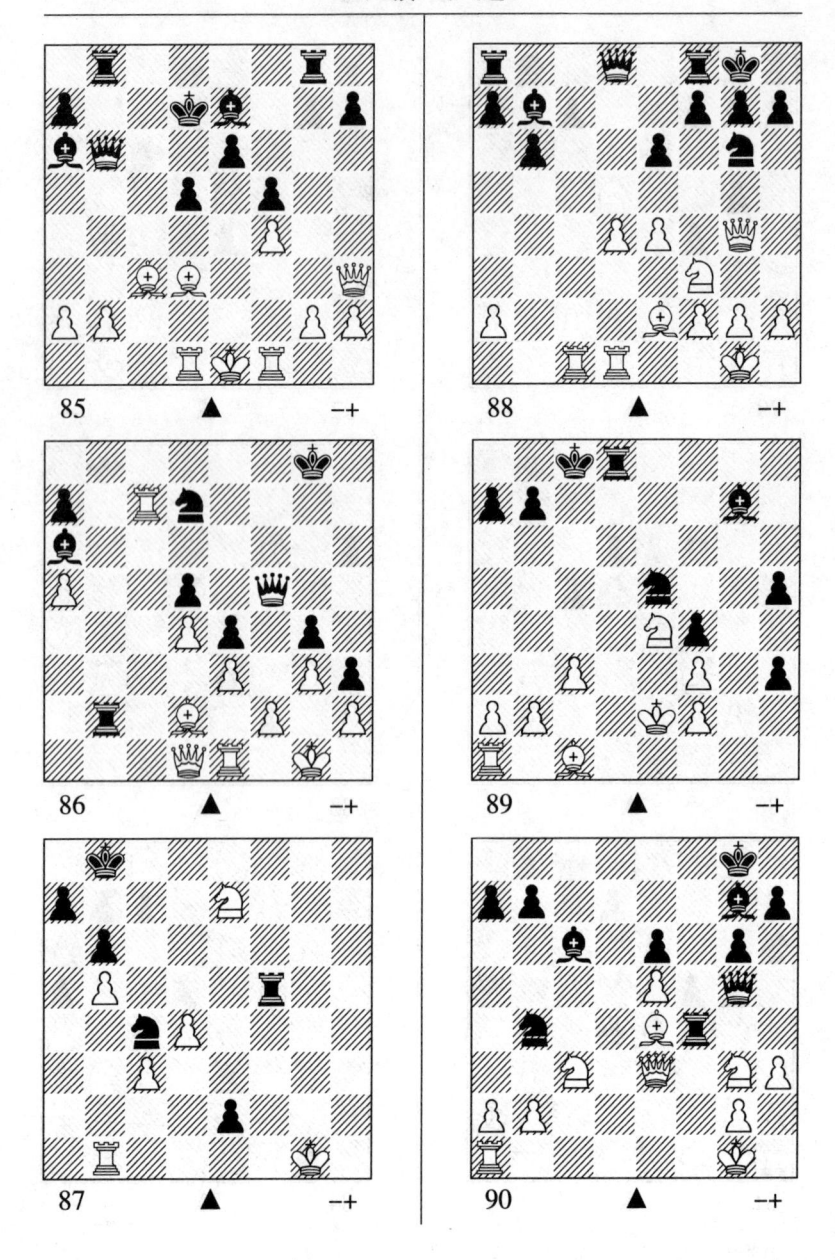

六级习题

85 ▲ —+

88 ▲ —+

86 ▲ —+

89 ▲ —+

87 ▲ —+

90 ▲ —+

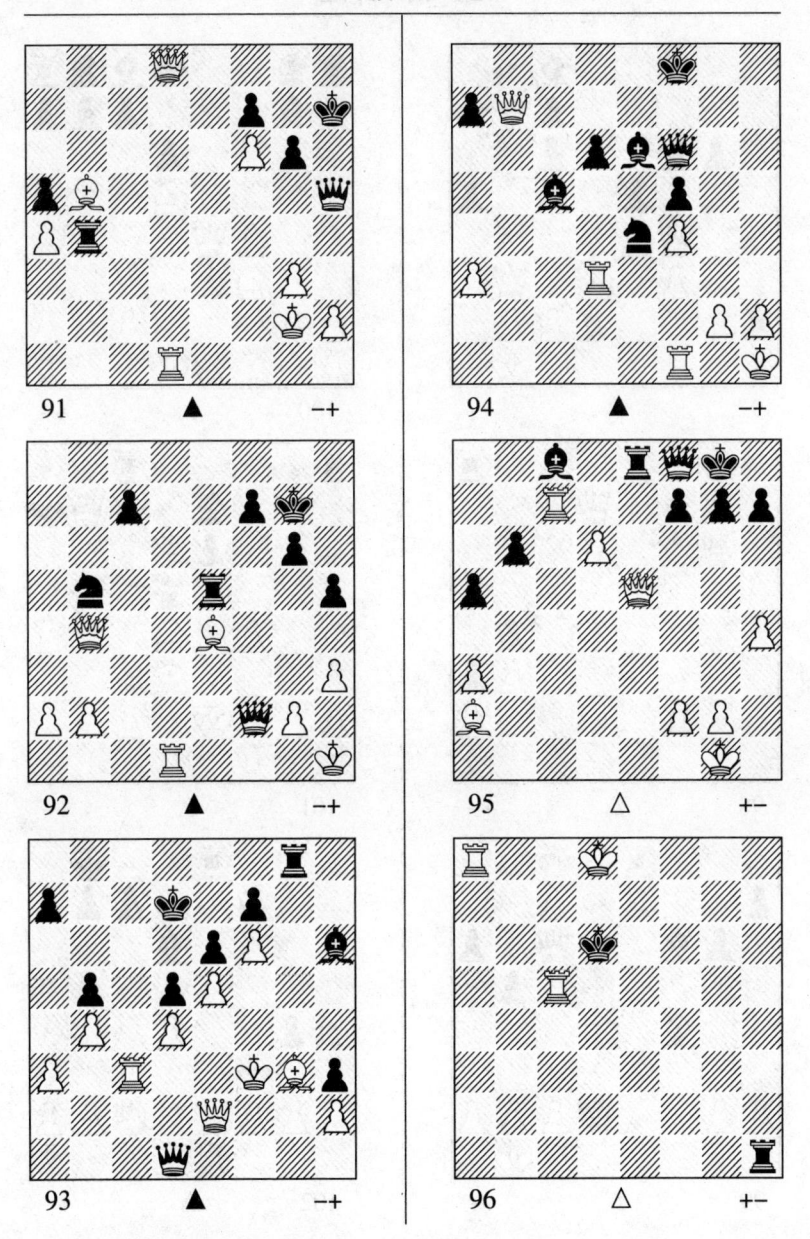

六级习题

91 ▲ −+	94 ▲ −+
92 ▲ −+	95 △ +−
93 ▲ −+	96 △ +−

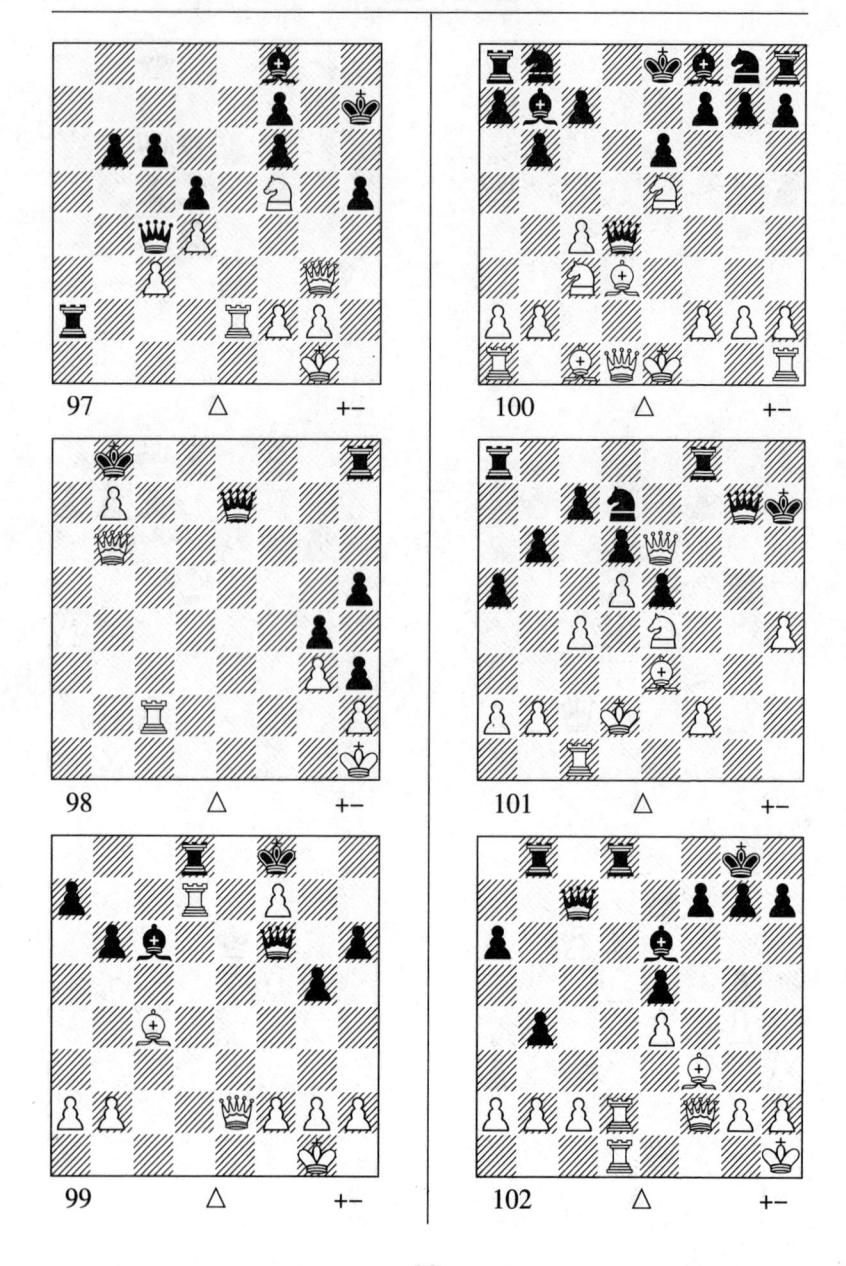

六级习题

97 △ +-

98 △ +-

99 △ +-

100 △ +-

101 △ +-

102 △ +-

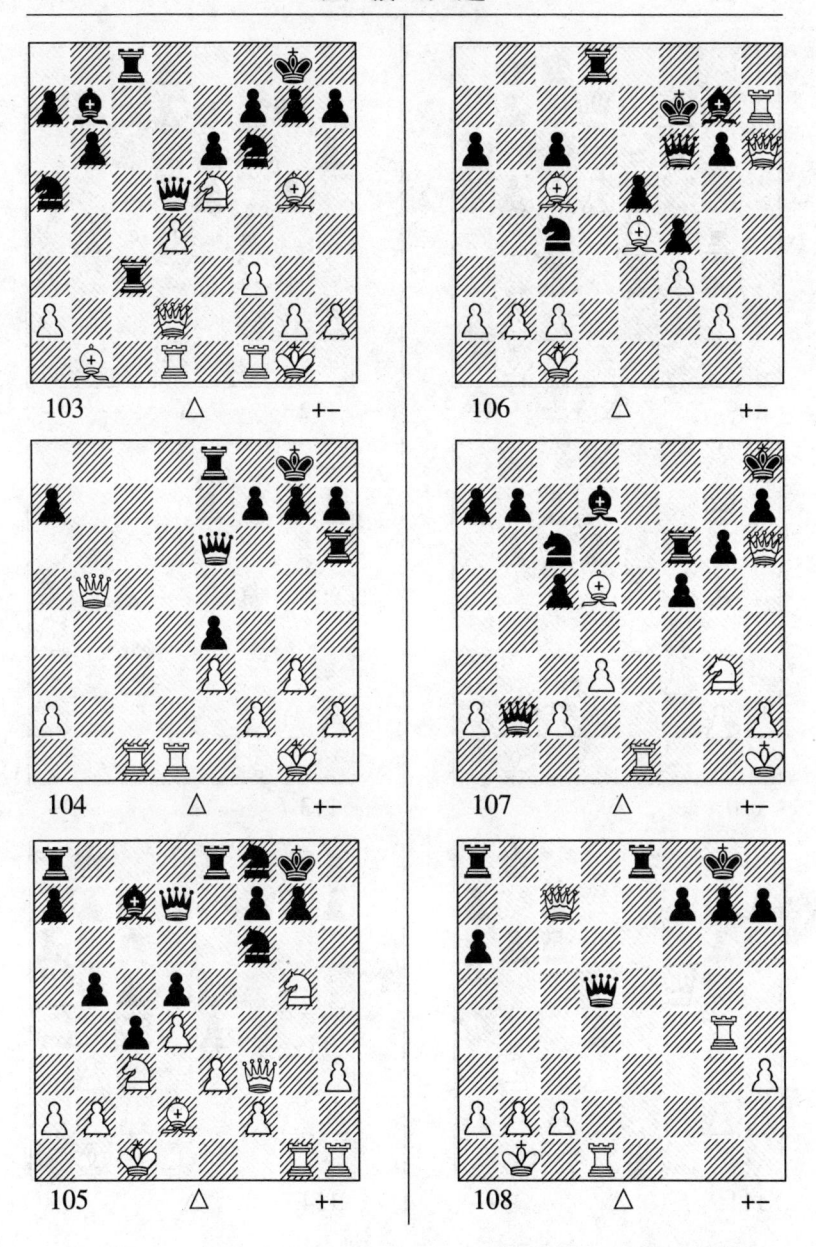

六级习题

103 △ +−

104 △ +−

105 △ +−

106 △ +−

107 △ +−

108 △ +−

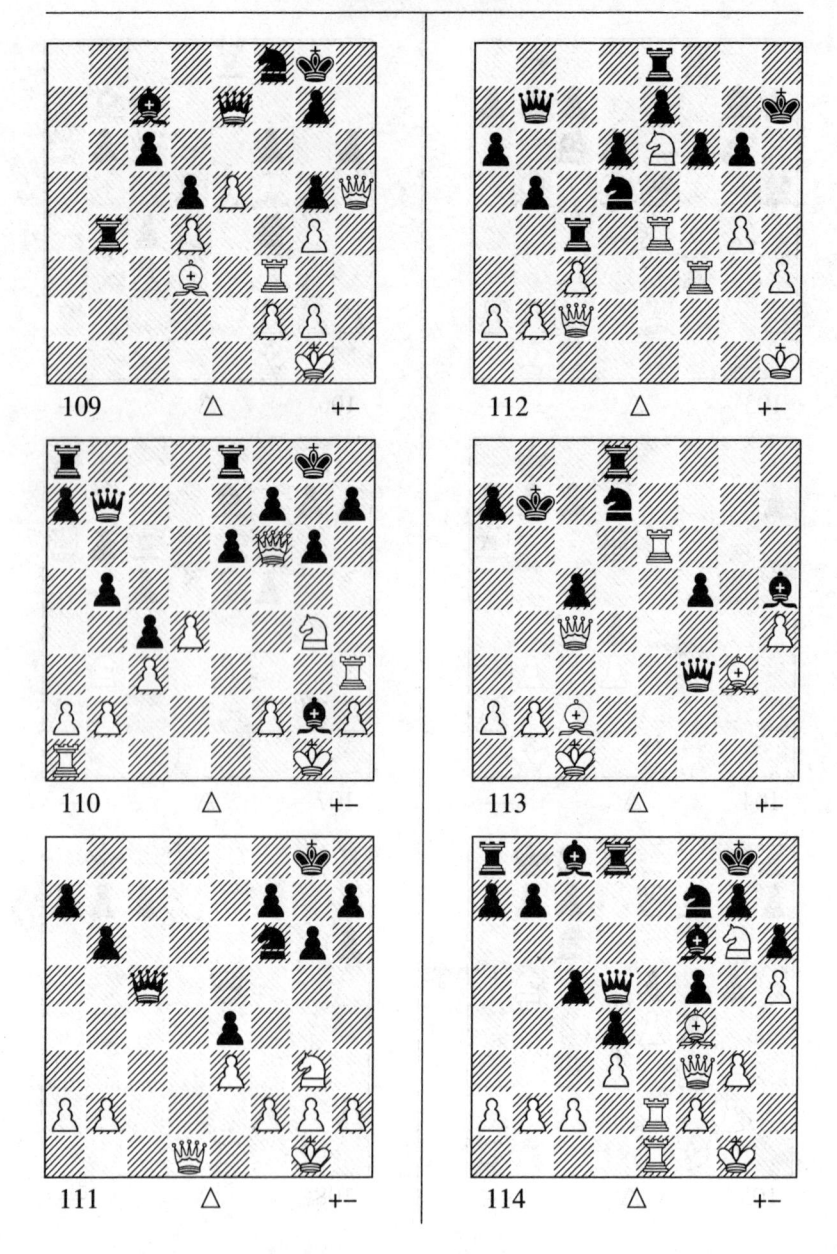

六级习题

109 △ +−

110 △ +−

111 △ +−

112 △ +−

113 △ +−

114 △ +−

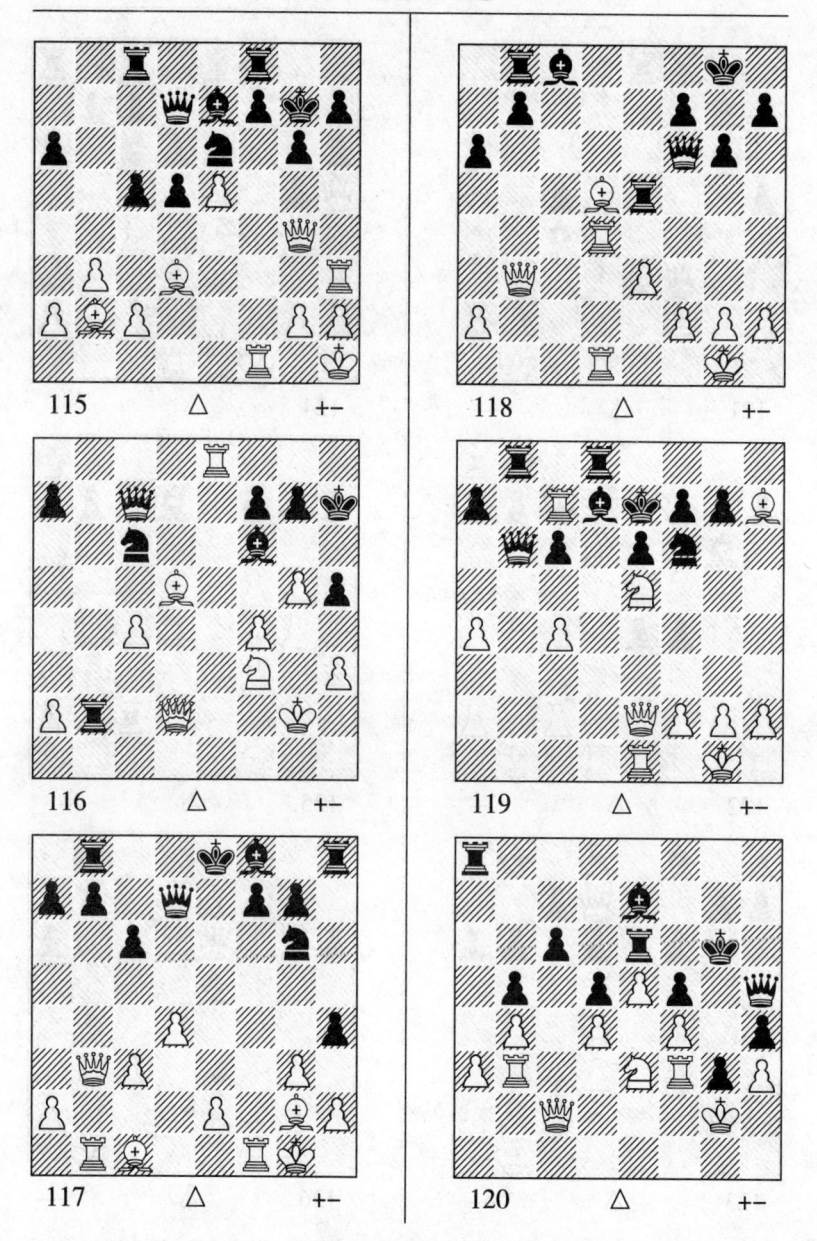

六级习题

115 △ +−

116 △ +−

117 △ +−

118 △ +−

119 △ +−

120 △ +−

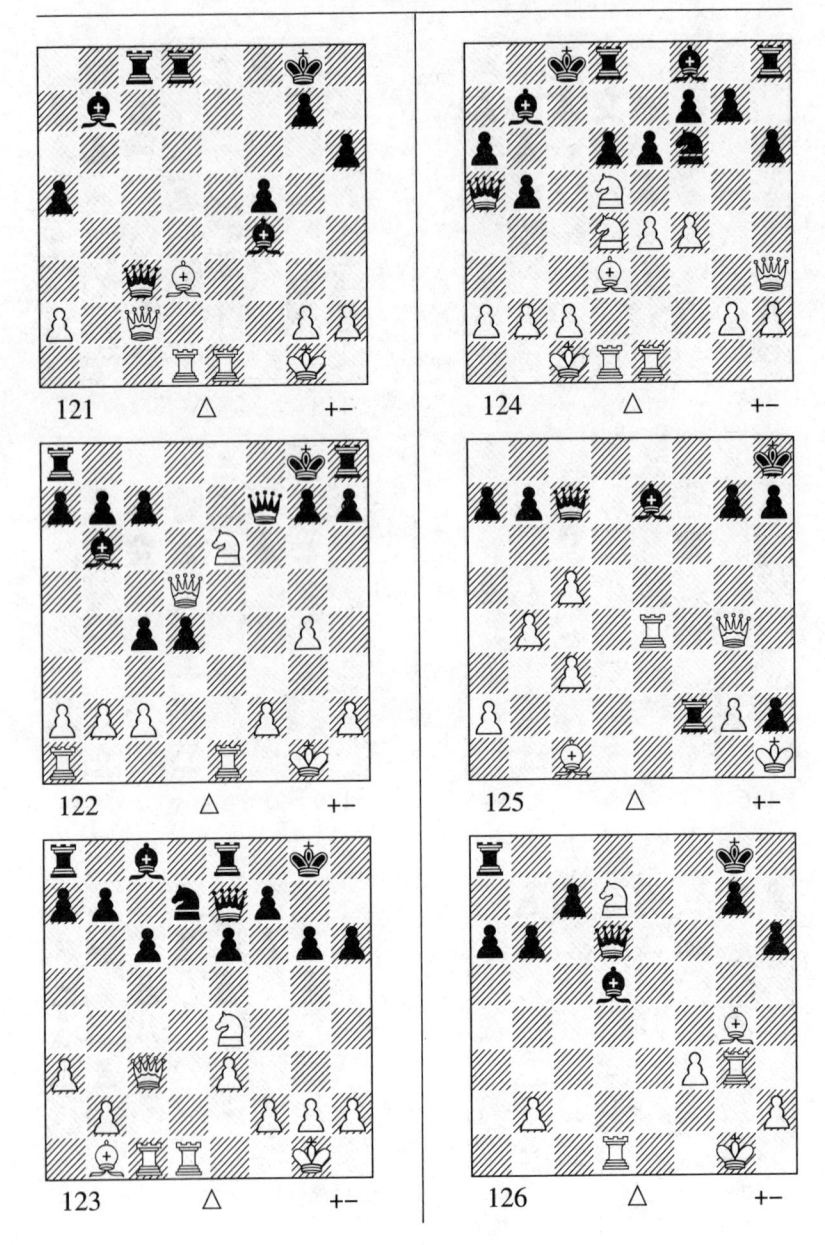

六级习题

121 △ +−

124 △ +−

122 △ +−

125 △ +−

123 △ +−

126 △ +−

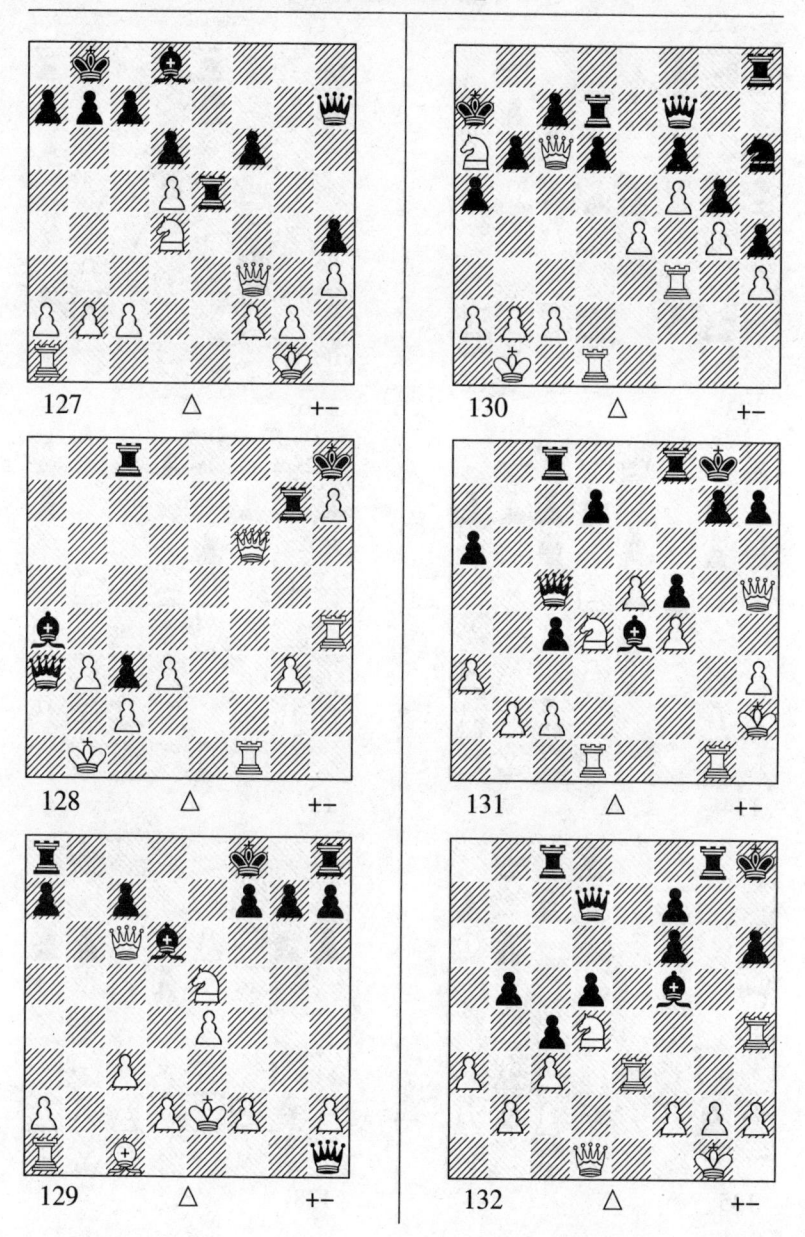

六级习题

127 △ +−

128 △ +−

129 △ +−

130 △ +−

131 △ +−

132 △ +−

27

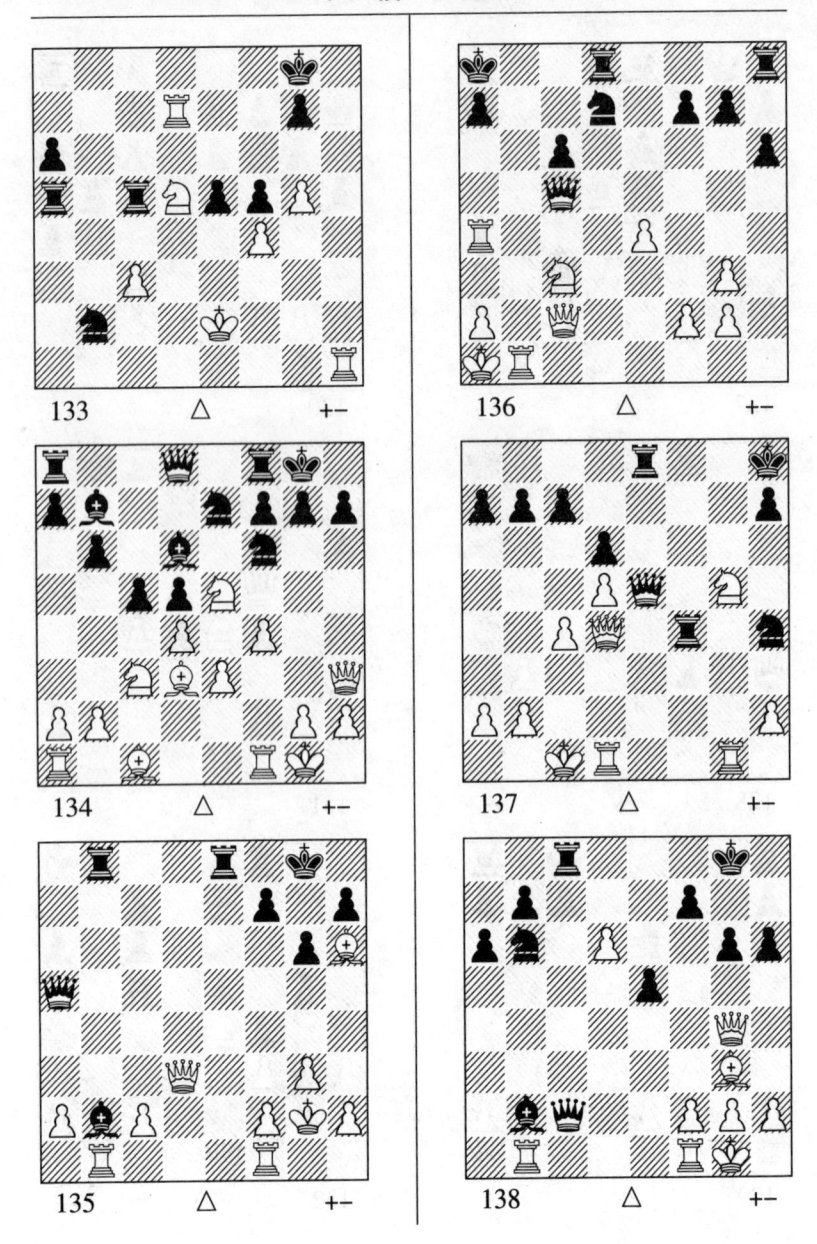

六级习题

133 △ +−

134 △ +−

135 △ +−

136 △ +−

137 △ +−

138 △ +−

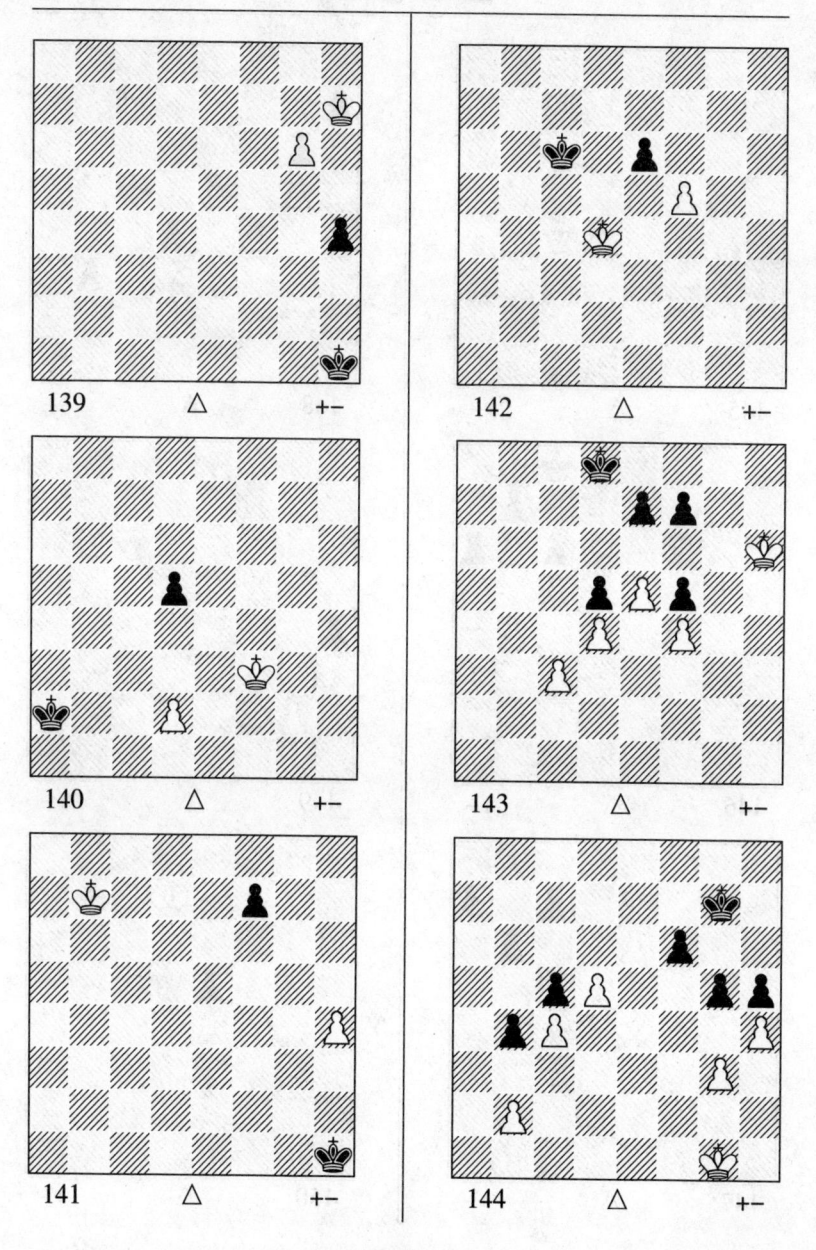

六级习题

139 △ +−

140 △ +−

141 △ +−

142 △ +−

143 △ +−

144 △ +−

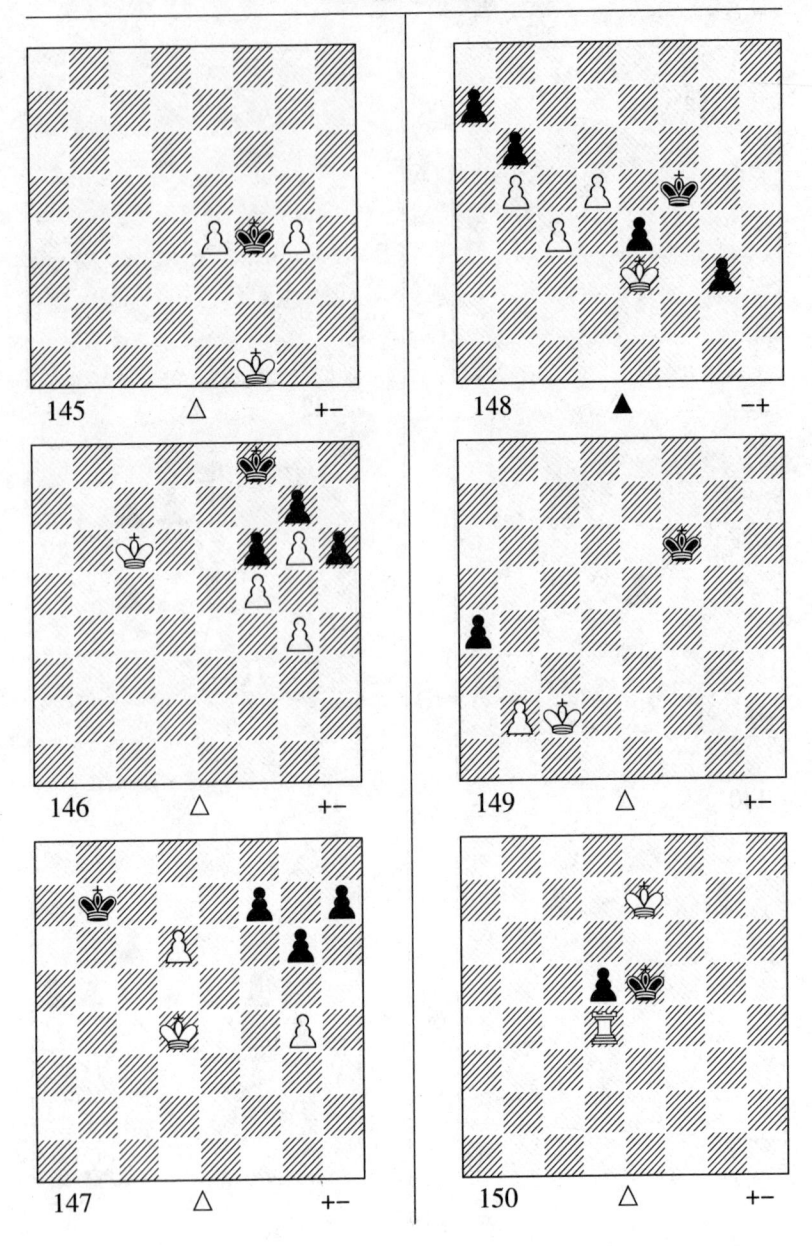

六级习题

145 △ +−

146 △ +−

147 △ +−

148 ▲ −+

149 △ +−

150 △ +−

30

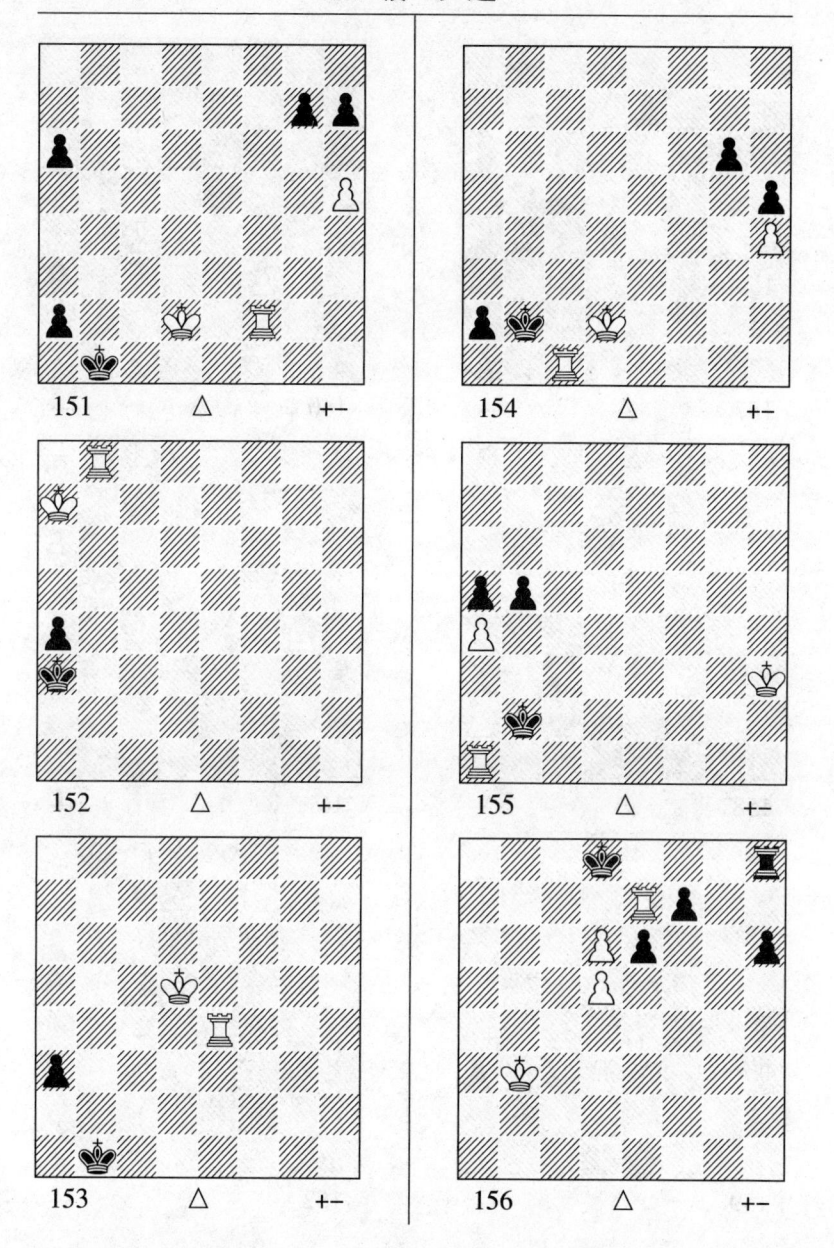

六级习题

151 △ +−

152 △ +−

153 △ +−

154 △ +−

155 △ +−

156 △ +−

31

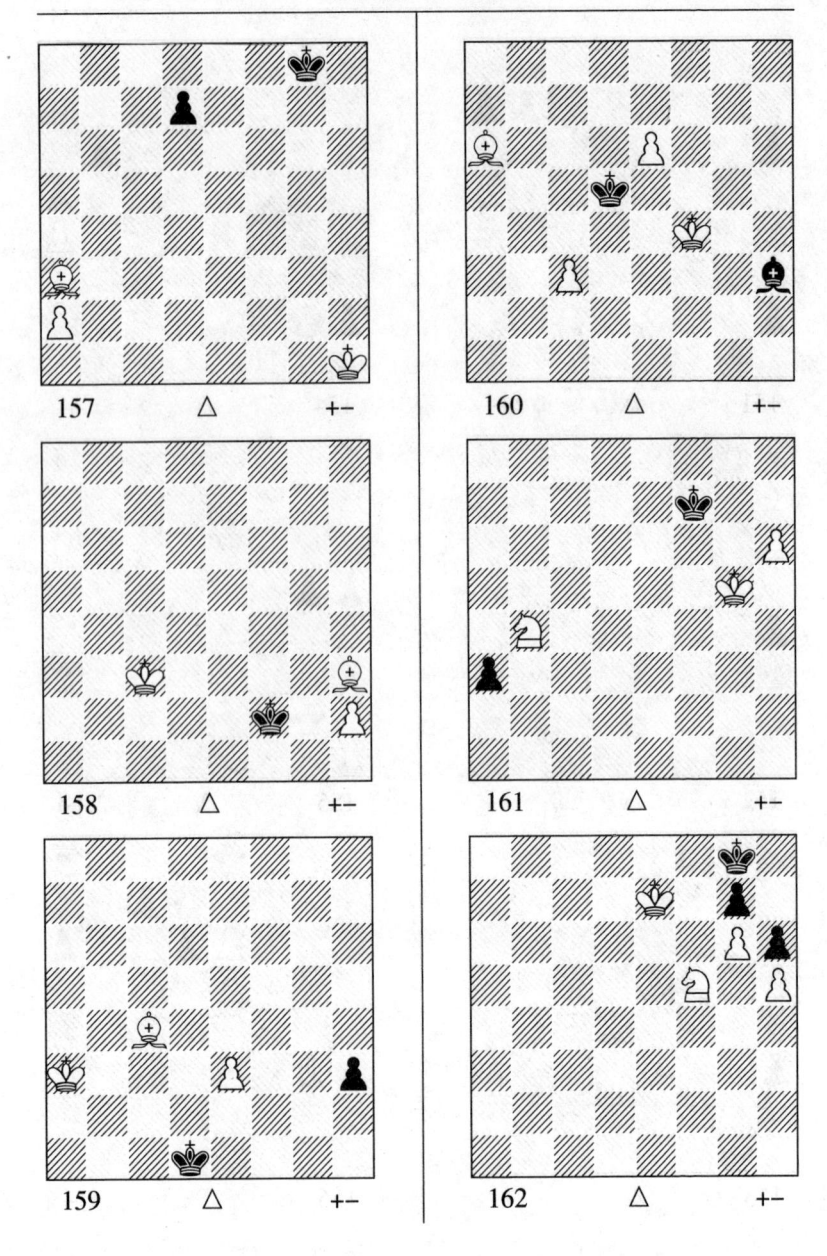

六级习题

157 △ +−

158 △ +−

159 △ +−

160 △ +−

161 △ +−

162 △ +−

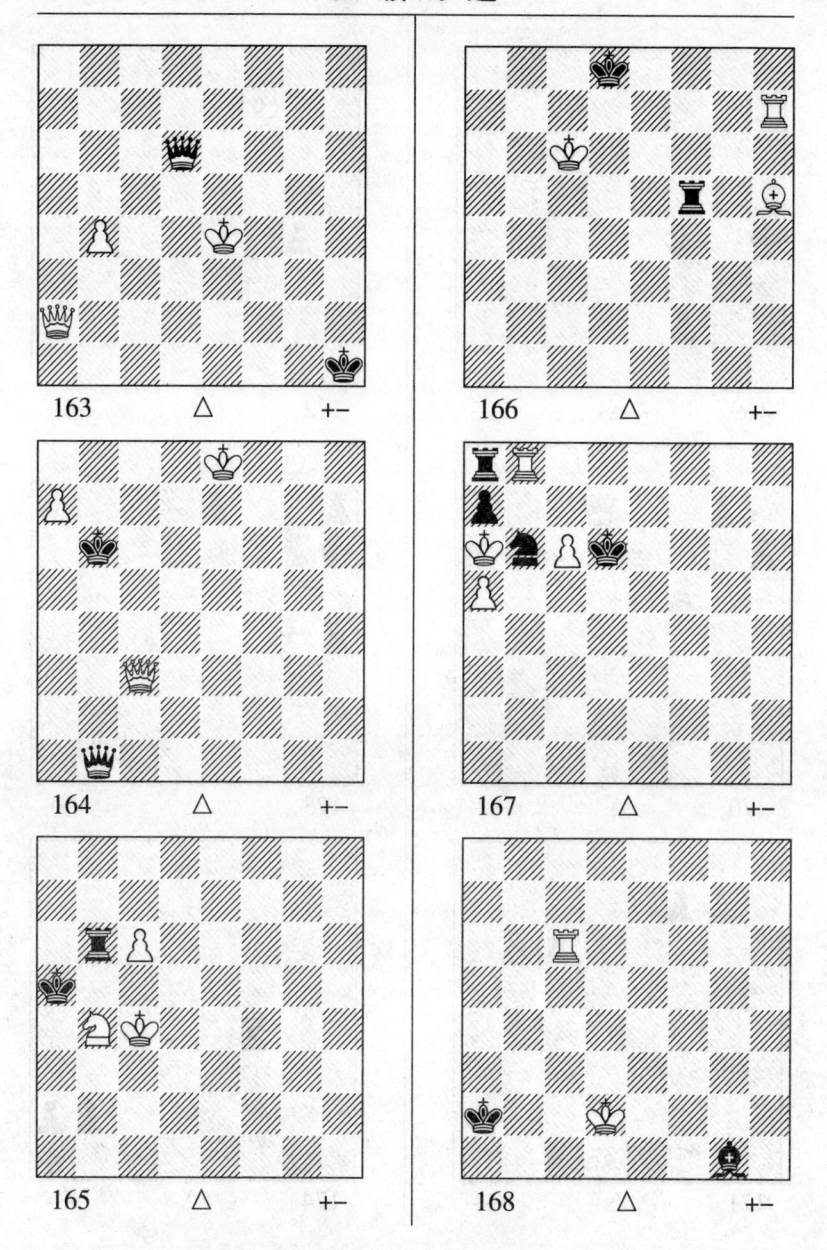

六级习题

163 △ +−

164 △ +−

165 △ +−

166 △ +−

167 △ +−

168 △ +−

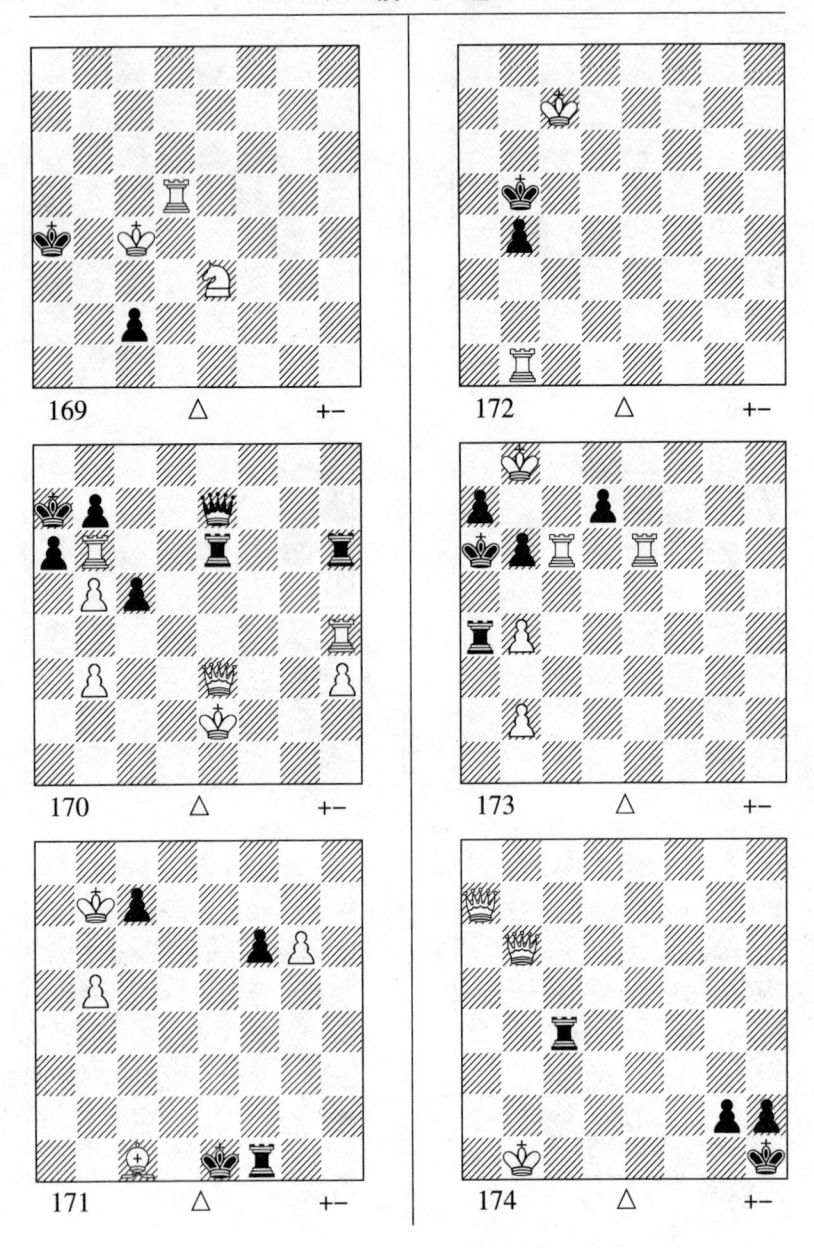

六级习题

169 △ +−

170 △ +−

171 △ +−

172 △ +−

173 △ +−

174 △ +−

34

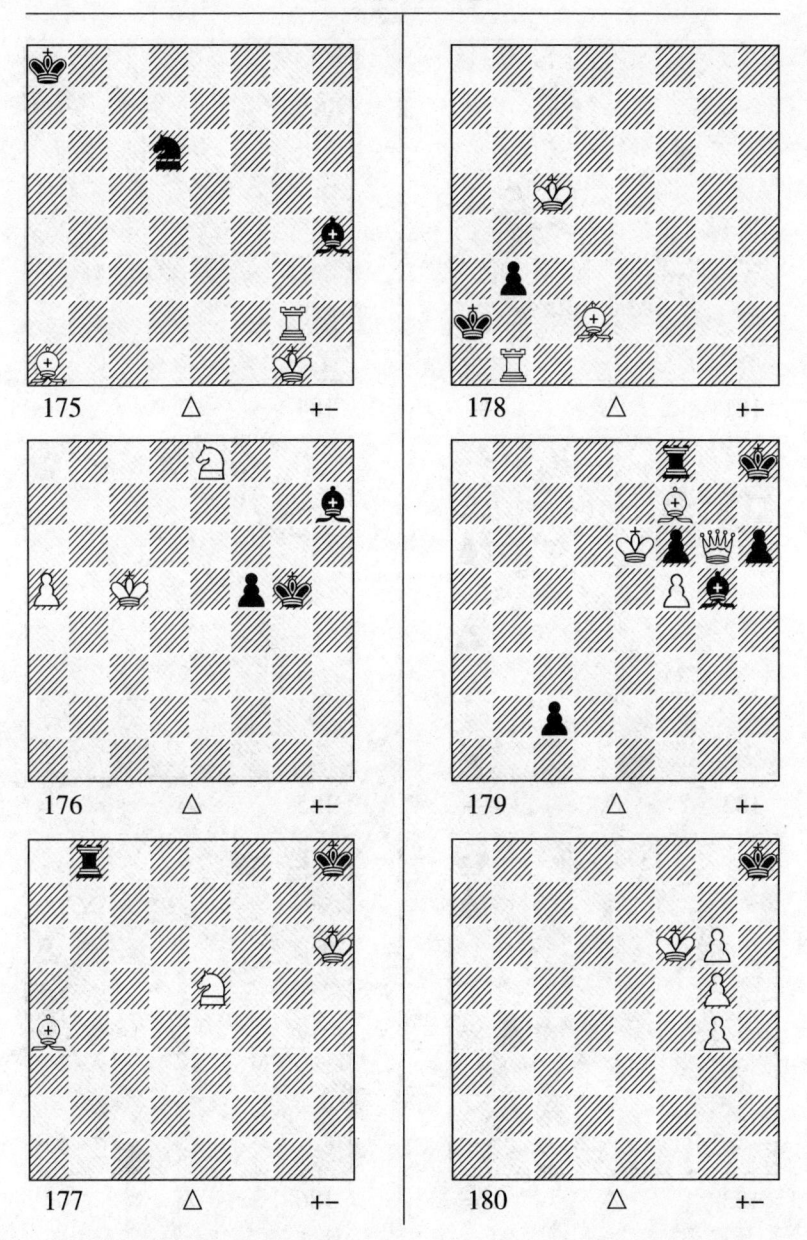

六级习题

175 △ +-

176 △ +-

177 △ +-

178 △ +-

179 △ +-

180 △ +-

35

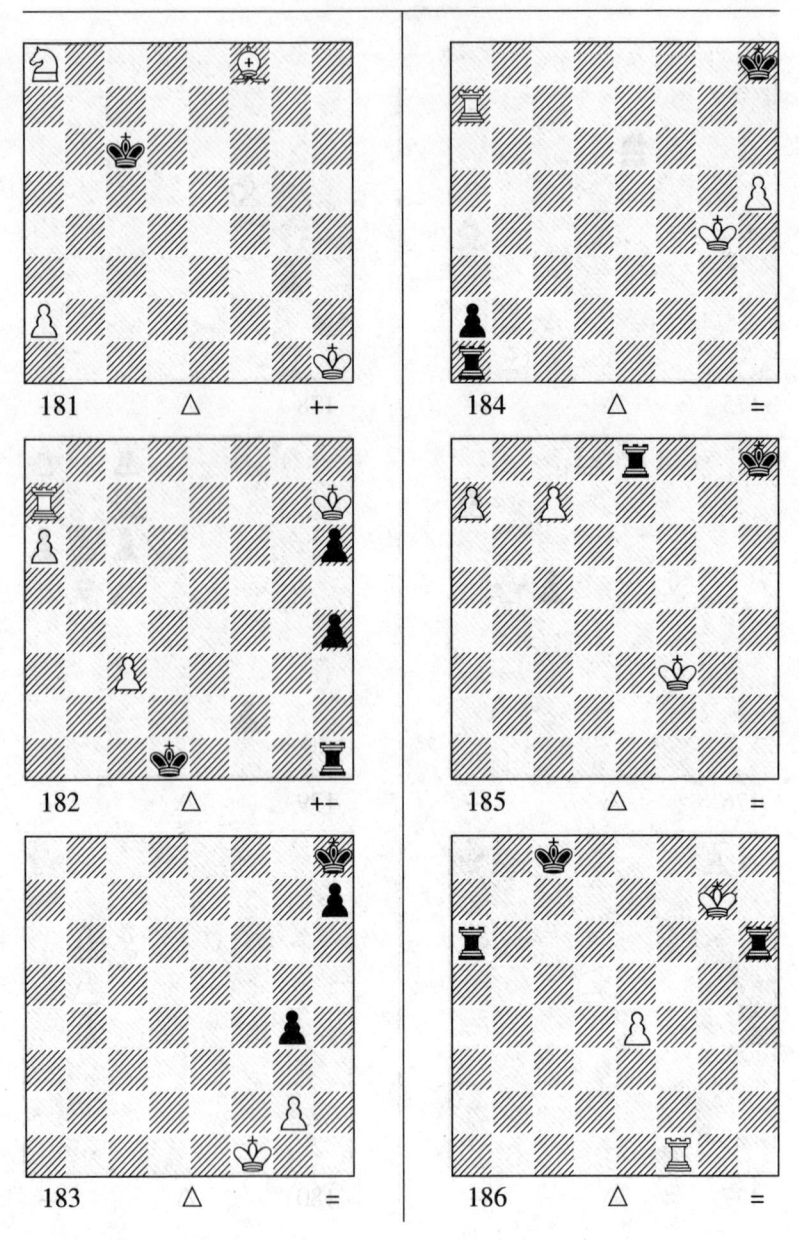

六级习题

181 △ +−

182 △ +−

183 △ =

184 △ =

185 △ =

186 △ =

36

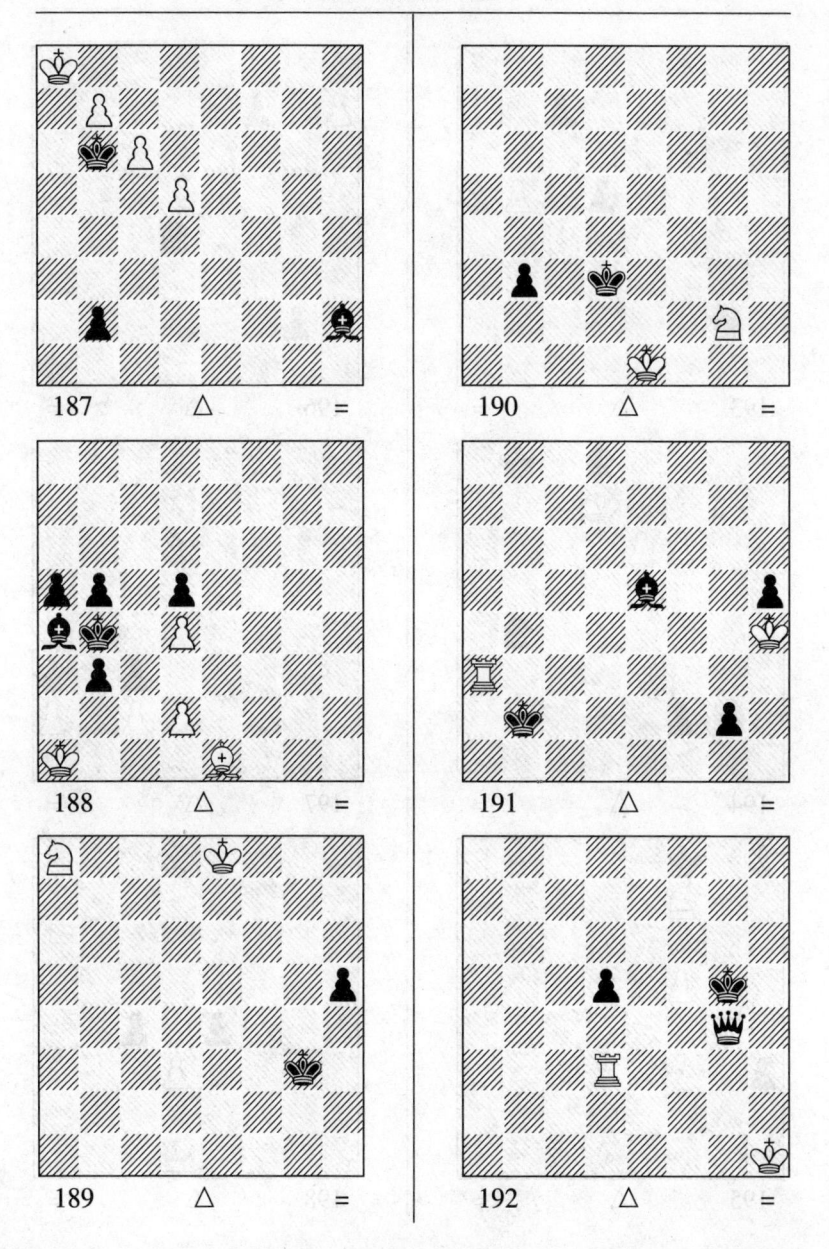

六级习题

187　△　=

188　△　=

189　△　=

190　△　=

191　△　=

192　△　=

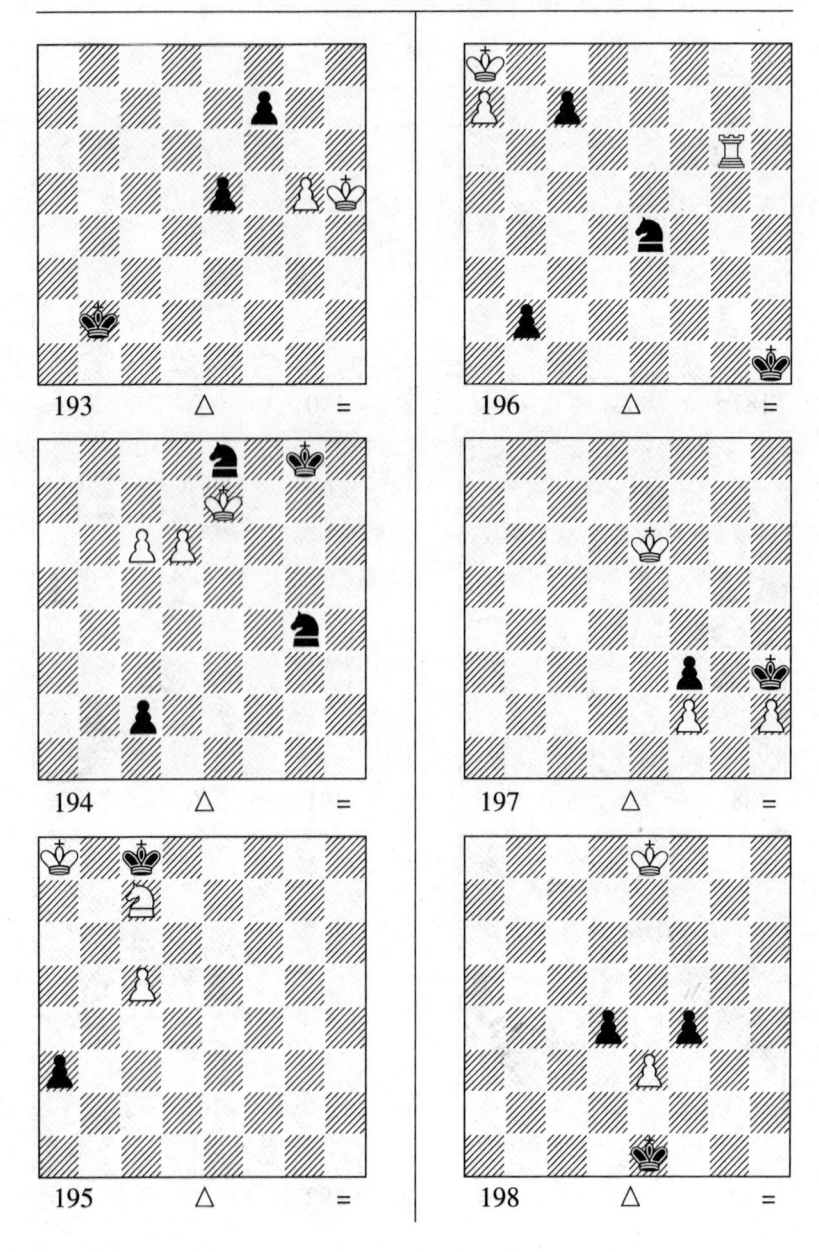

六级习题

193 △ =

194 △ =

195 △ =

196 △ =

197 △ =

198 △ =

七级习题

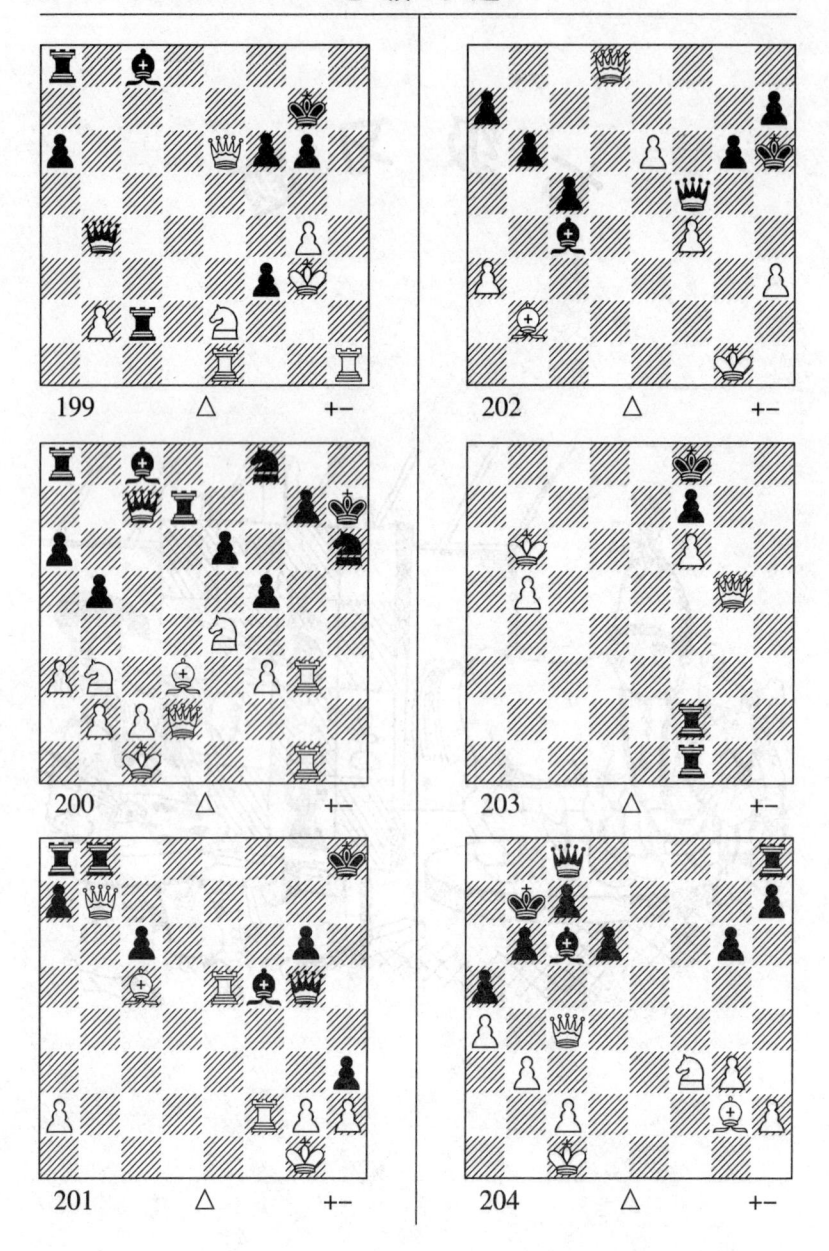

七级习题

199 △ +−

200 △ +−

201 △ +−

202 △ +−

203 △ +−

204 △ +−

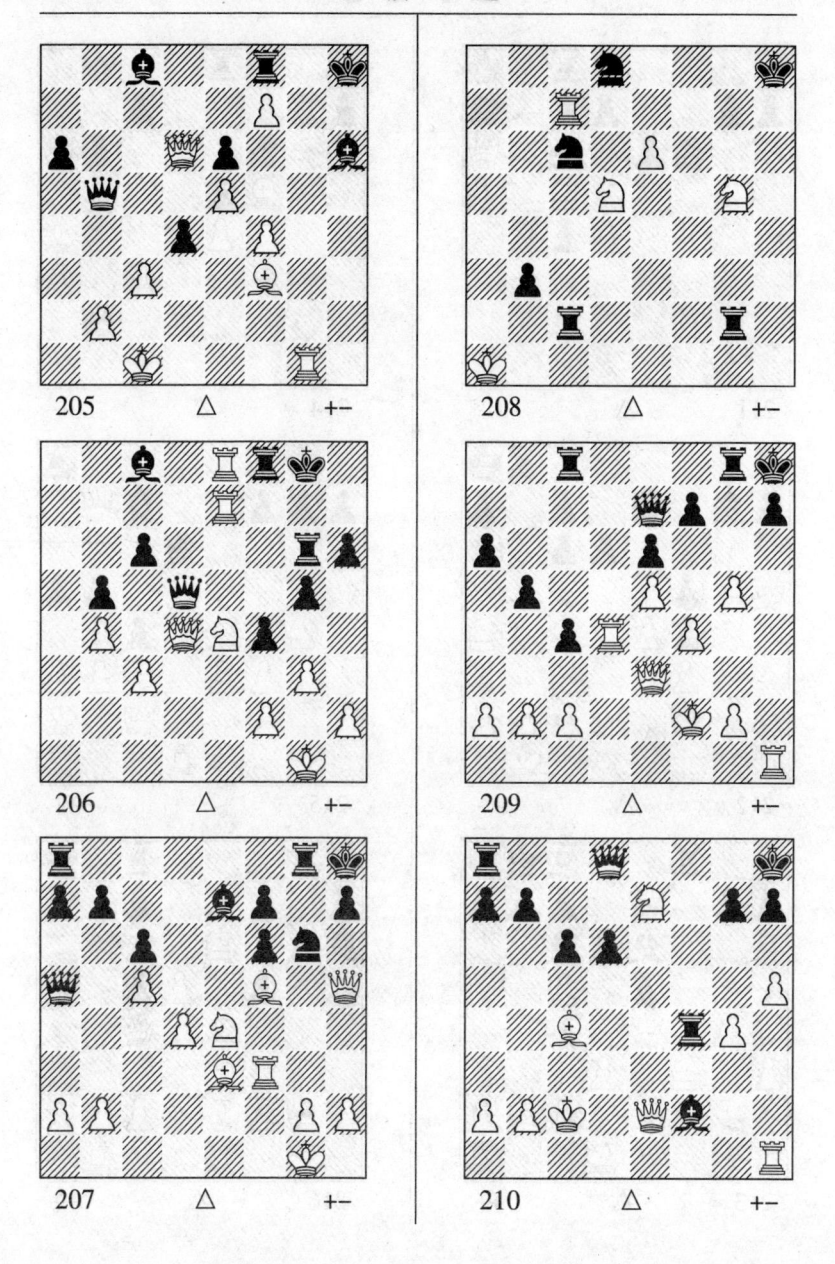

七级习题

205 △ +−

206 △ +−

207 △ +−

208 △ +−

209 △ +−

210 △ +−

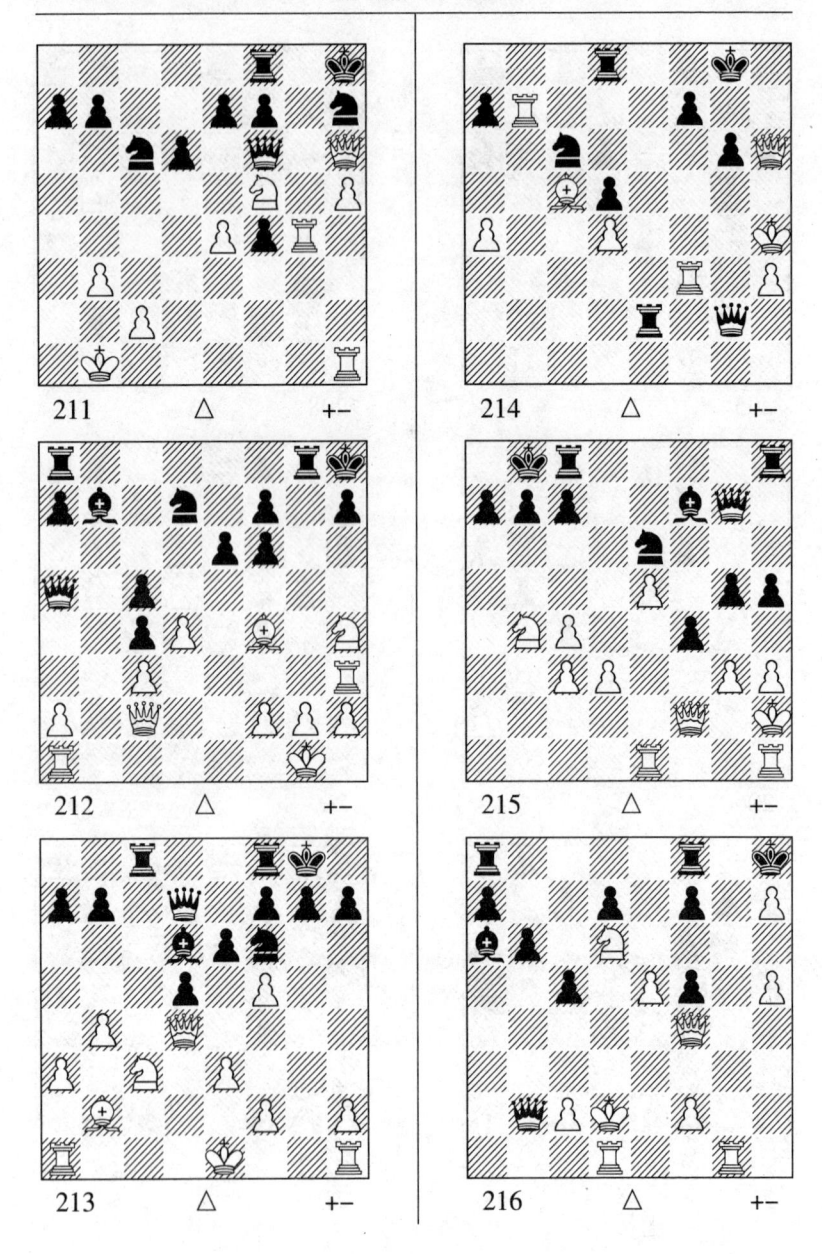

七级习题

211 △ +−

214 △ +−

212 △ +−

215 △ +−

213 △ +−

216 △ +−

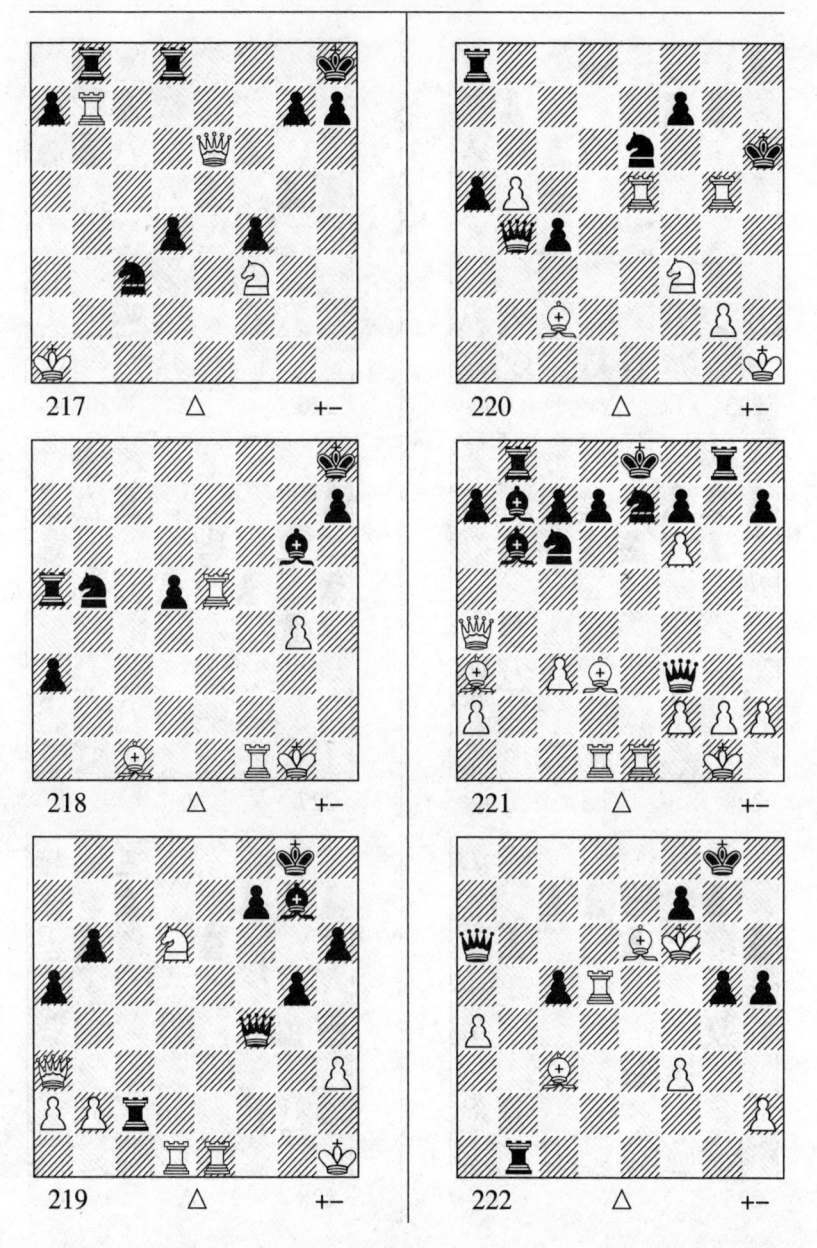

七级习题

217 △ +−

218 △ +−

219 △ +−

220 △ +−

221 △ +−

222 △ +−

43

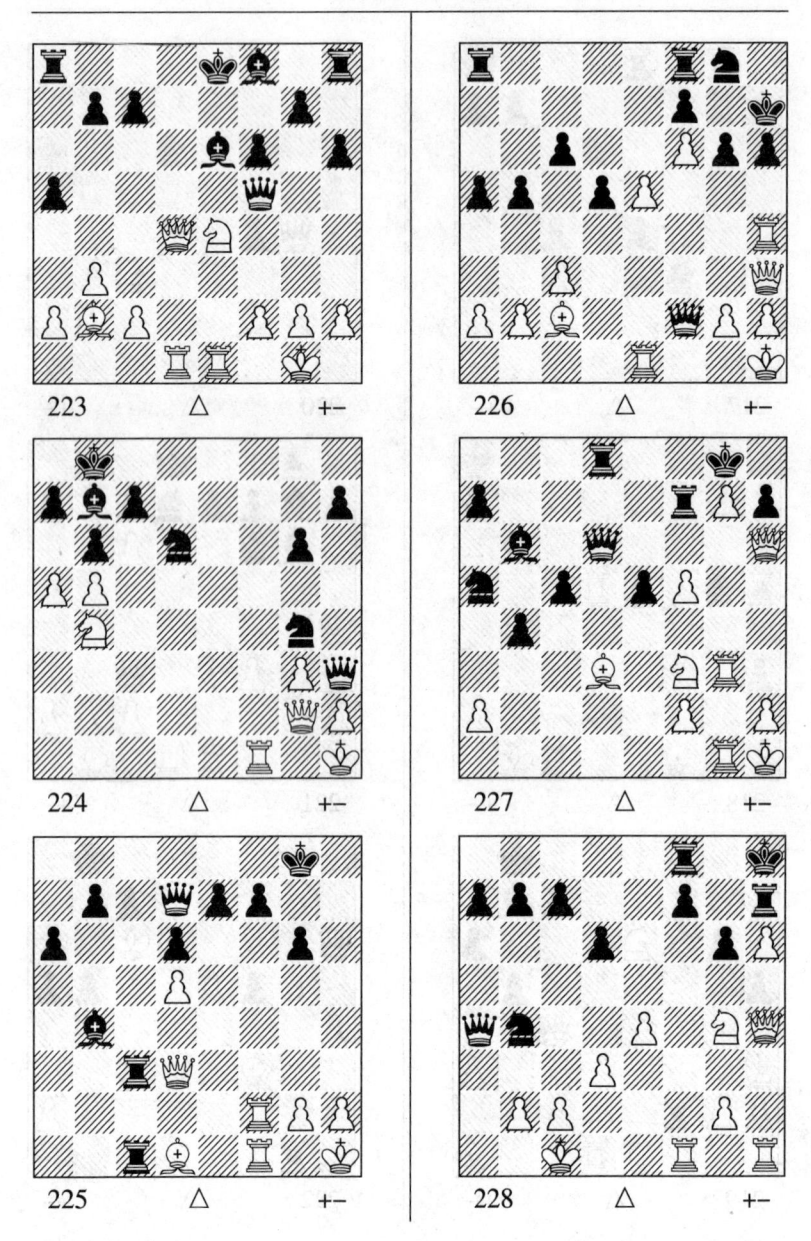

七级习题

223 △ +−

224 △ +−

225 △ +−

226 △ +−

227 △ +−

228 △ +−

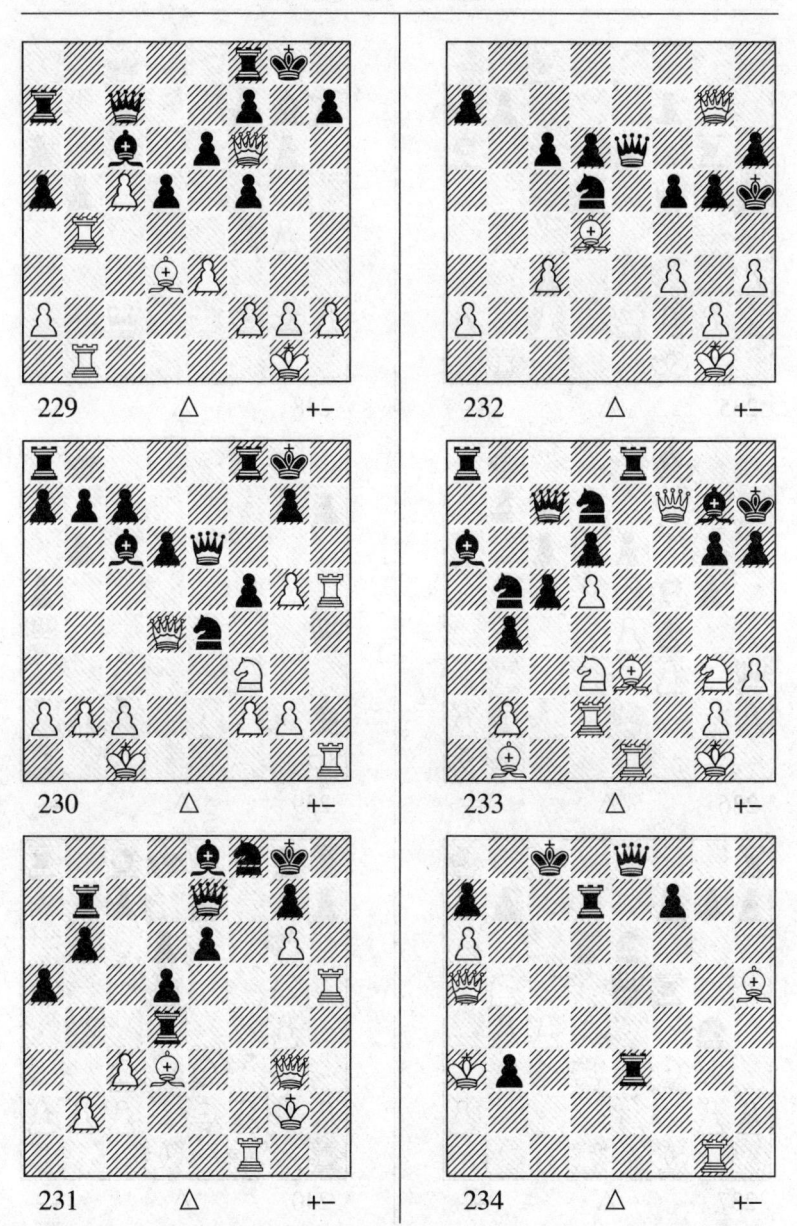

七级习题

229 △ +−	232 △ +−
230 △ +−	233 △ +−
231 △ +−	234 △ +−

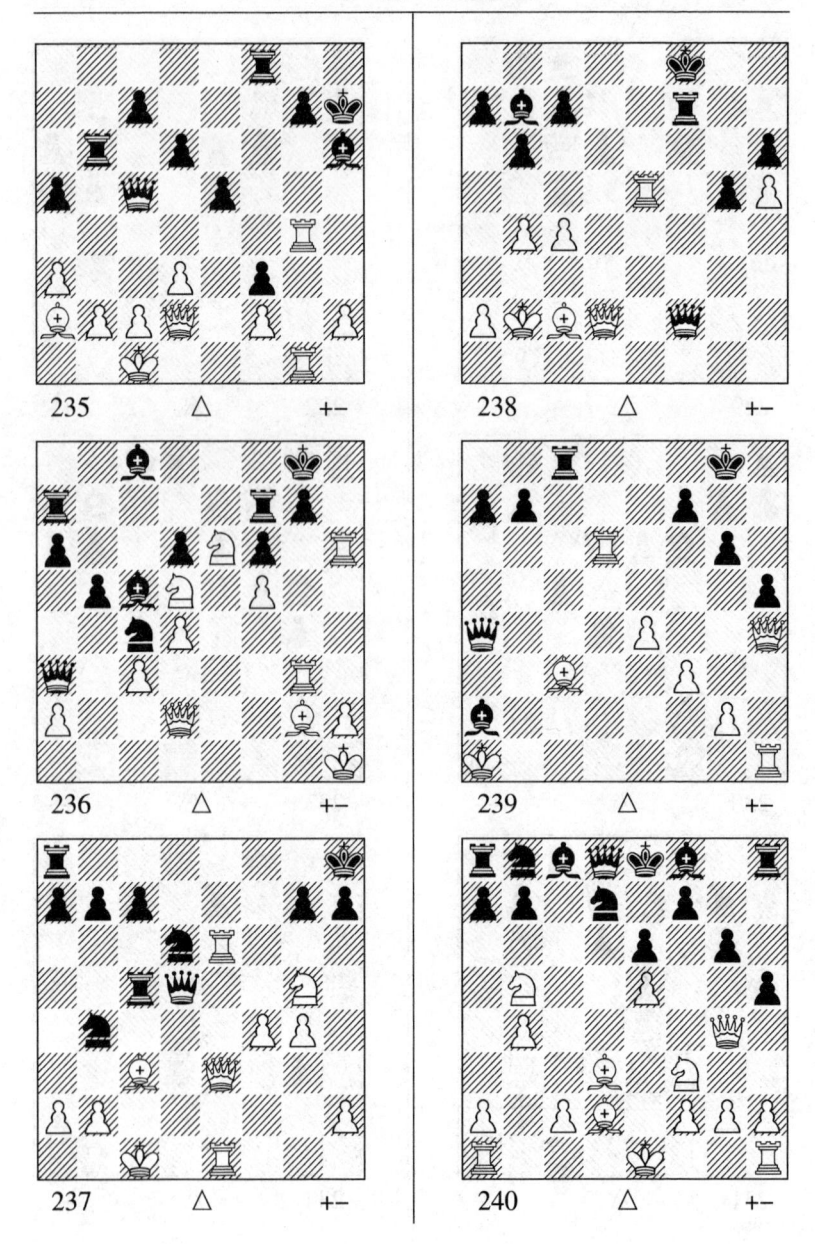

七 级 习 题

235 △ +−

236 △ +−

237 △ +−

238 △ +−

239 △ +−

240 △ +−

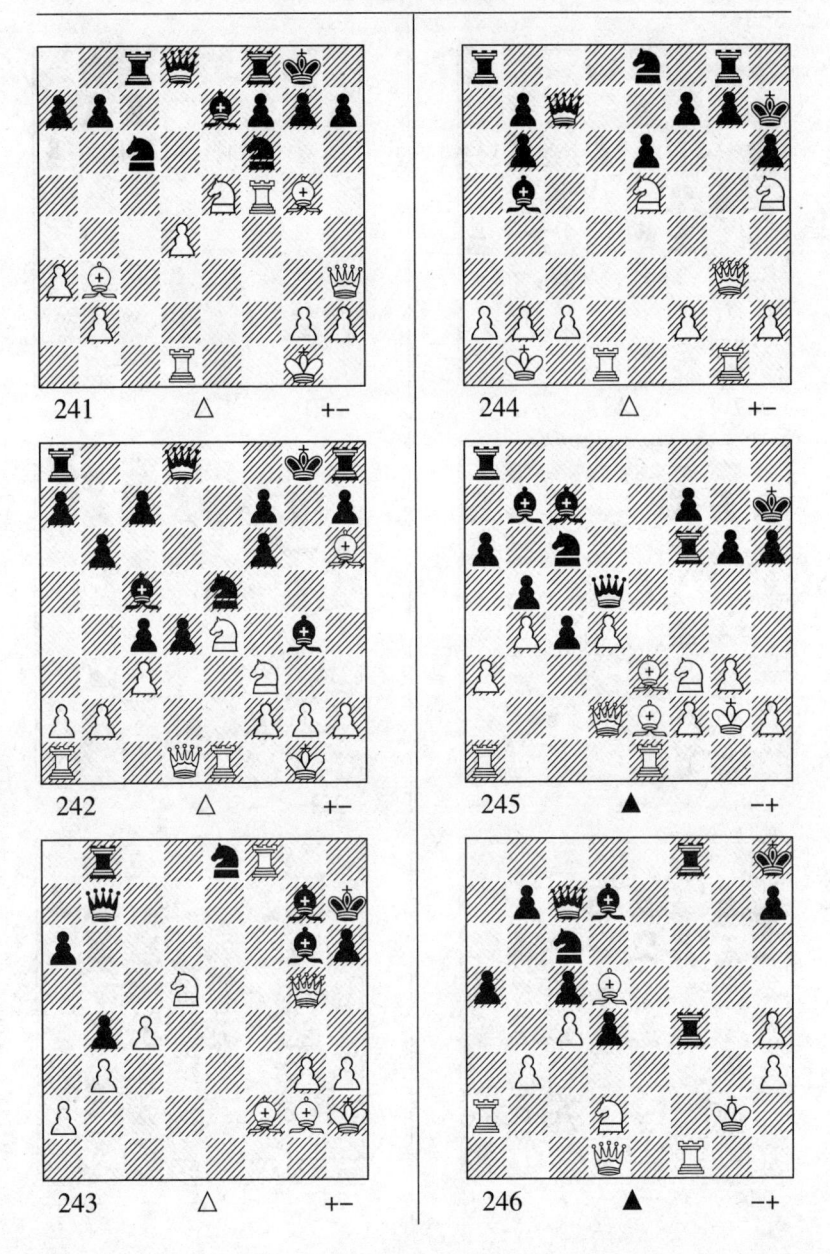

七级习题

241 △ +−

242 △ +−

243 △ +−

244 △ +−

245 ▲ −+

246 ▲ −+

47

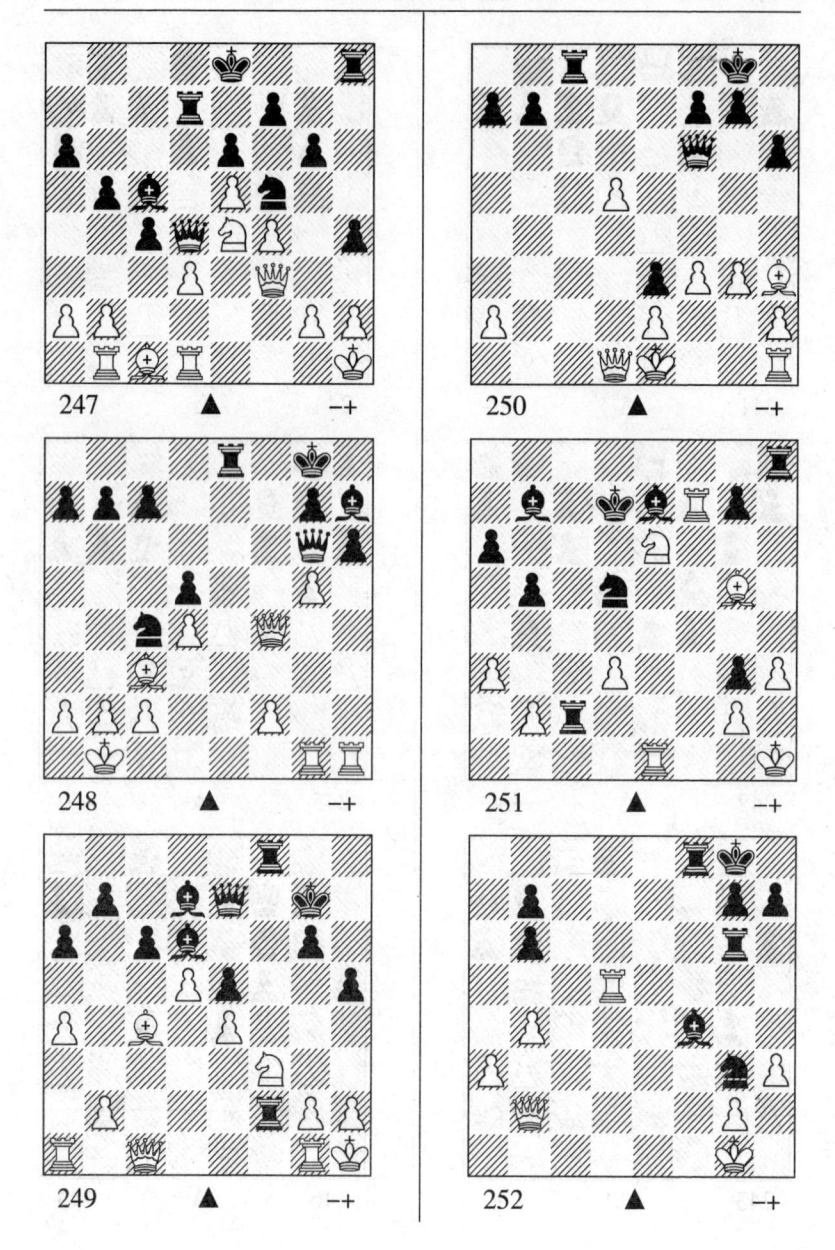

七级习题

247 ▲ −+

248 ▲ −+

249 ▲ −+

250 ▲ −+

251 ▲ −+

252 ▲ −+

48

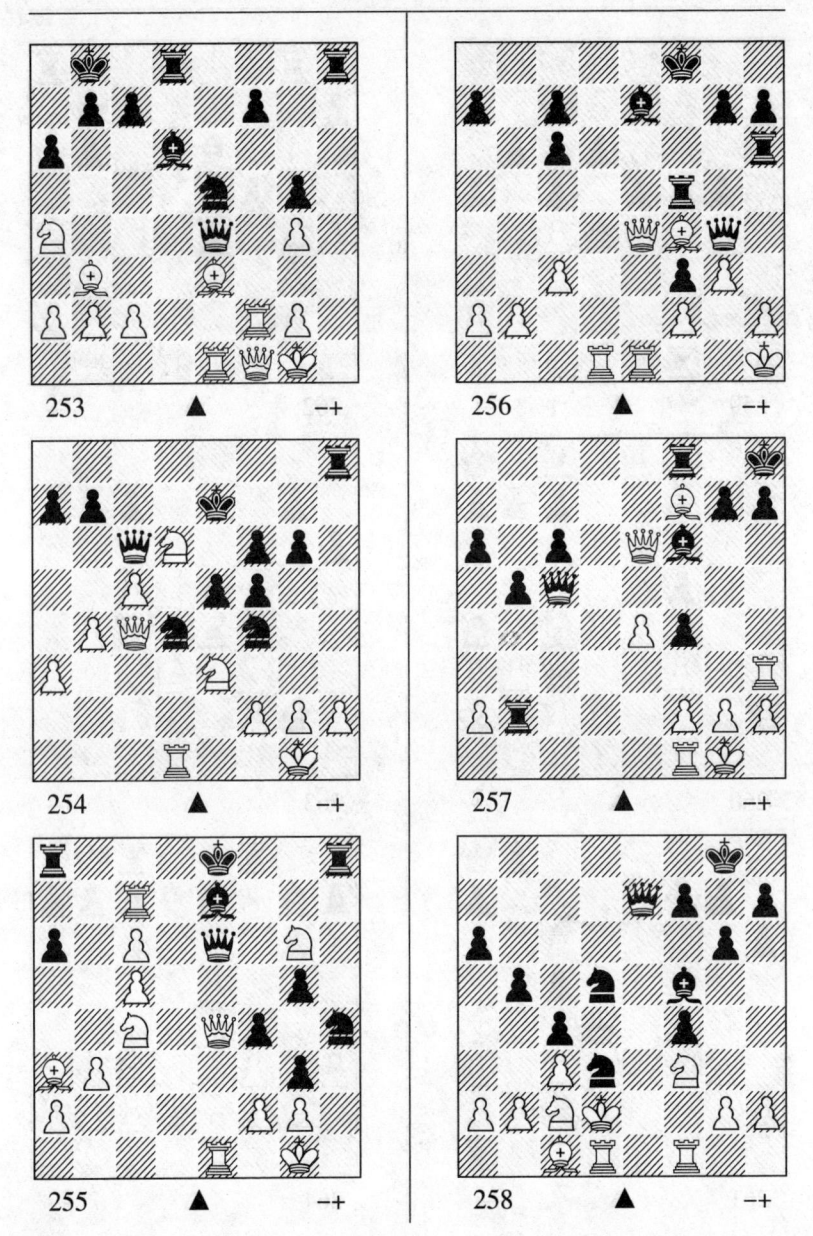

七级习题

253 ▲ −+

254 ▲ −+

255 ▲ −+

256 ▲ −+

257 ▲ −+

258 ▲ −+

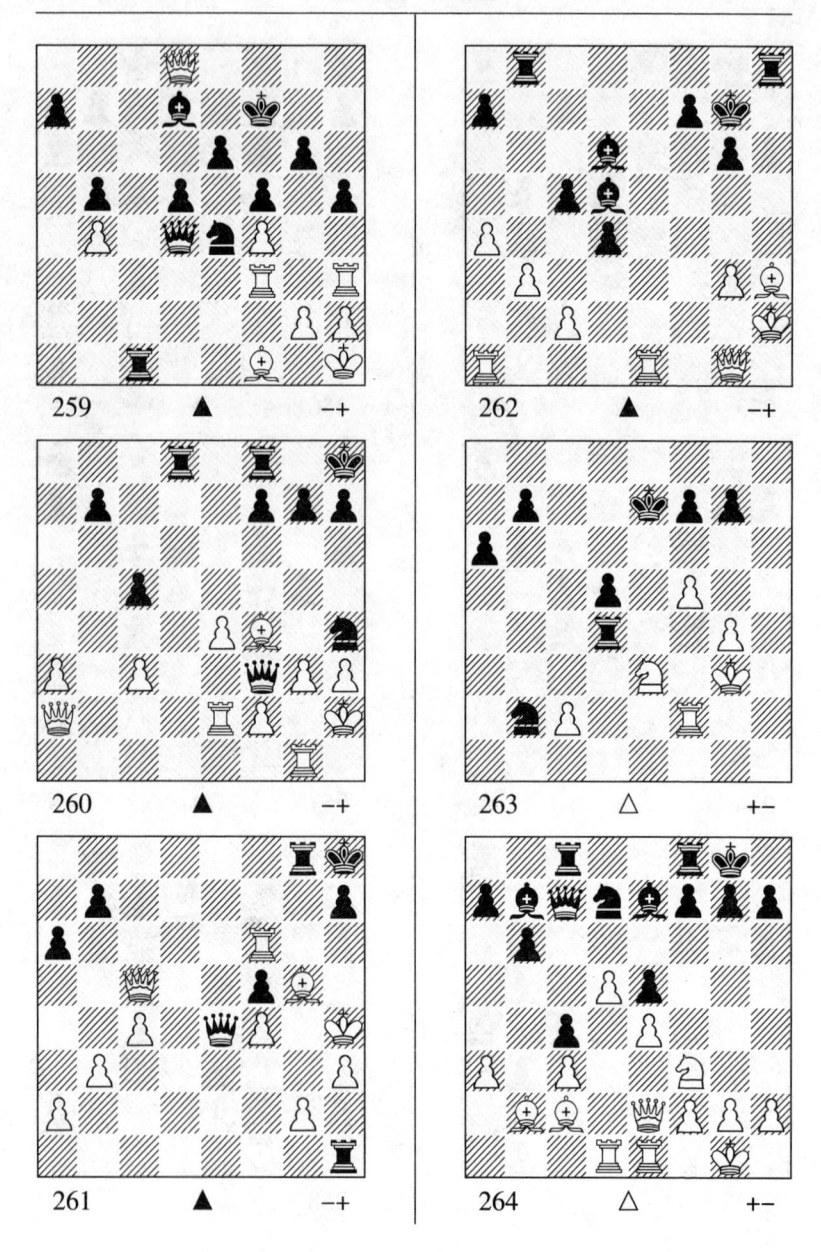

七级习题

259 ▲ −+

260 ▲ −+

261 ▲ −+

262 ▲ −+

263 △ +−

264 △ +−

50

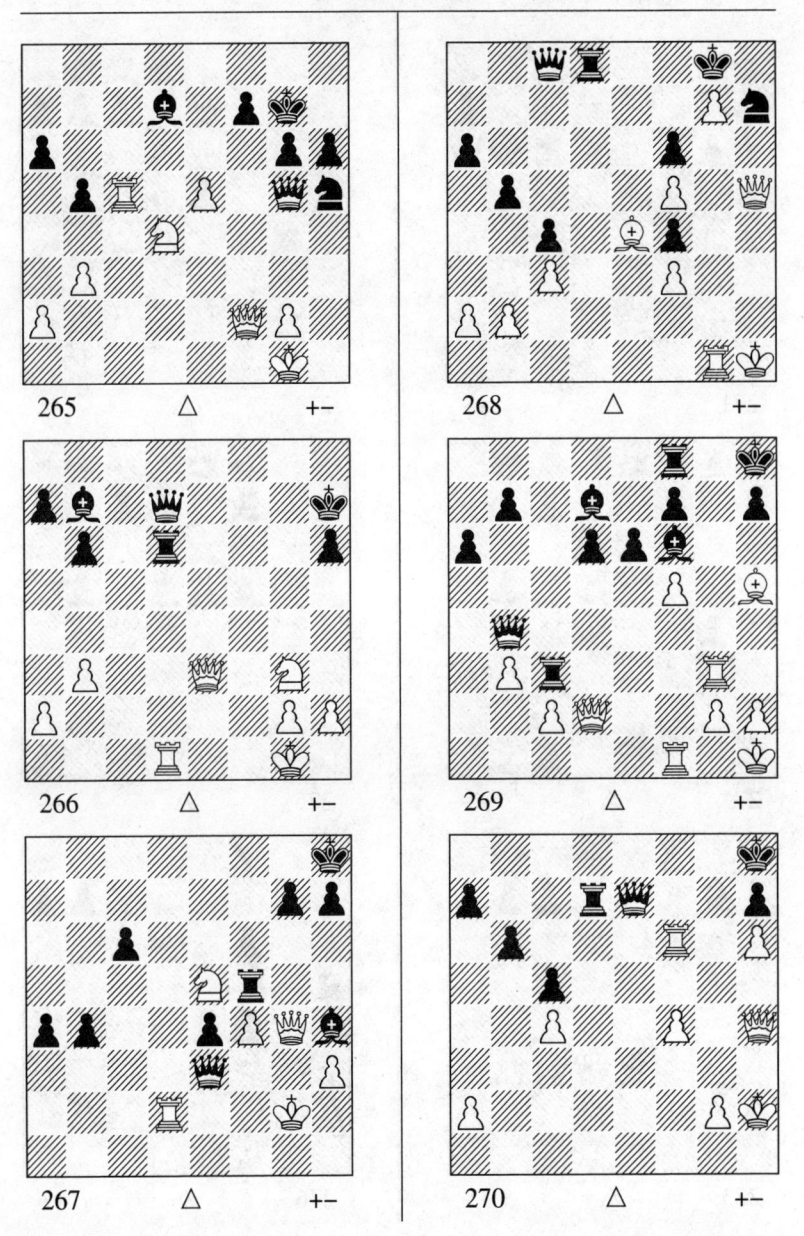

七级习题

265 △ +-

268 △ +-

266 △ +-

269 △ +-

267 △ +-

270 △ +-

51

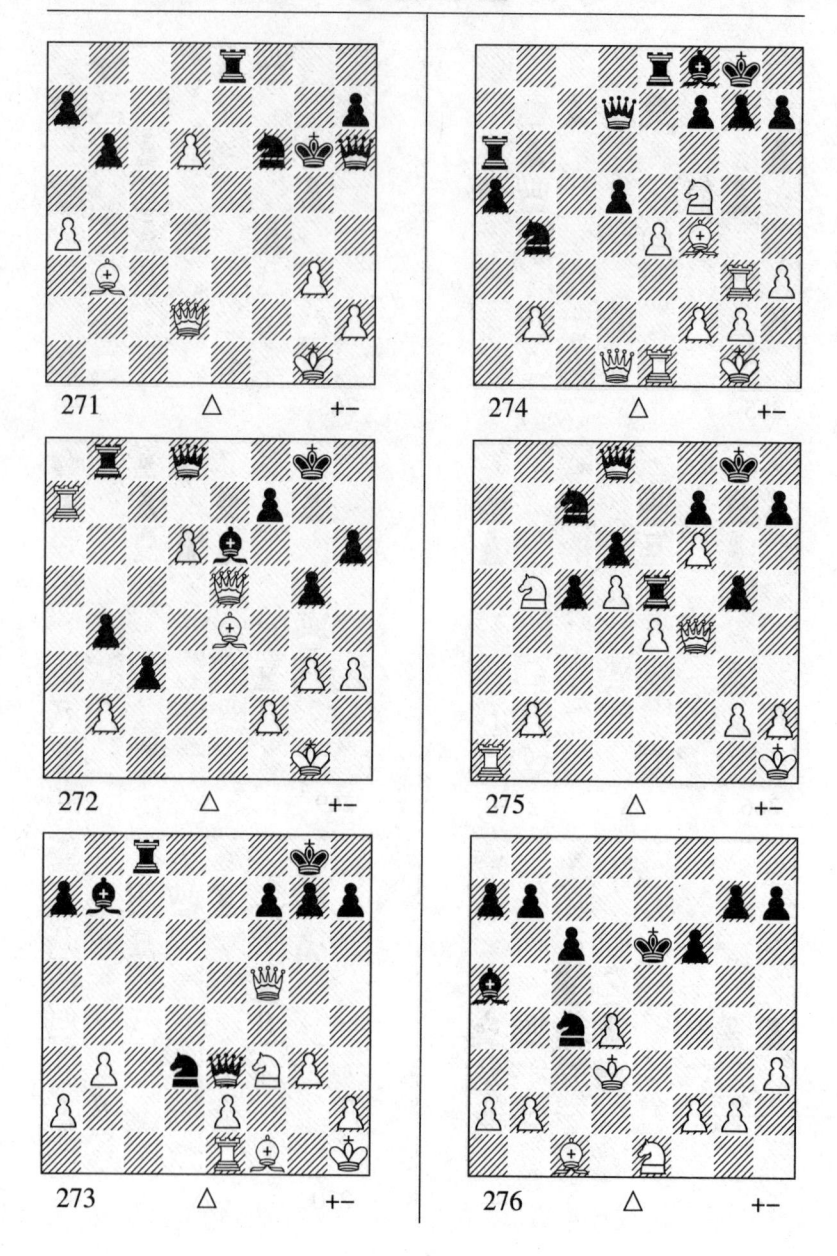

七级习题

271 △ +−

272 △ +−

273 △ +−

274 △ +−

275 △ +−

276 △ +−

52

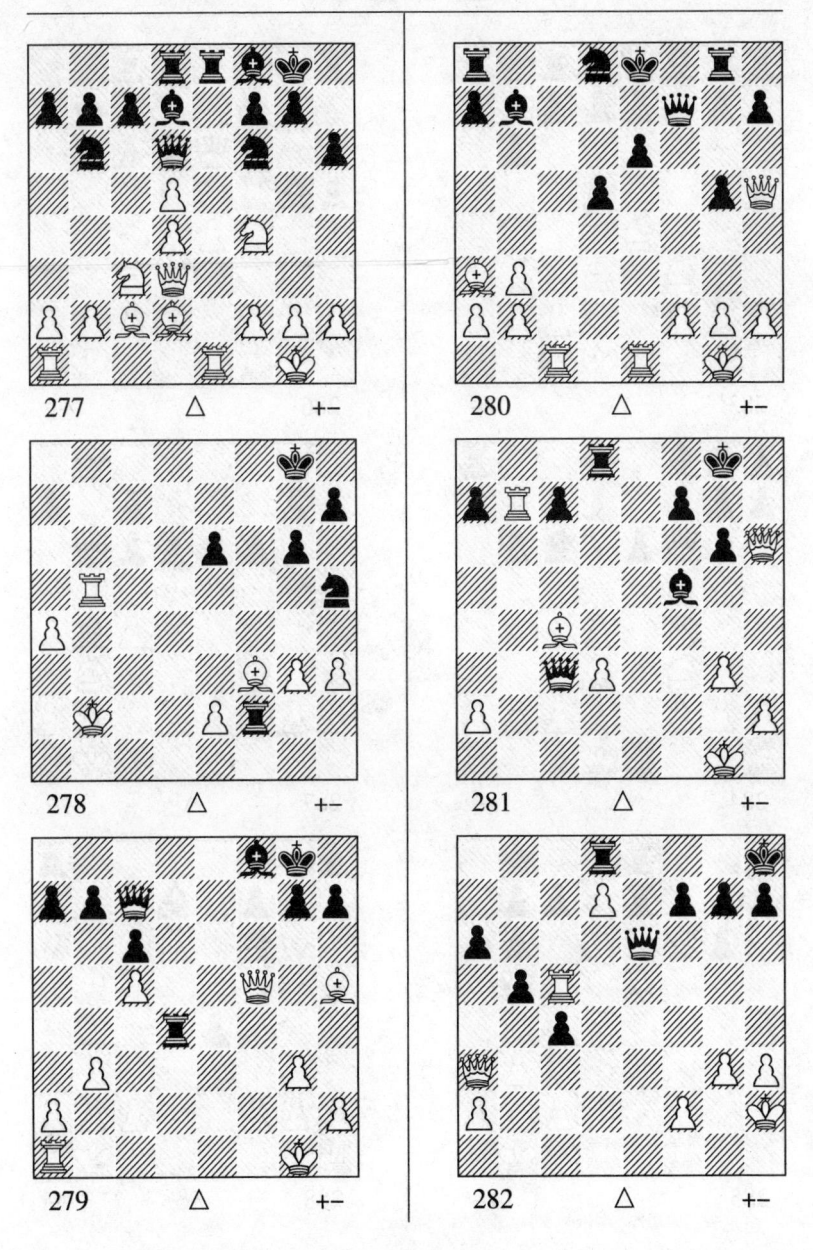

七级习题

277 △ +−

278 △ +−

279 △ +−

280 △ +−

281 △ +−

282 △ +−

53

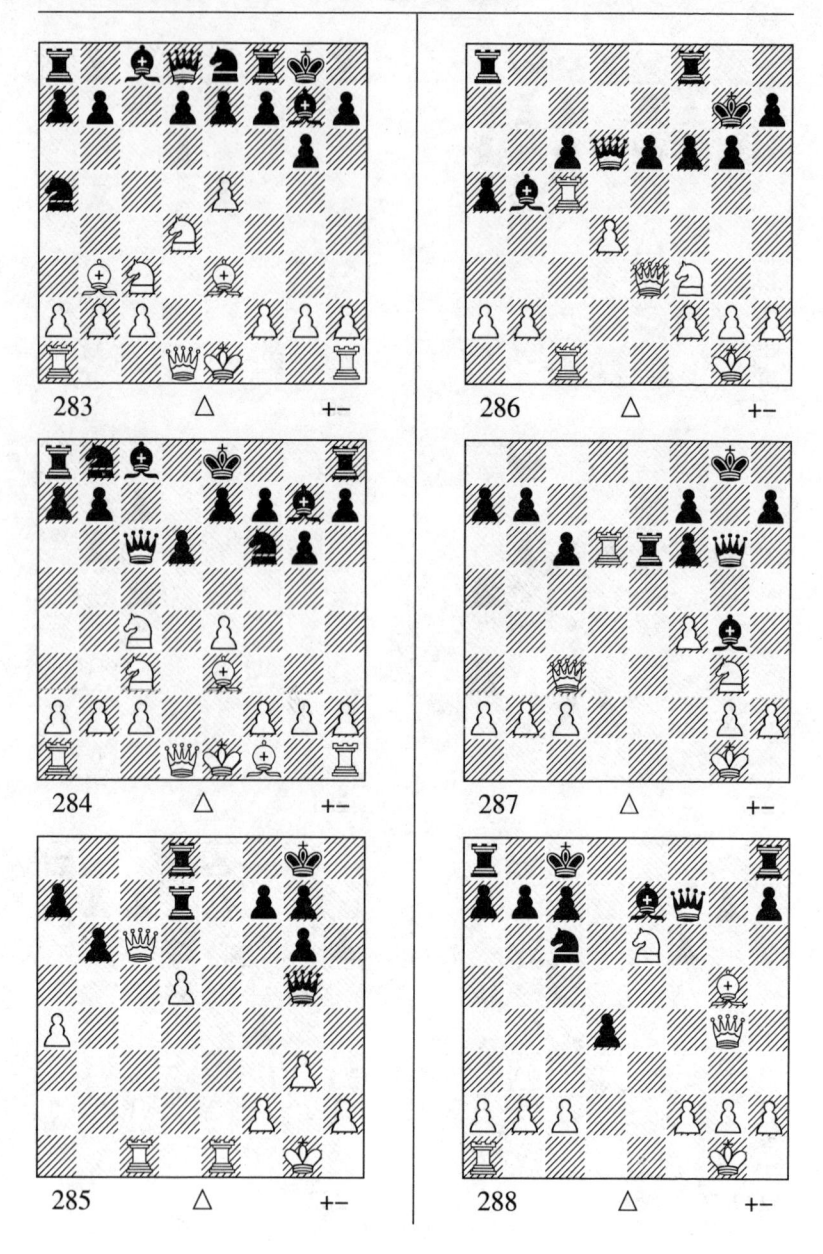

七 级 习 题

283 △ +−

284 △ +−

285 △ +−

286 △ +−

287 △ +−

288 △ +−

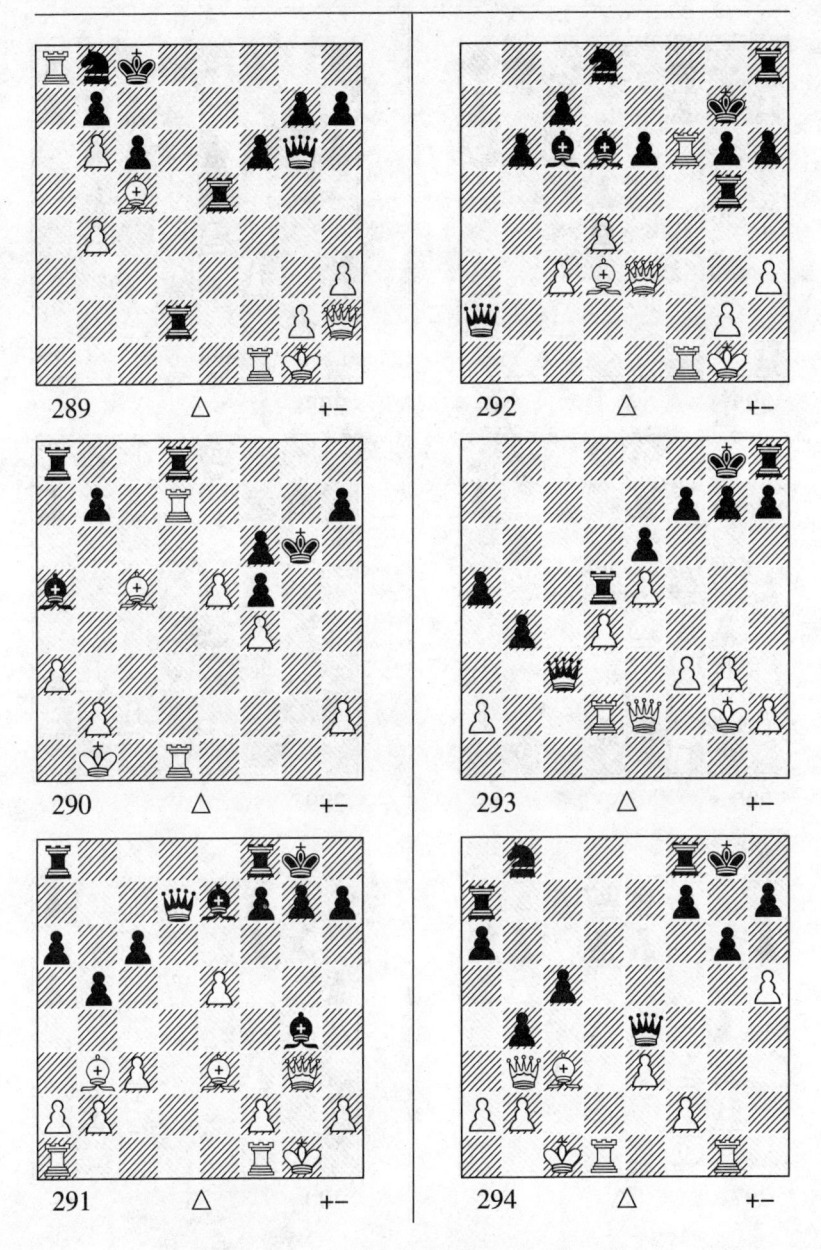

七级习题

289 △ +−

292 △ +−

290 △ +−

293 △ +−

291 △ +−

294 △ +−

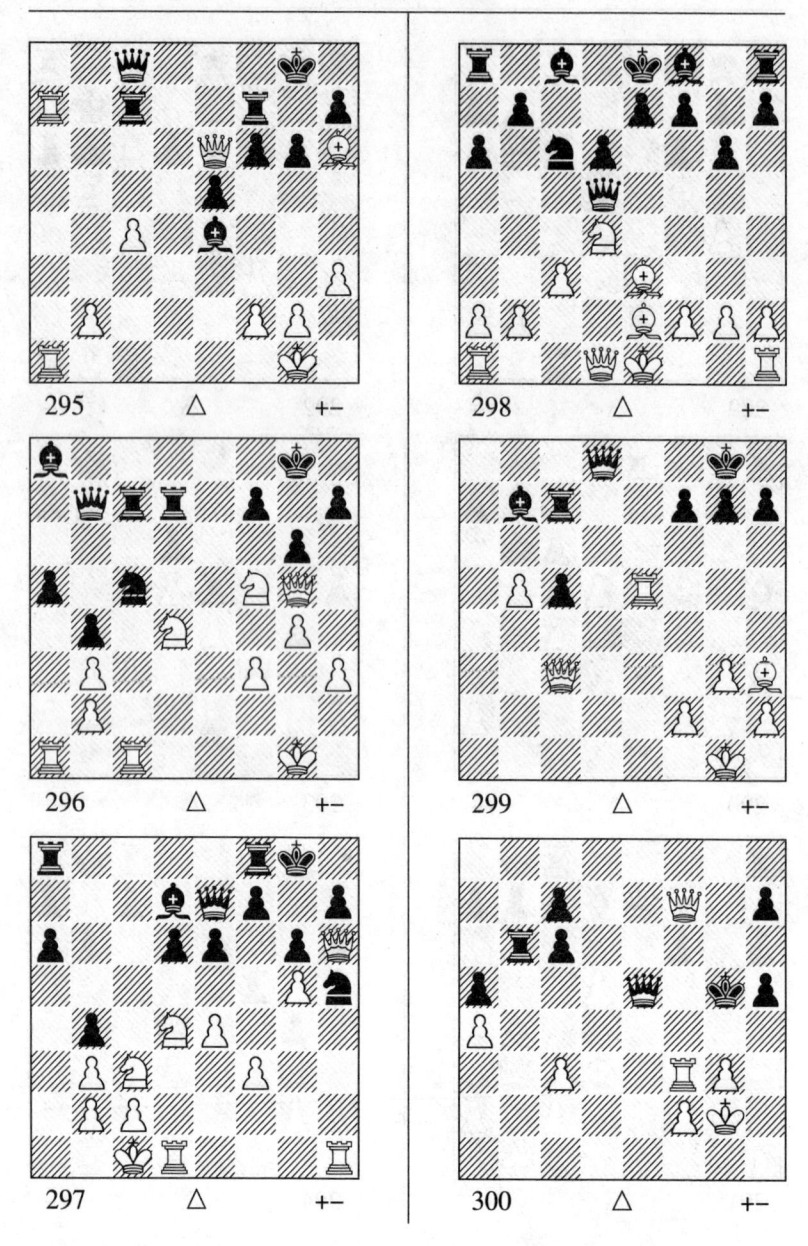

七级习题

295 △ +−

296 △ +−

297 △ +−

298 △ +−

299 △ +−

300 △ +−

56

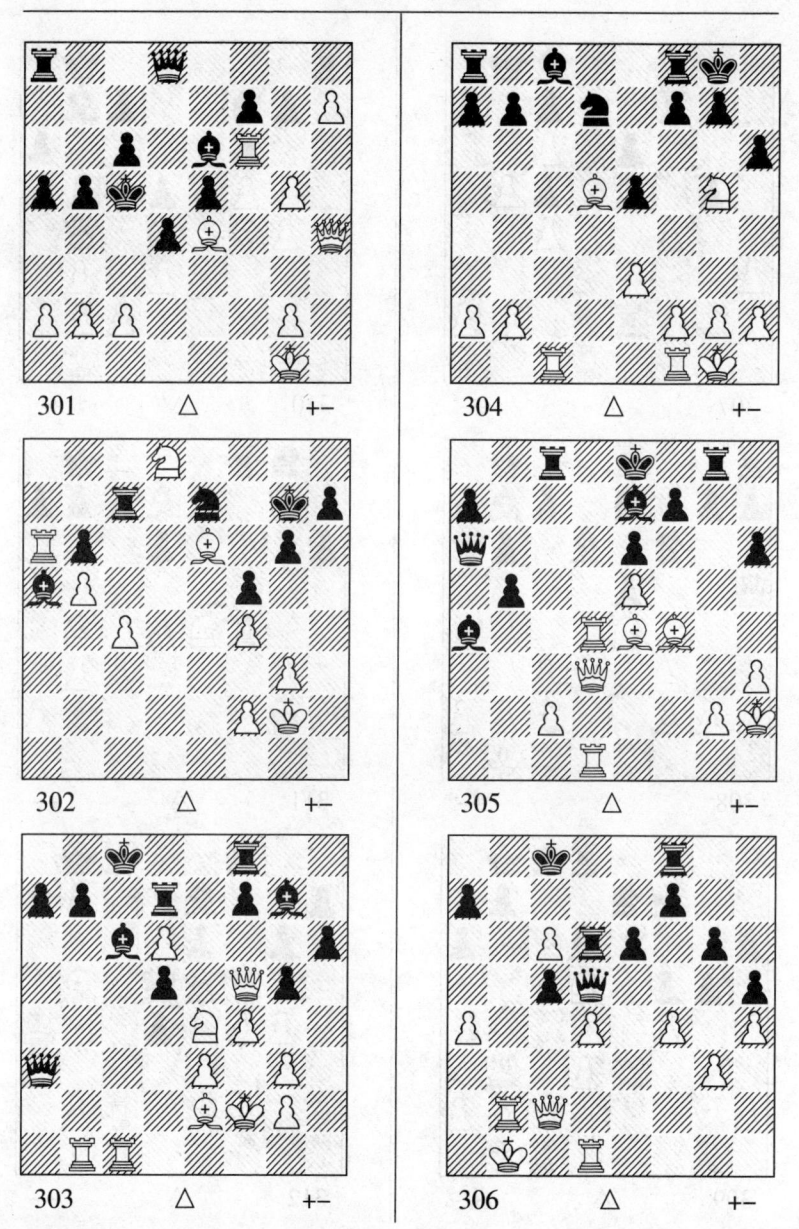

七级习题

301 △ +−

302 △ +−

303 △ +−

304 △ +−

305 △ +−

306 △ +−

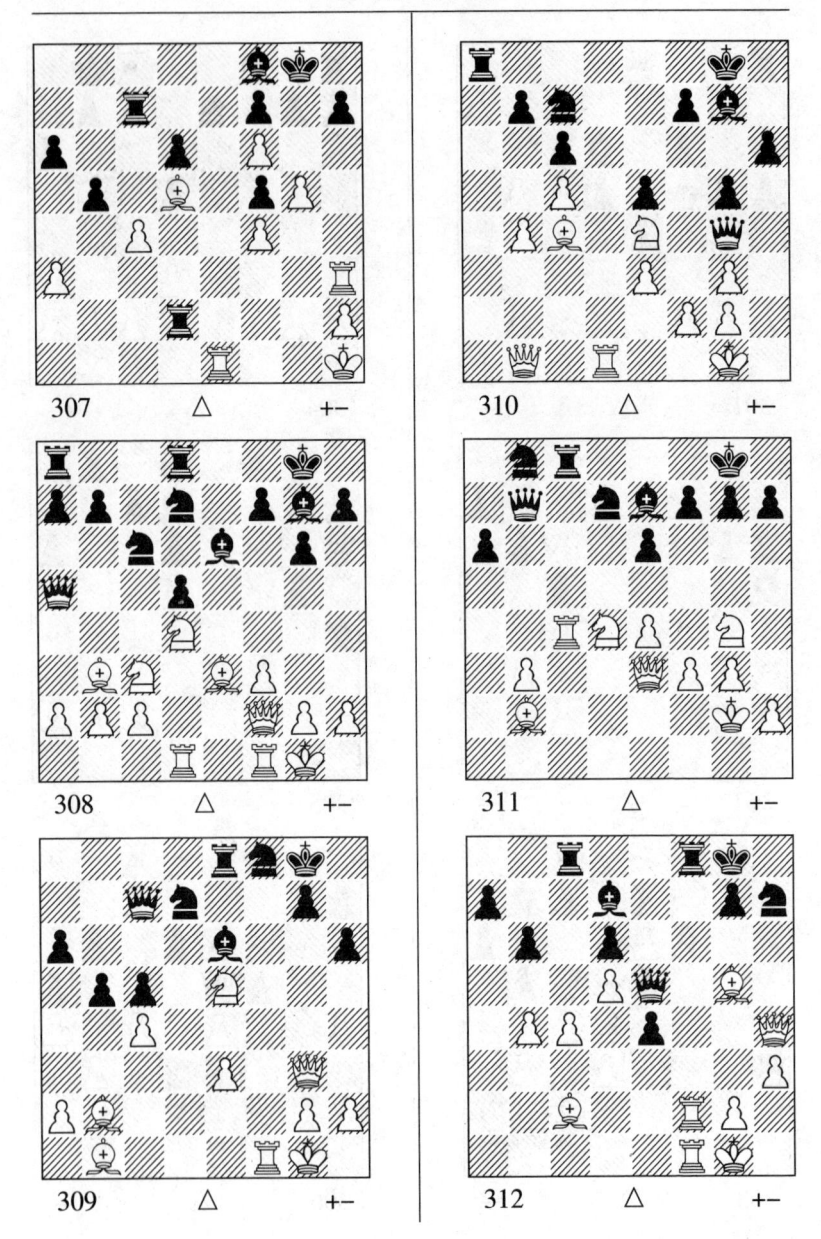

七级习题

307 △ +−

308 △ +−

309 △ +−

310 △ +−

311 △ +−

312 △ +−

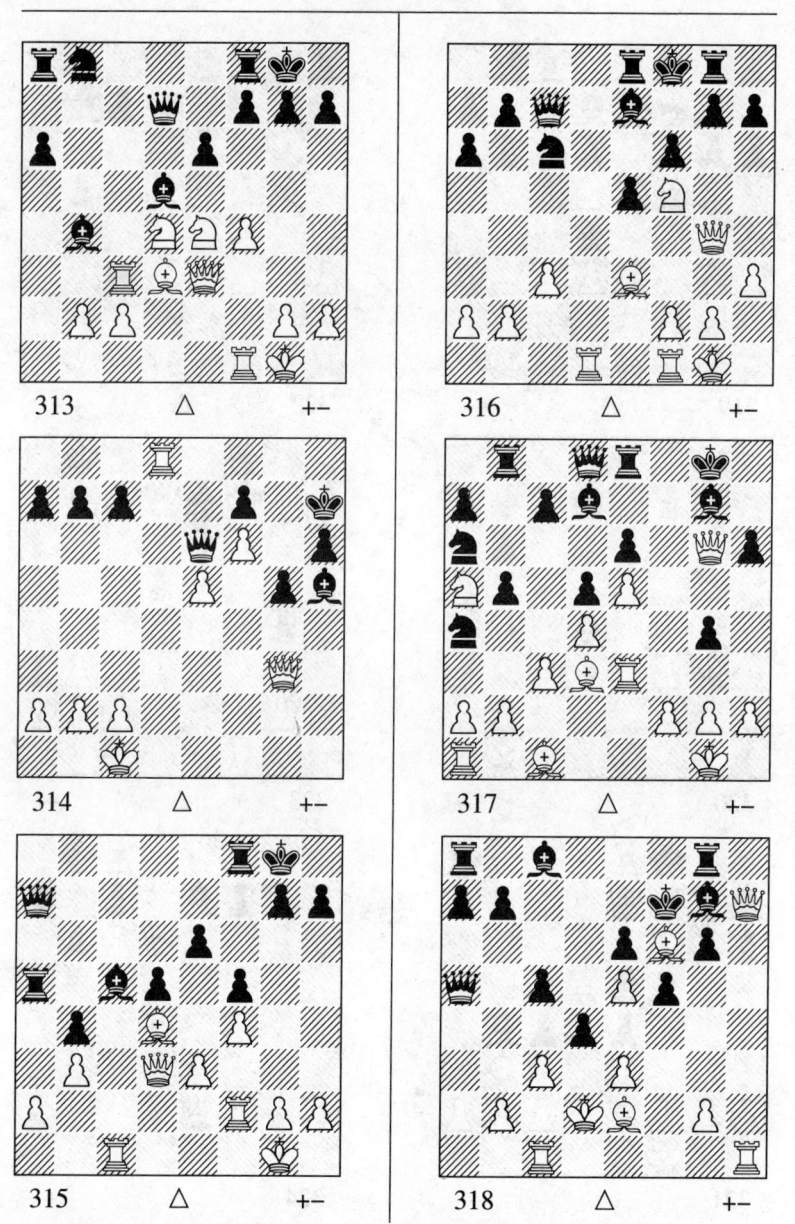

七级习题

313 △ +−

314 △ +−

315 △ +−

316 △ +−

317 △ +−

318 △ +−

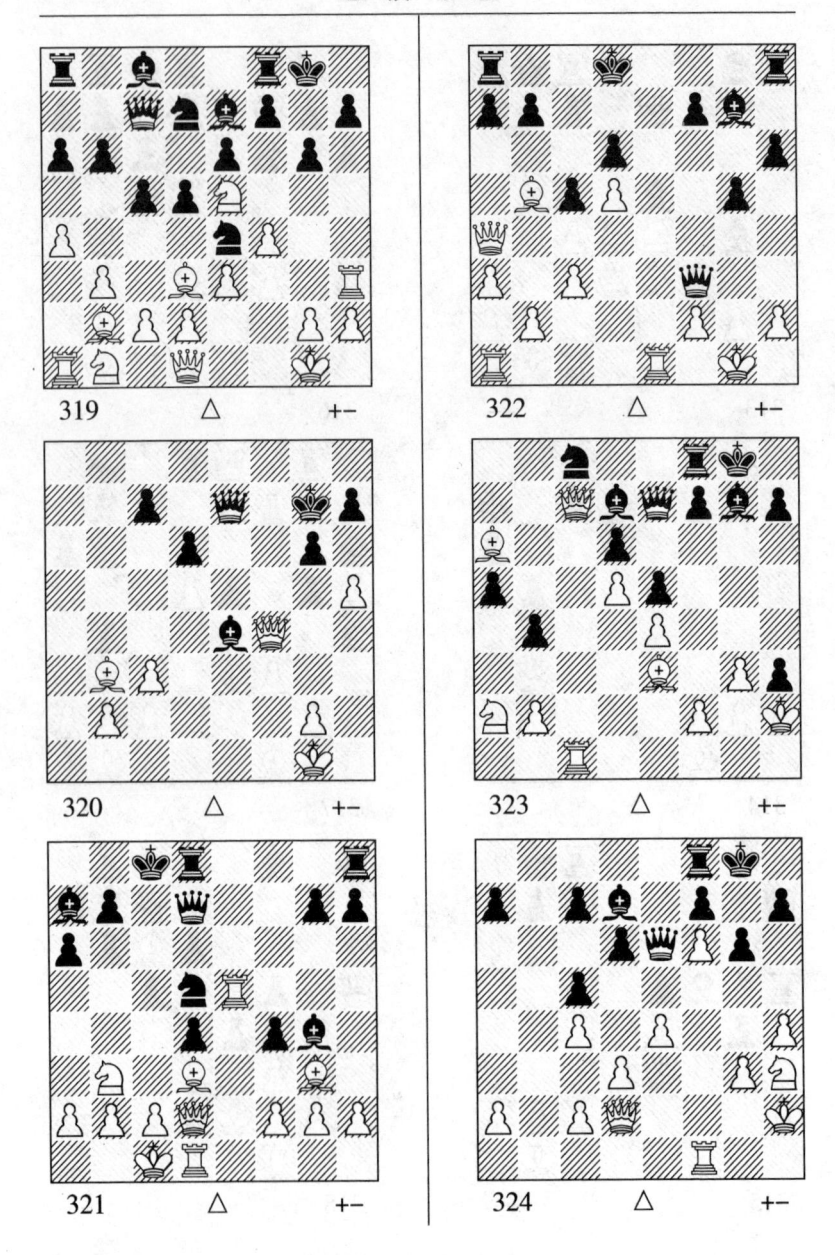

七级习题

319 △ +−

320 △ +−

321 △ +−

322 △ +−

323 △ +−

324 △ +−

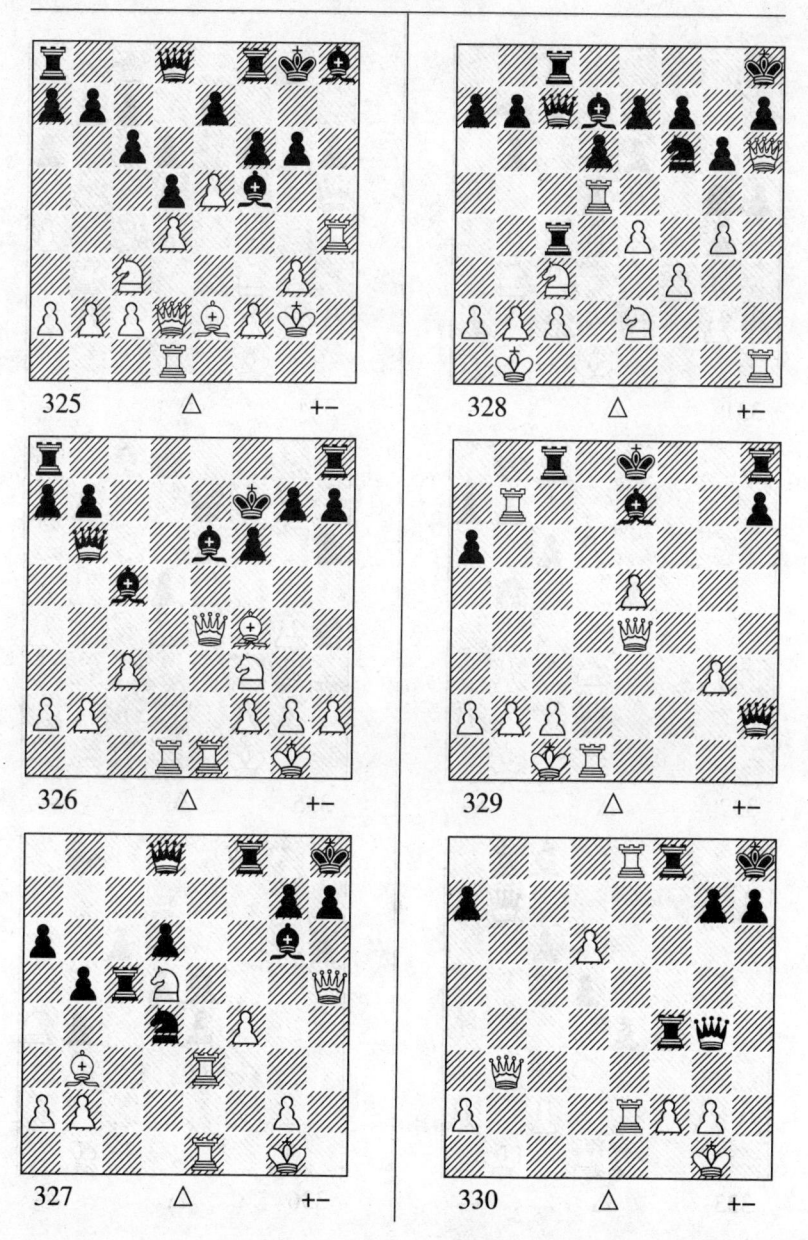

七级习题

325　△　+−

326　△　+−

327　△　+−

328　△　+−

329　△　+−

330　△　+−

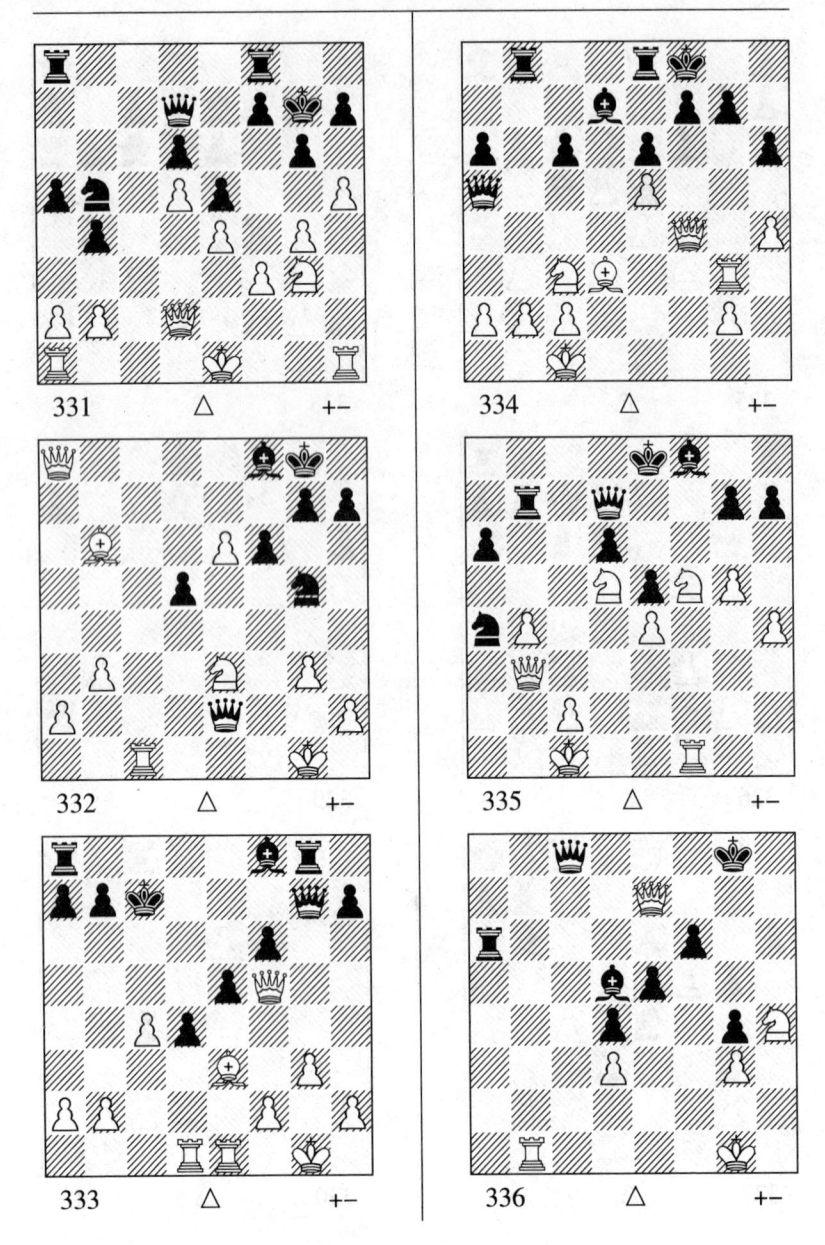

七级习题

331 △ +−

334 △ +−

332 △ +−

335 △ +−

333 △ +−

336 △ +−

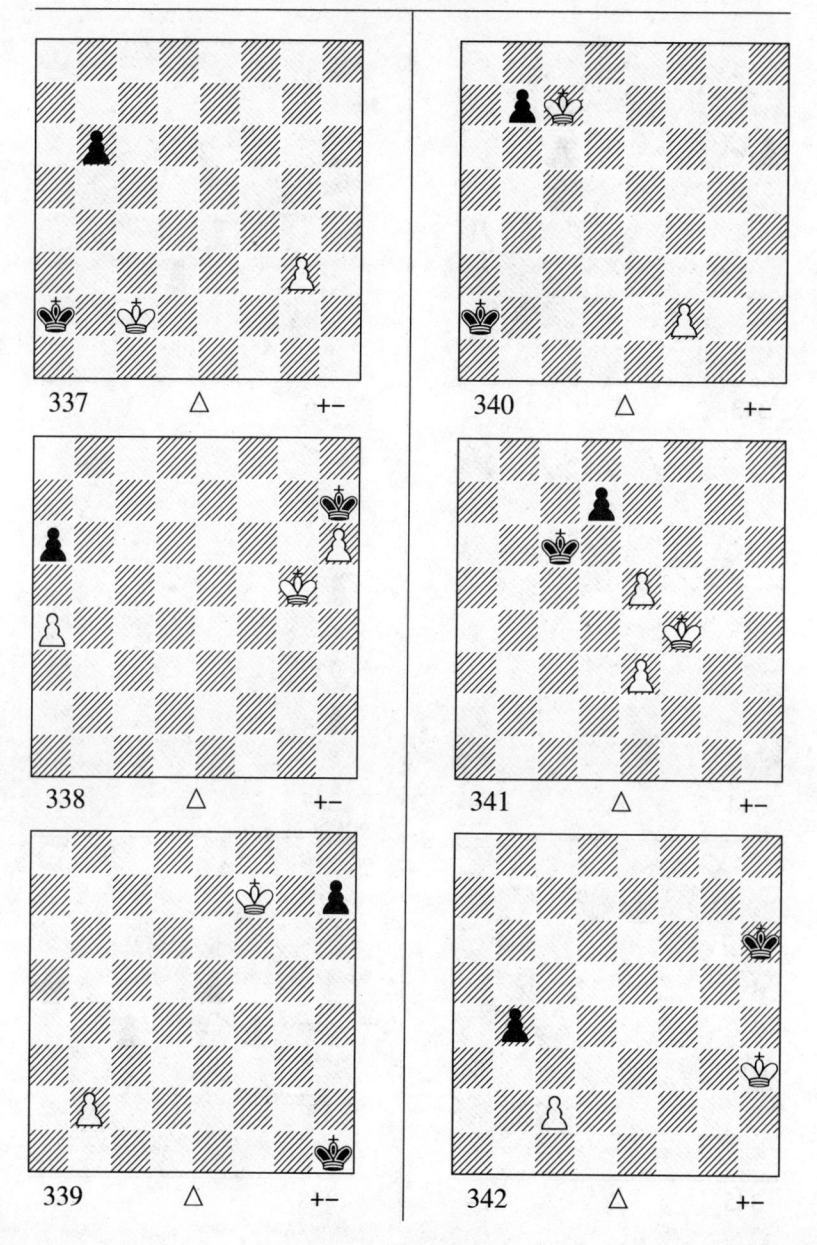

七级习题

337 △ +−

338 △ +−

339 △ +−

340 △ +−

341 △ +−

342 △ +−

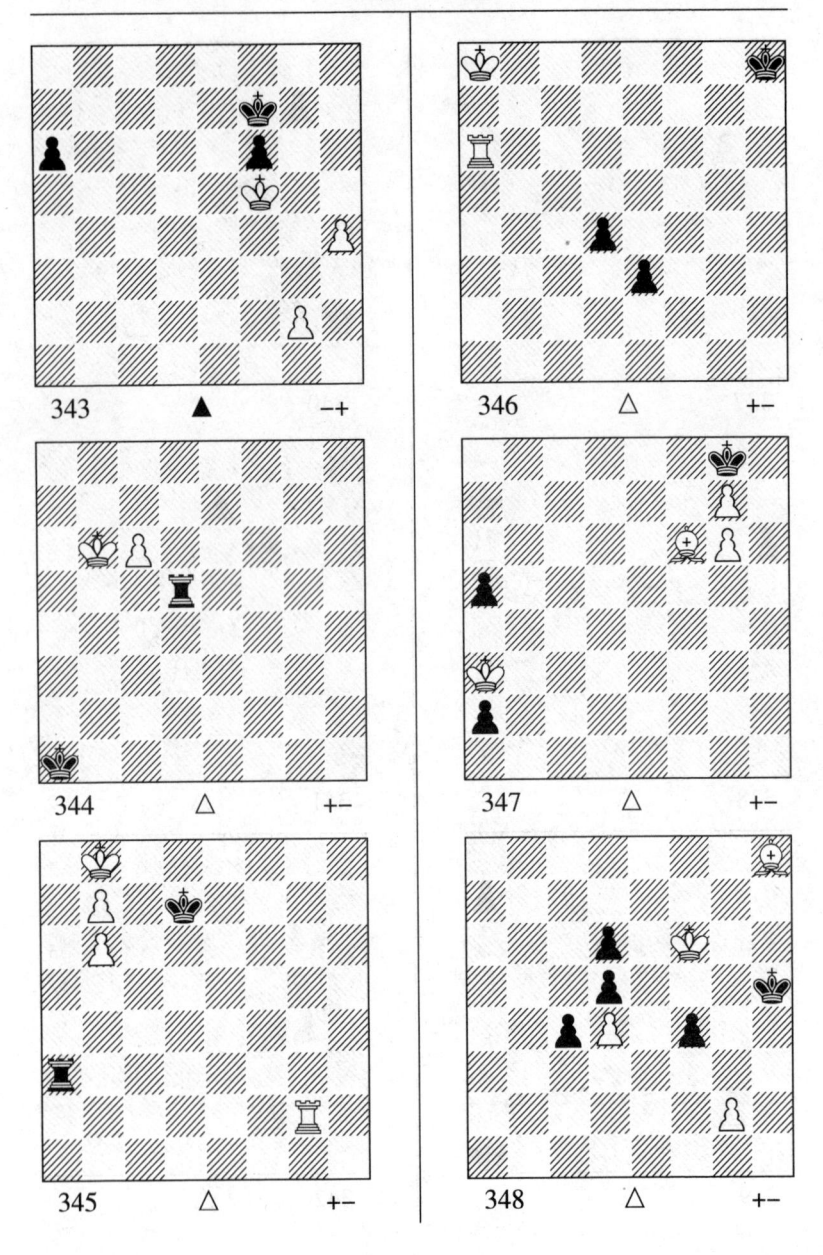

七级习题

343 ▲ −+

346 △ +−

344 △ +−

347 △ +−

345 △ +−

348 △ +−

64

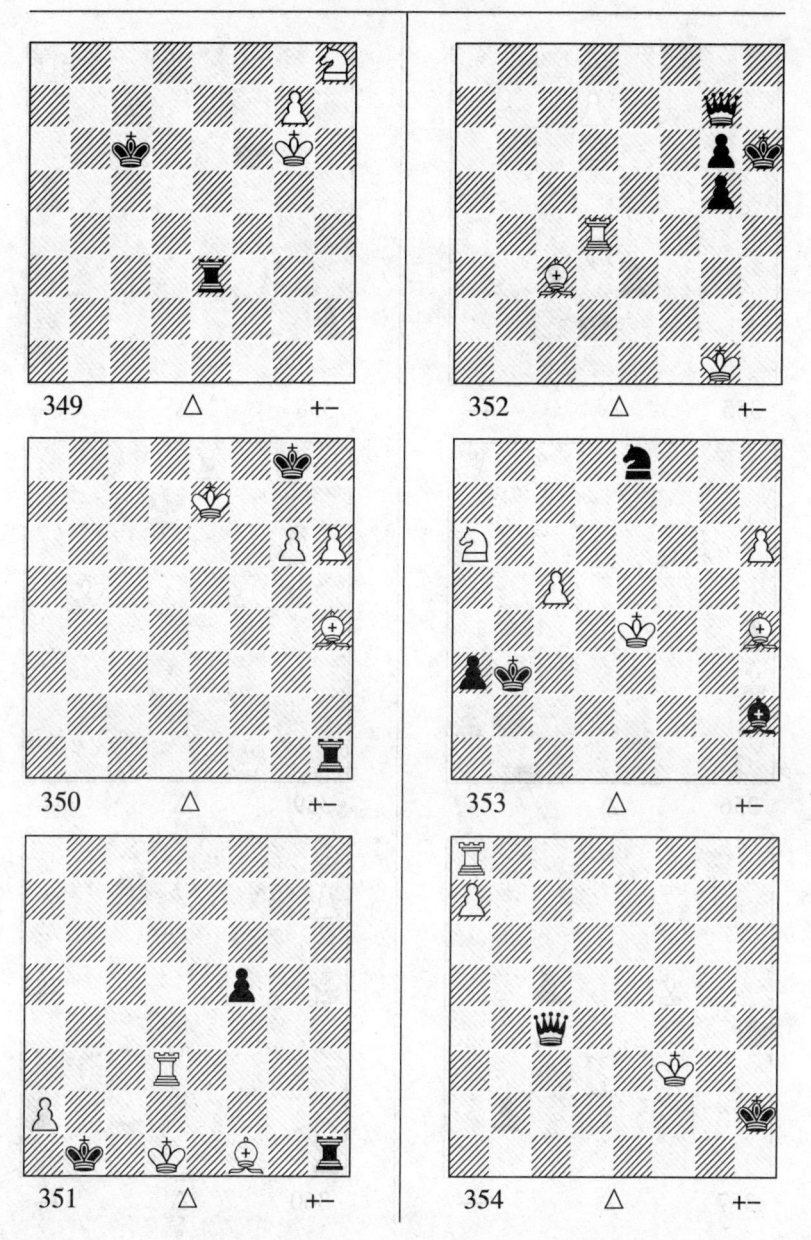

七级习题

349 △ +−	352 △ +−
350 △ +−	353 △ +−
351 △ +−	354 △ +−

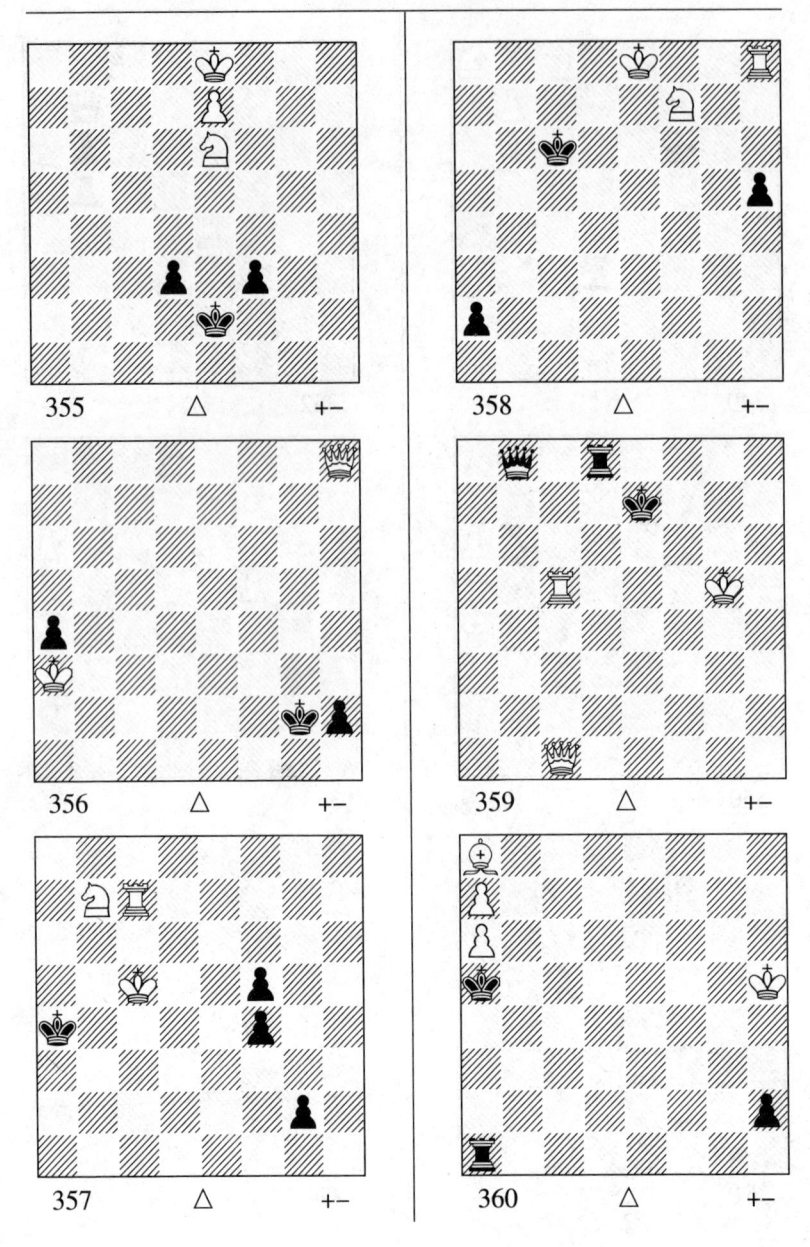

七级习题

355 △ +−

356 △ +−

357 △ +−

358 △ +−

359 △ +−

360 △ +−

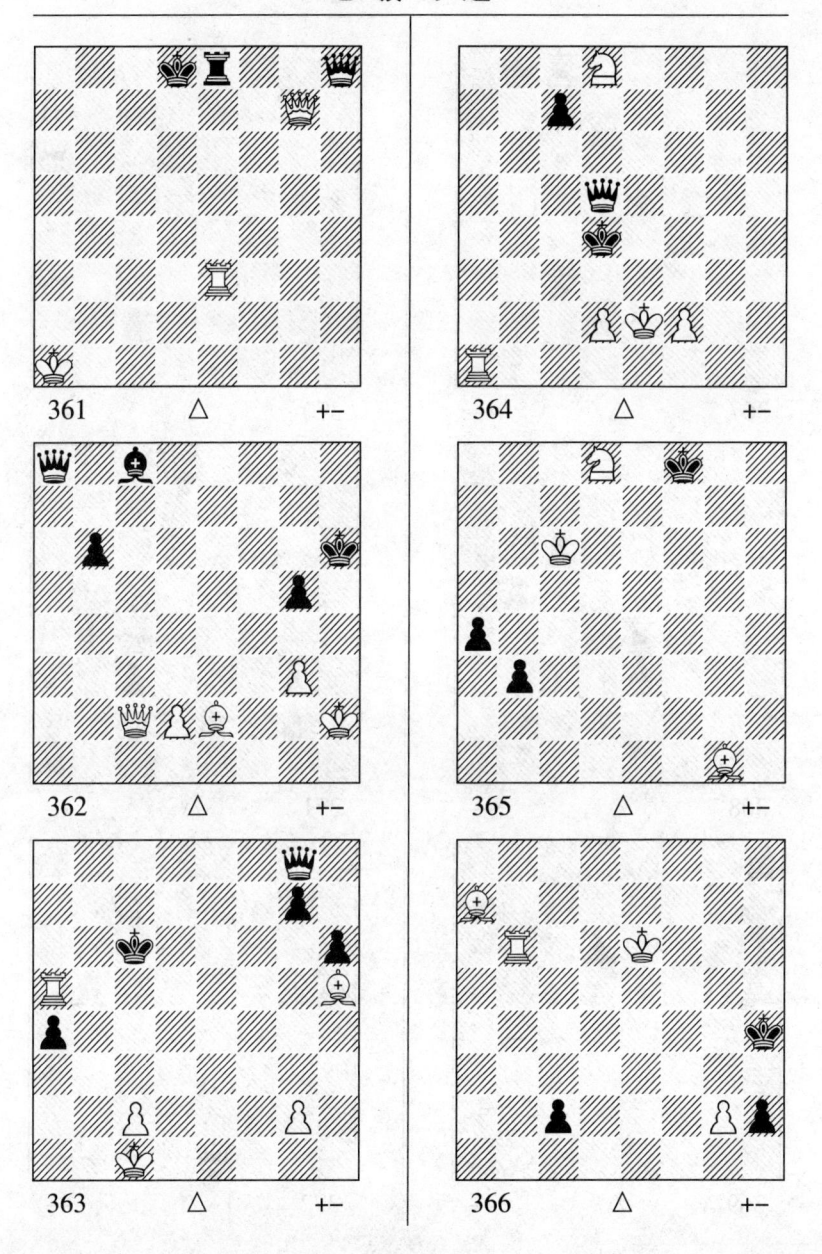

七级习题

361 △ +−

362 △ +−

363 △ +−

364 △ +−

365 △ +−

366 △ +−

67

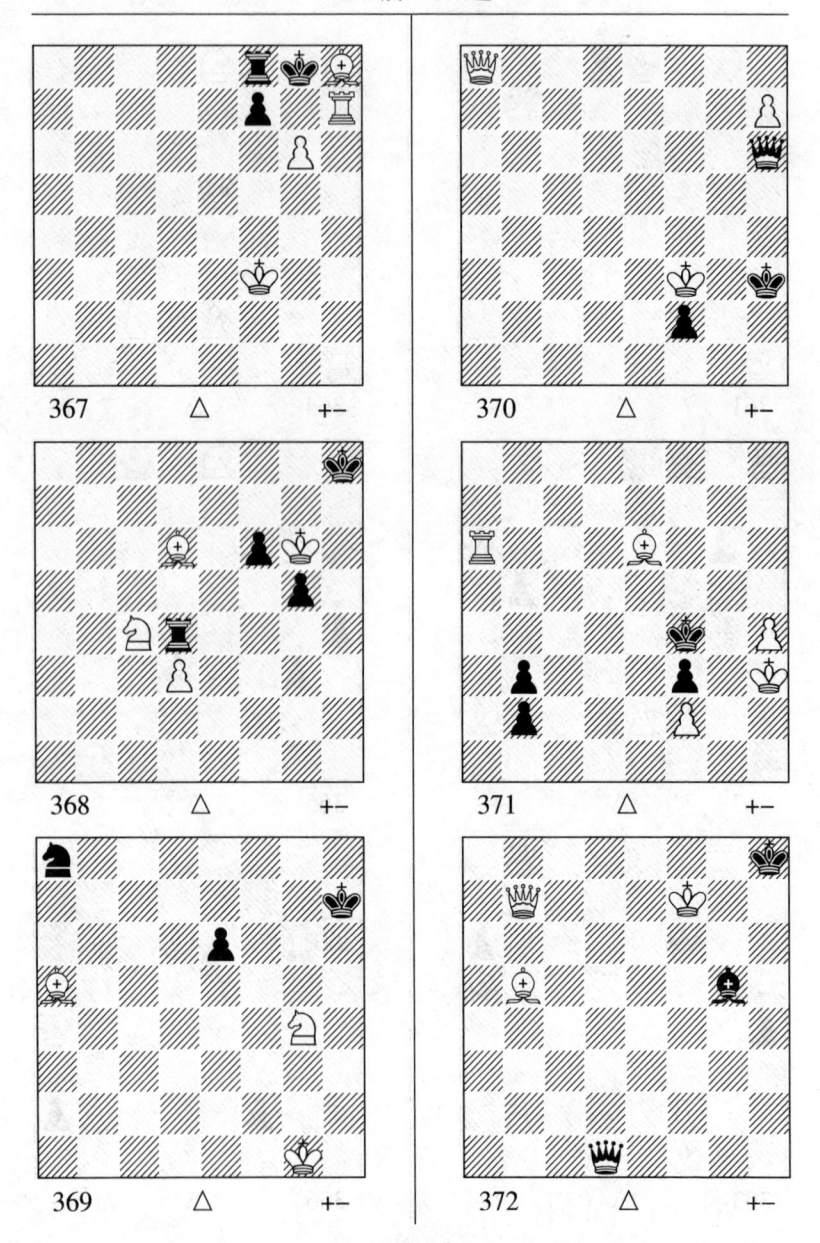

七级习题

367 △ +−

368 △ +−

369 △ +−

370 △ +−

371 △ +−

372 △ +−

68

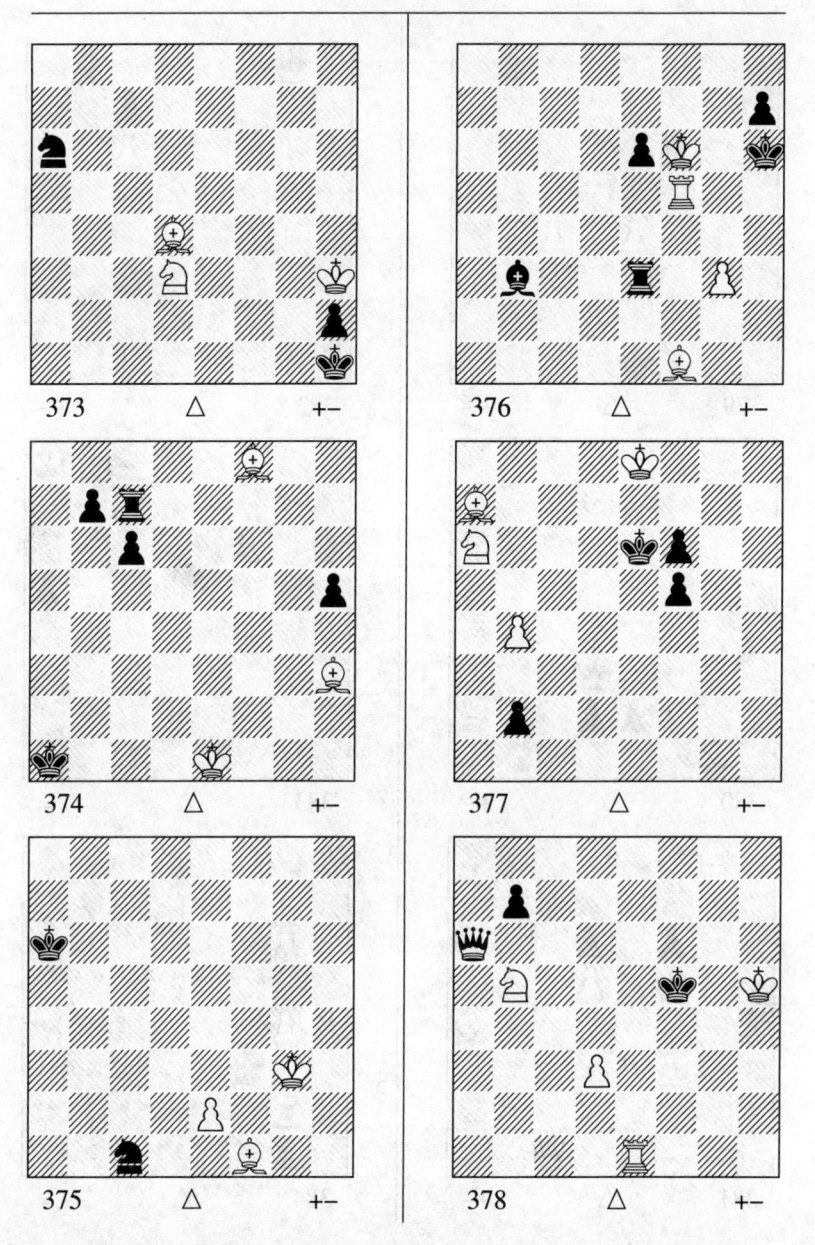

七级习题

373 △ +-	376 △ +-
374 △ +-	377 △ +-
375 △ +-	378 △ +-

69

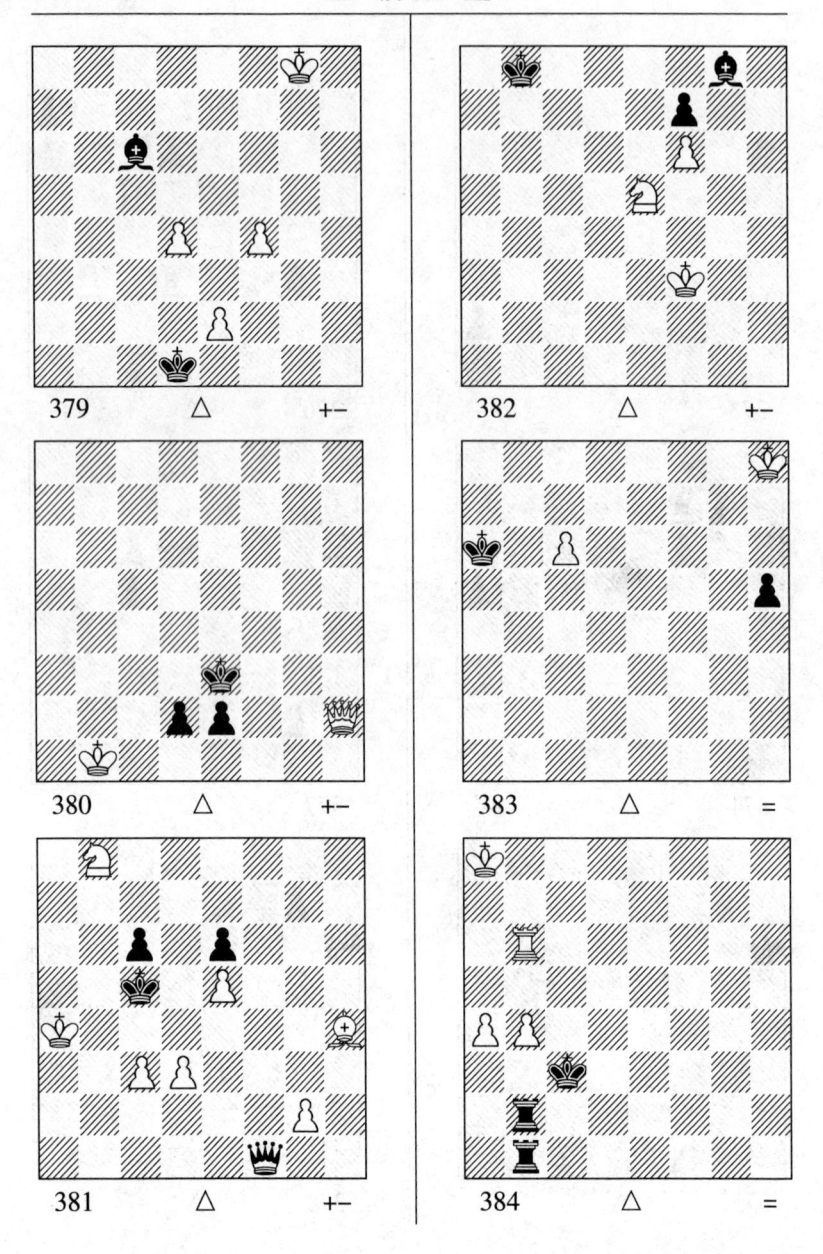

七级习题

379 △ +−

380 △ +−

381 △ +−

382 △ +−

383 △ =

384 △ =

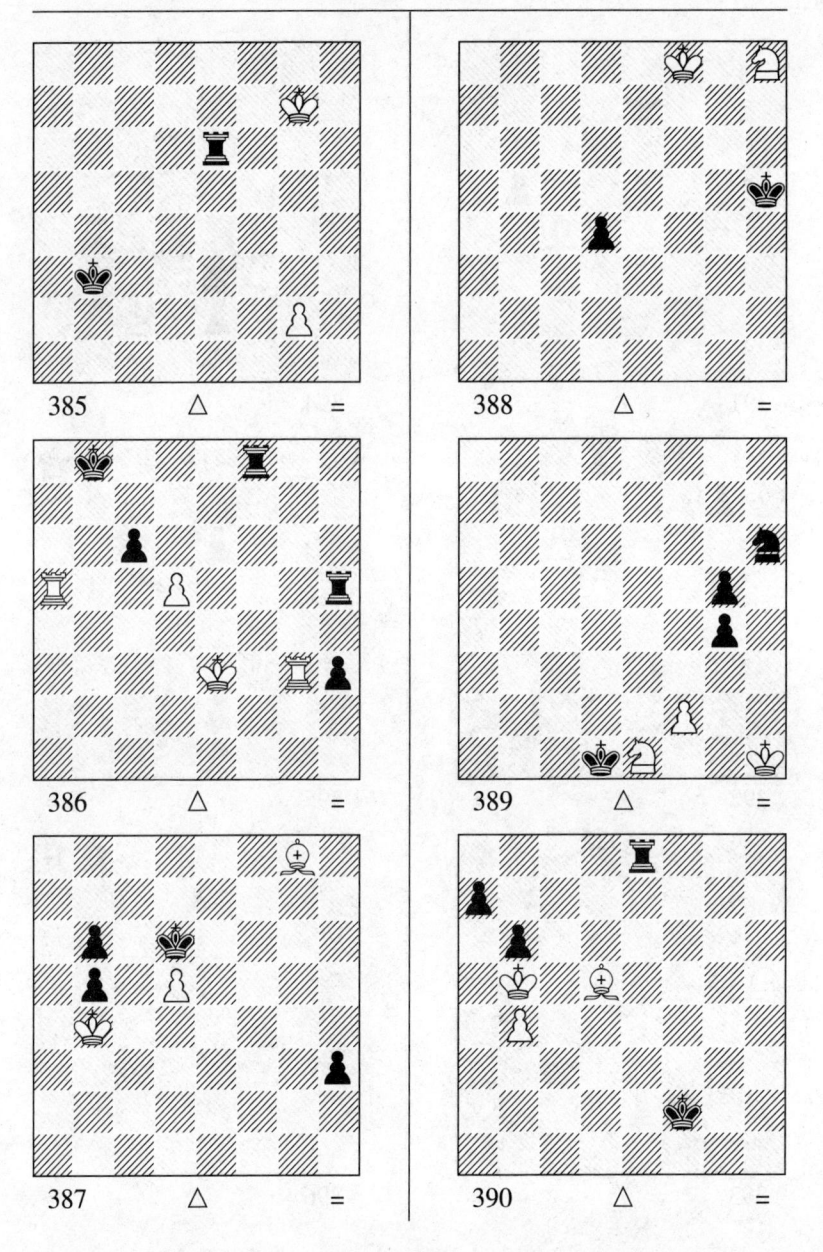

七级习题

385　△　＝

386　△　＝

387　△　＝

388　△　＝

389　△　＝

390　△　＝

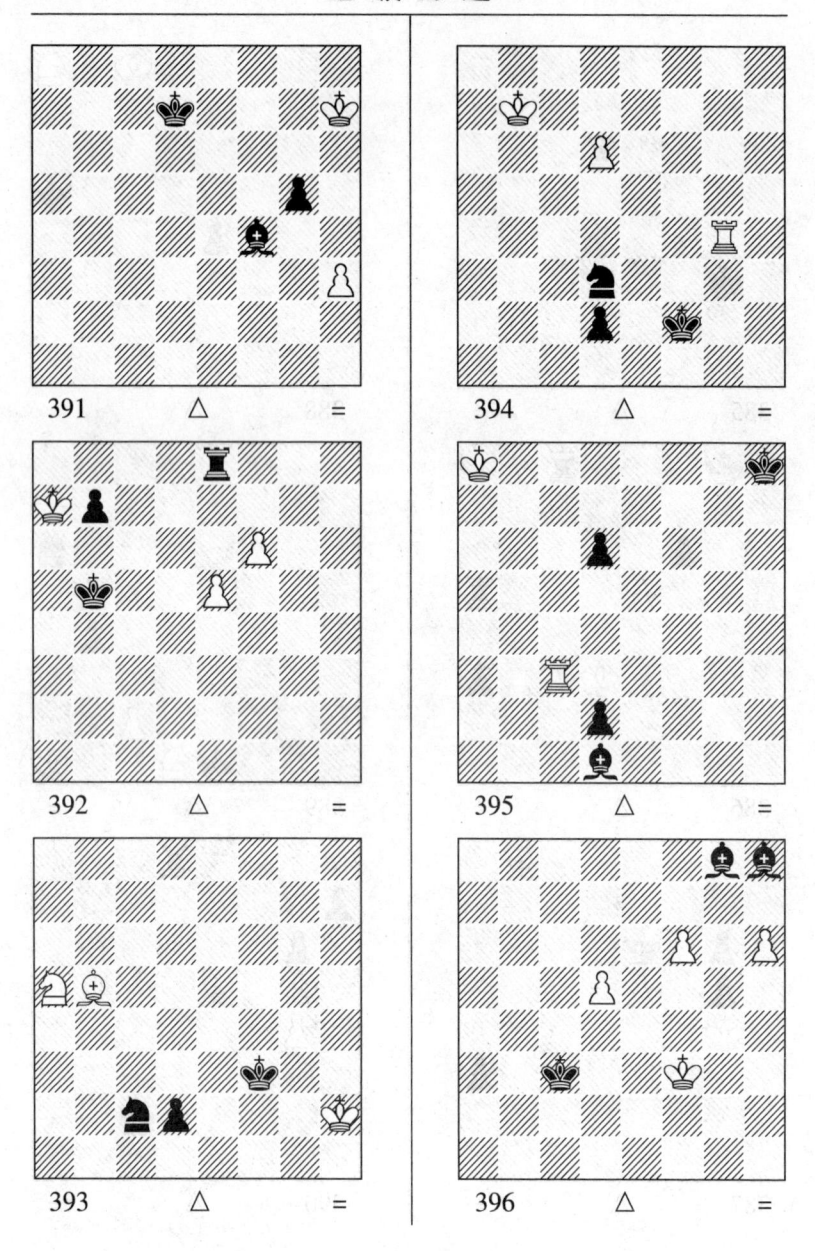

七级习题

391 △ =

392 △ =

393 △ =

394 △ =

395 △ =

396 △ =

八级习题

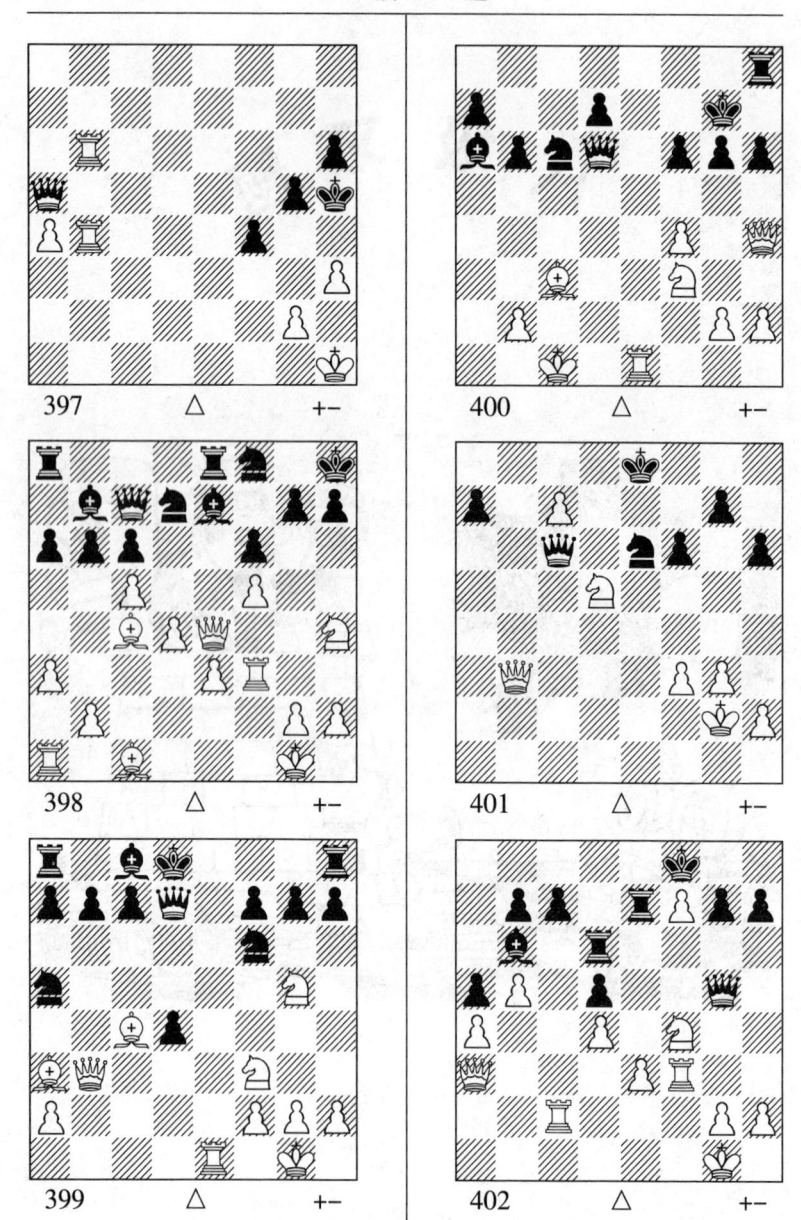

八级习题

397 △ +−

398 △ +−

399 △ +−

400 △ +−

401 △ +−

402 △ +−

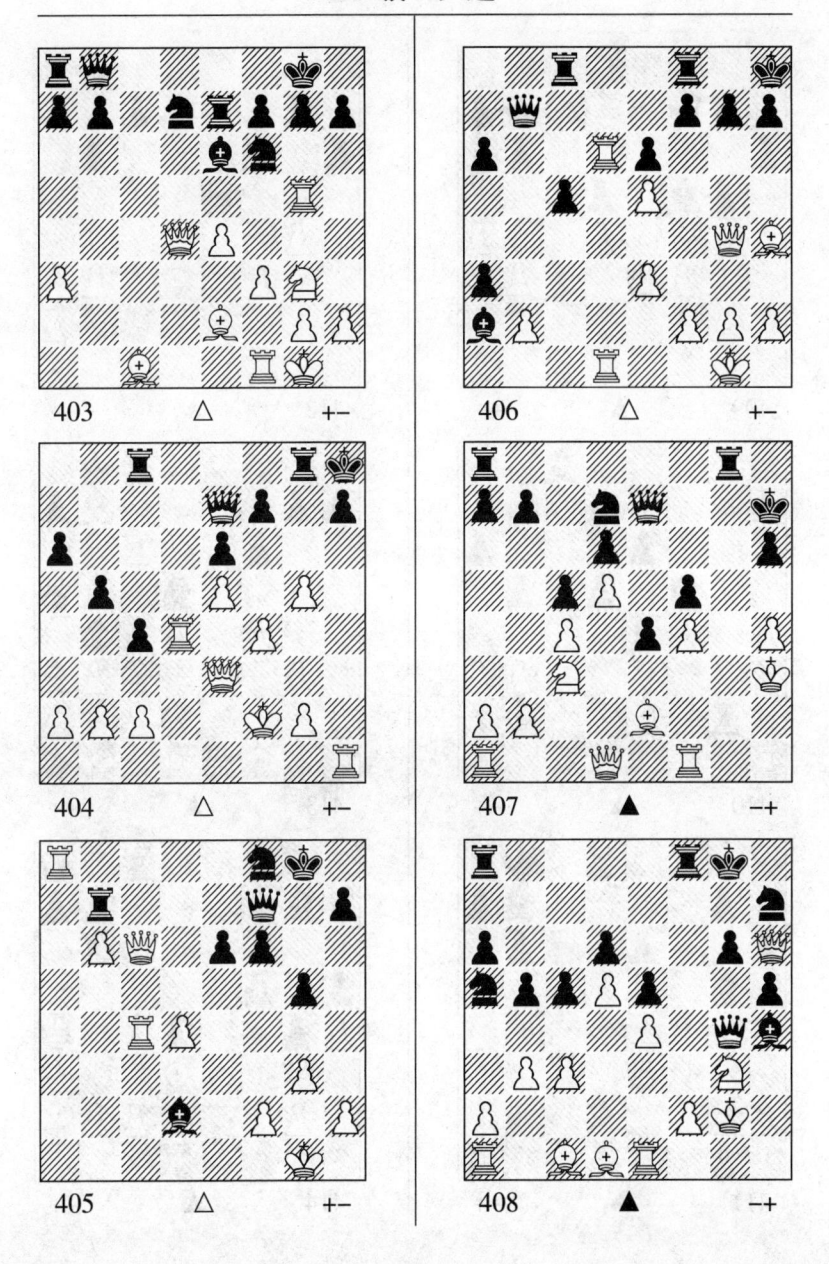

八级习题

403 △ +-

406 △ +-

404 △ +-

407 ▲ -+

405 △ +-

408 ▲ -+

75

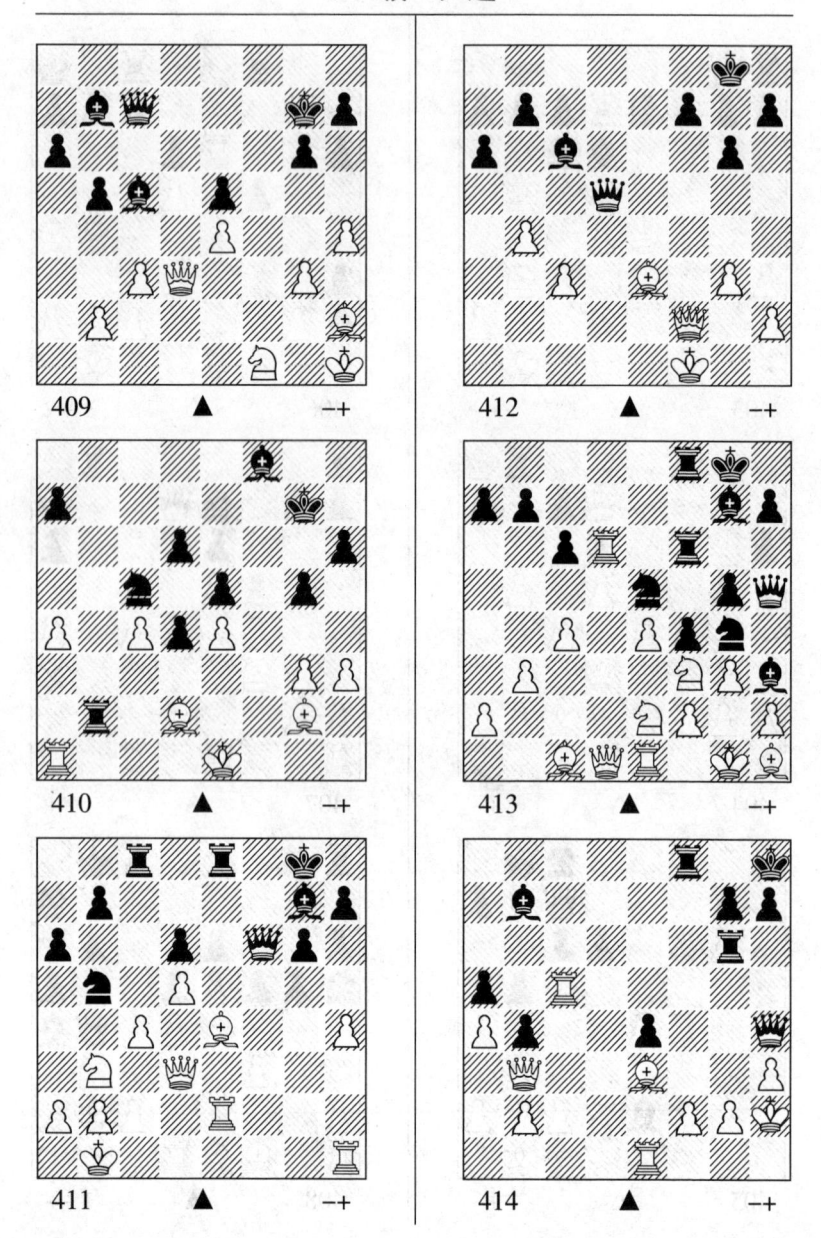

八级习题

409 ▲ −+

410 ▲ −+

411 ▲ −+

412 ▲ −+

413 ▲ −+

414 ▲ −+

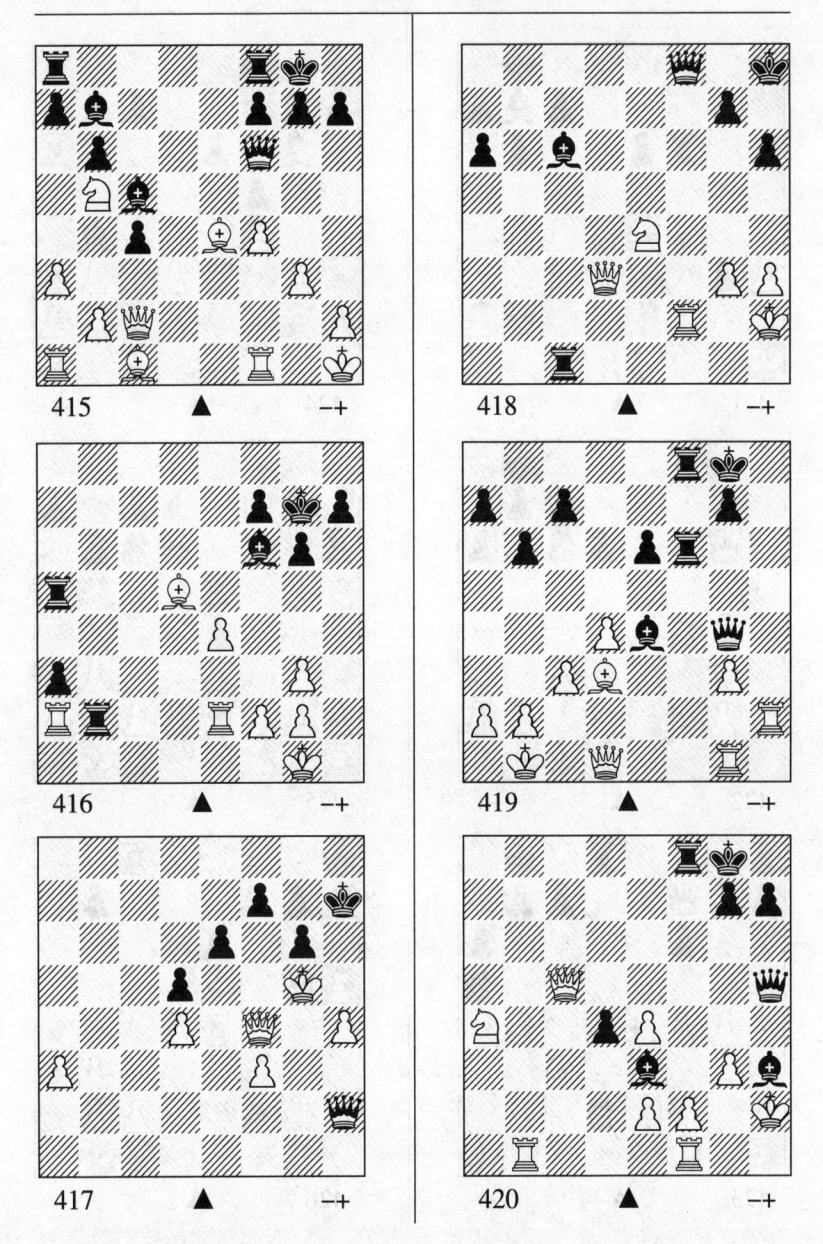

八级习题

415　▲　−+

418　▲　−+

416　▲　−+

419　▲　−+

417　▲　−+

420　▲　−+

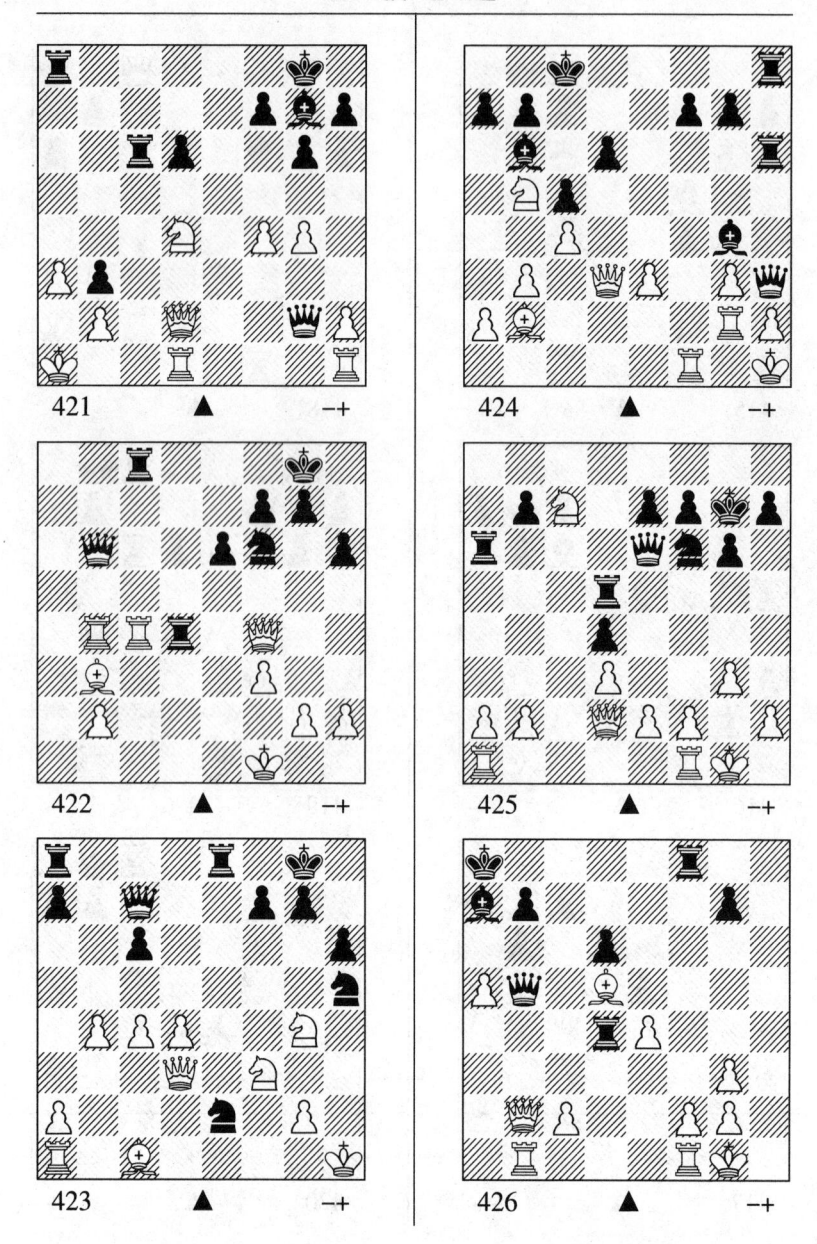

八级习题

421　▲　　−+

422　▲　　−+

423　▲　　−+

424　▲　　−+

425　▲　　−+

426　▲　　−+

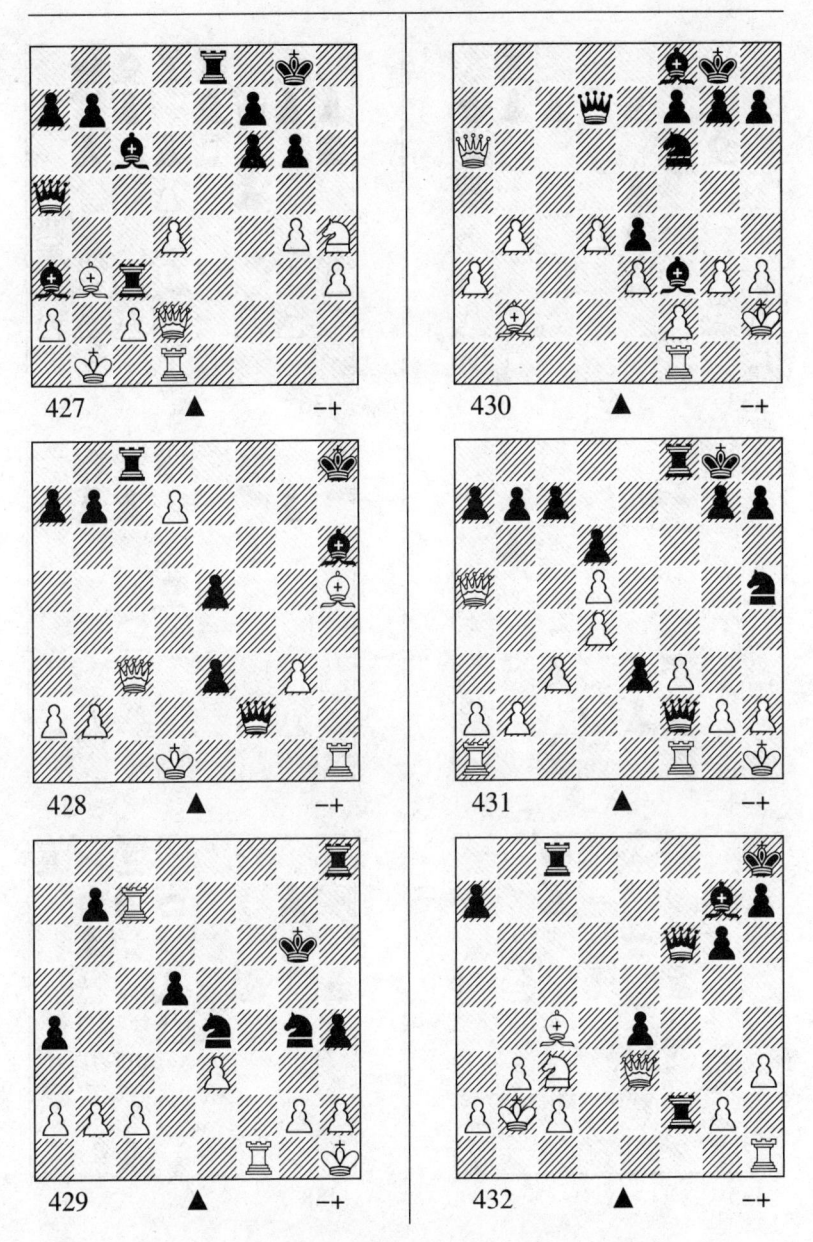

八级习题

427 ▲ −+

428 ▲ −+

429 ▲ −+

430 ▲ −+

431 ▲ −+

432 ▲ −+

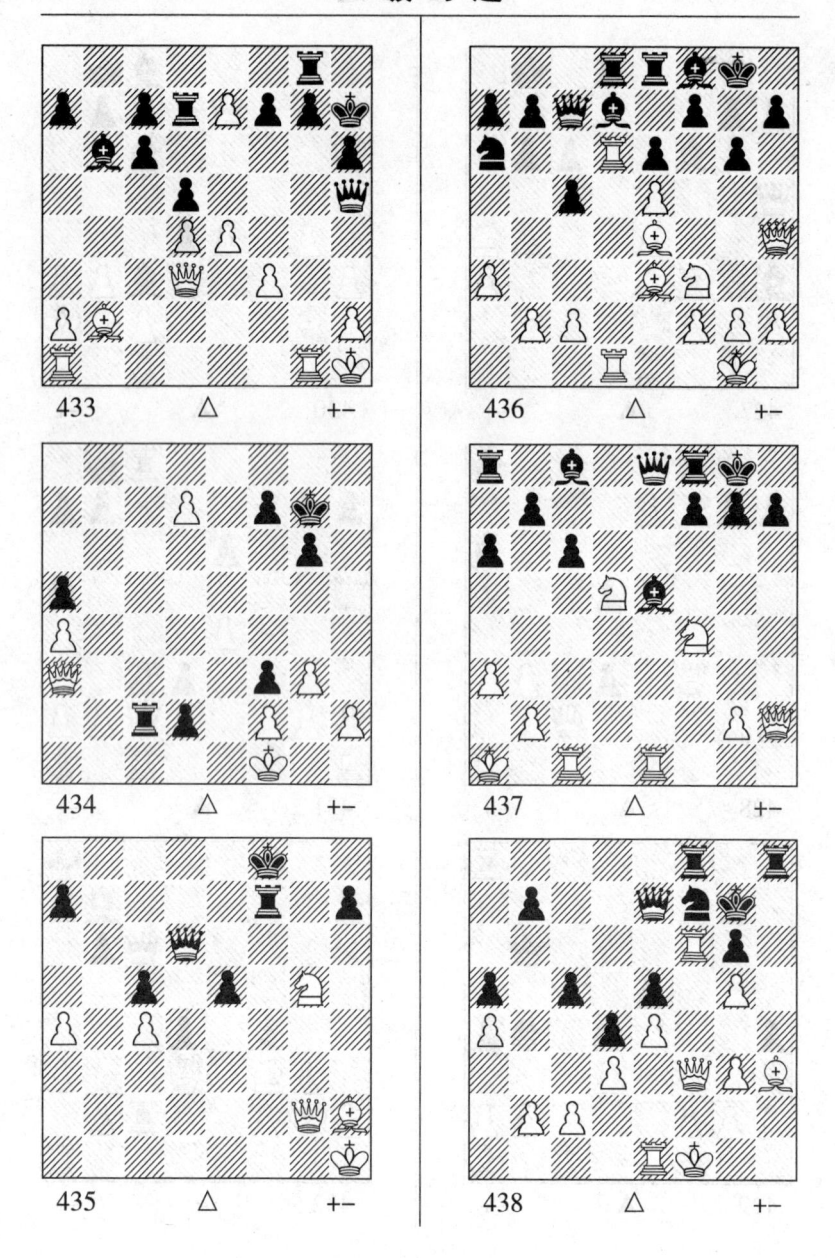

八级习题

433 △ +−

434 △ +−

435 △ +−

436 △ +−

437 △ +−

438 △ +−

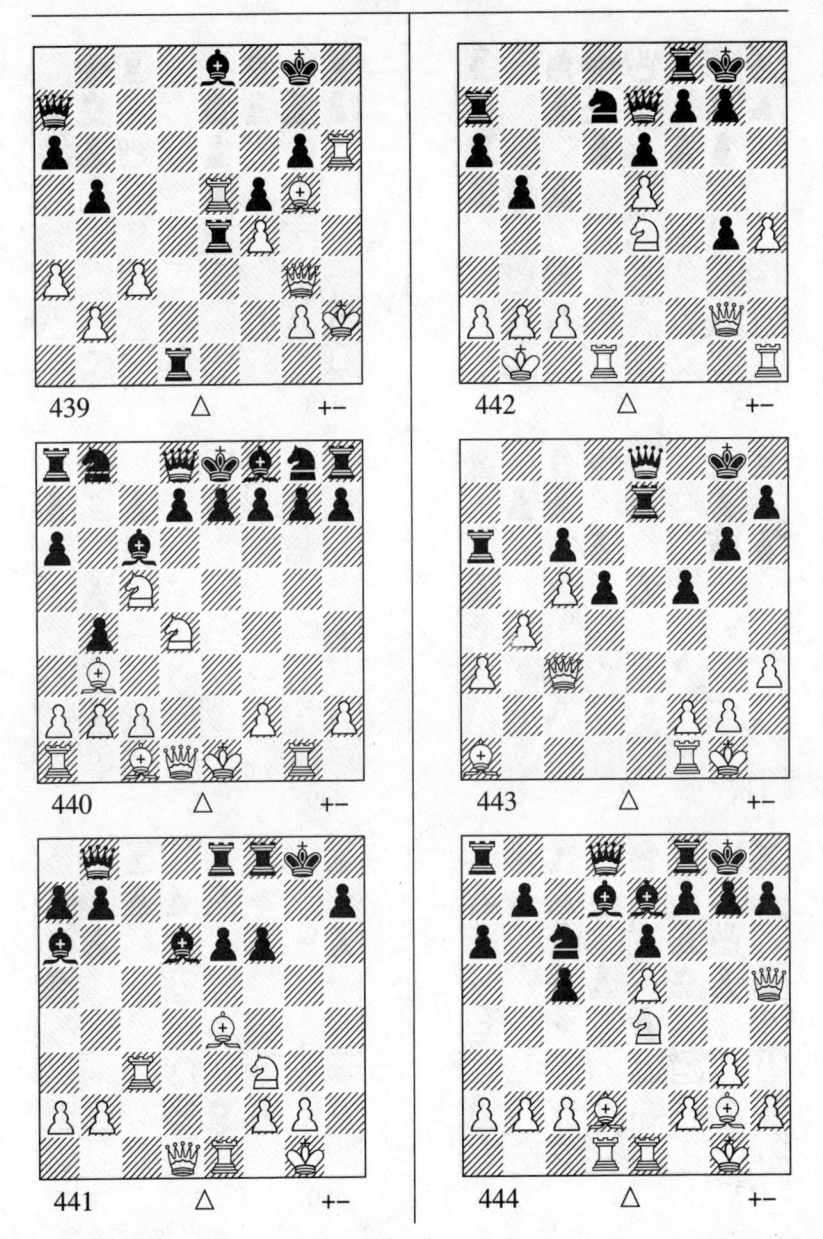

八级习题

439 △ +−

440 △ +−

441 △ +−

442 △ +−

443 △ +−

444 △ +−

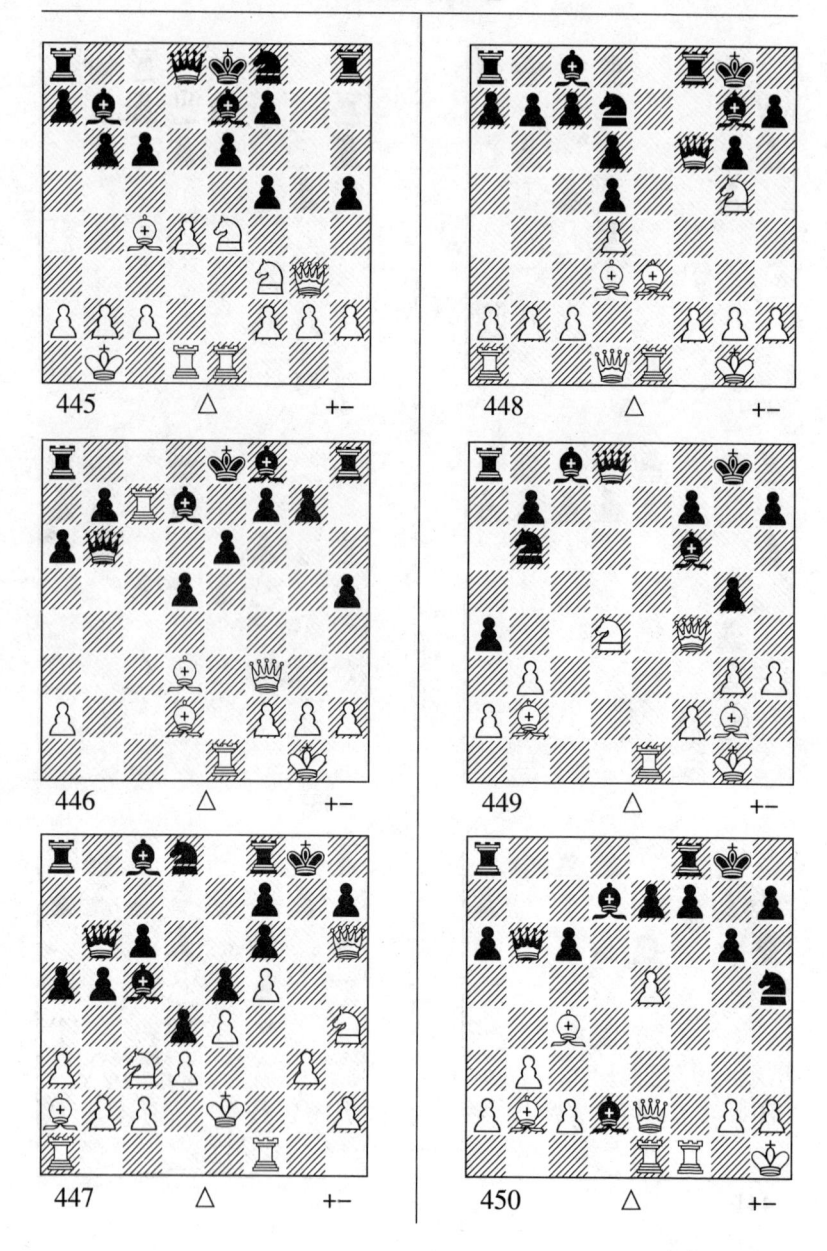

八级习题

445 △ +−

446 △ +−

447 △ +−

448 △ +−

449 △ +−

450 △ +−

82

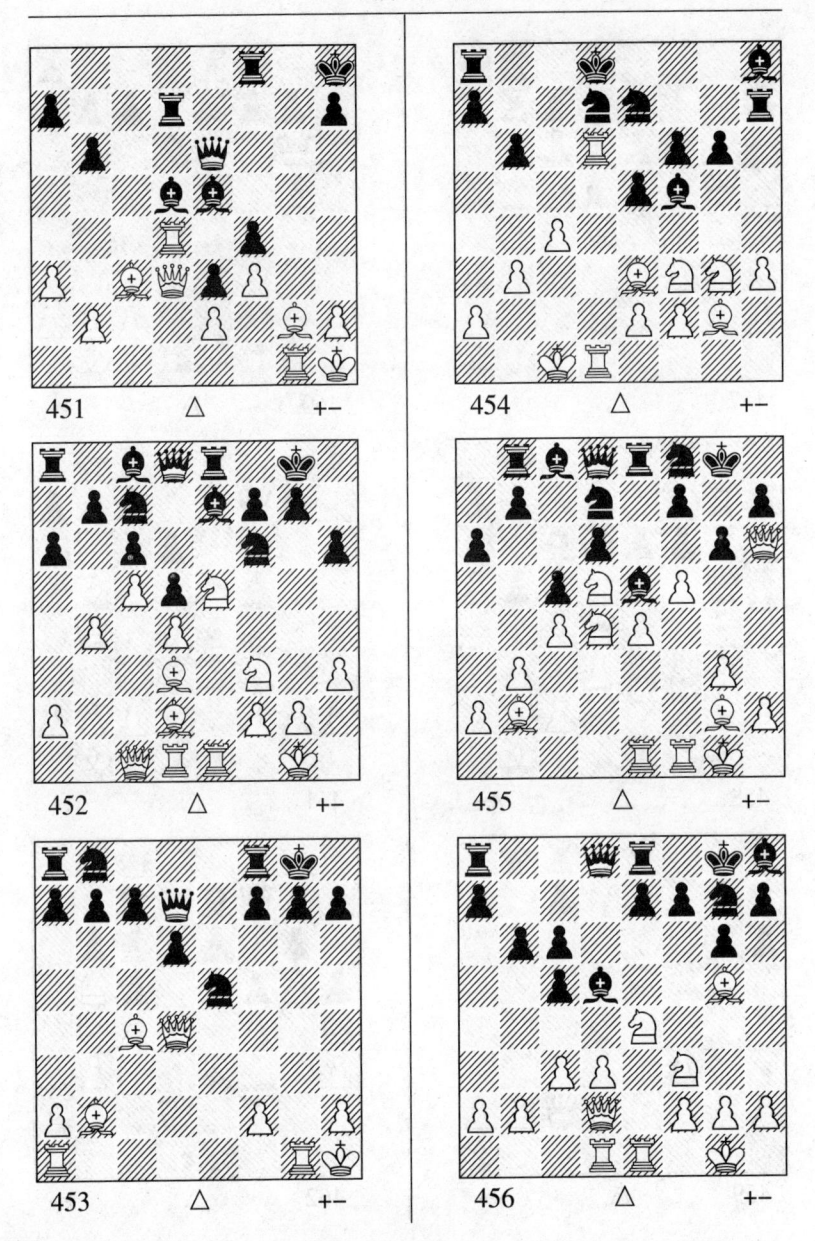

八级习题

451 △ +−

452 △ +−

453 △ +−

454 △ +−

455 △ +−

456 △ +−

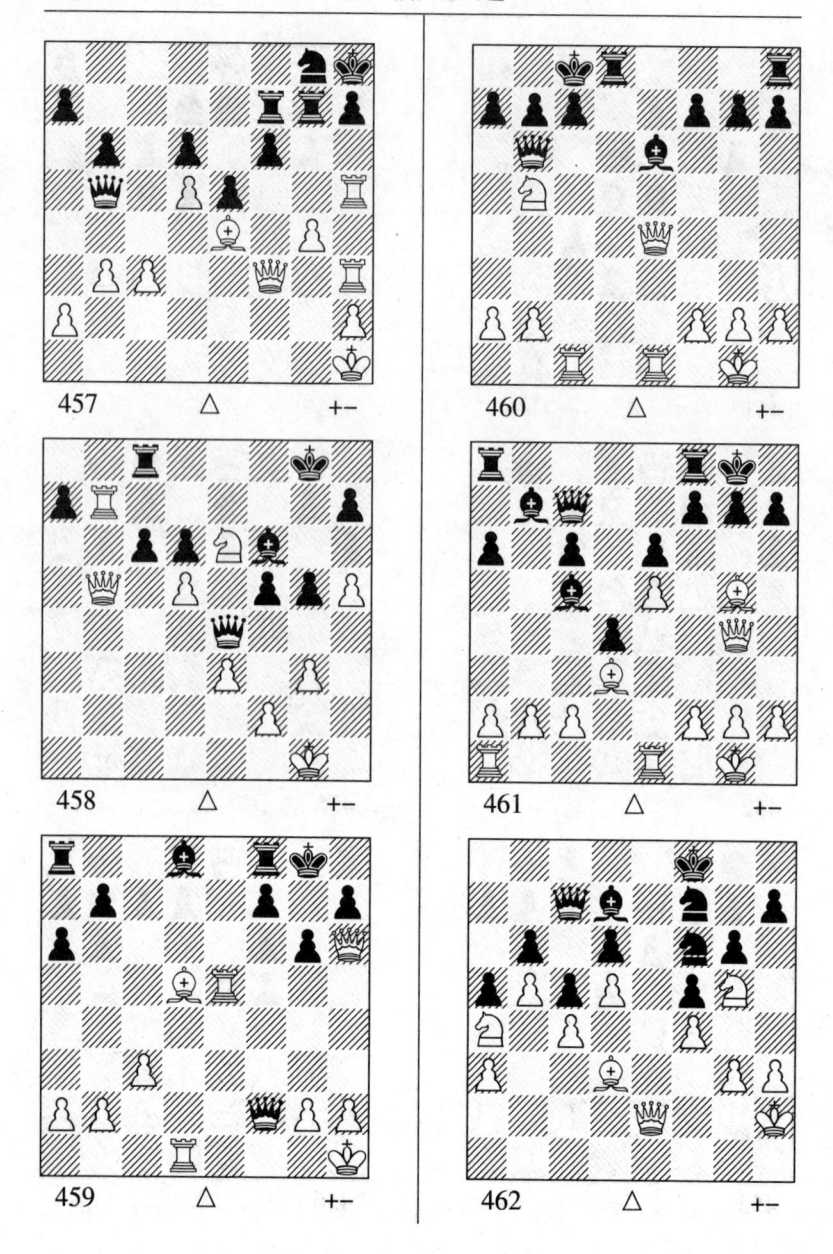

八级习题

457 △ +-

458 △ +-

459 △ +-

460 △ +-

461 △ +-

462 △ +-

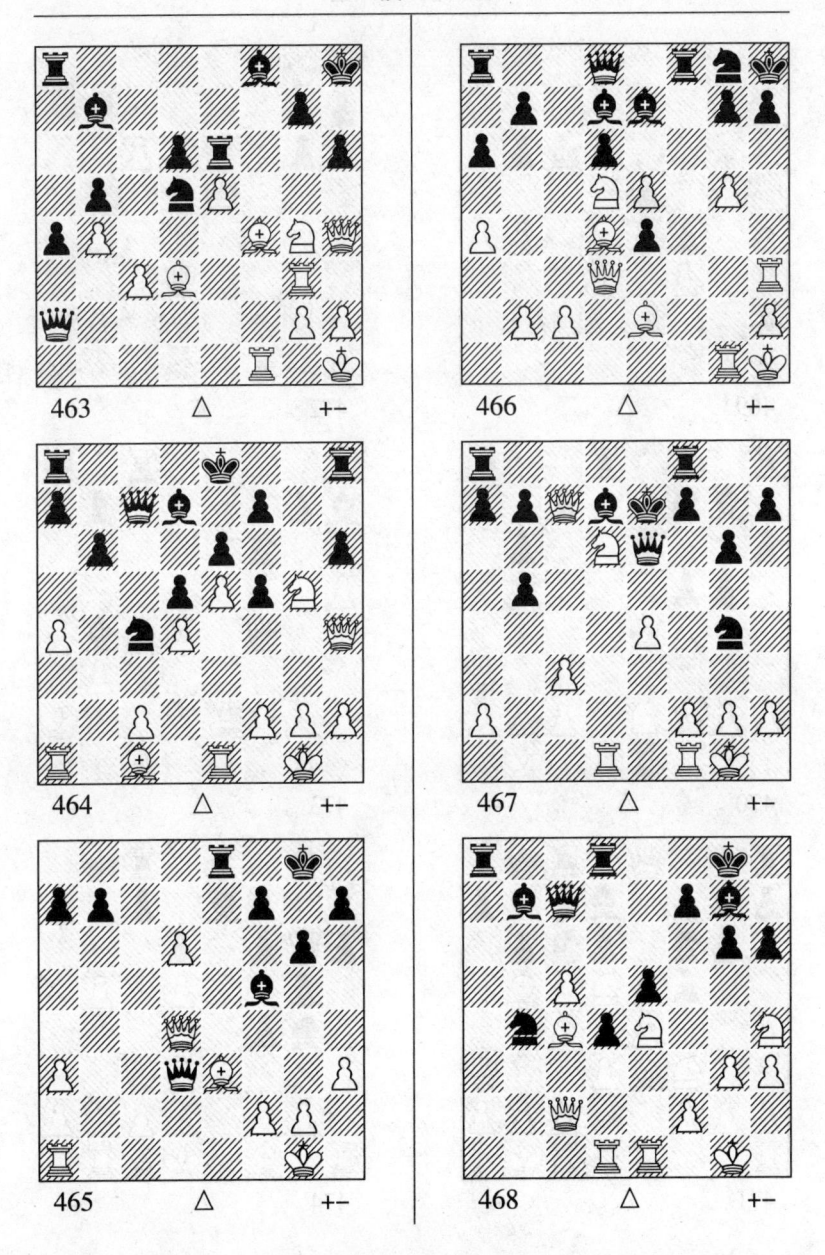

八级习题

463 △ +−

464 △ +−

465 △ +−

466 △ +−

467 △ +−

468 △ +−

85

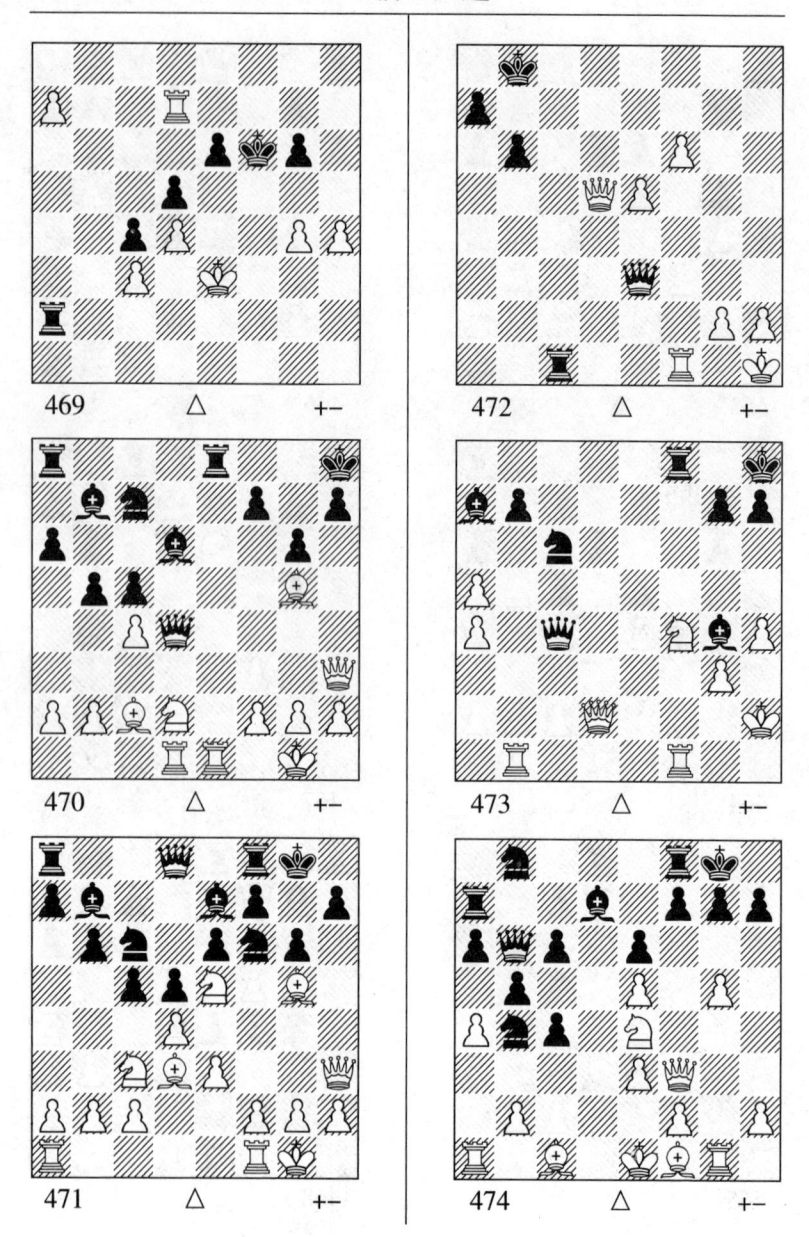

八级习题

469 △ +−

470 △ +−

471 △ +−

472 △ +−

473 △ +−

474 △ +−

86

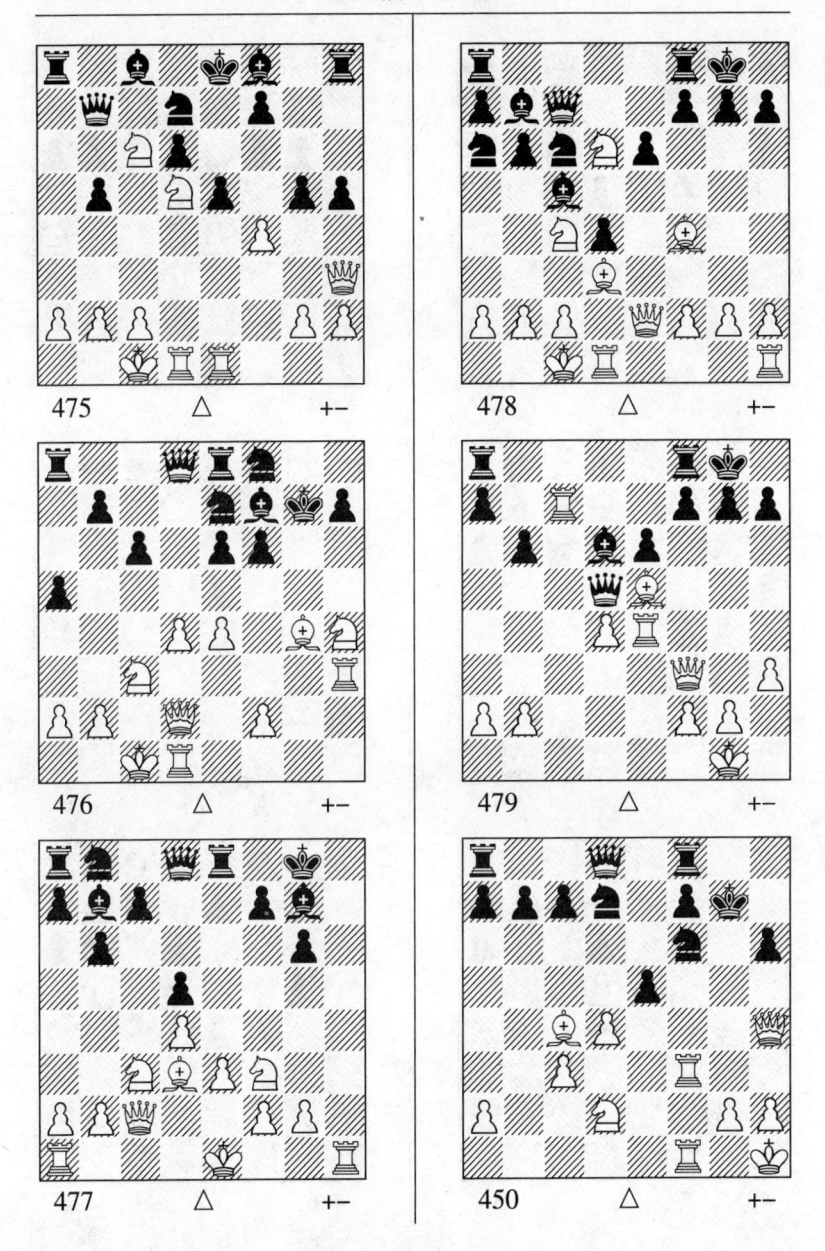

八级习题

475 △ +−

476 △ +−

477 △ +−

478 △ +−

479 △ +−

450 △ +−

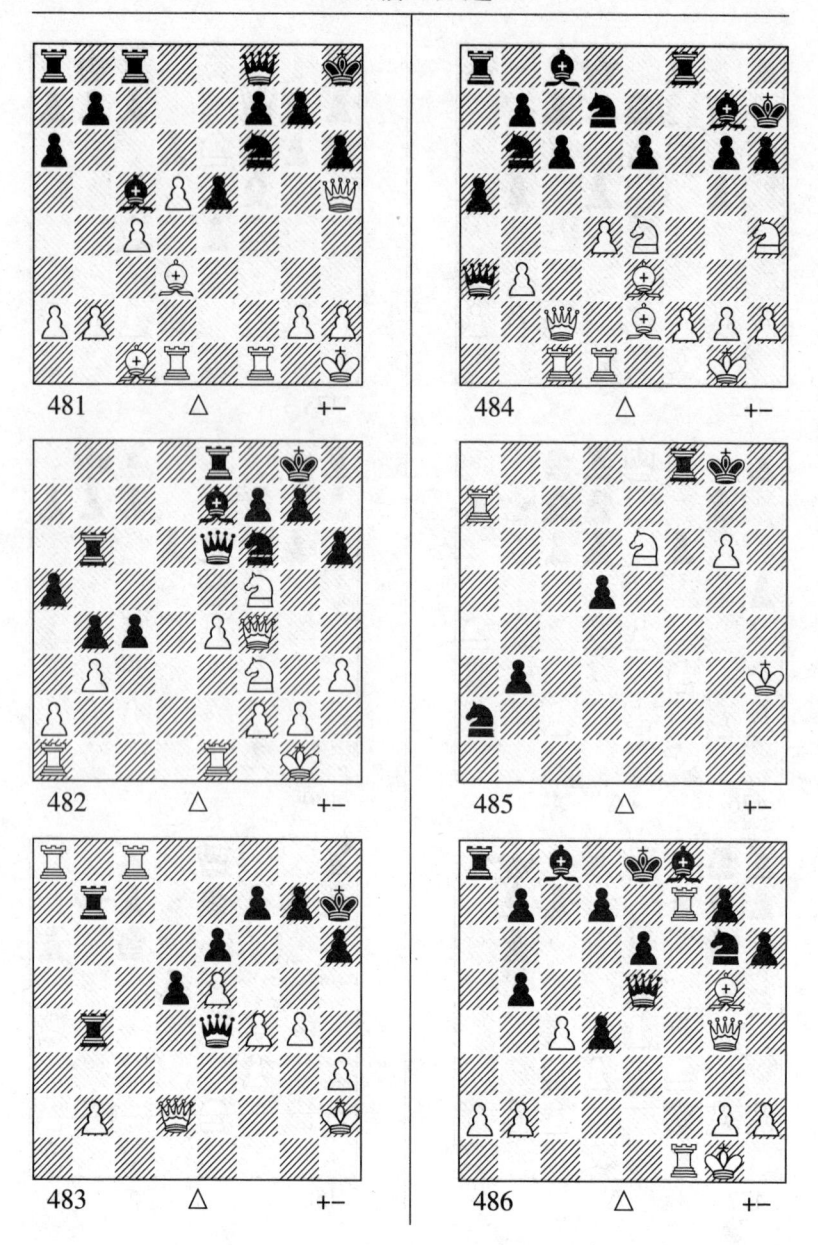

八级习题

481 △ +−

482 △ +−

483 △ +−

484 △ +−

485 △ +−

486 △ +−

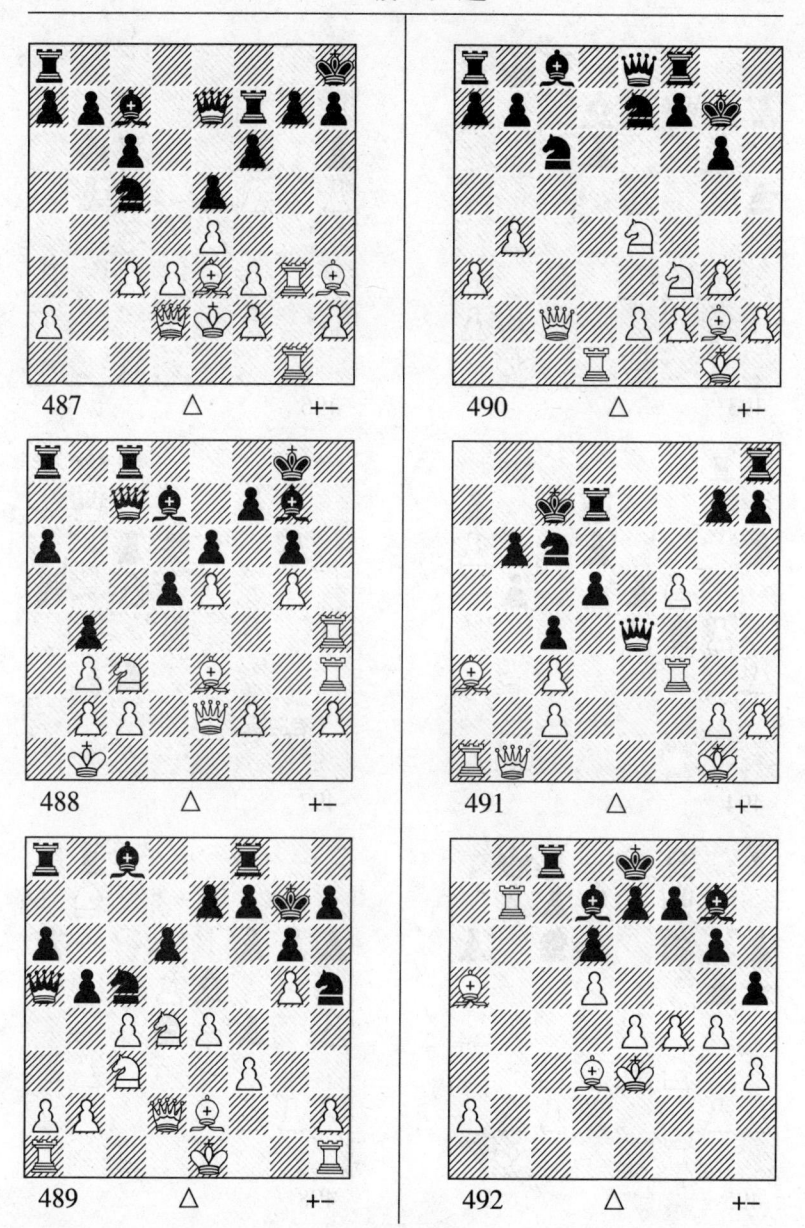

八级习题

487 △ +−

488 △ +−

489 △ +−

490 △ +−

491 △ +−

492 △ +−

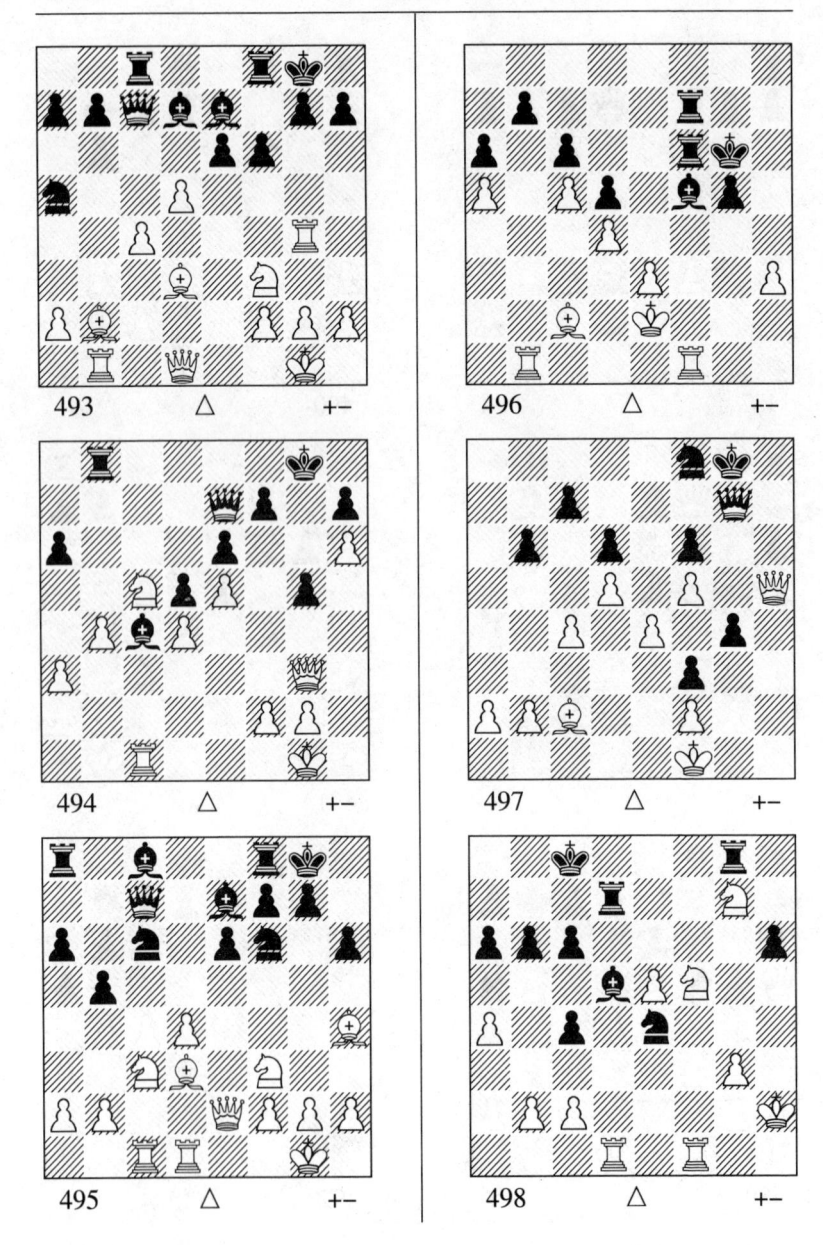

八级习题

493 △ +−

496 △ +−

494 △ +−

497 △ +−

495 △ +−

498 △ +−

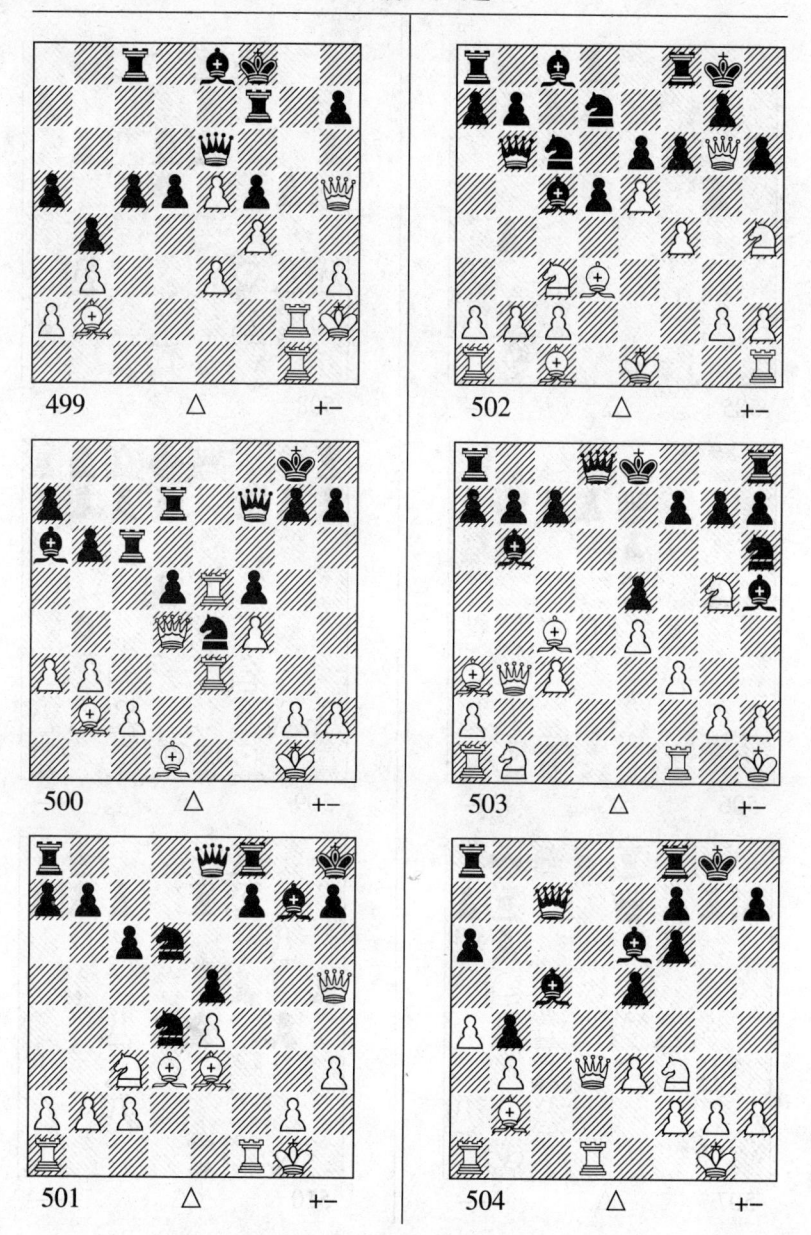

八级习题

499　△　+−

500　△　+−

501　△　+−

502　△　+−

503　△　+−

504　△　+−

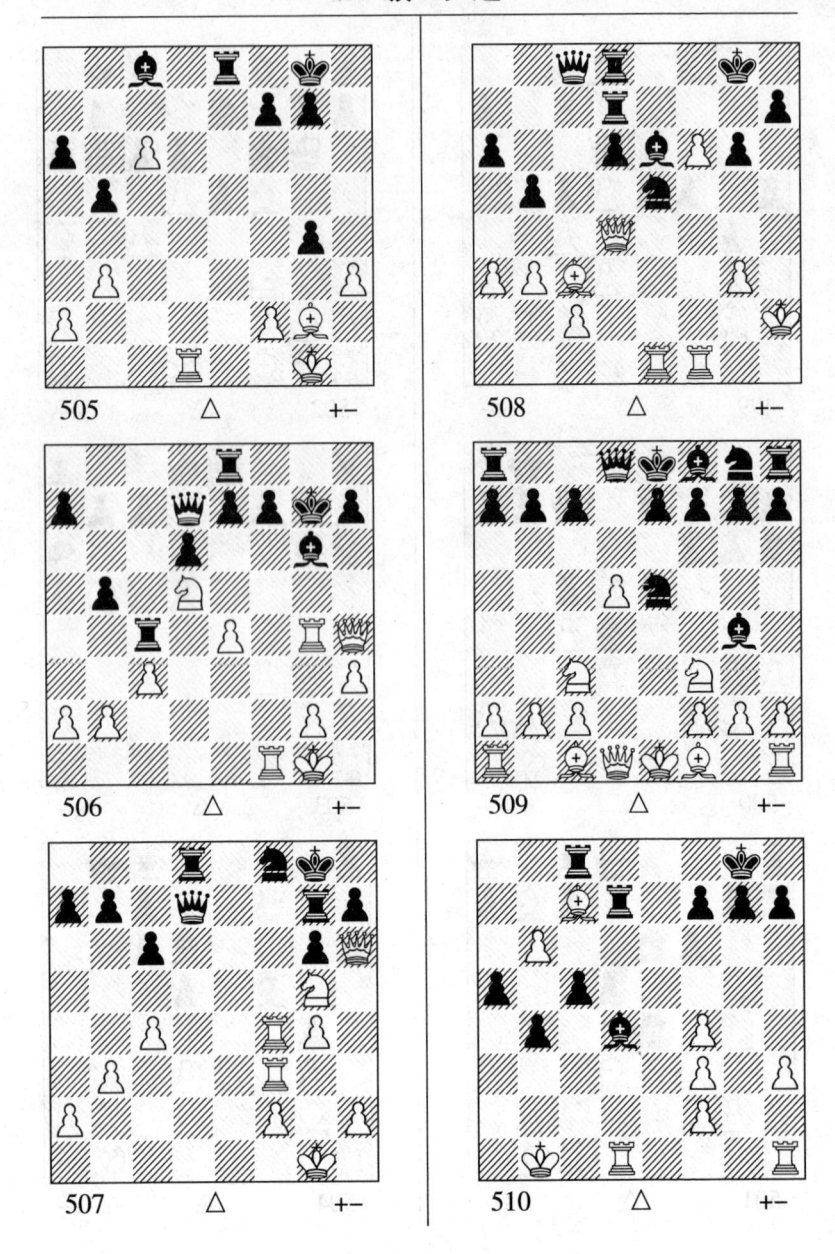

八级习题

505 △ +−

506 △ +−

507 △ +−

508 △ +−

509 △ +−

510 △ +−

92

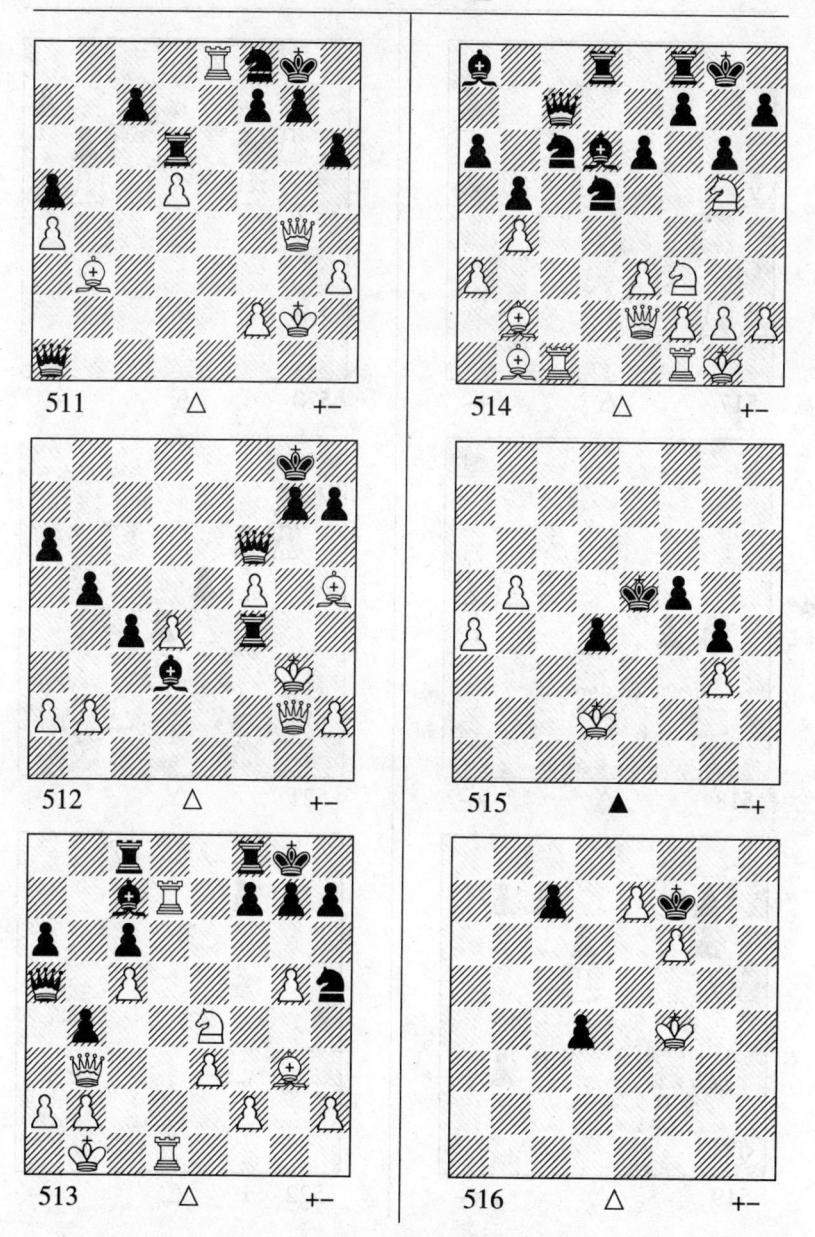

八级习题

511 △ +−

512 △ +−

513 △ +−

514 △ +−

515 ▲ −+

516 △ +−

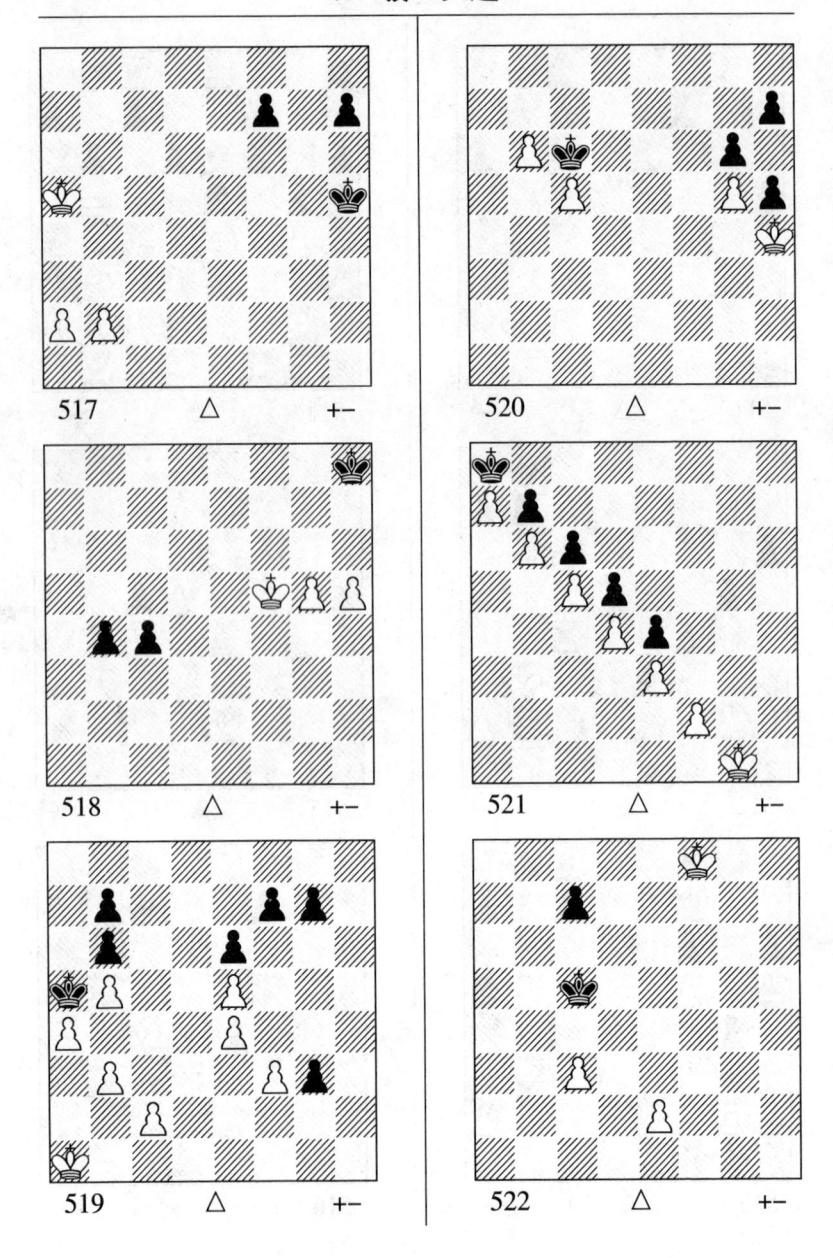

八级习题

517 △ +−

518 △ +−

519 △ +−

520 △ +−

521 △ +−

522 △ +−

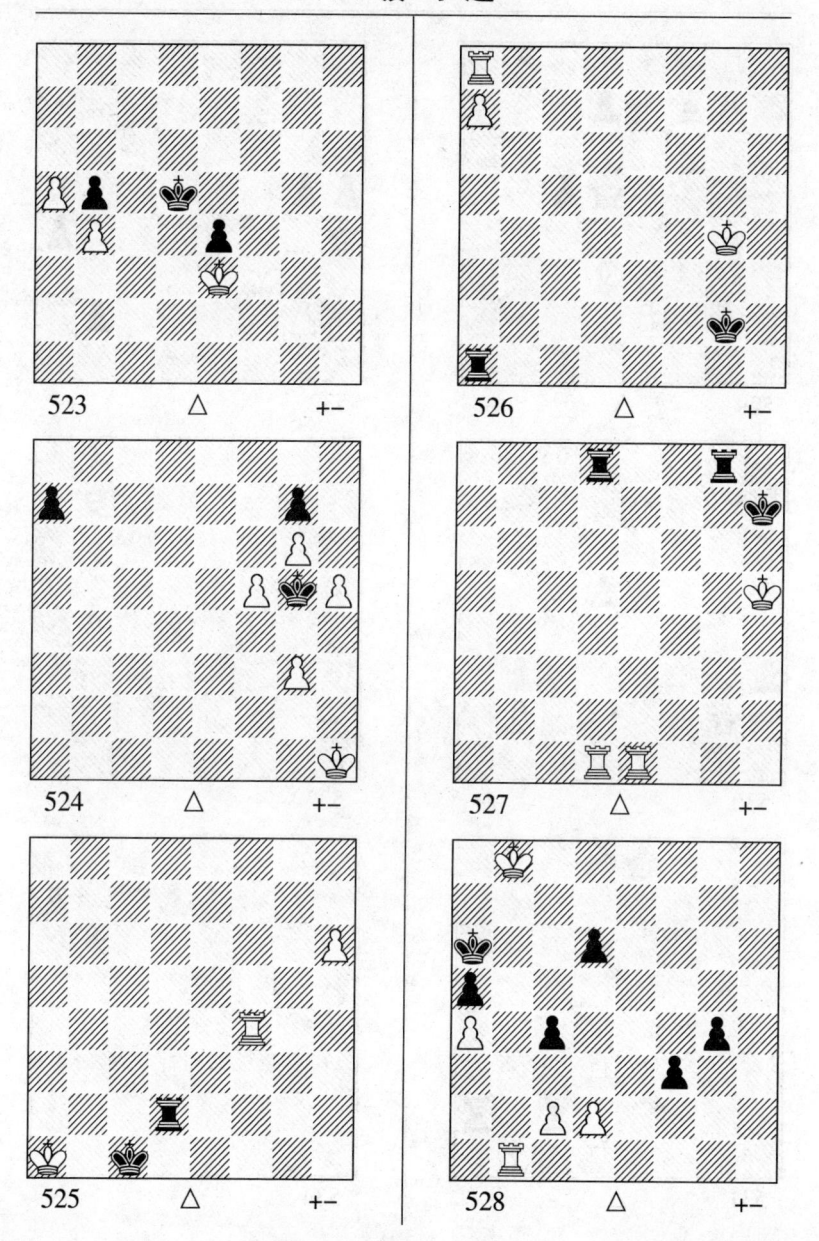

八级习题

523 △ +−

526 △ +−

524 △ +−

527 △ +−

525 △ +−

528 △ +−

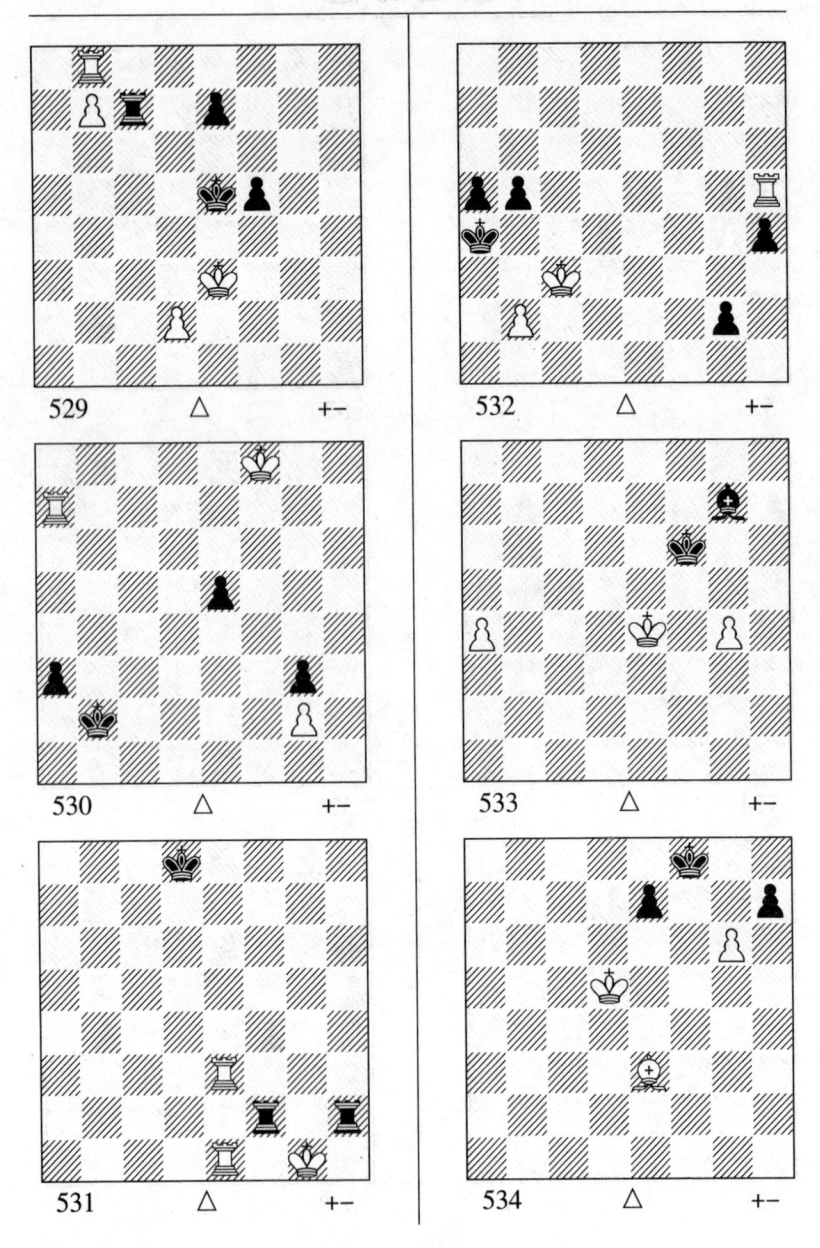

八级习题

529 △ +−

530 △ +−

531 △ +−

532 △ +−

533 △ +−

534 △ +−

96

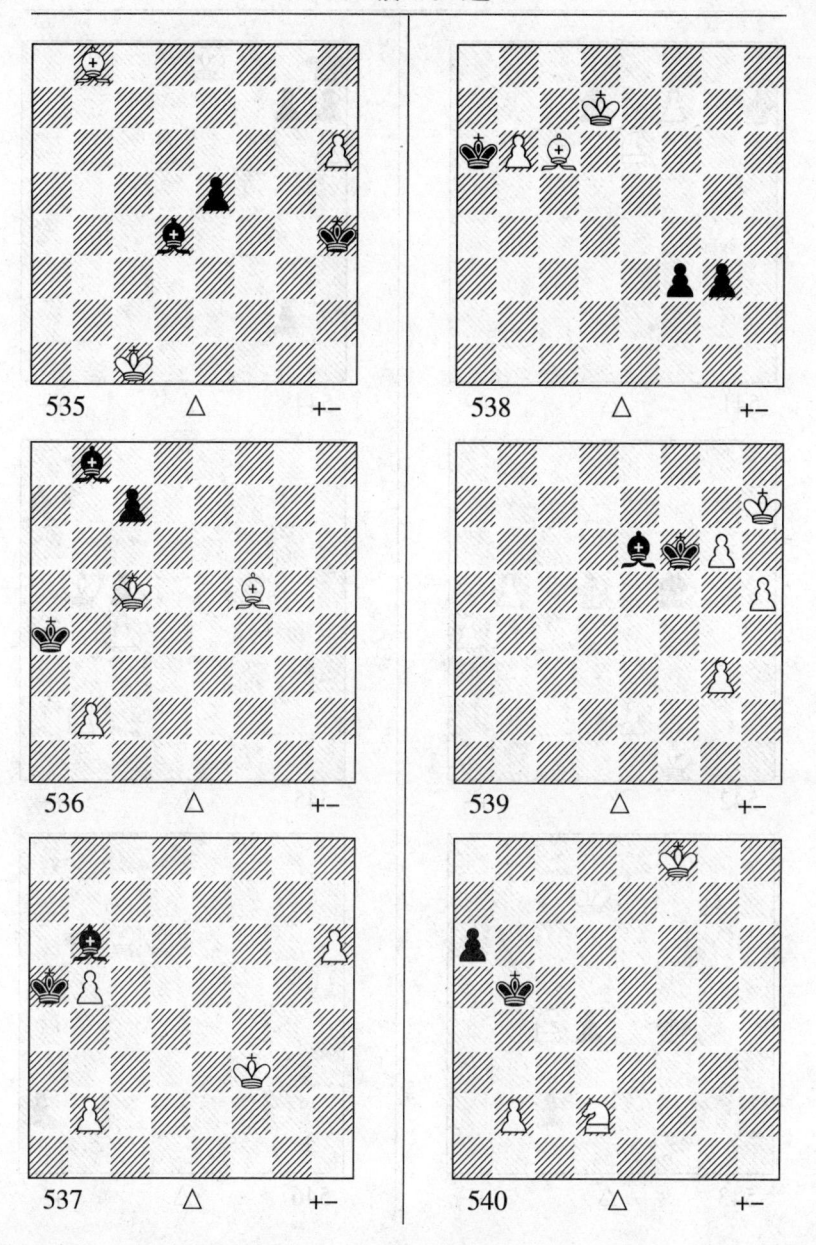

八级习题

535 △ +-

536 △ +-

537 △ +-

538 △ +-

539 △ +-

540 △ +-

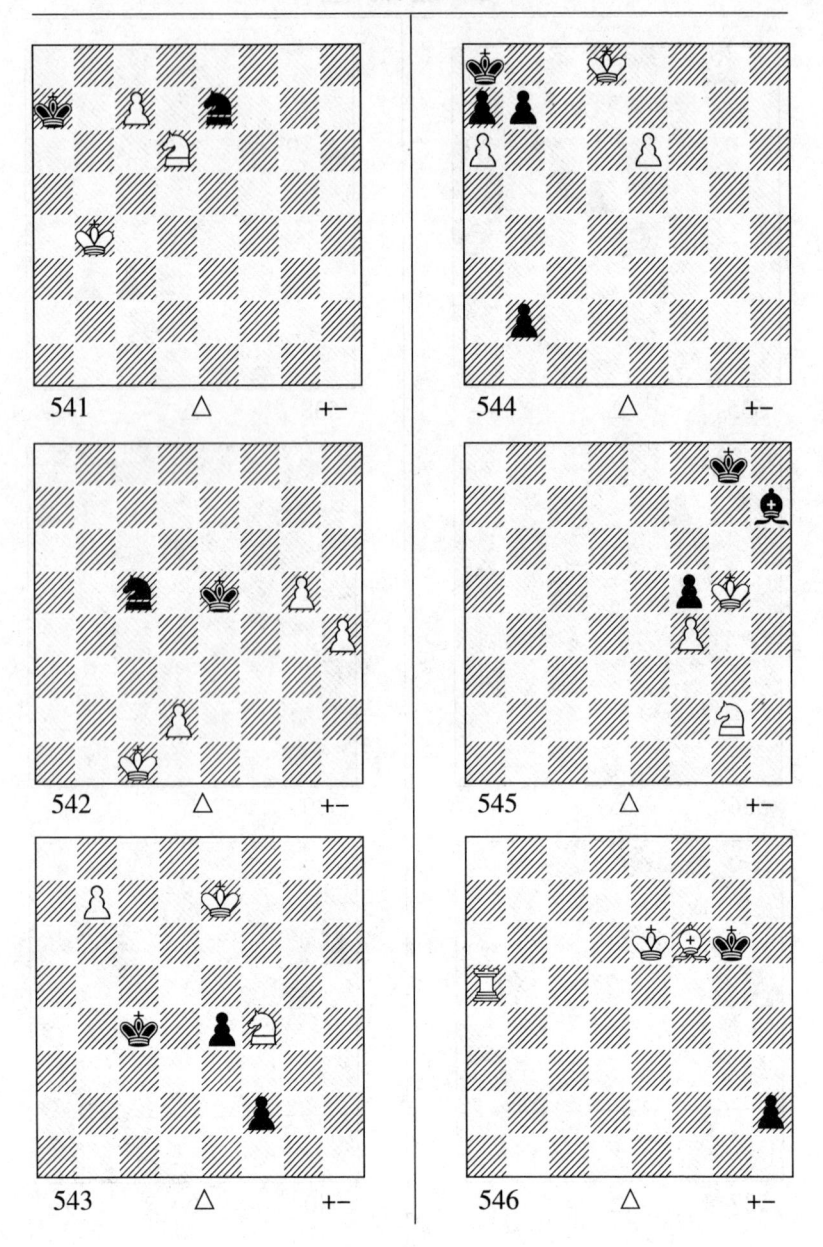

八级习题

541 △ +−

542 △ +−

543 △ +−

544 △ +−

545 △ +−

546 △ +−

98

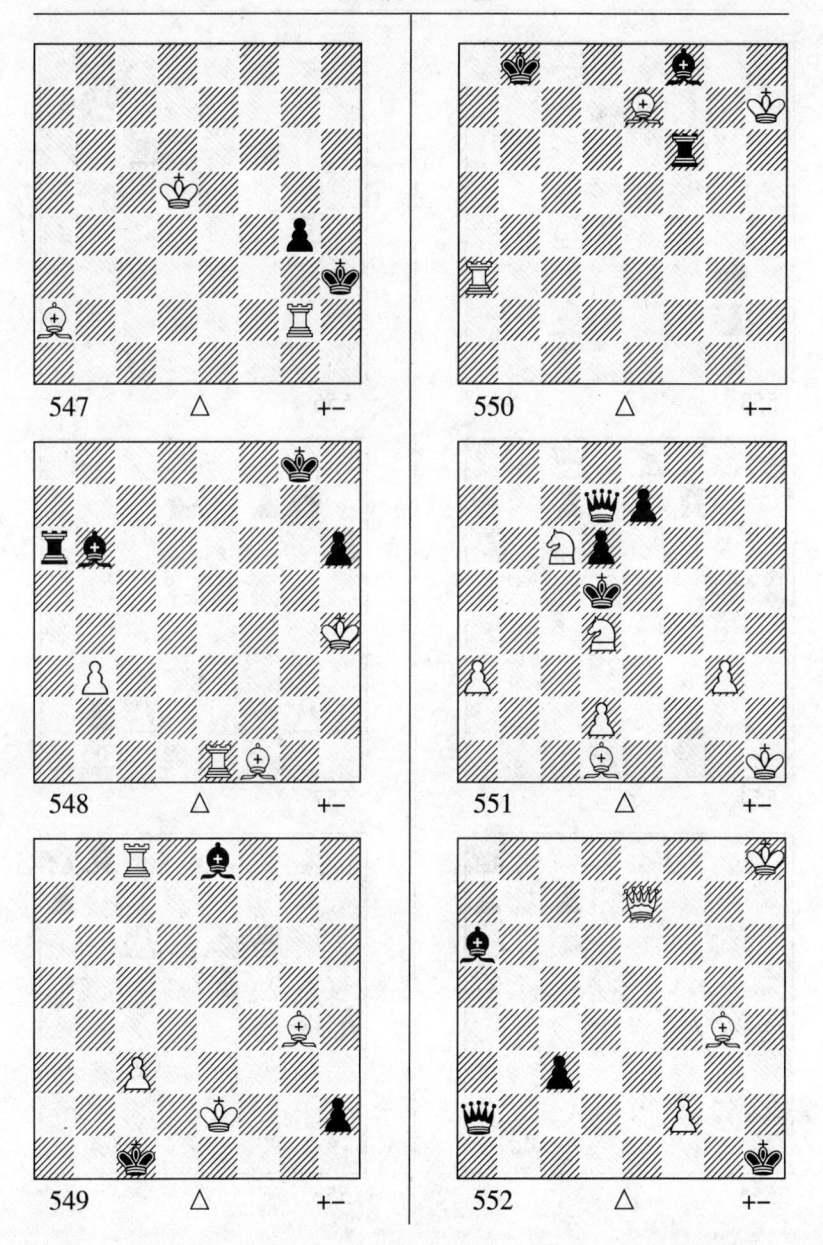

八级习题

547 △ +−	550 △ +−
548 △ +−	551 △ +−
549 △ +−	552 △ +−

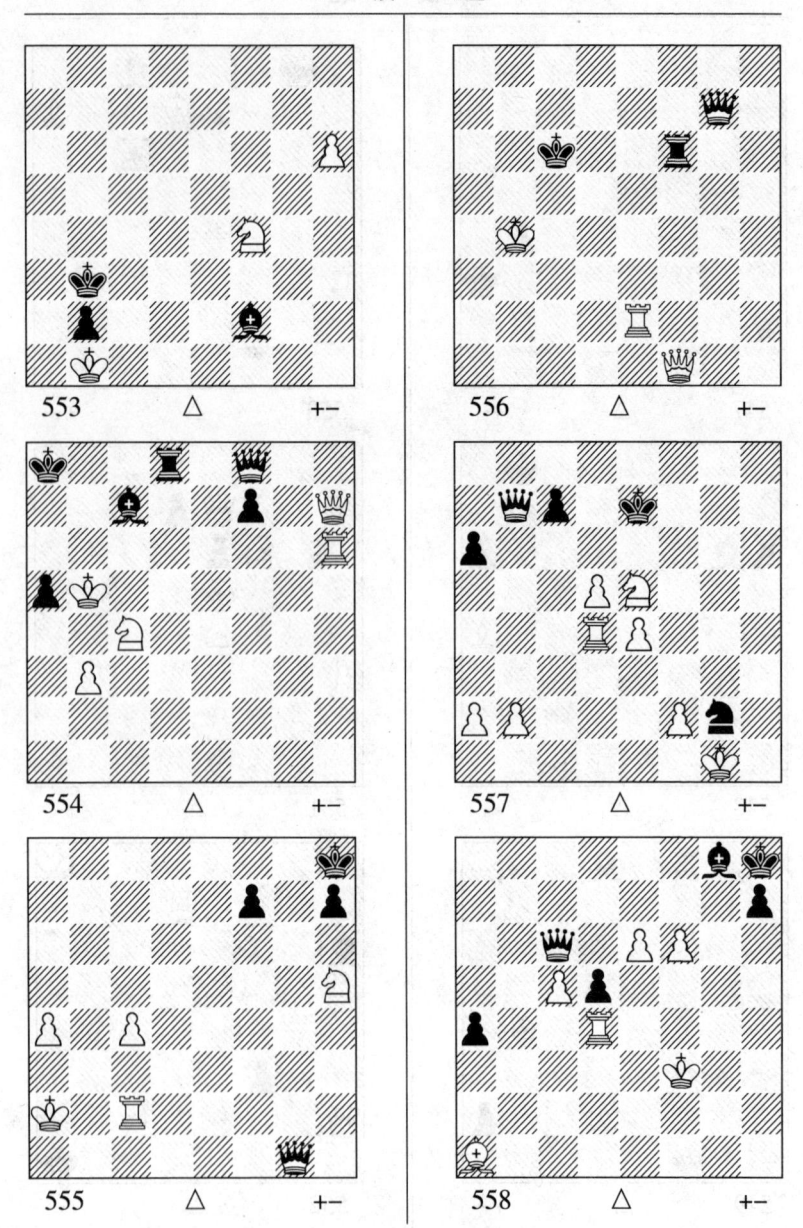

八级习题

553 △ +−

554 △ +−

555 △ +−

556 △ +−

557 △ +−

558 △ +−

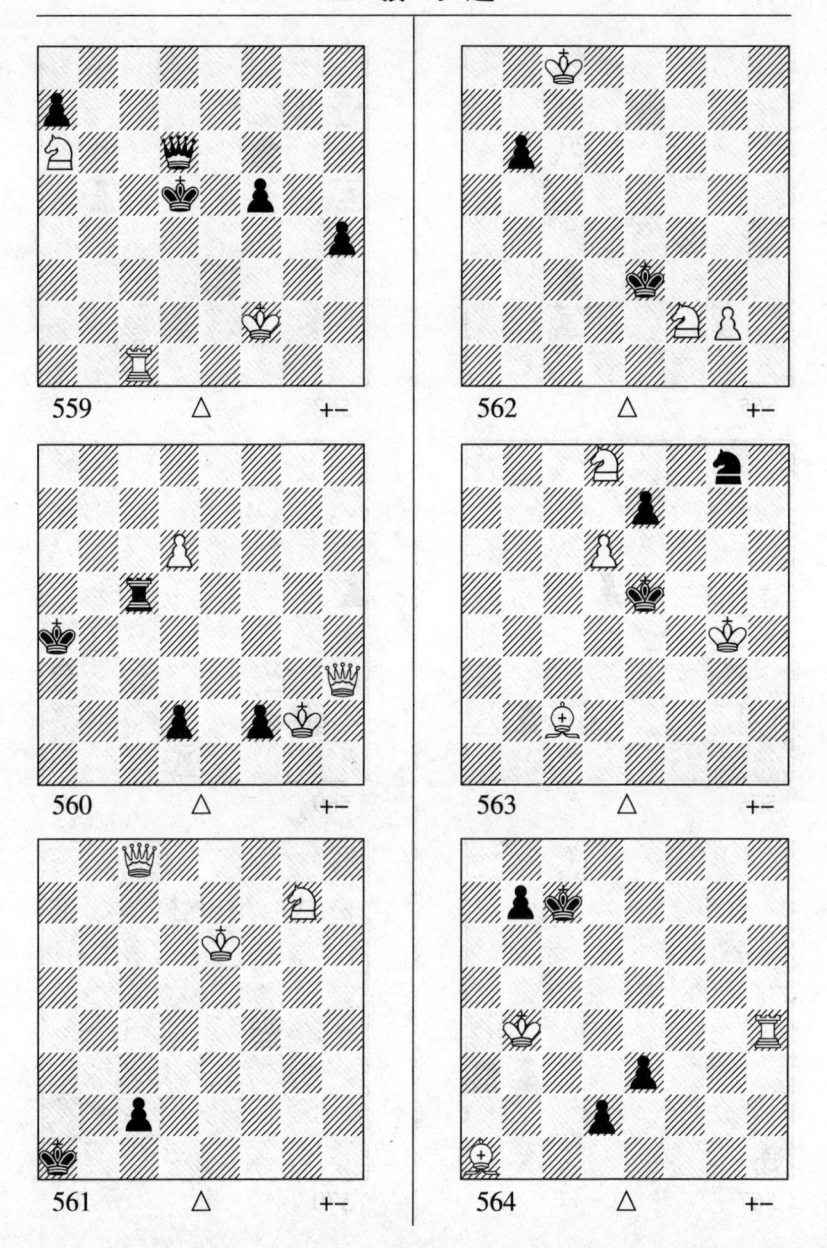

八级习题

559 △ +−

560 △ +−

561 △ +−

562 △ +−

563 △ +−

564 △ +−

101

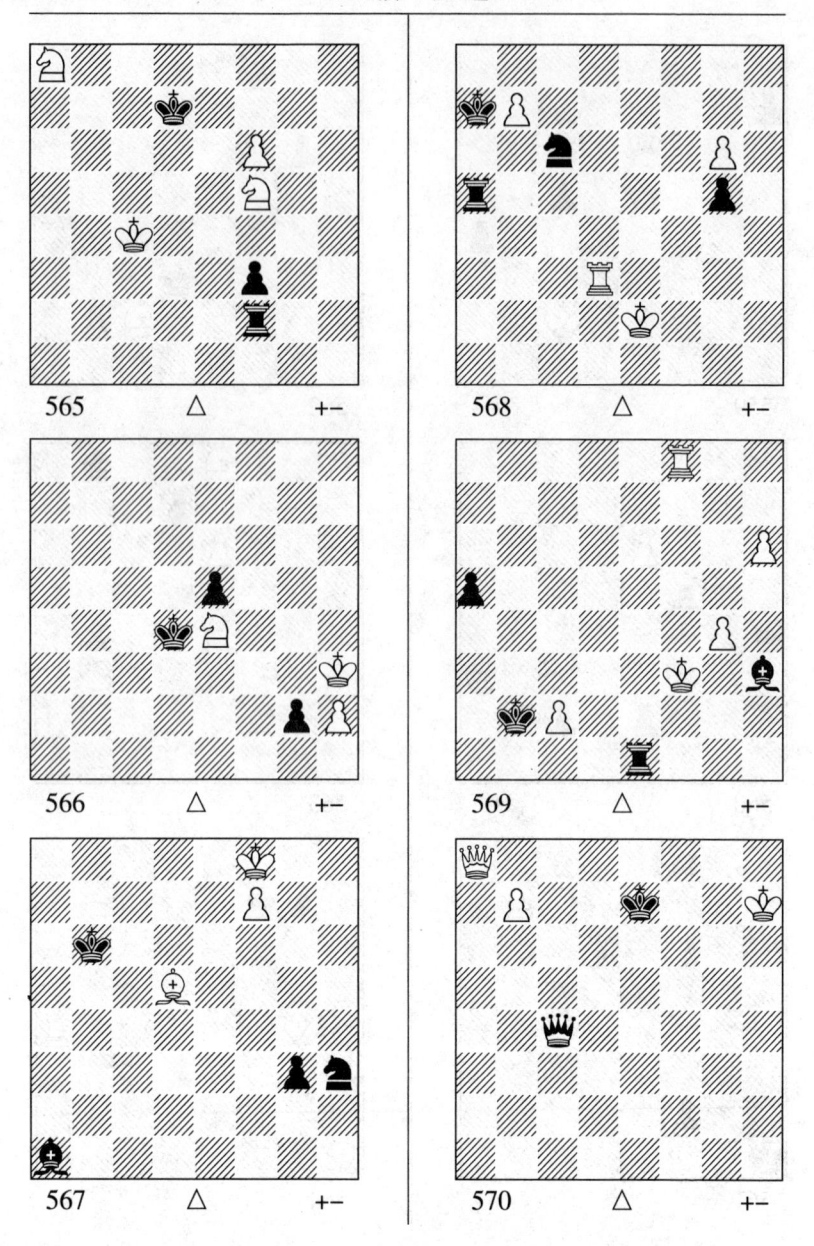

八级习题

565 △ +−

566 △ +−

567 △ +−

568 △ +−

569 △ +−

570 △ +−

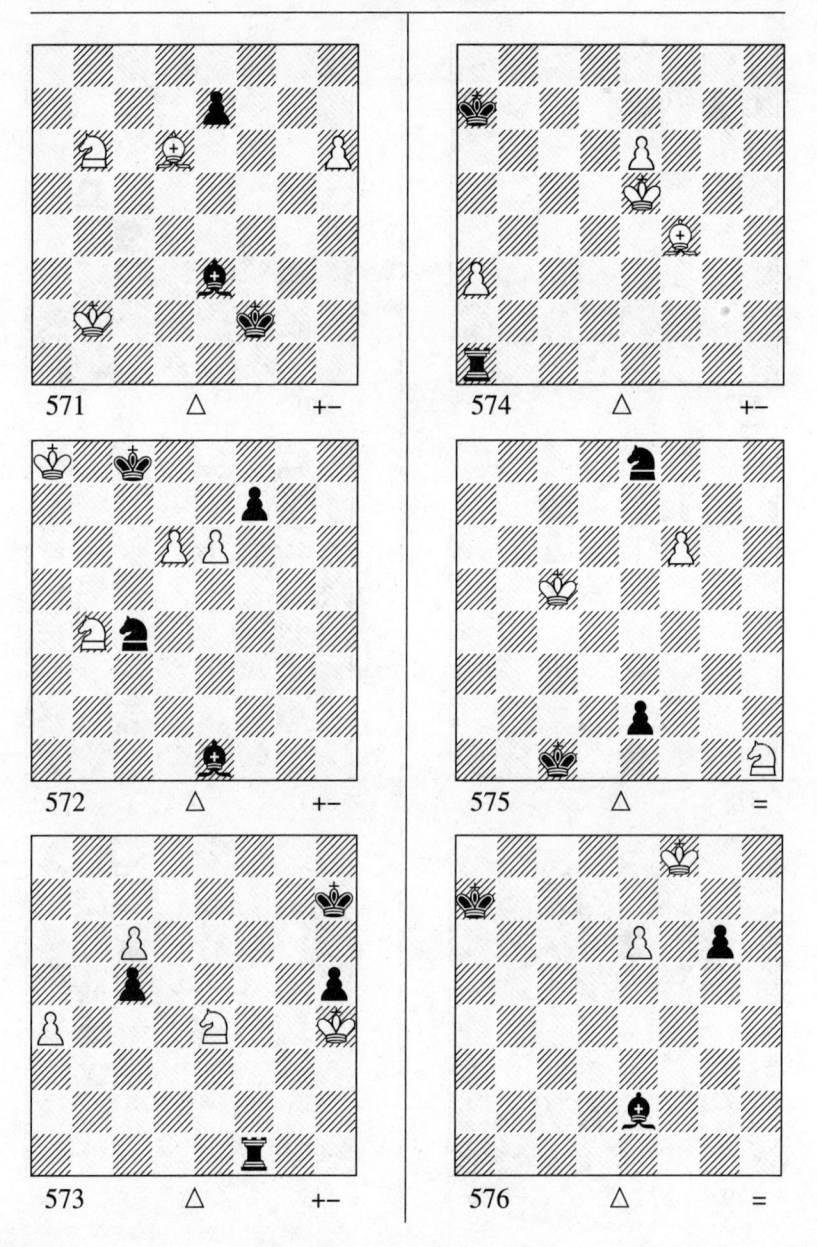

八级习题

571　△　+−

572　△　+−

573　△　+−

574　△　+−

575　△　=

576　△　=

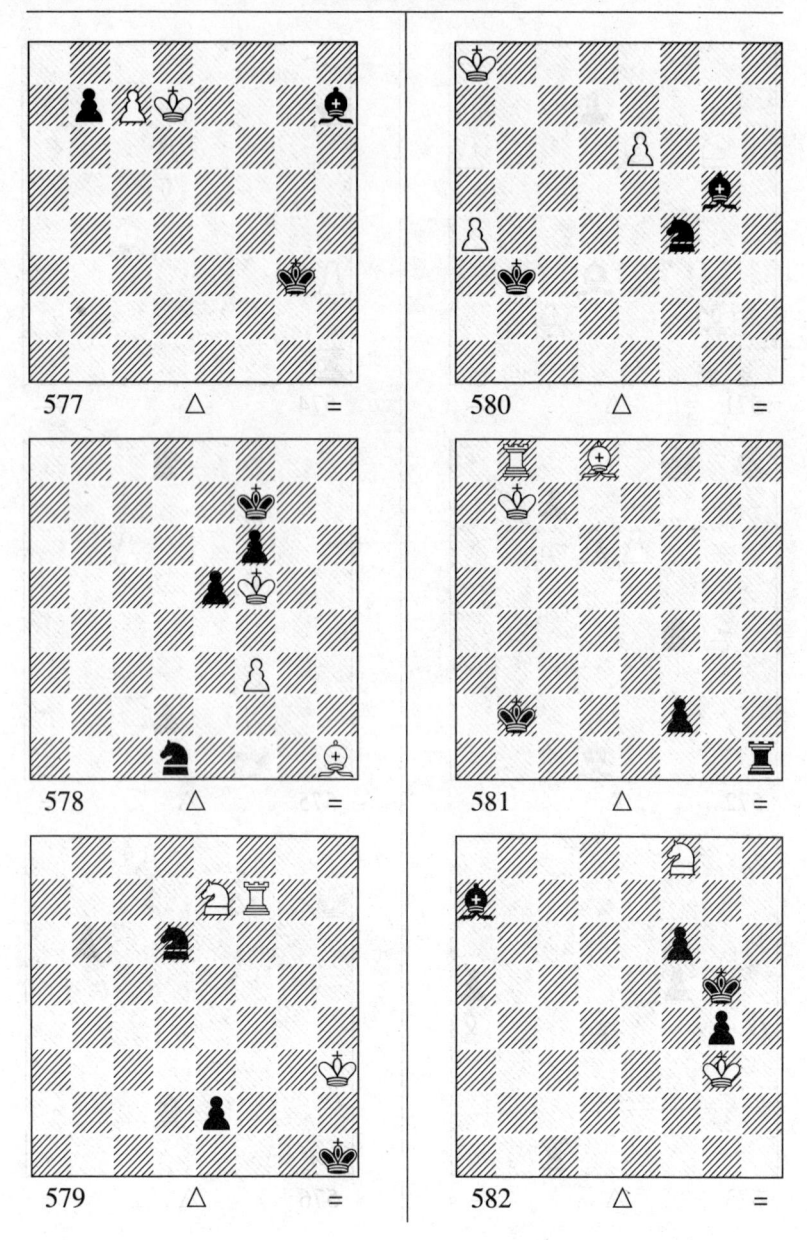

八级习题

577 △ =

578 △ =

579 △ =

580 △ =

581 △ =

582 △ =

104

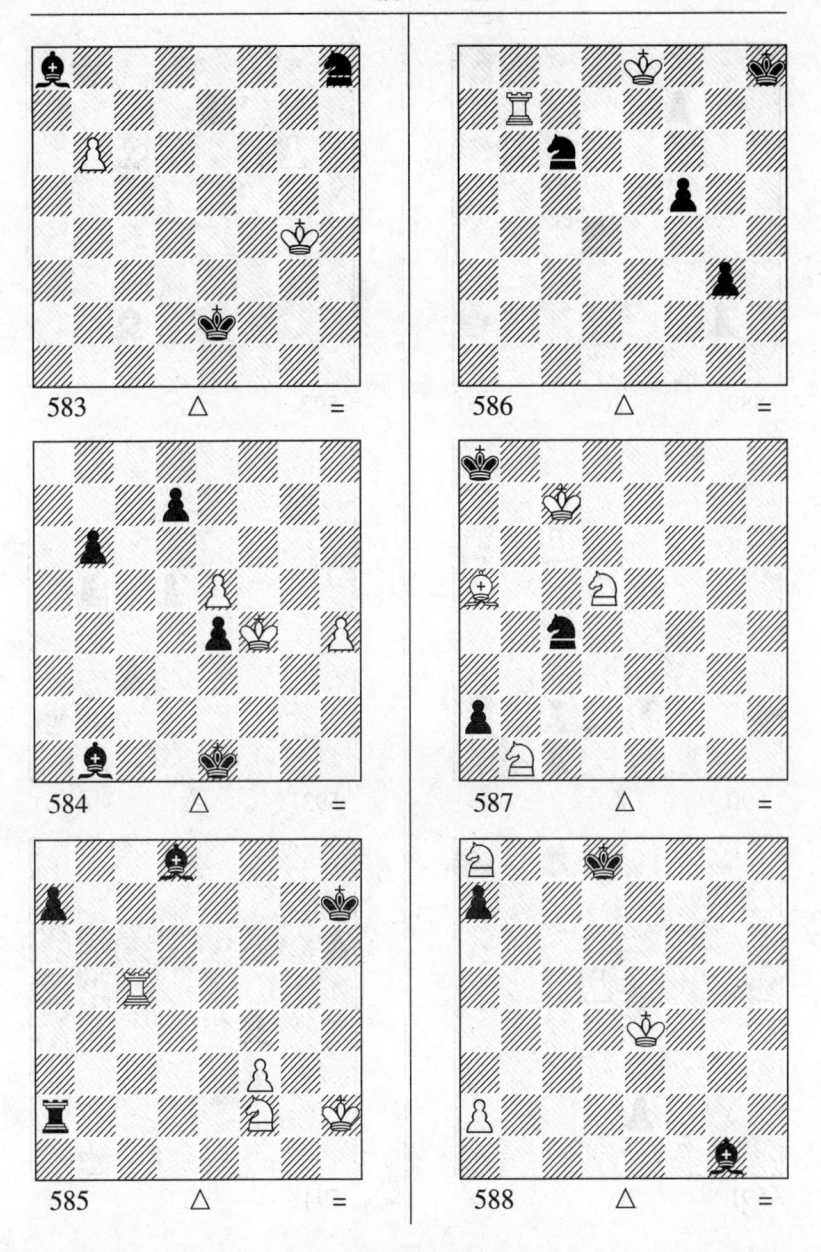

八级习题

583 △ =

584 △ =

585 △ =

586 △ =

587 △ =

588 △ =

八级习题

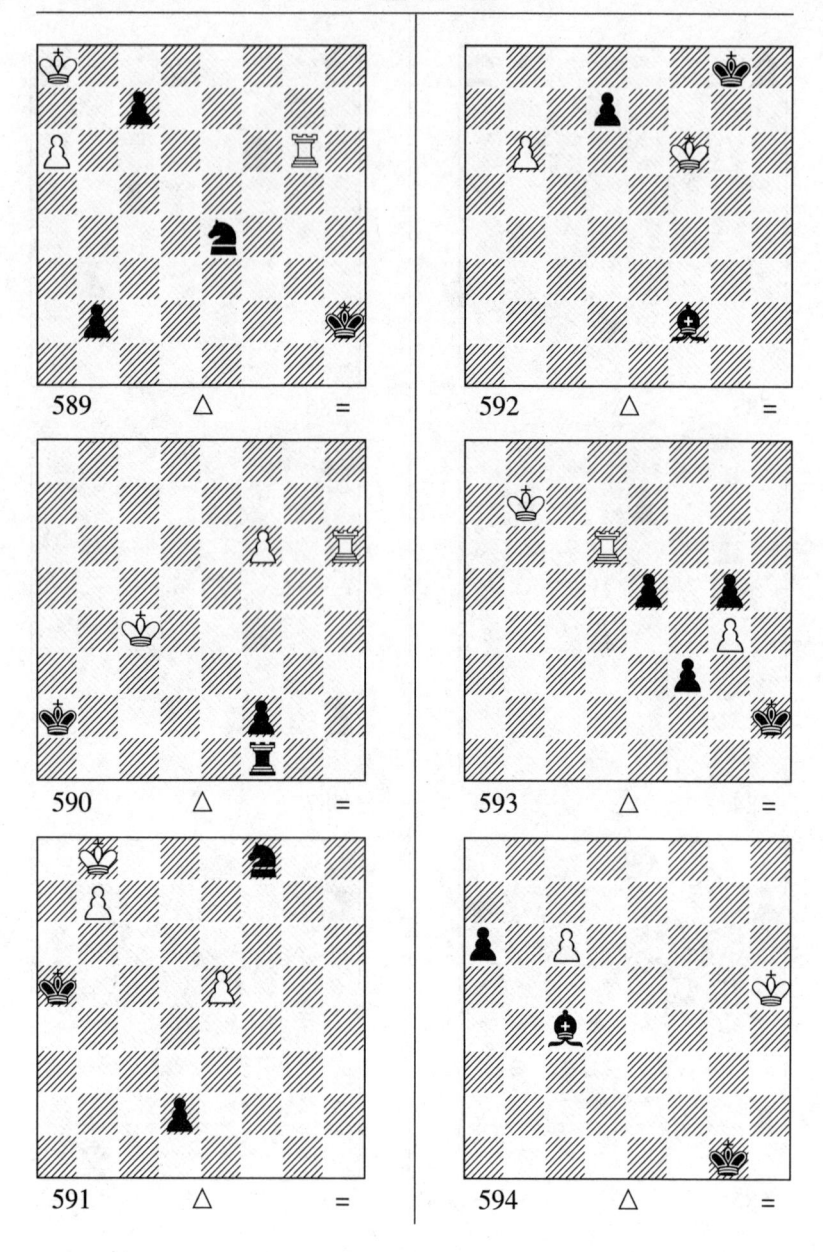

589 △ =

590 △ =

591 △ =

592 △ =

593 △ =

594 △ =

九级习题

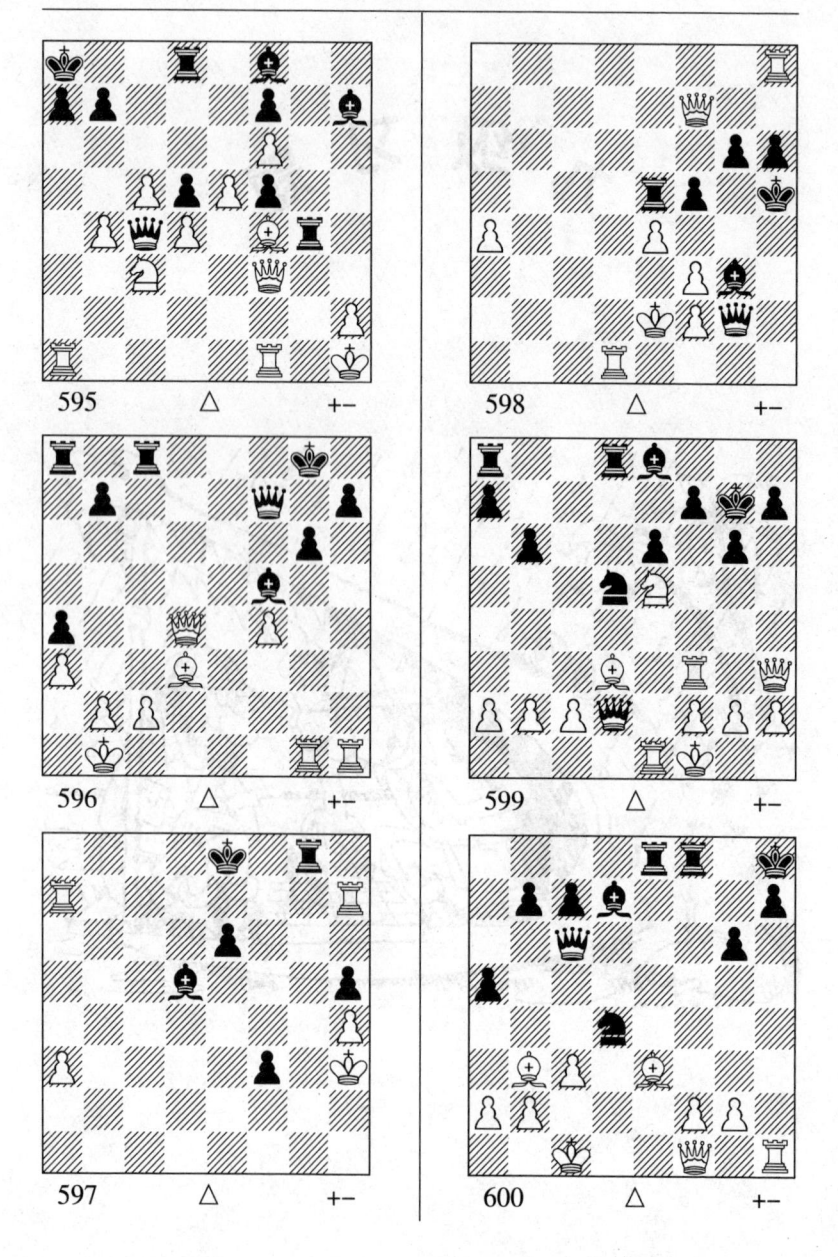

九级习题

595 △ +−

596 △ +−

597 △ +−

598 △ +−

599 △ +−

600 △ +−

108

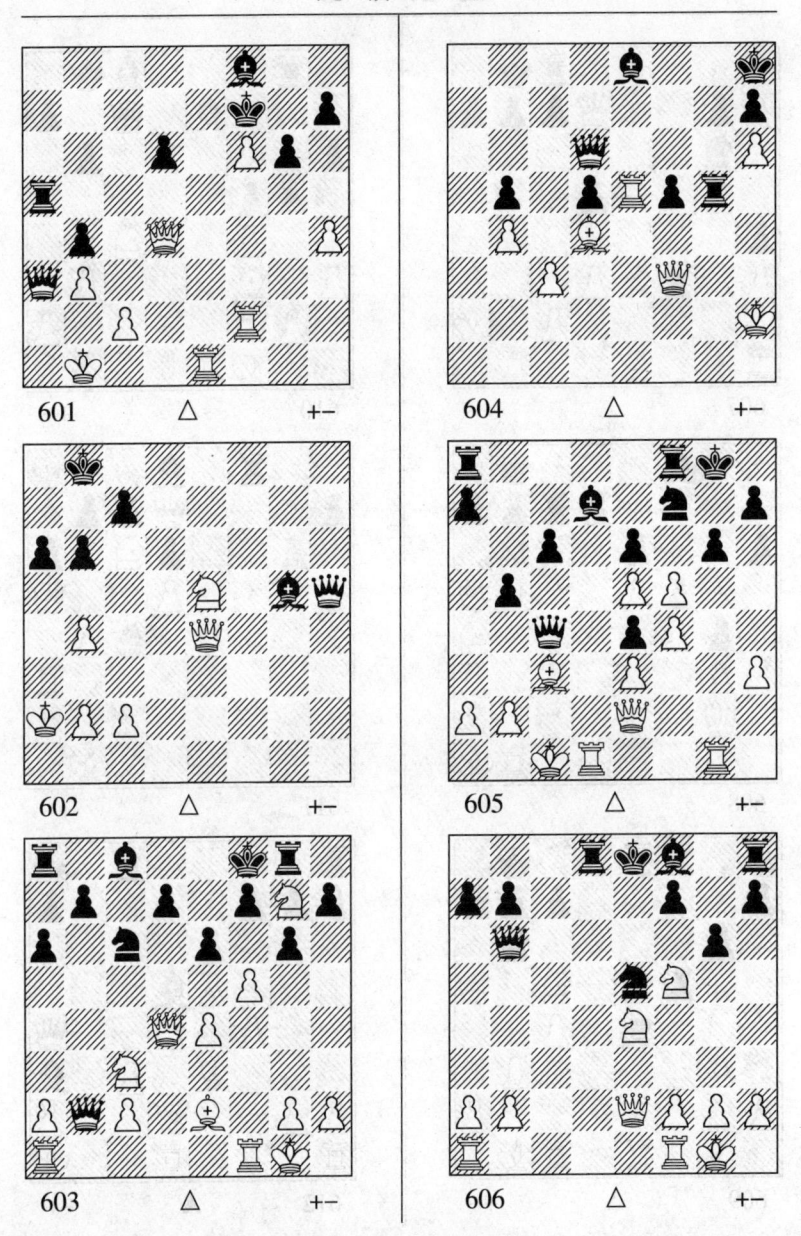

九级习题

601 △ +−

602 △ +−

603 △ +−

604 △ +−

605 △ +−

606 △ +−

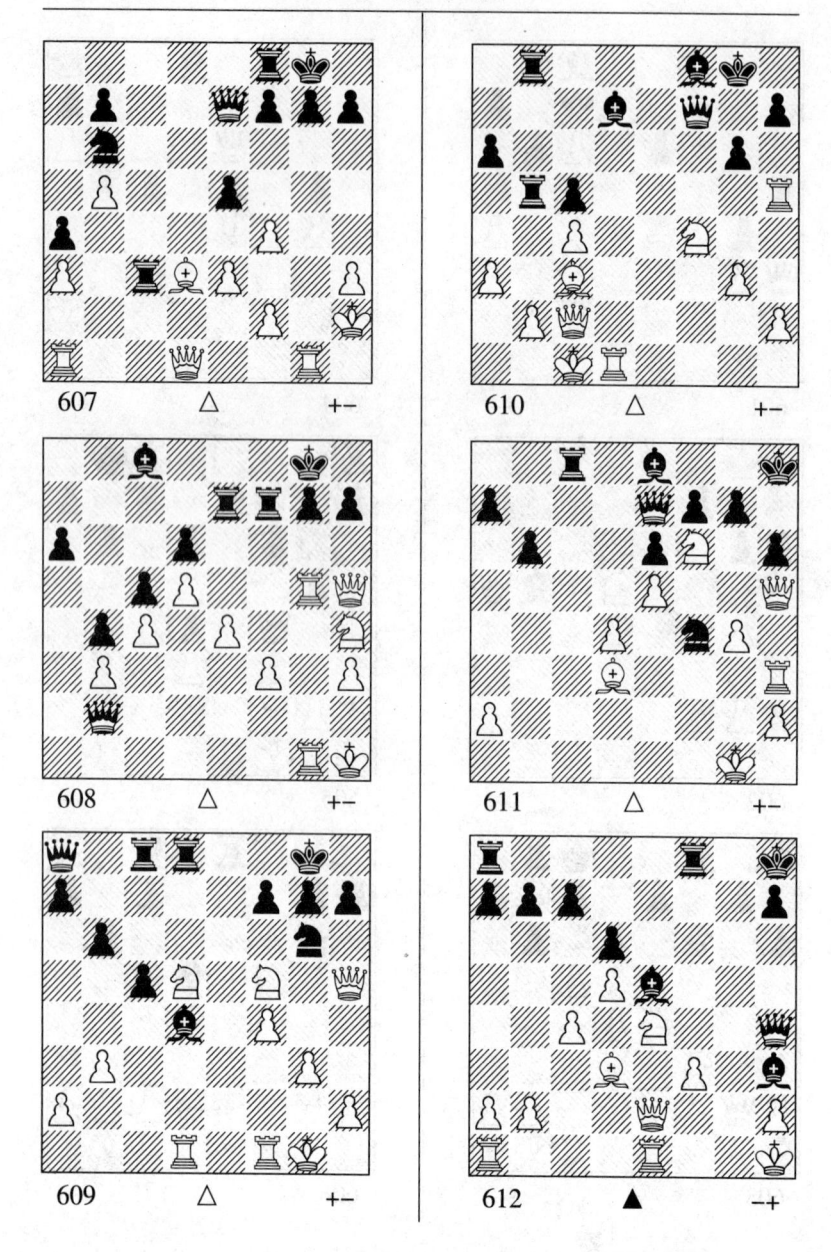

九级习题

607 △ +−

608 △ +−

609 △ +−

610 △ +−

611 △ +−

612 ▲ −+

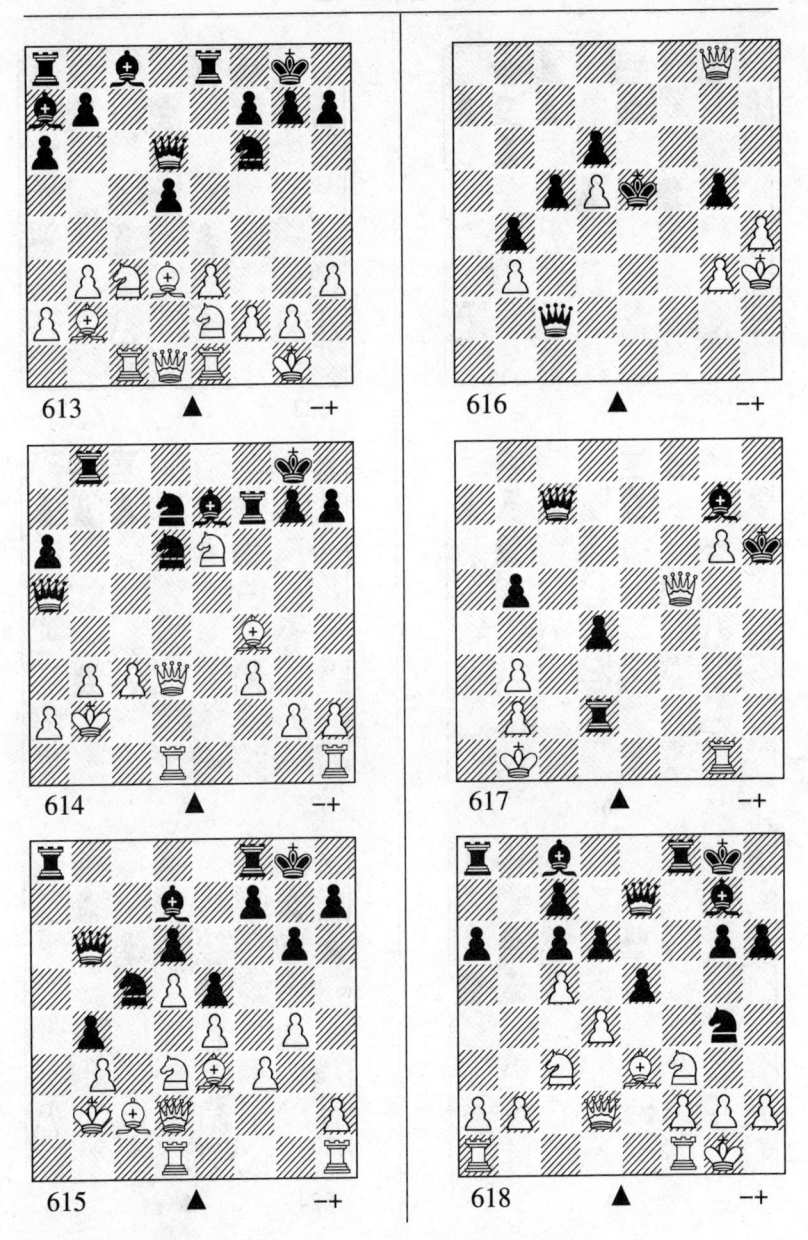

九级习题

613 ▲ −+

614 ▲ −+

615 ▲ −+

616 ▲ −+

617 ▲ −+

618 ▲ −+

111

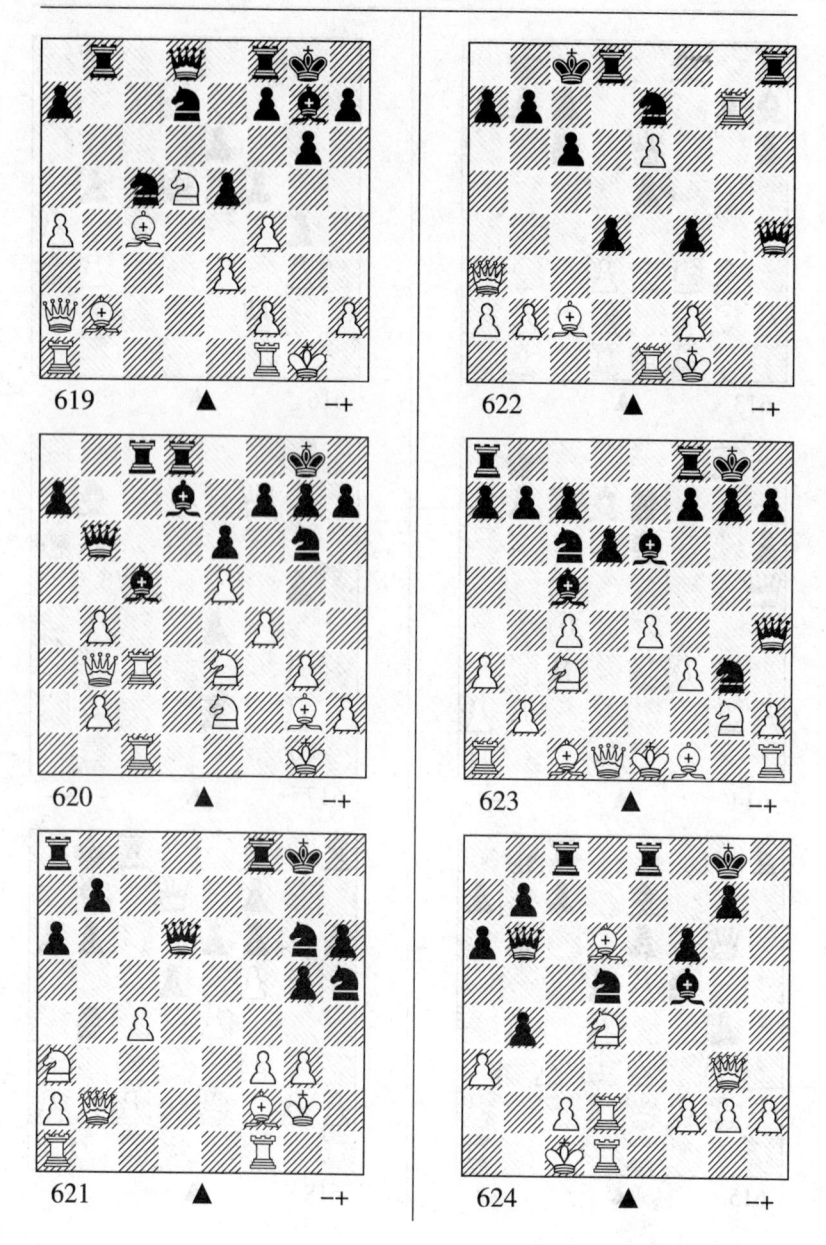

九级习题

619 ▲ −+

622 ▲ −+

620 ▲ −+

623 ▲ −+

621 ▲ −+

624 ▲ −+

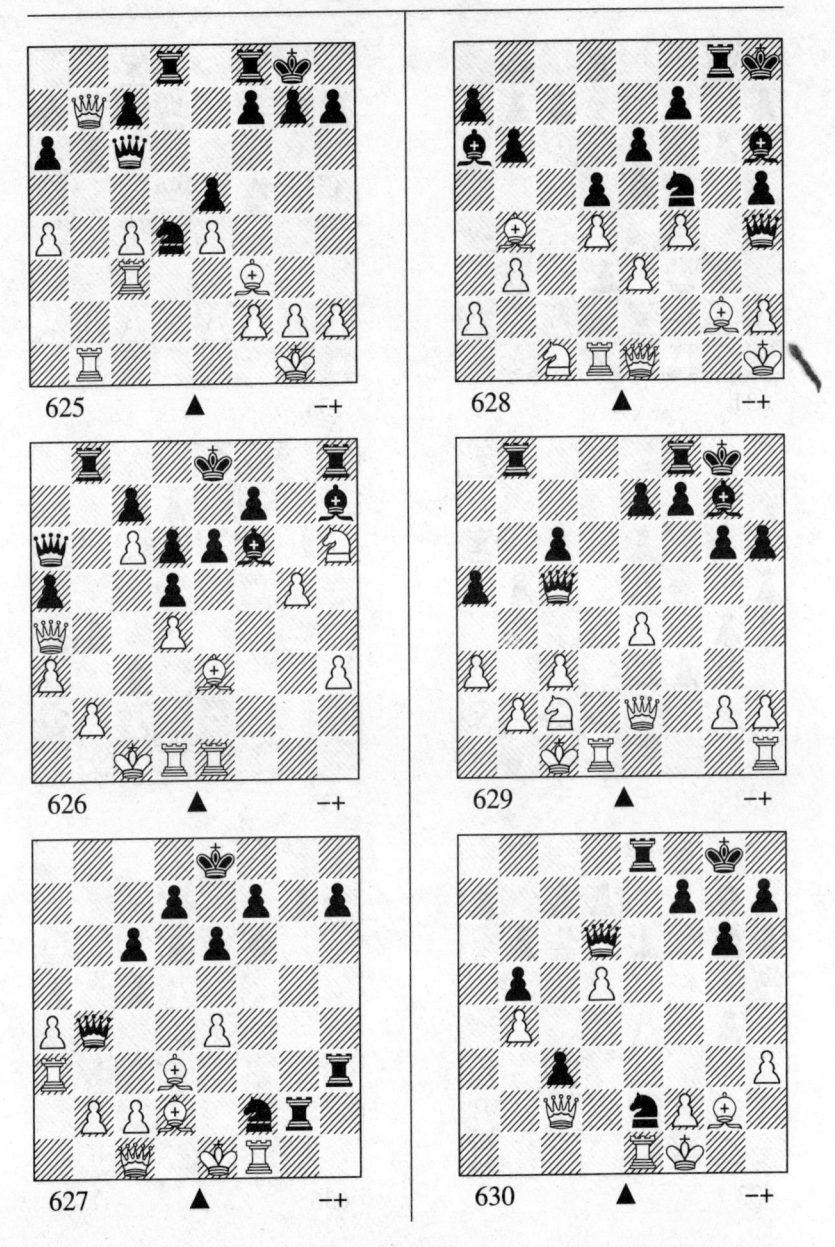

九级习题

625 ▲ −+

626 ▲ −+

627 ▲ −+

628 ▲ −+

629 ▲ −+

630 ▲ −+

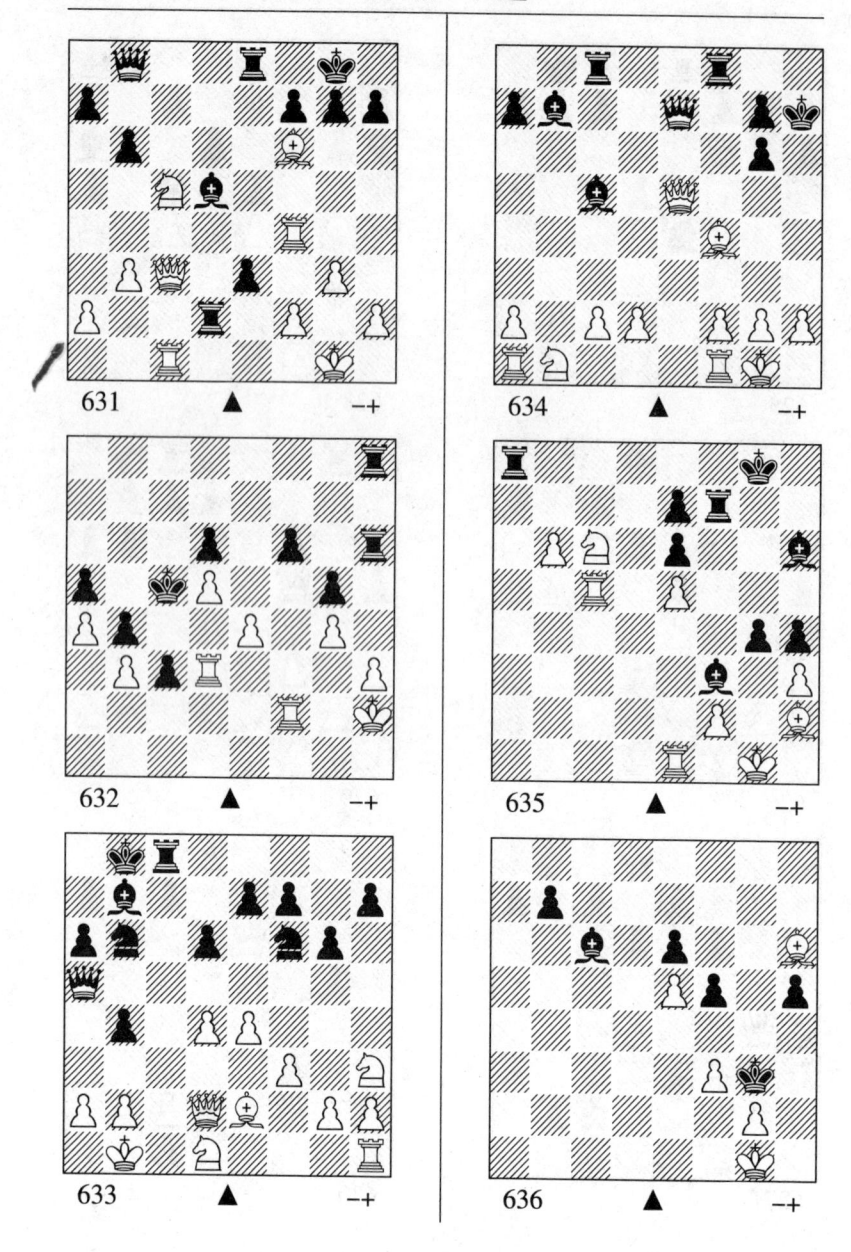

九级习题

631 ▲ −+

632 ▲ −+

633 ▲ −+

634 ▲ −+

635 ▲ −+

636 ▲ −+

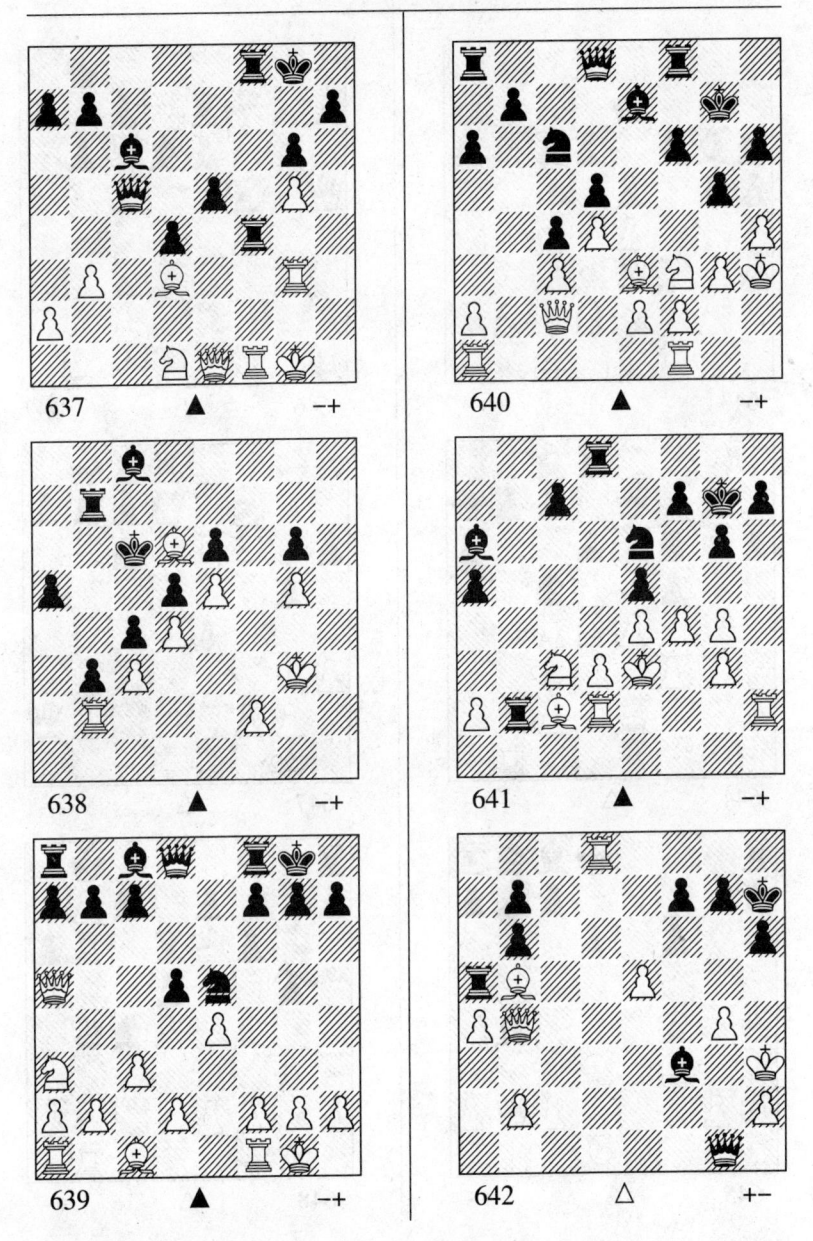

九级习题

637 ▲ —+

638 ▲ —+

639 ▲ —+

640 ▲ —+

641 ▲ —+

642 △ +—

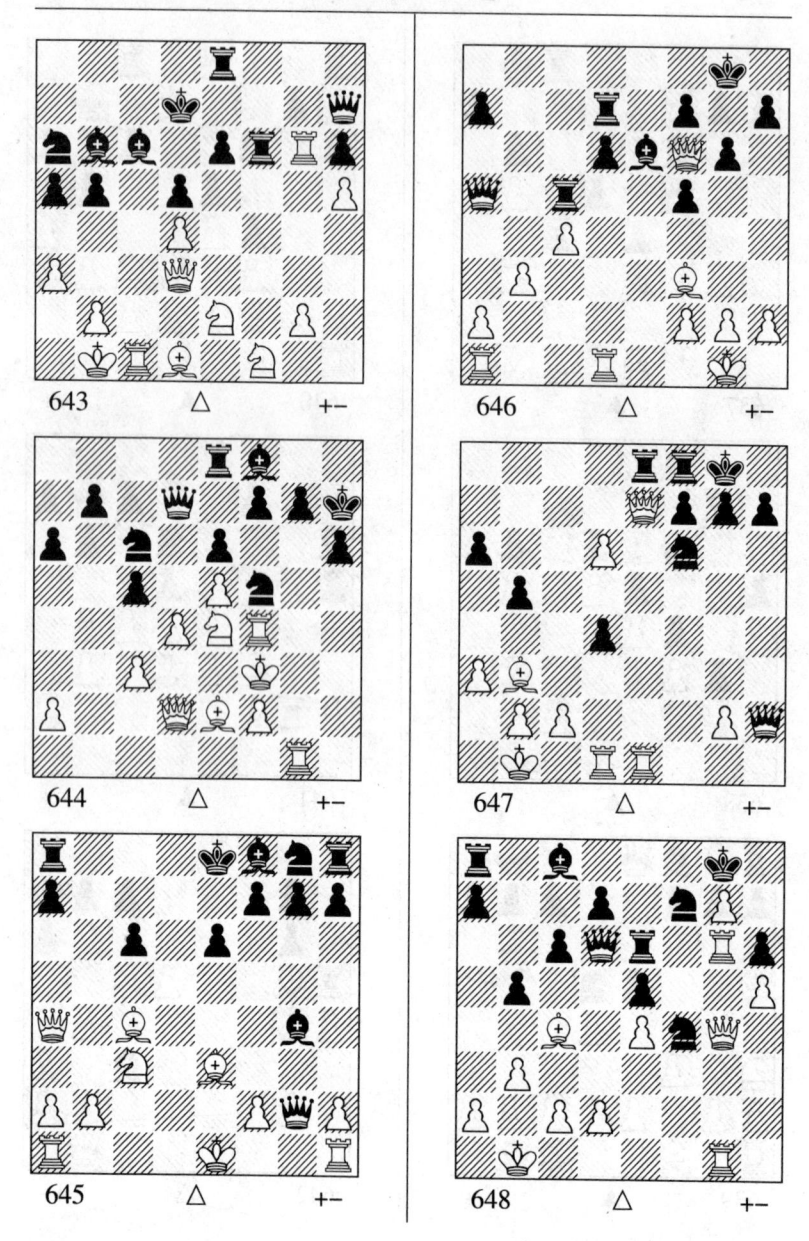

九级习题

643 △ +−

644 △ +−

645 △ +−

646 △ +−

647 △ +−

648 △ +−

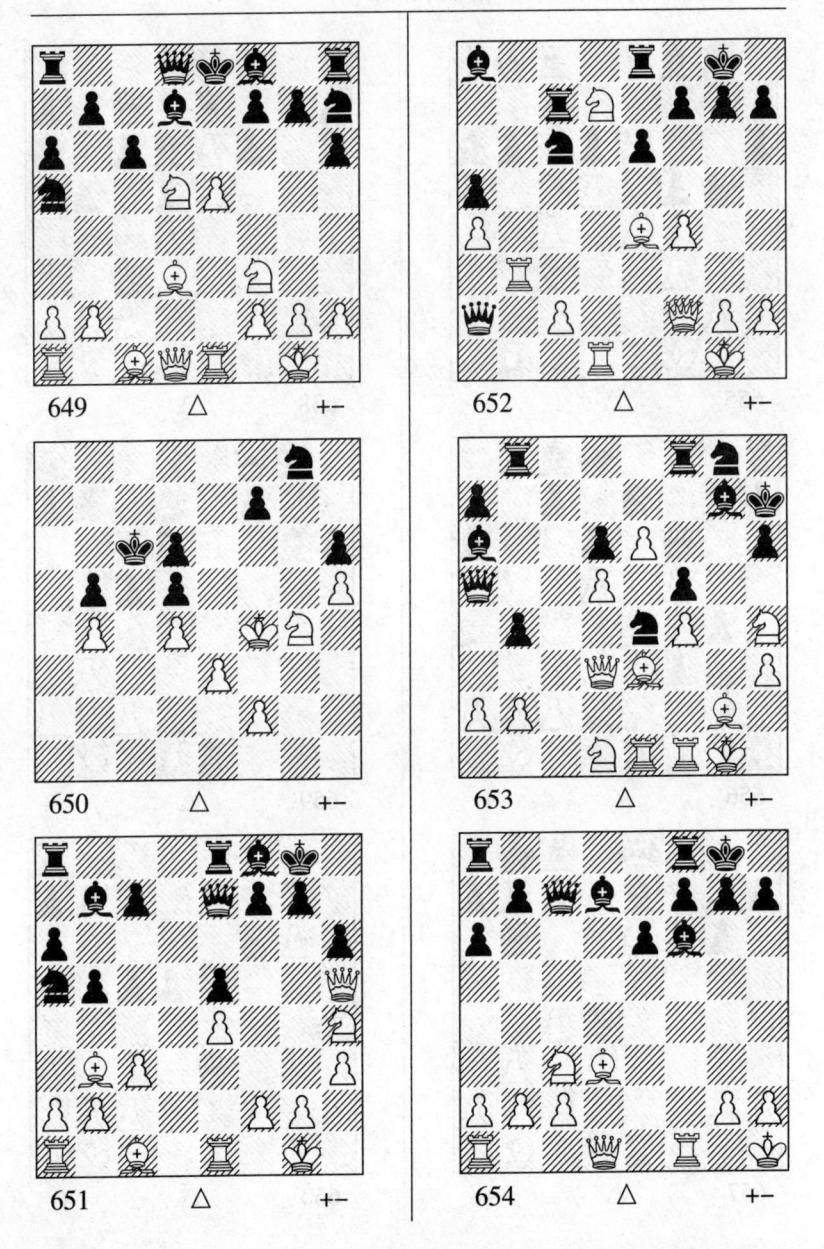

九级习题

649 △ +−

650 △ +−

651 △ +−

652 △ +−

653 △ +−

654 △ +−

117

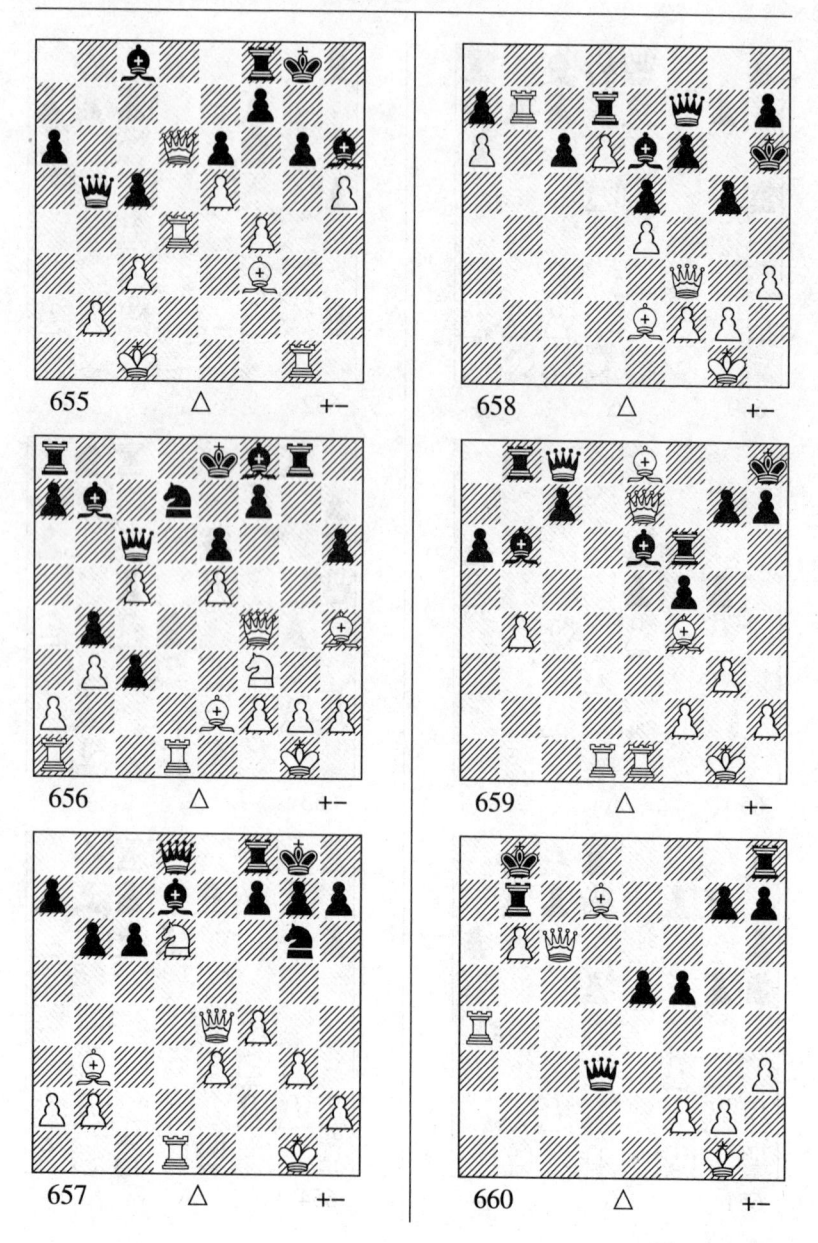

九级习题

655 △ +-

656 △ +-

657 △ +-

658 △ +-

659 △ +-

660 △ +-

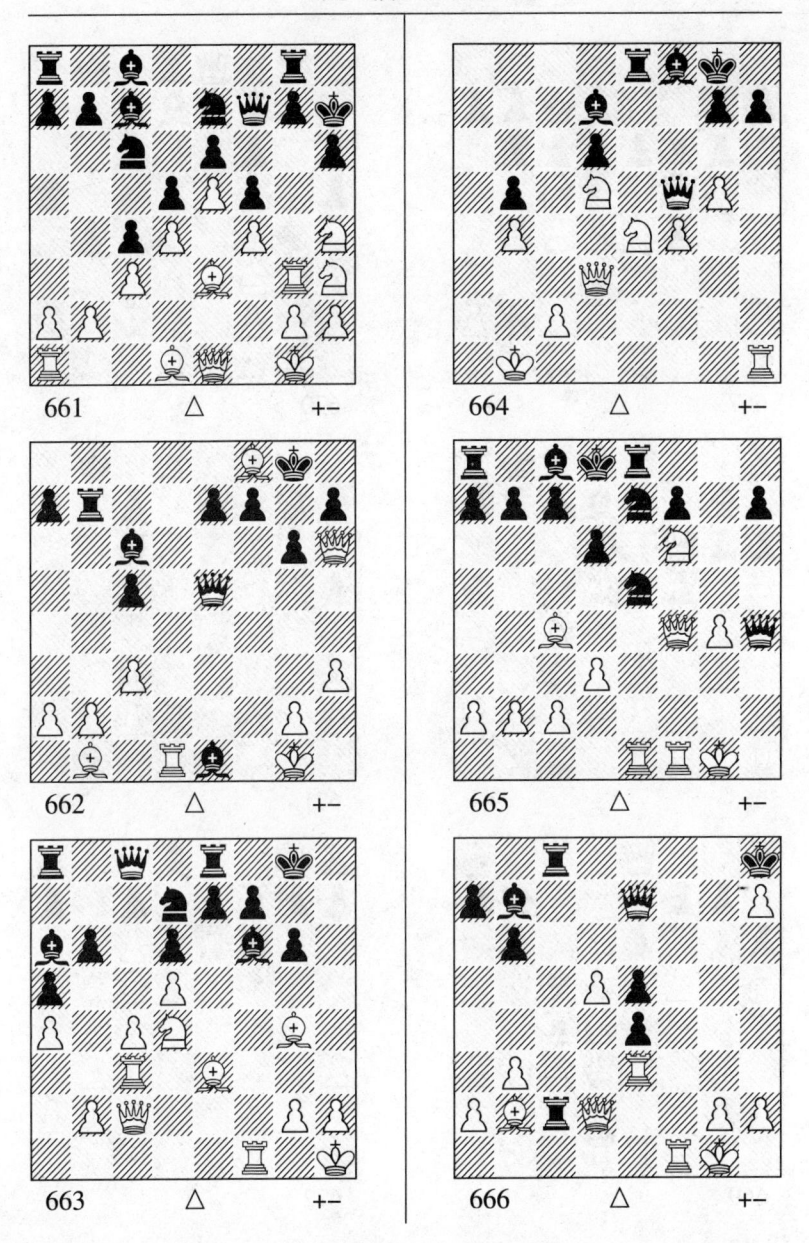

九级习题

661 △ +−

662 △ +−

663 △ +−

664 △ +−

665 △ +−

666 △ +−

119

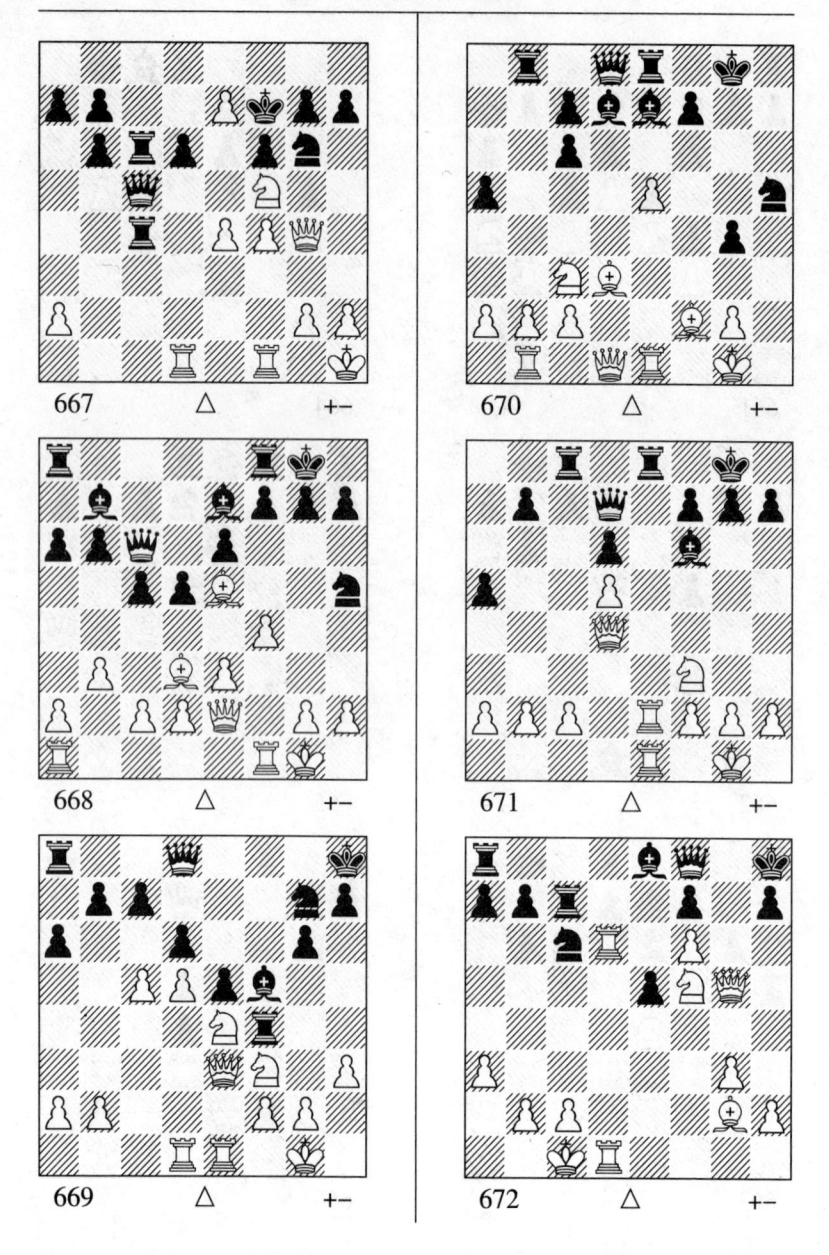

九级习题

667 △ +−

670 △ +−

668 △ +−

671 △ +−

669 △ +−

672 △ +−

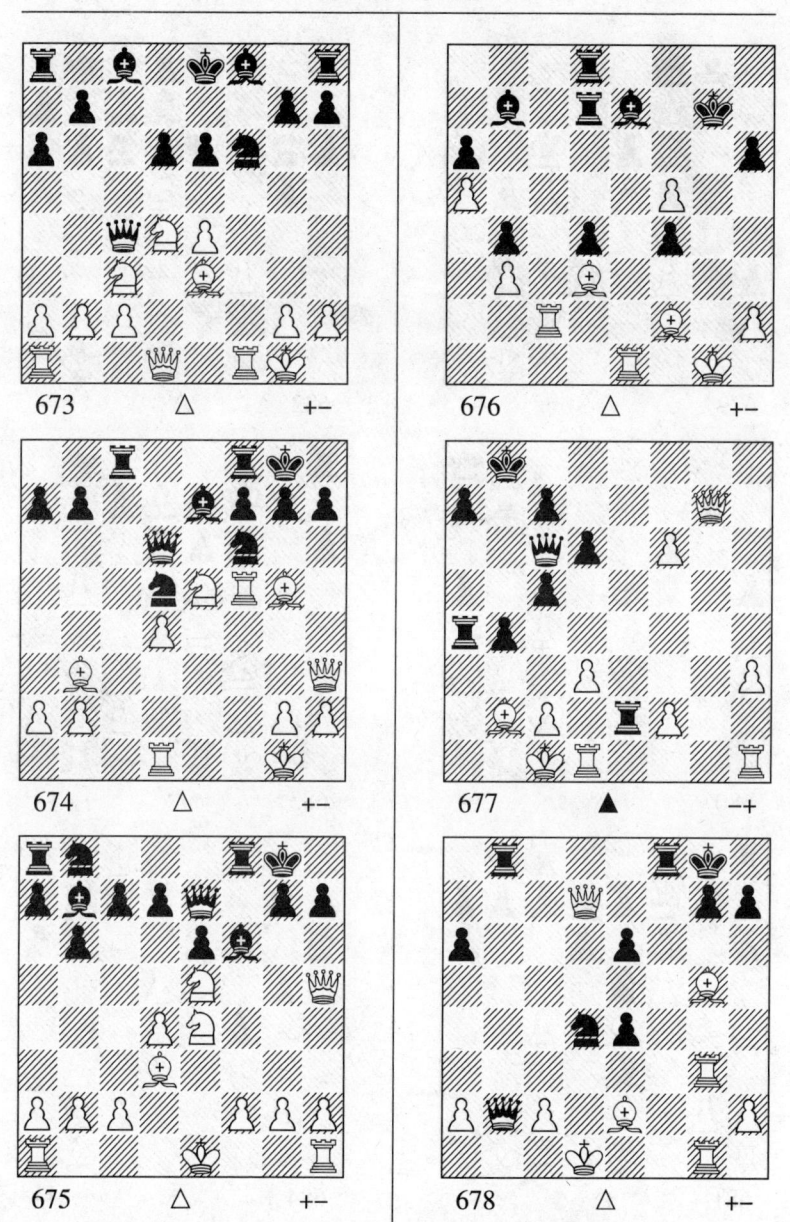

九级习题

673 △ +−

674 △ +−

675 △ +−

676 △ +−

677 ▲ −+

678 △ +−

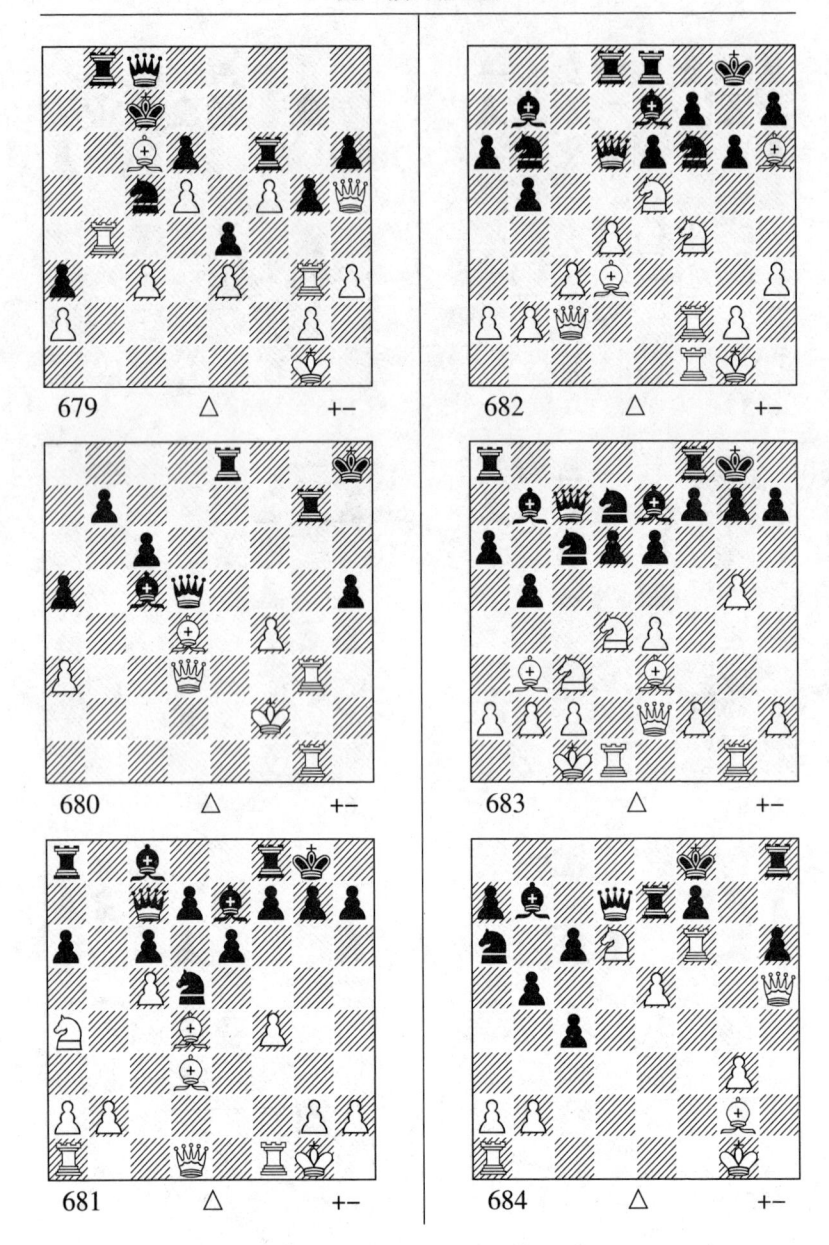

九级习题

679 △ +−

680 △ +−

681 △ +−

682 △ +−

683 △ +−

684 △ +−

122

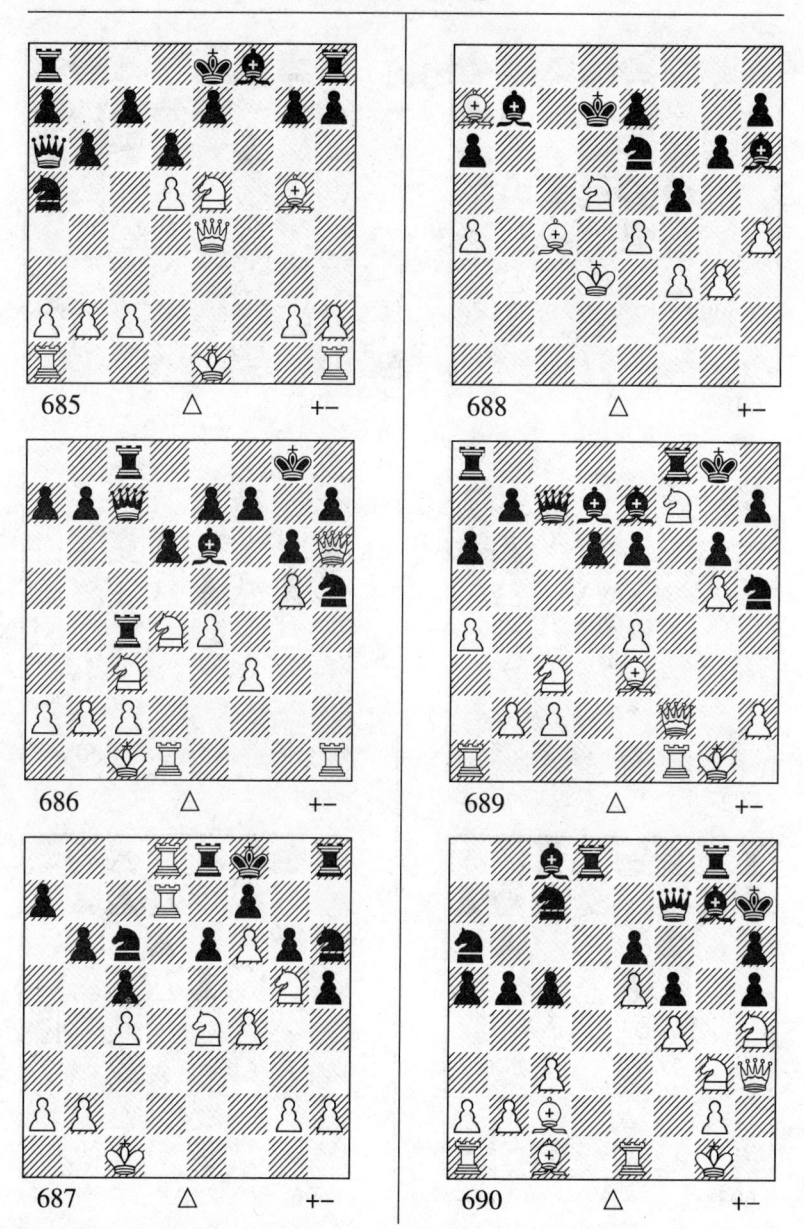

九级习题

685 △ +−

686 △ +−

687 △ +−

688 △ +−

689 △ +−

690 △ +−

123

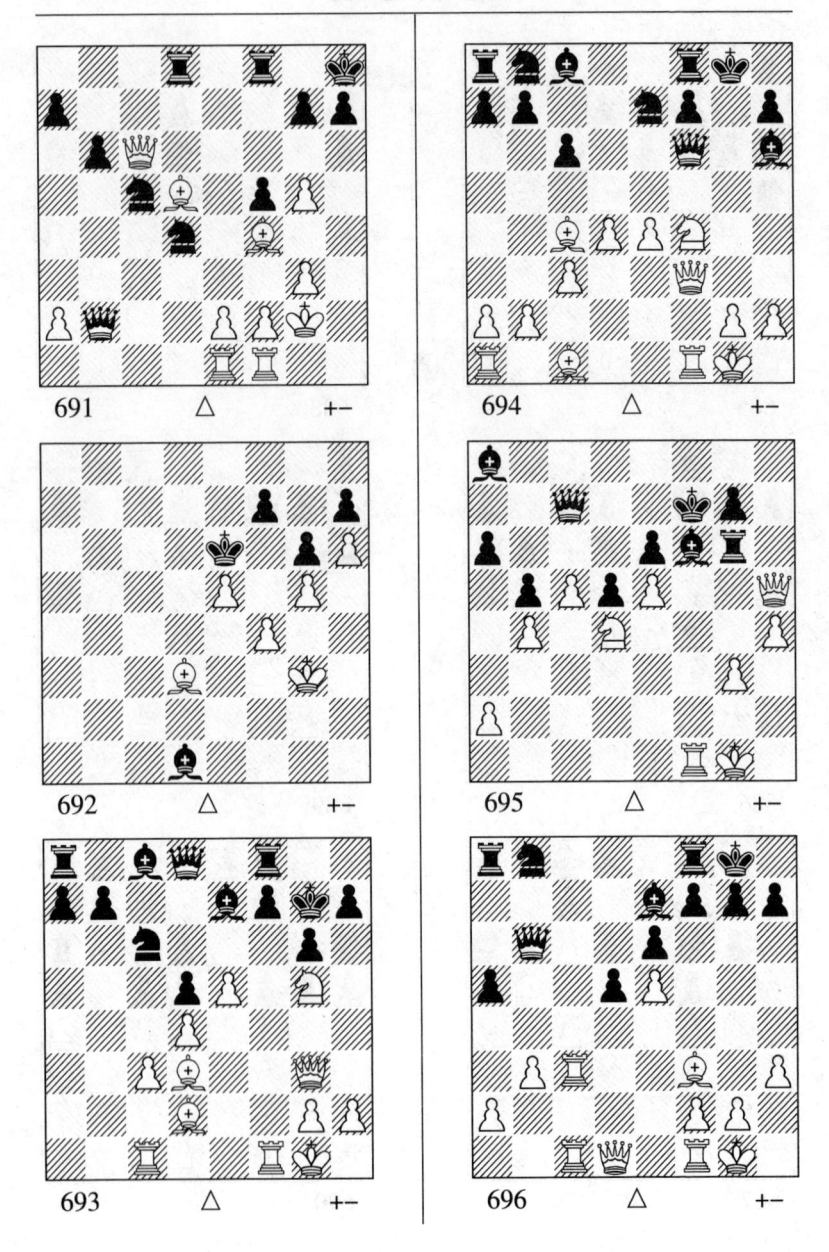

九级习题

691 △ +−

692 △ +−

693 △ +−

694 △ +−

695 △ +−

696 △ +−

124

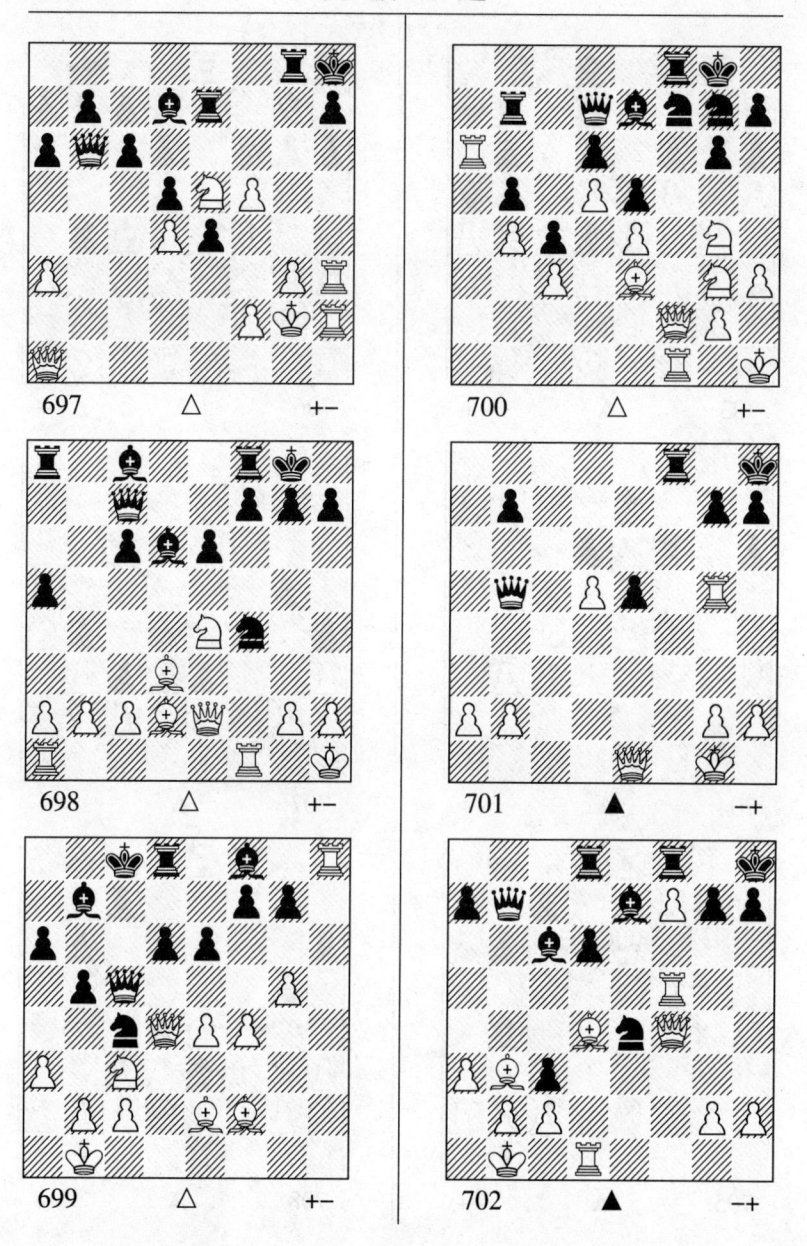

九级习题

697 △ +−

698 △ +−

699 △ +−

700 △ +−

701 ▲ −+

702 ▲ −+

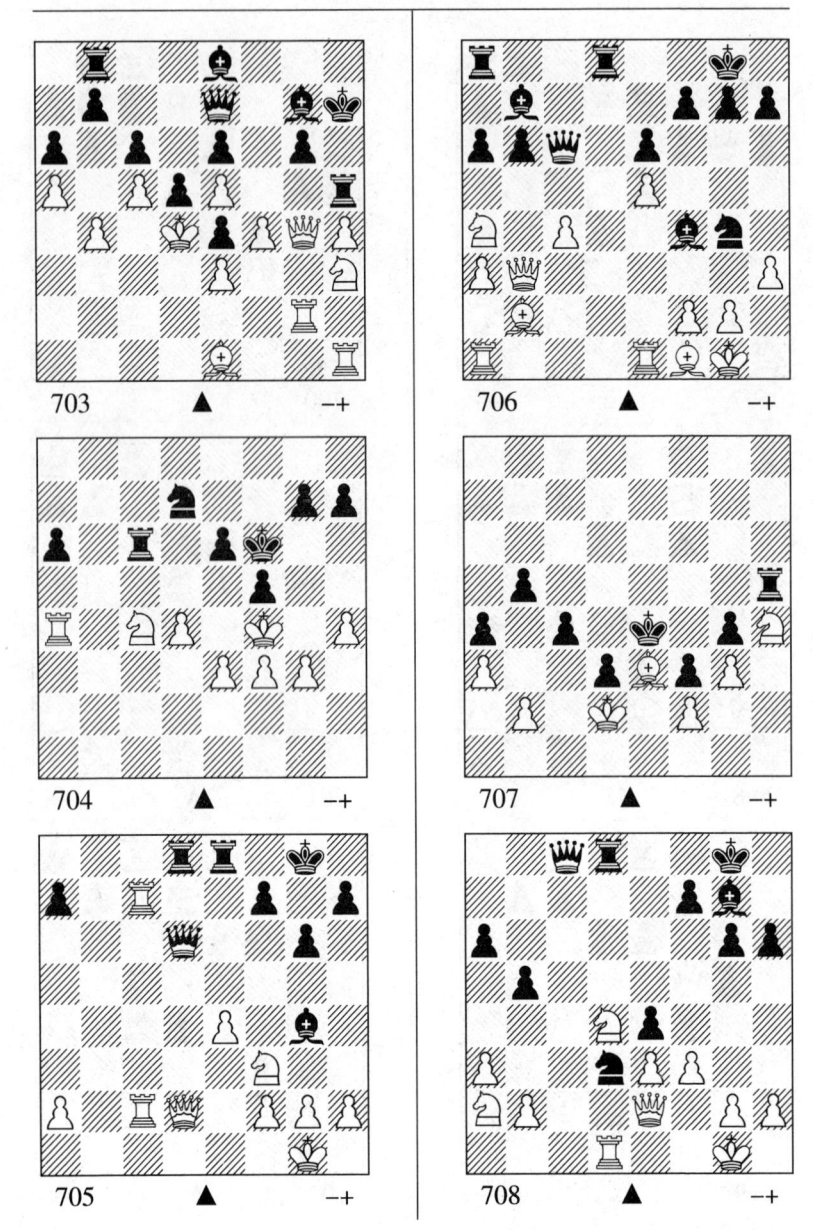

九级习题

703 ▲ −+

704 ▲ −+

705 ▲ −+

706 ▲ −+

707 ▲ −+

708 ▲ −+

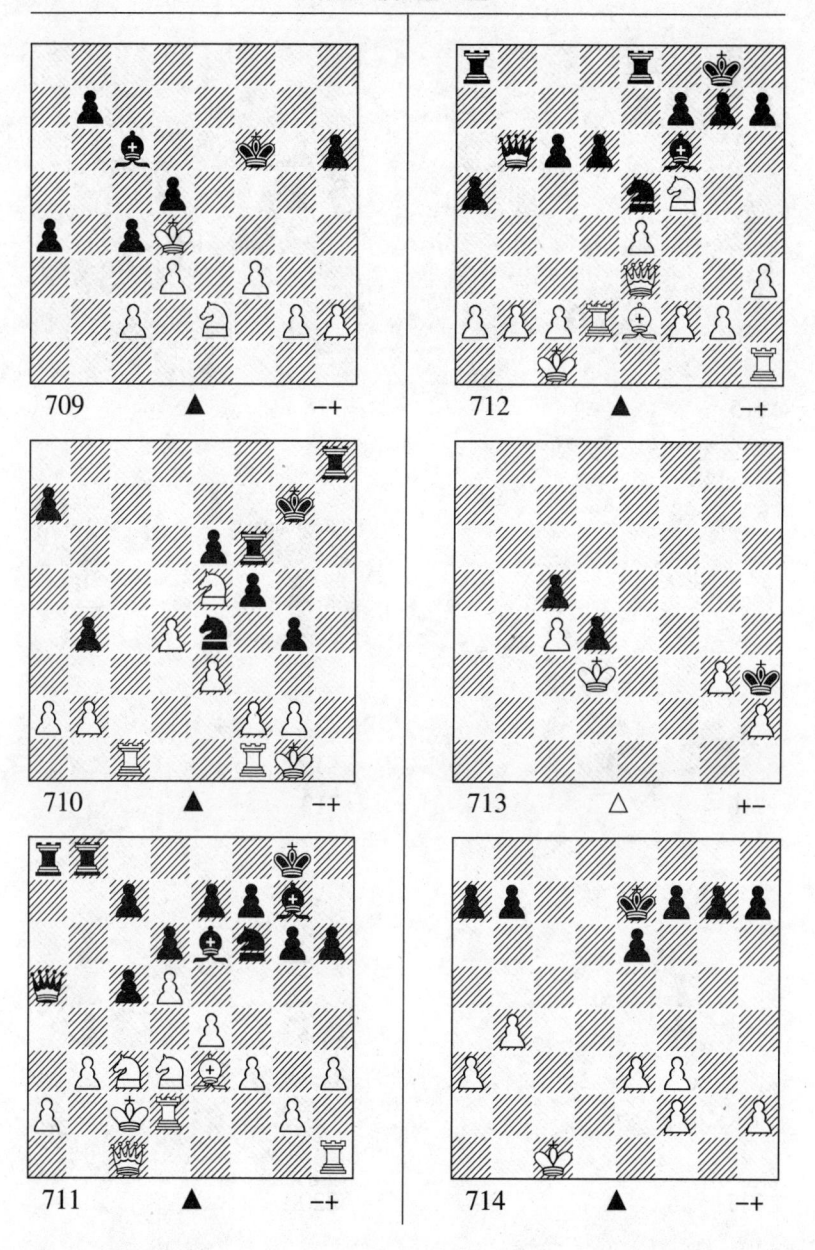

九级习题

709 ▲ —+

712 ▲ —+

710 ▲ —+

713 △ +—

711 ▲ —+

714 ▲ —+

127

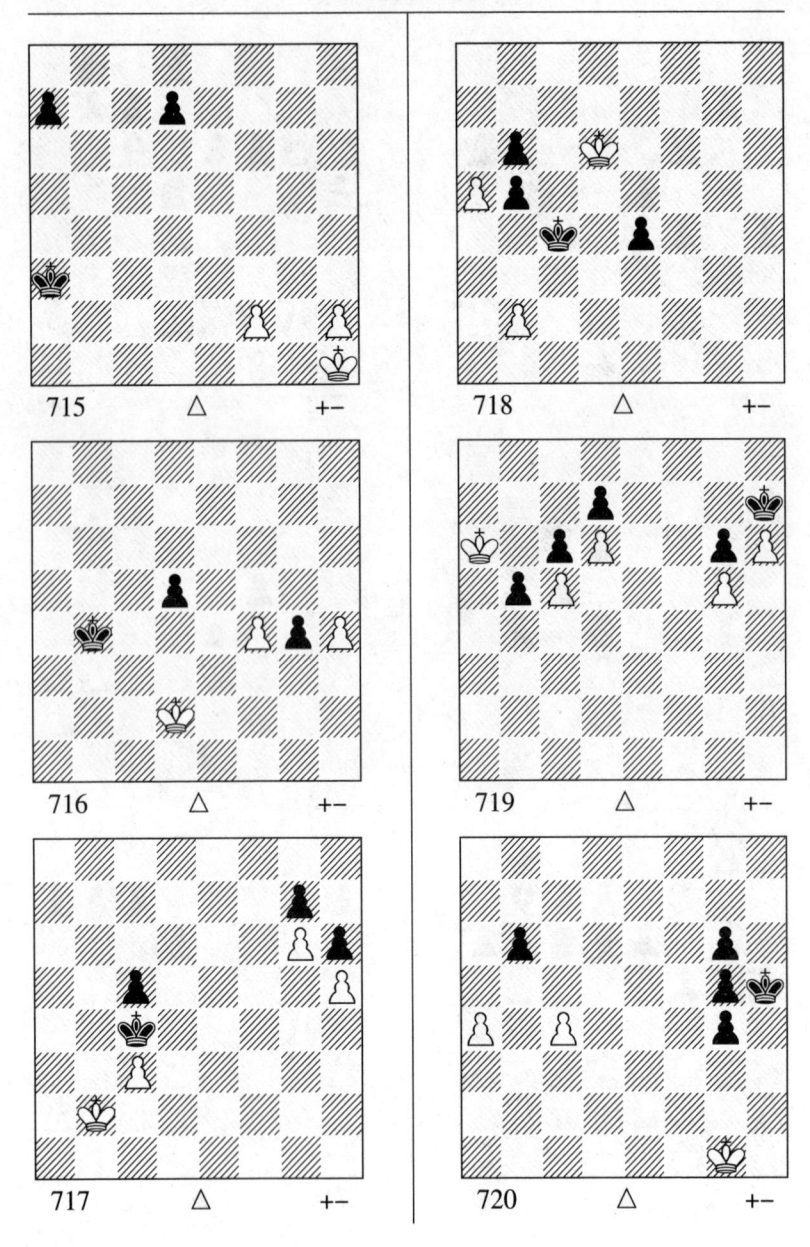

九级习题

715 △ +−

716 △ +−

717 △ +−

718 △ +−

719 △ +−

720 △ +−

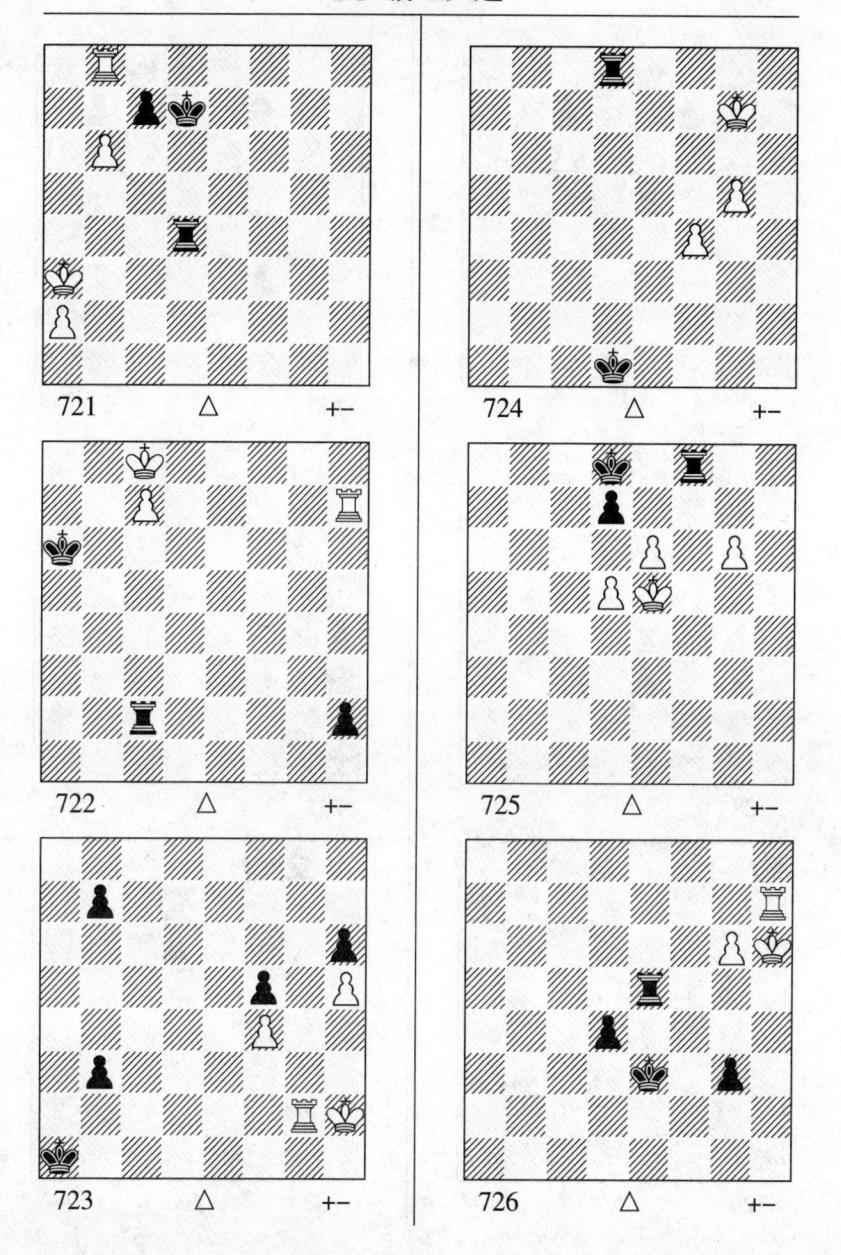

九级习题

721 △ +−

722 △ +−

723 △ +−

724 △ +−

725 △ +−

726 △ +−

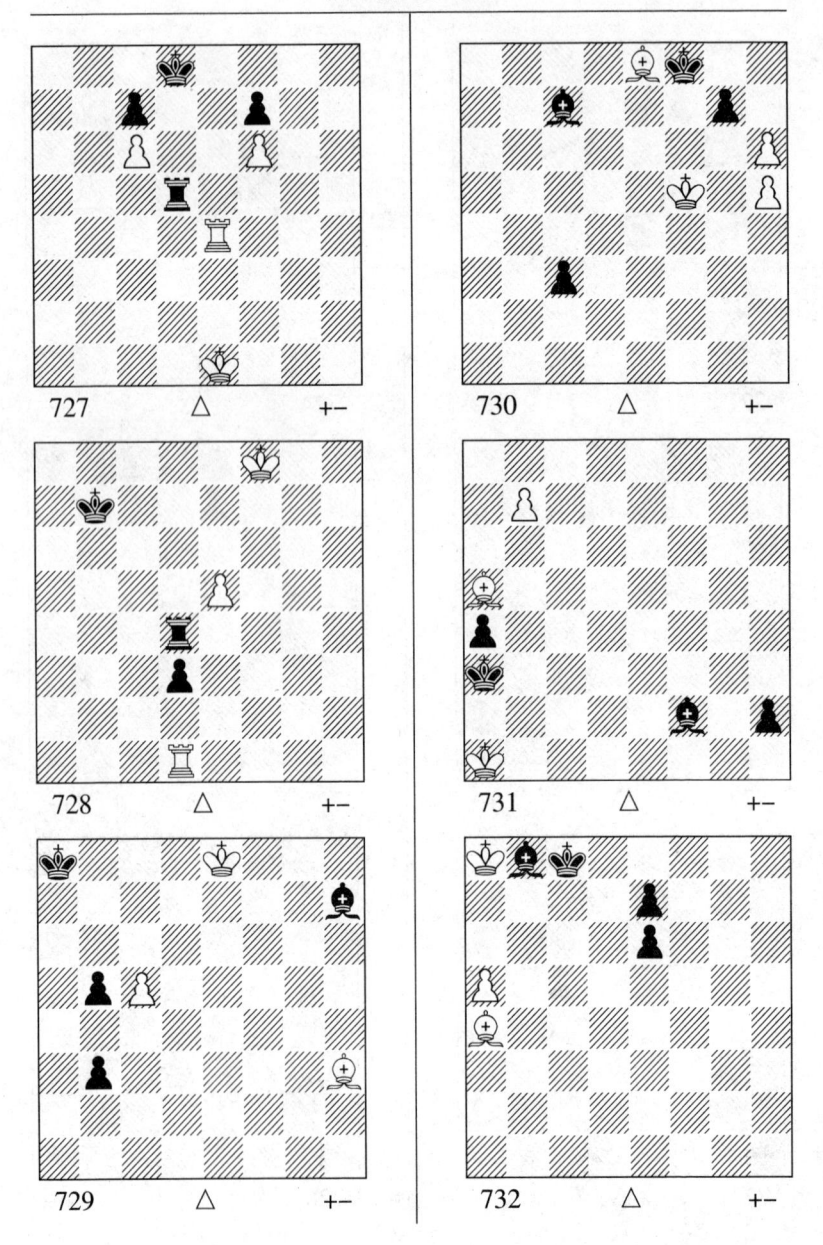

九 级 习 题

727 △ +−

730 △ +−

728 △ +−

731 △ +−

729 △ +−

732 △ +−

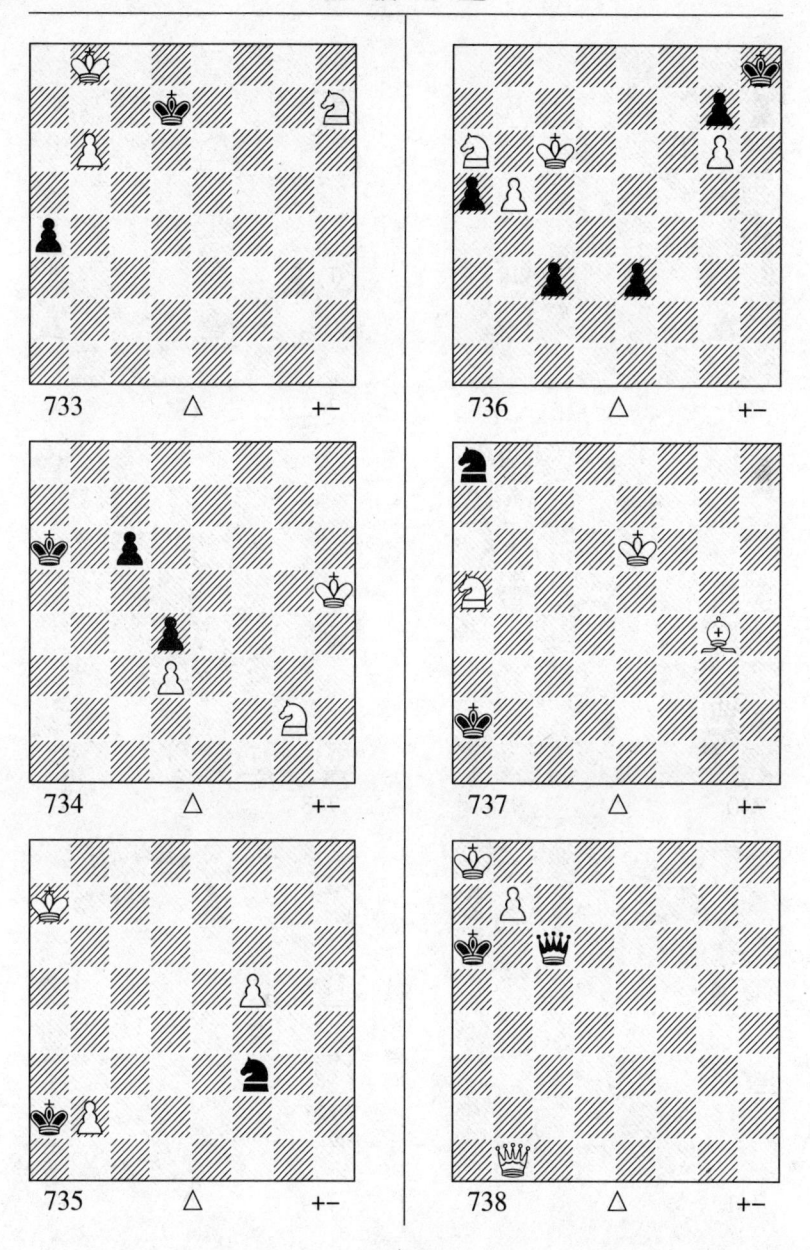

九级习题

733 △ +−

734 △ +−

735 △ +−

736 △ +−

737 △ +−

738 △ +−

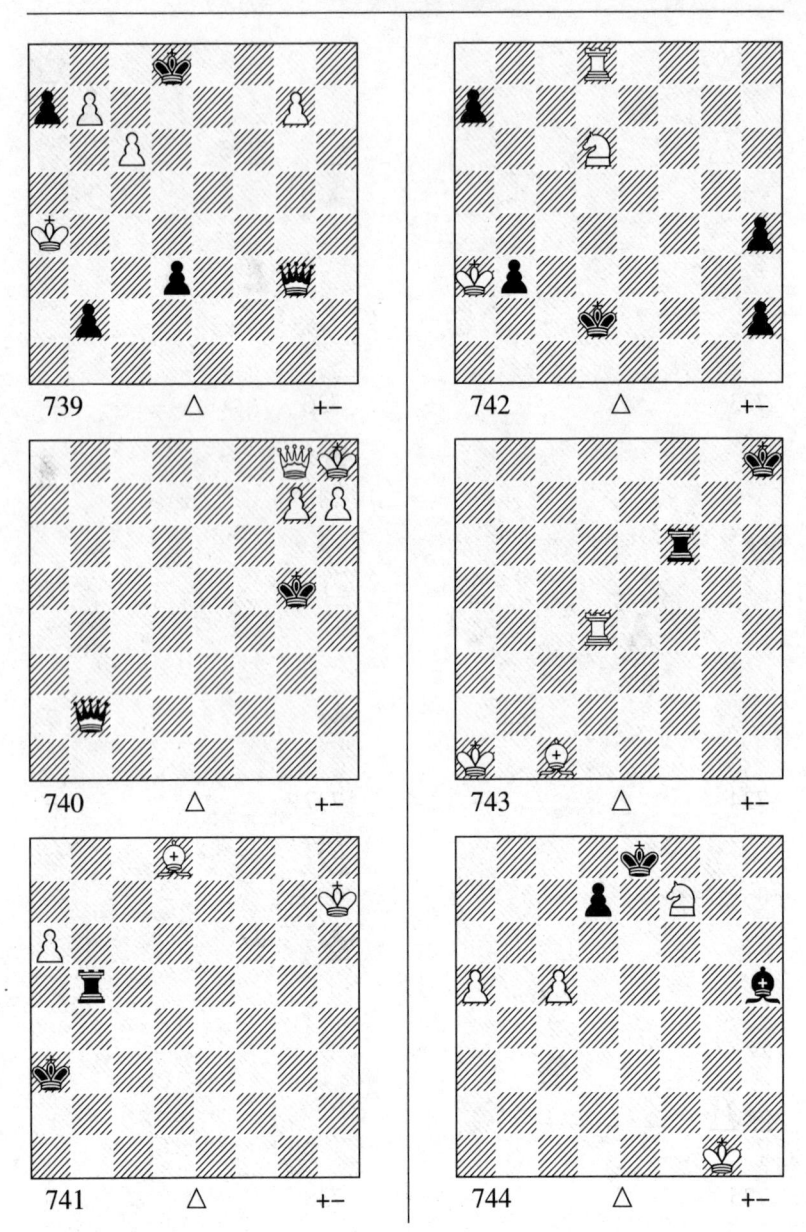

九级习题

739 △ +−

740 △ +−

741 △ +−

742 △ +−

743 △ +−

744 △ +−

132

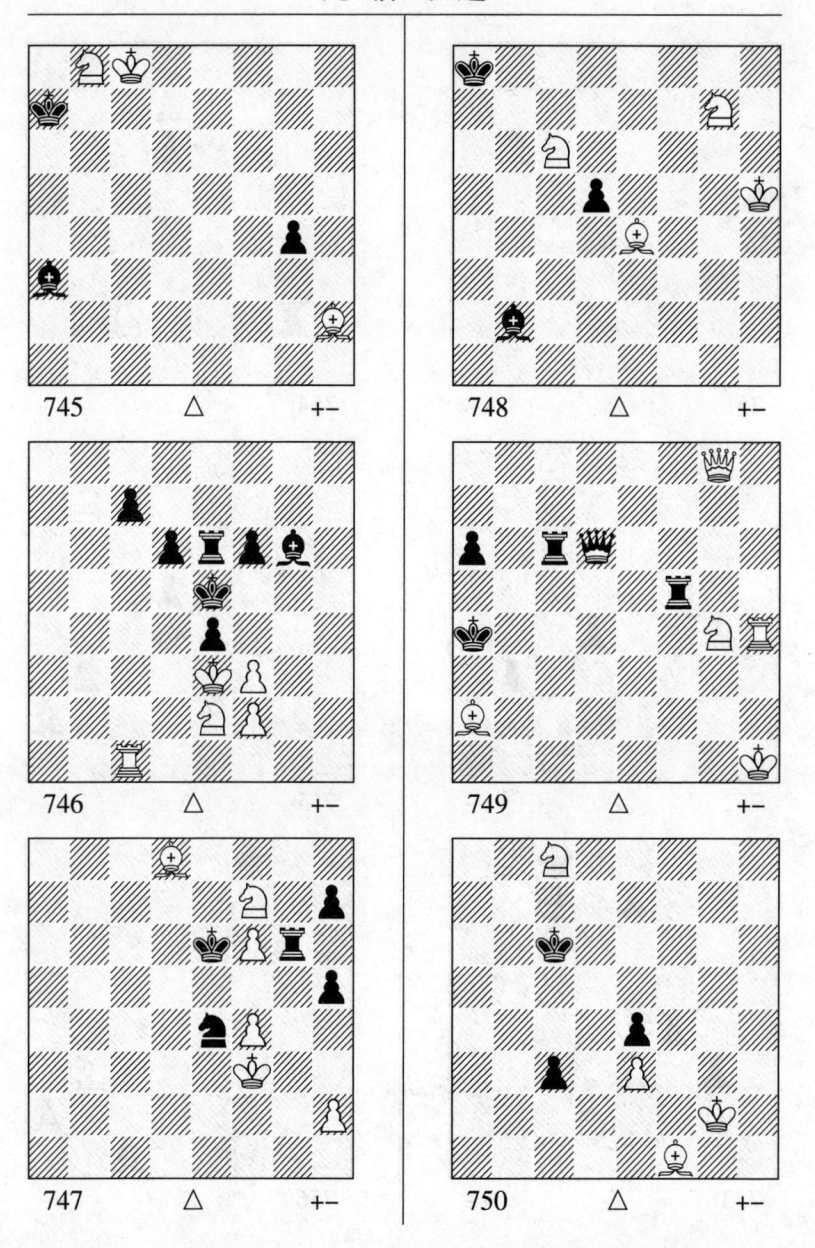

九级习题

745 △ +−

746 △ +−

747 △ +−

748 △ +−

749 △ +−

750 △ +−

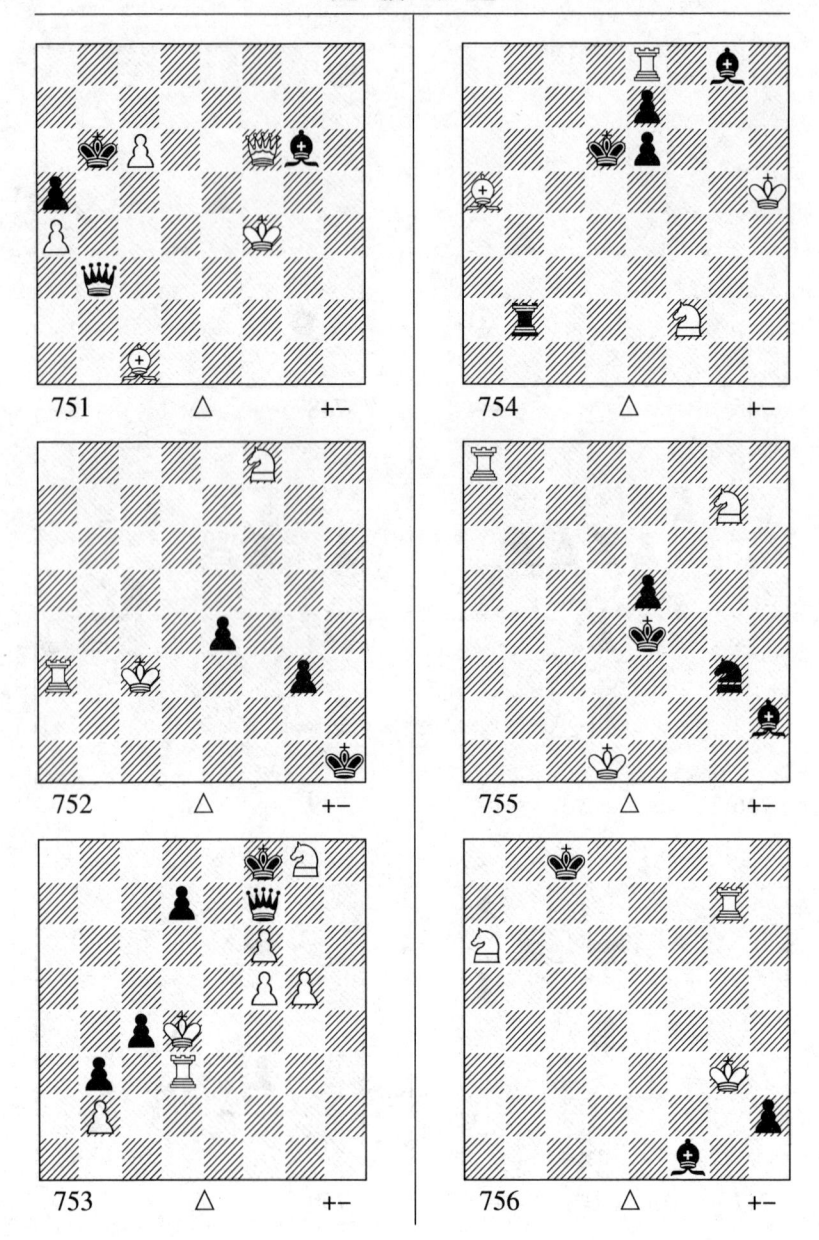

九级习题

751 △ +−

752 △ +−

753 △ +−

754 △ +−

755 △ +−

756 △ +−

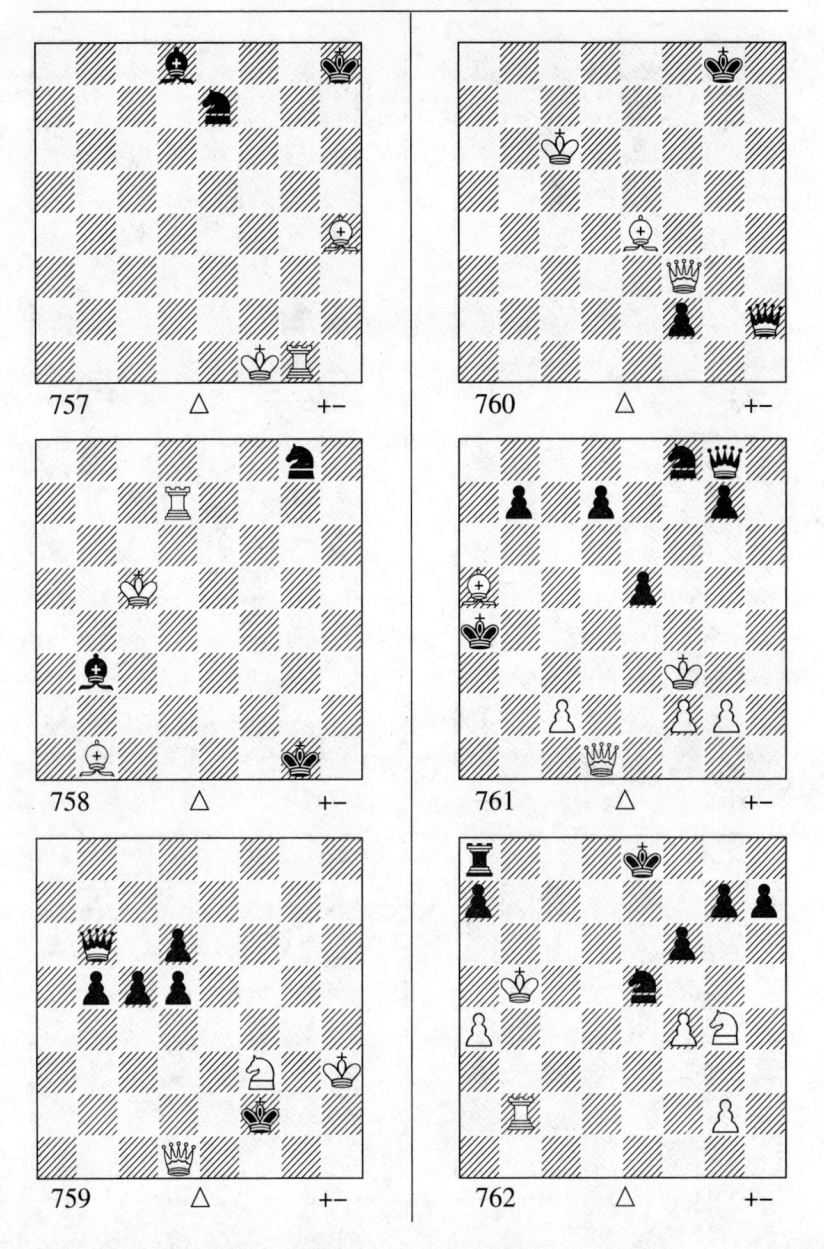

九 级 习 题

757 △ +−

758 △ +−

759 △ +−

760 △ +−

761 △ +−

762 △ +−

135

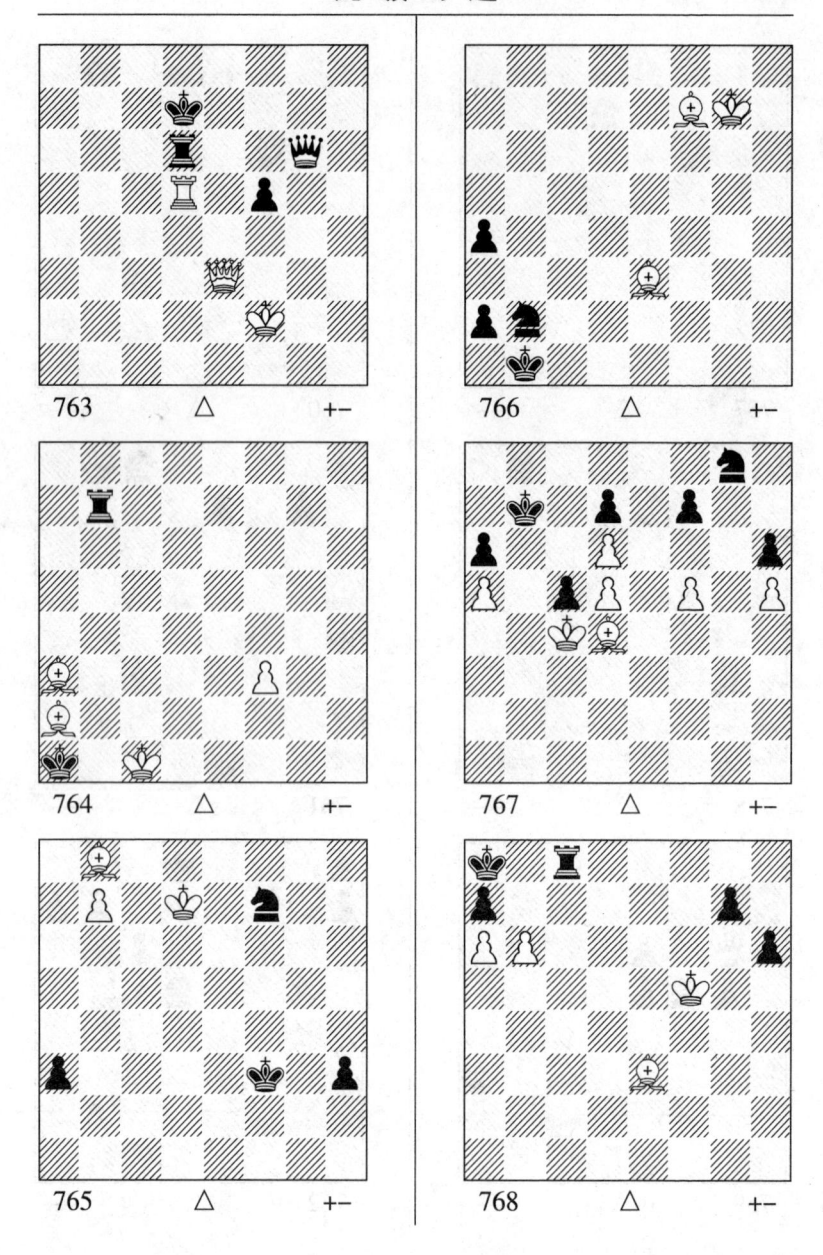

九级习题

763 △ +−

764 △ +−

765 △ +−

766 △ +−

767 △ +−

768 △ +−

136

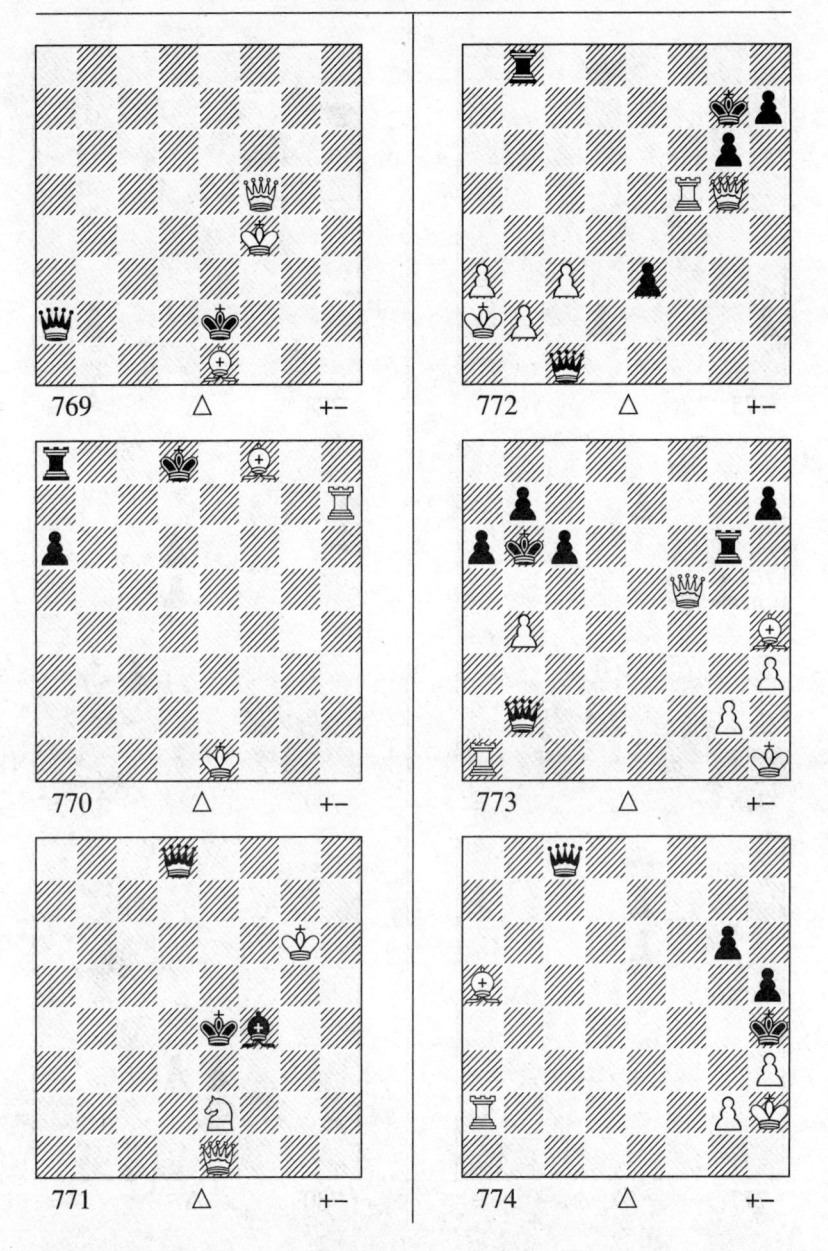

九级习题

769 △ +-

770 △ +-

771 △ +-

772 △ +-

773 △ +-

774 △ +-

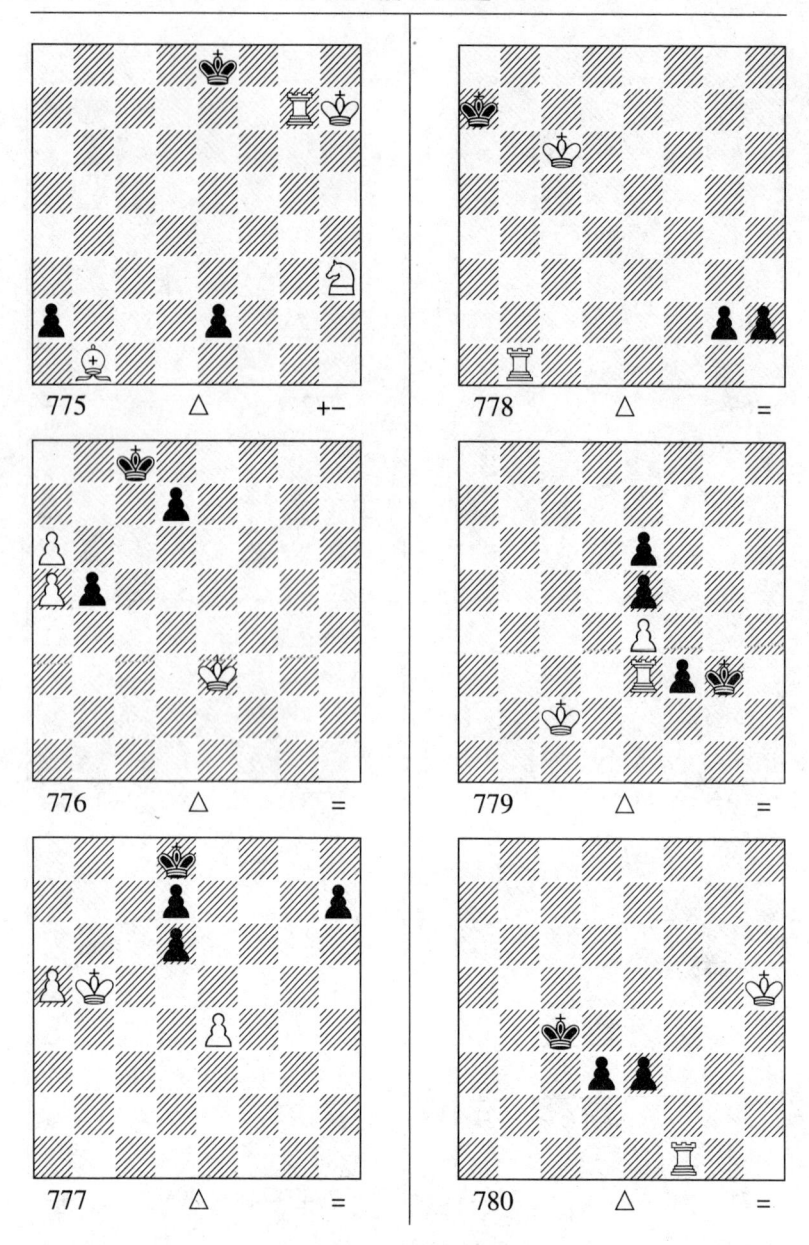

九级习题

775 △ +−

776 △ =

777 △ =

778 △ =

779 △ =

780 △ =

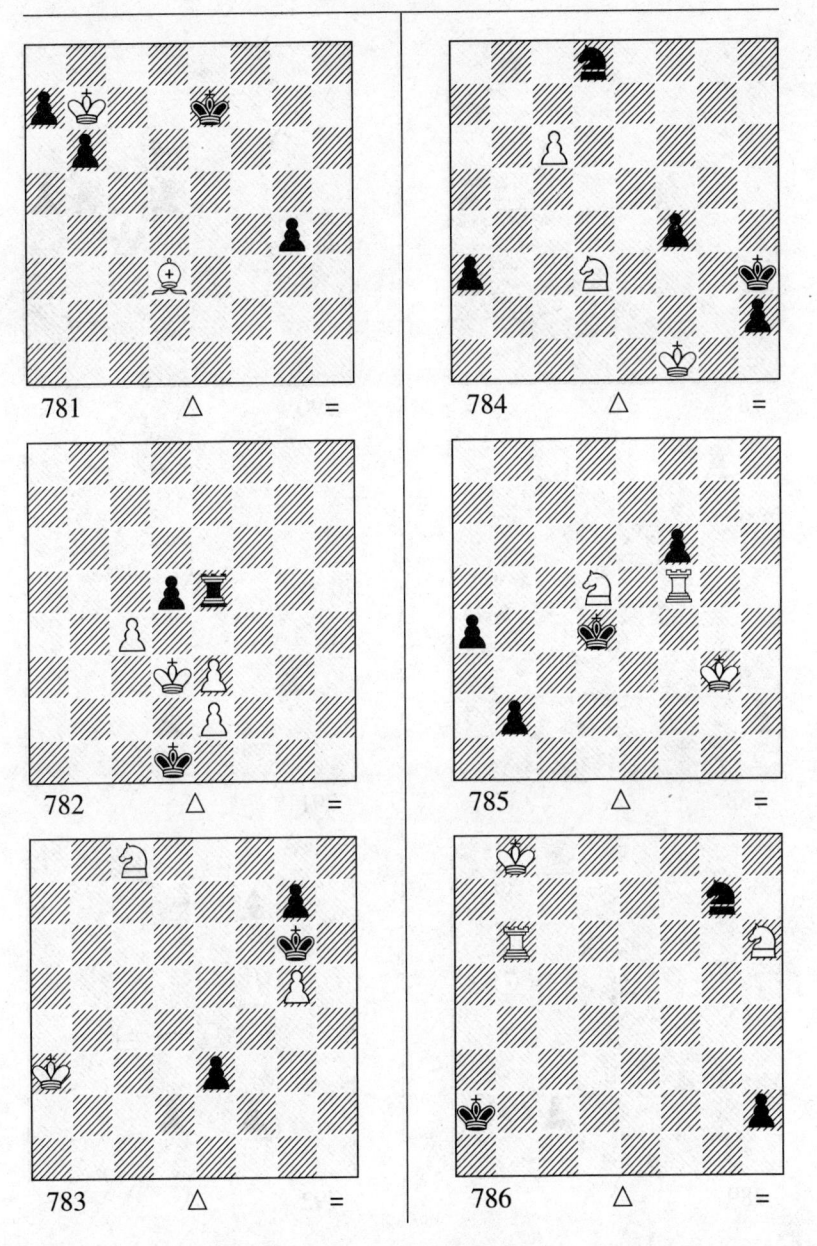

九级习题

781 △ =

782 △ =

783 △ =

784 △ =

785 △ =

786 △ =

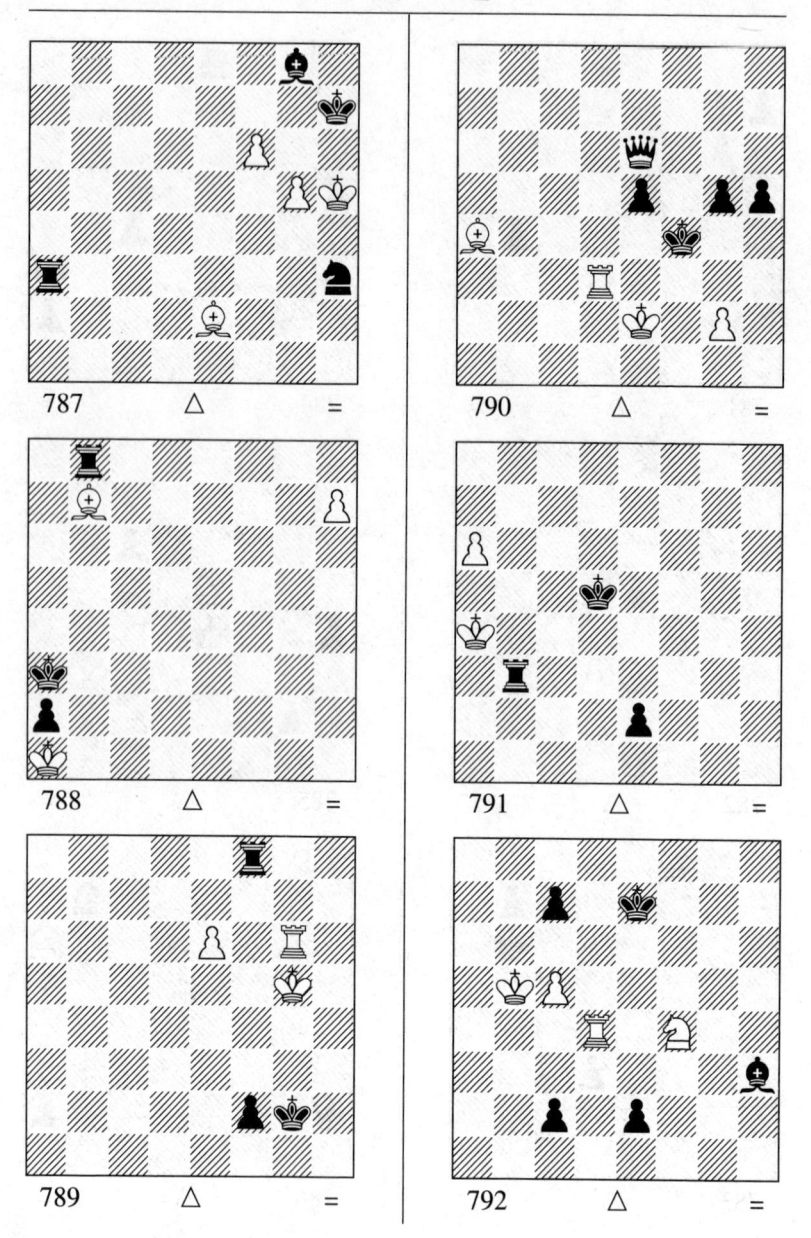

九级习题

787　△　＝

788　△　＝

789　△　＝

790　△　＝

791　△　＝

792　△　＝

十级习题

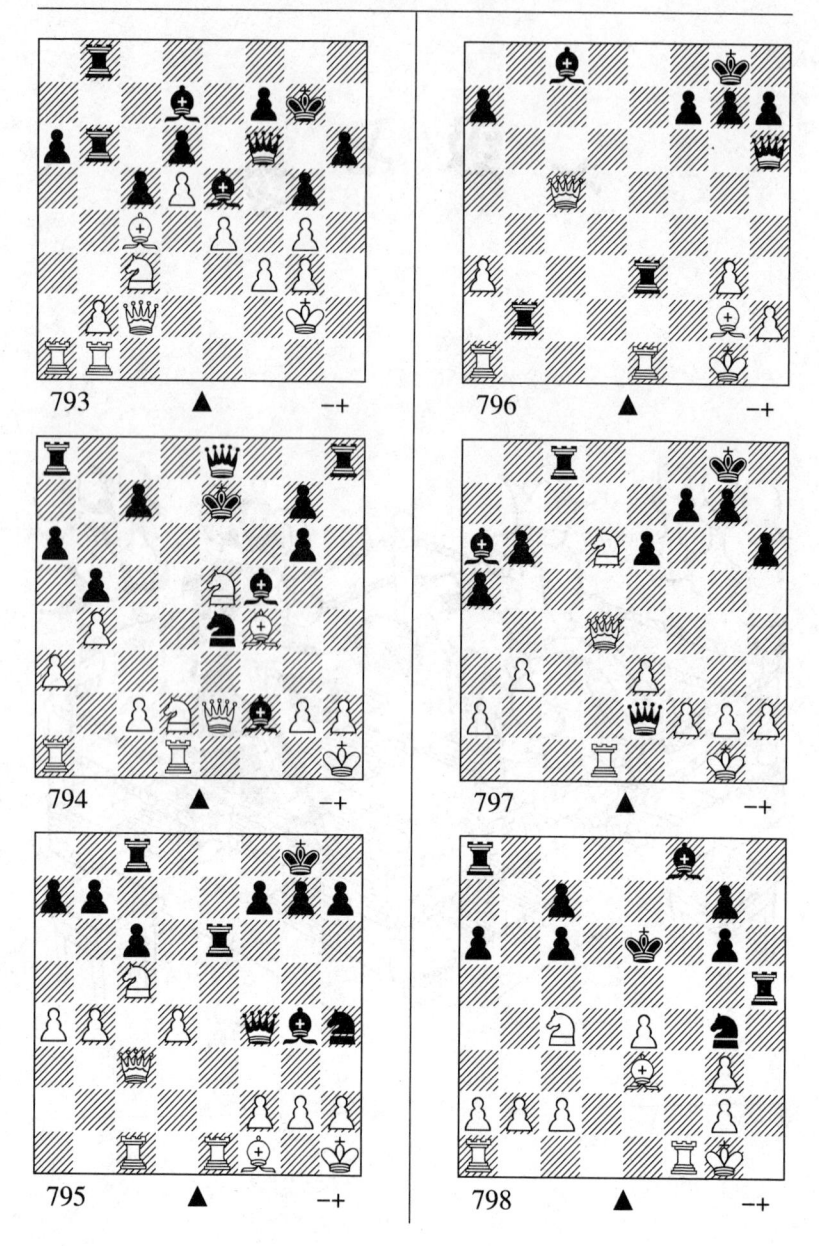

十 级 习 题

793 ▲ −+

796 ▲ −+

794 ▲ −+

797 ▲ −+

795 ▲ −+

798 ▲ −+

142

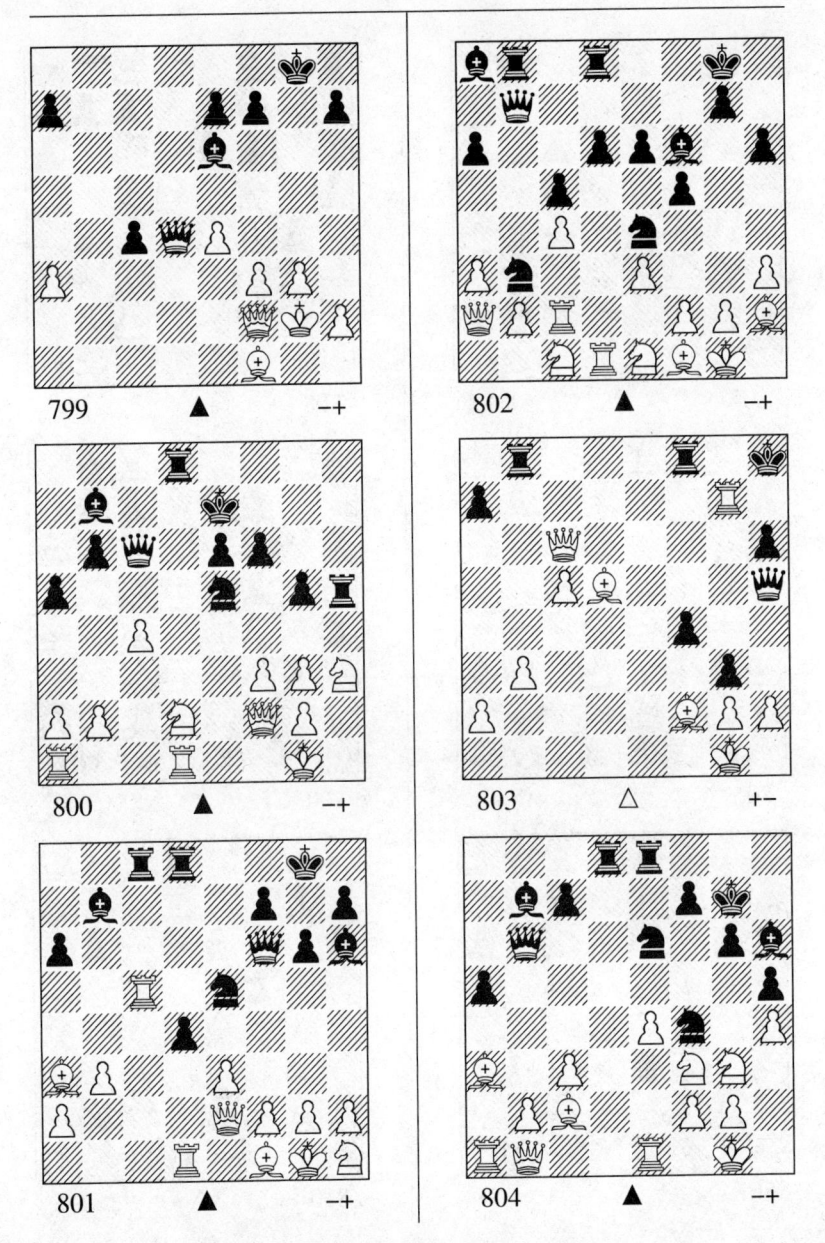

十级习题

799 ▲ −+

800 ▲ −+

801 ▲ −+

802 ▲ −+

803 △ +−

804 ▲ −+

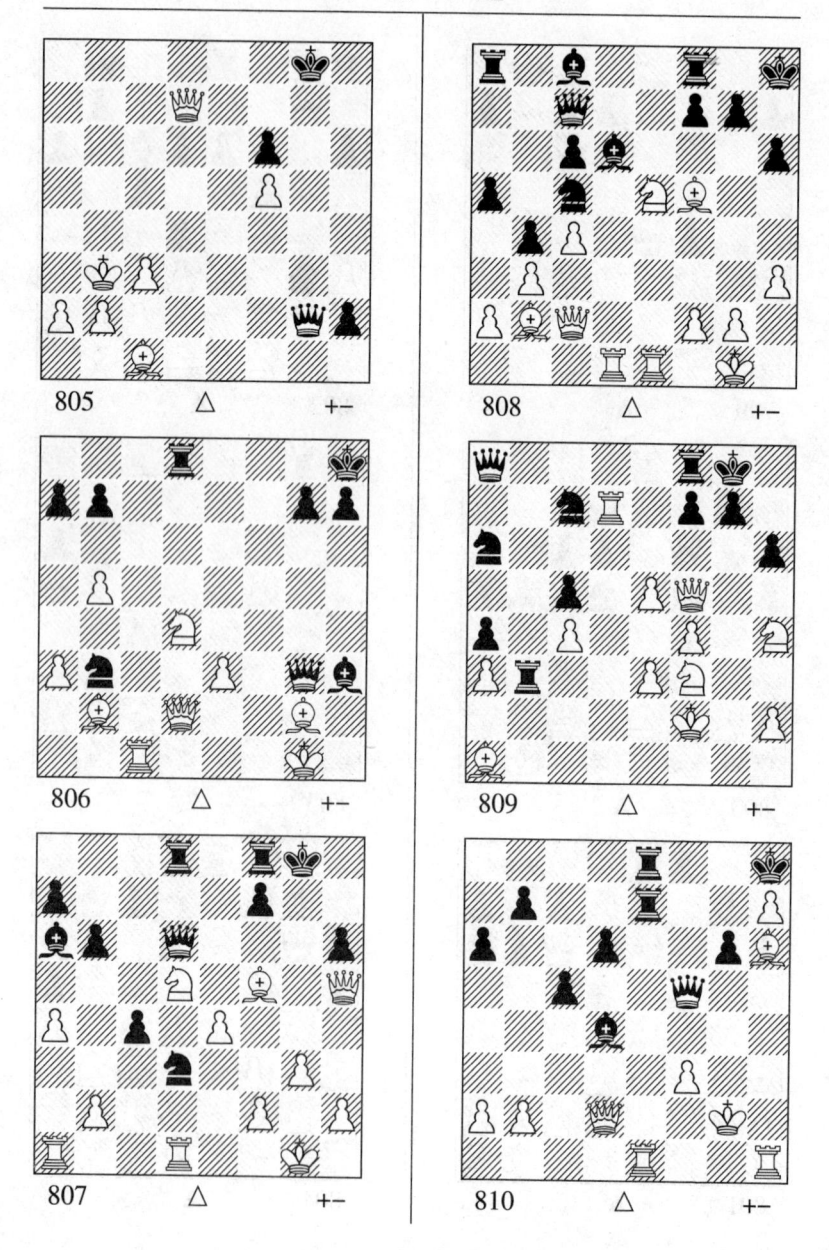

十级习题

805 △ +−

806 △ +−

807 △ +−

808 △ +−

809 △ +−

810 △ +−

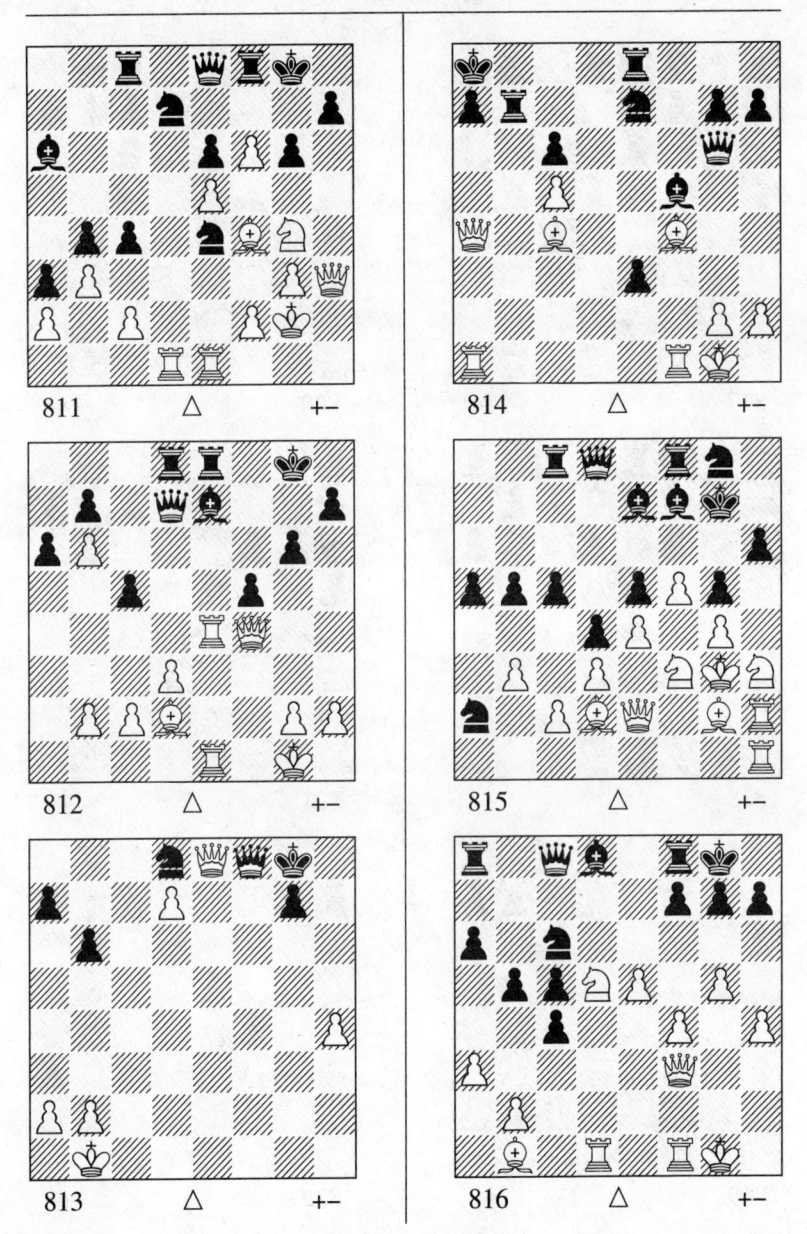

十 级 习 题

811　△　+−

812　△　+−

813　△　+−

814　△　+−

815　△　+−

816　△　+−

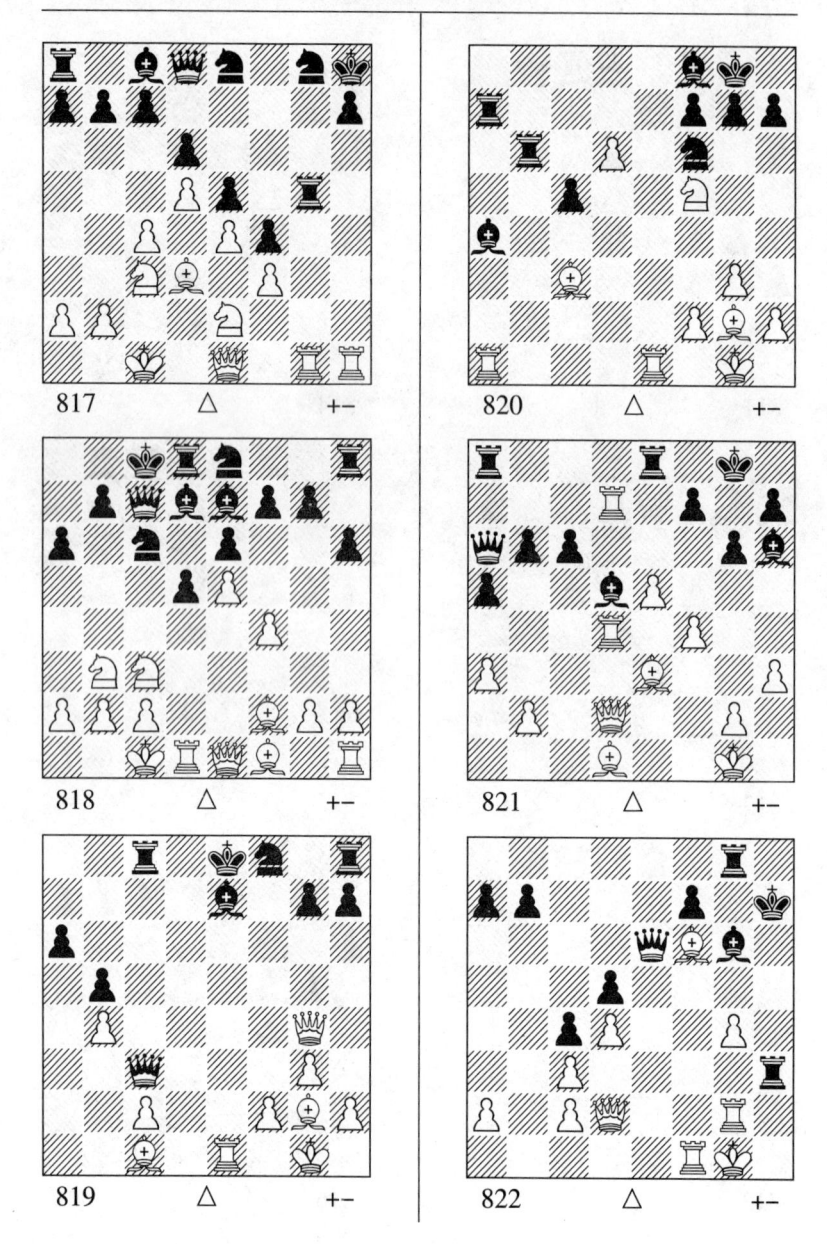

十级习题

817 △ +−

818 △ +−

819 △ +−

820 △ +−

821 △ +−

822 △ +−

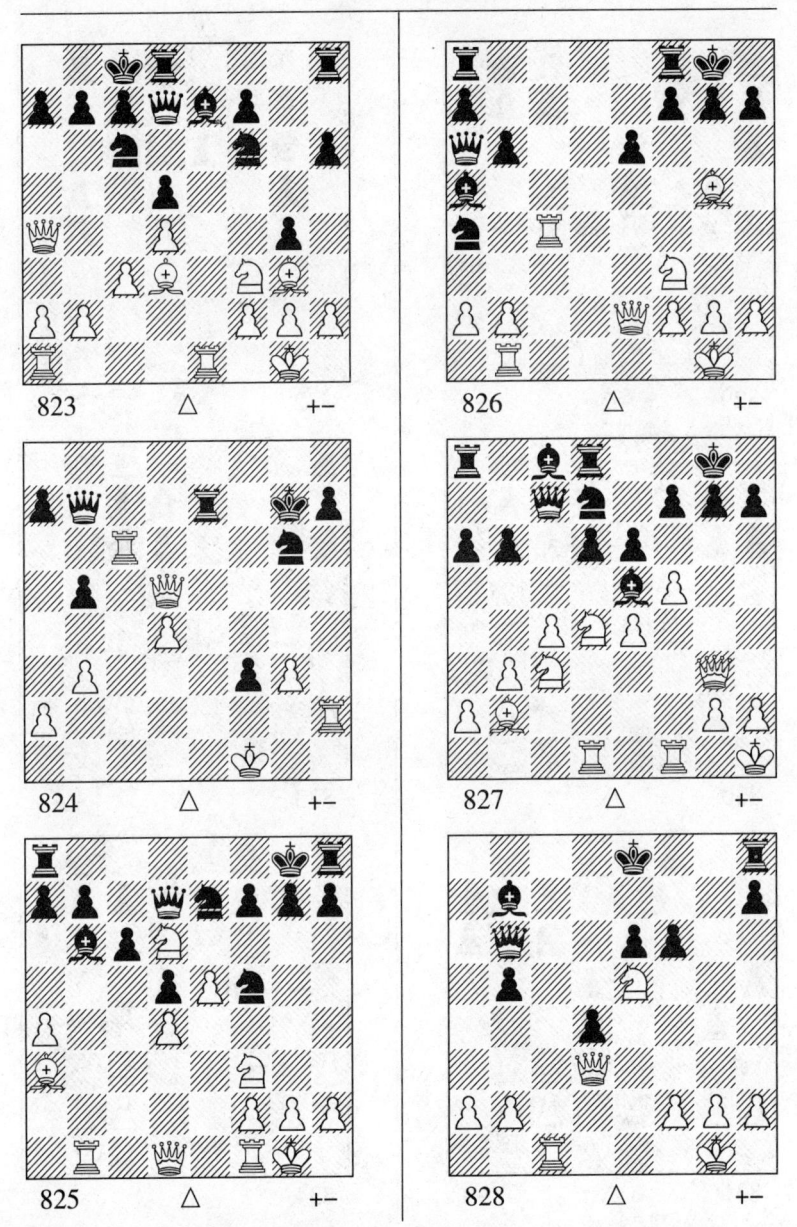

十级习题

823 △ +−

824 △ +−

825 △ +−

826 △ +−

827 △ +−

828 △ +−

147

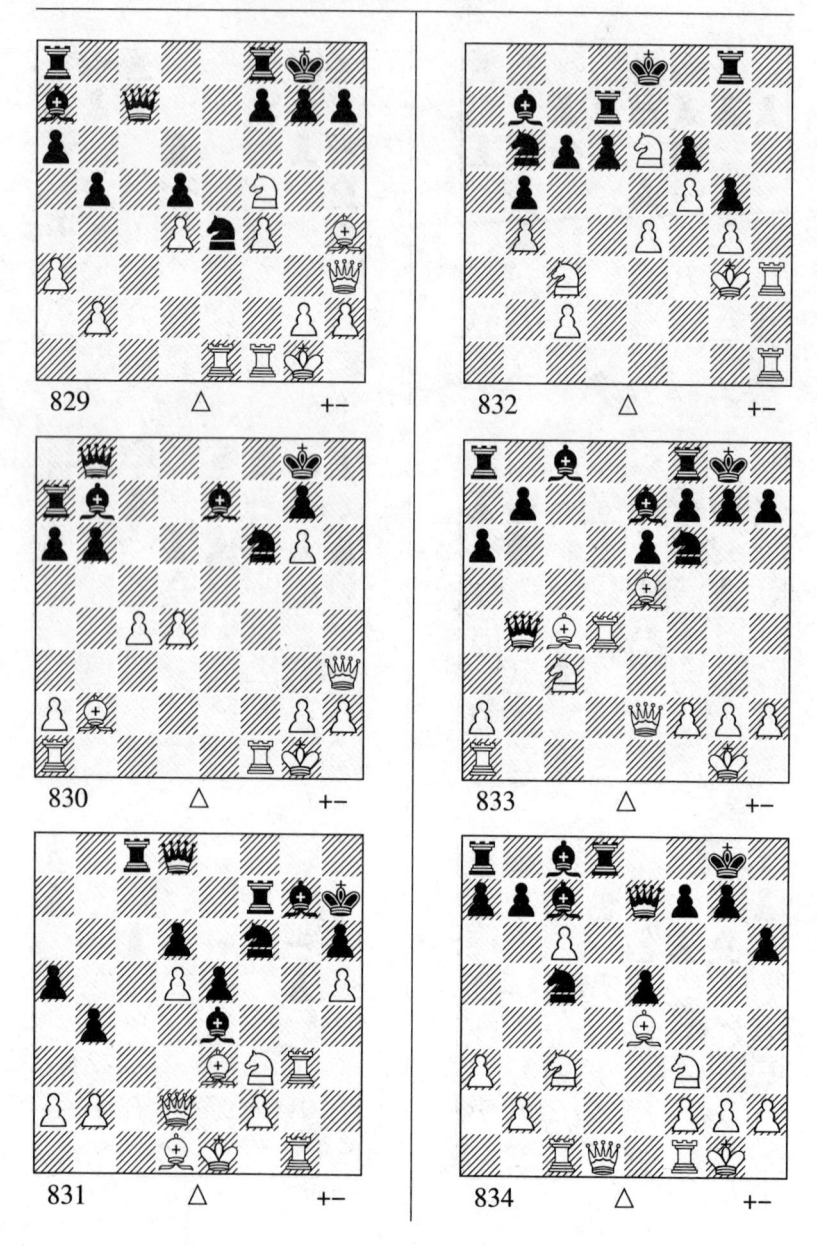

十级习题

829 △ +−

830 △ +−

831 △ +−

832 △ +−

833 △ +−

834 △ +−

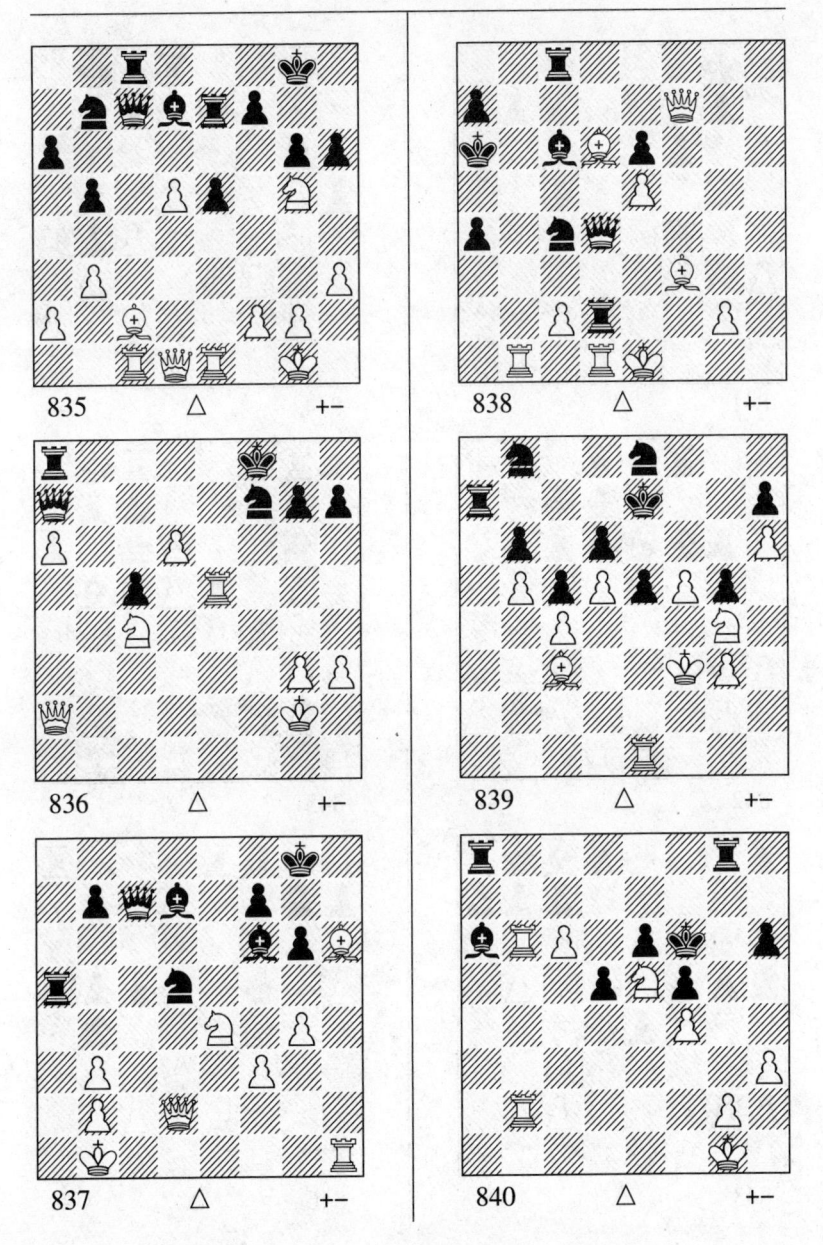

十级习题

835 △ +−

836 △ +−

837 △ +−

838 △ +−

839 △ +−

840 △ +−

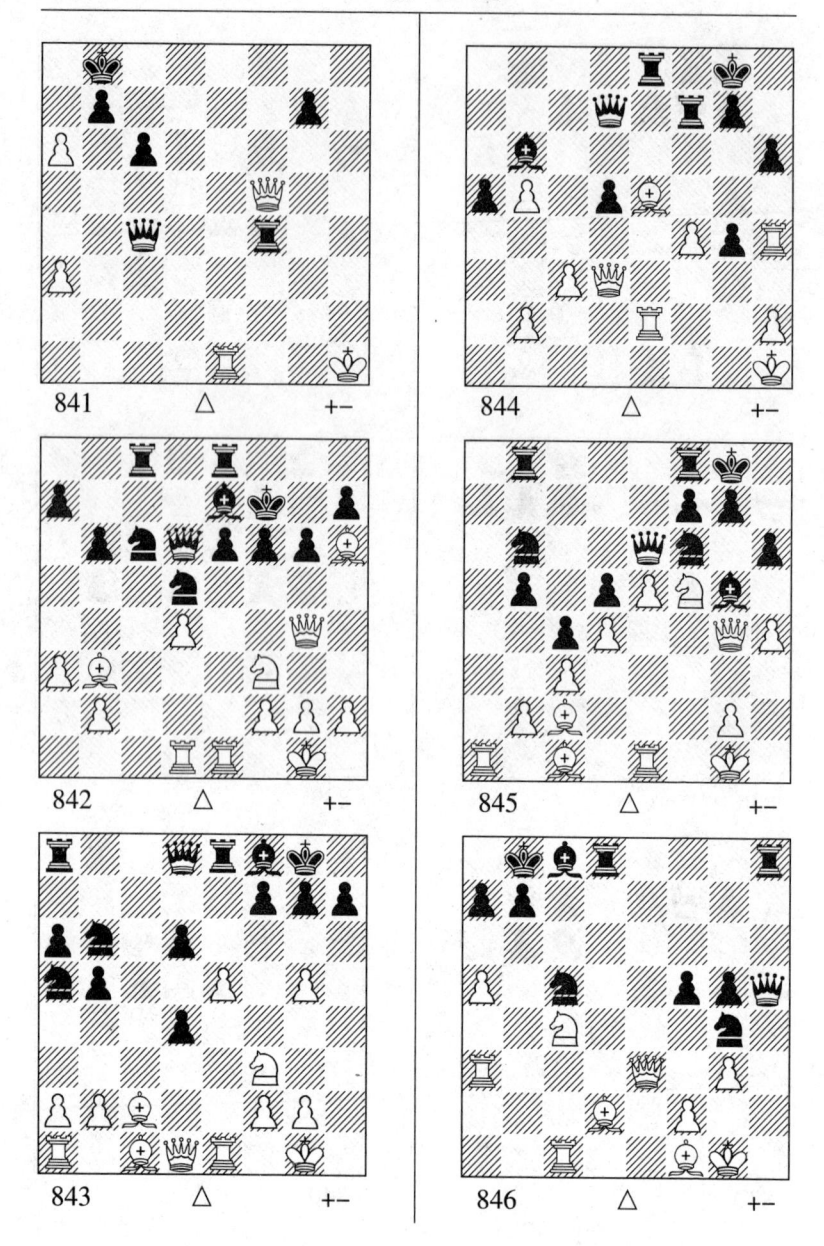

十级习题

841 △ +−

842 △ +−

843 △ +−

844 △ +−

845 △ +−

846 △ +−

150

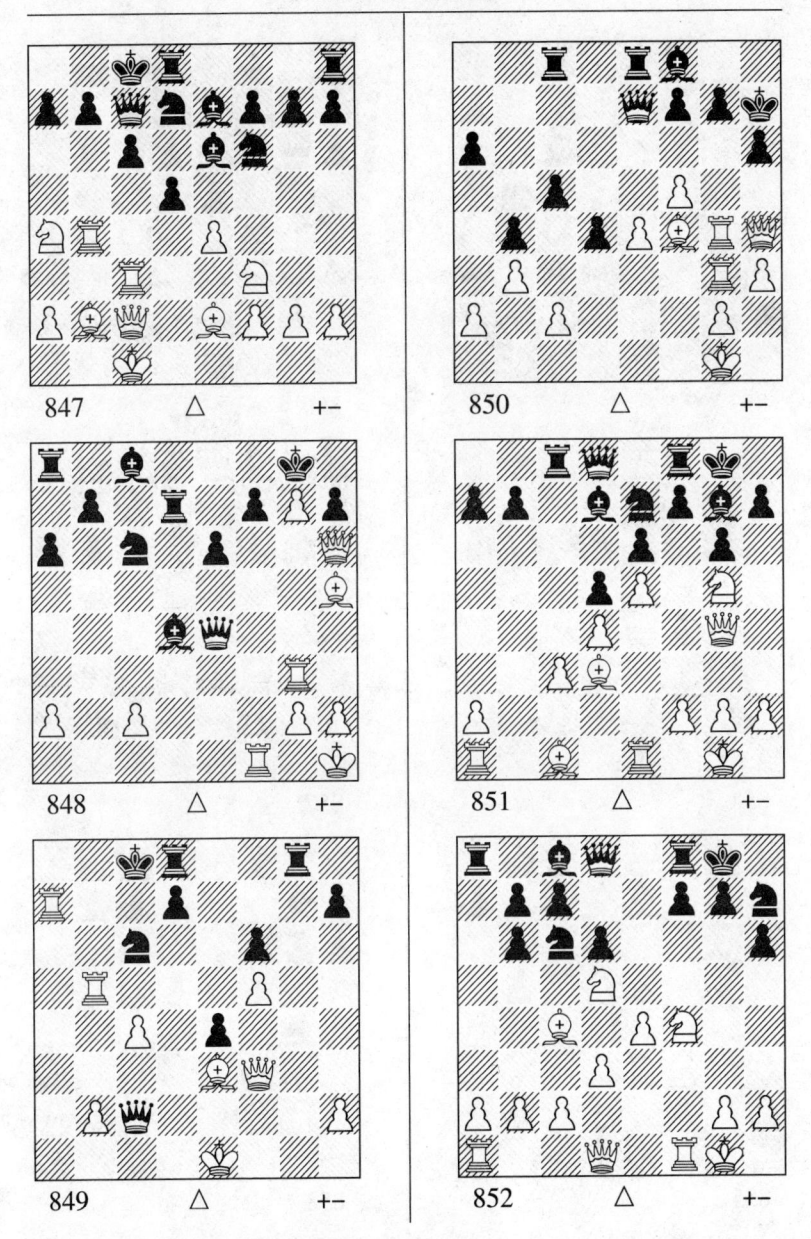

十级习题

847 △ +−	850 △ +−
848 △ +−	851 △ +−
849 △ +−	852 △ +−

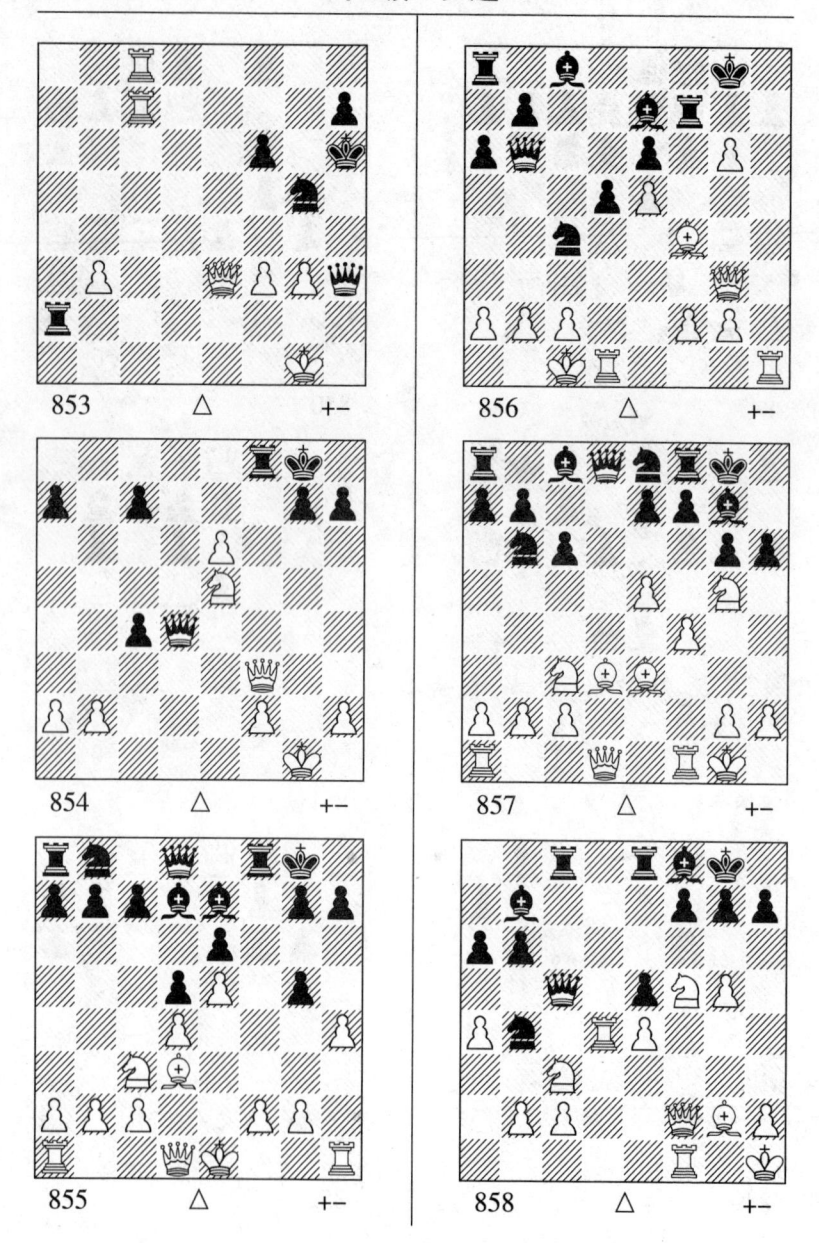

十级习题

853 △ +−

854 △ +−

855 △ +−

856 △ +−

857 △ +−

858 △ +−

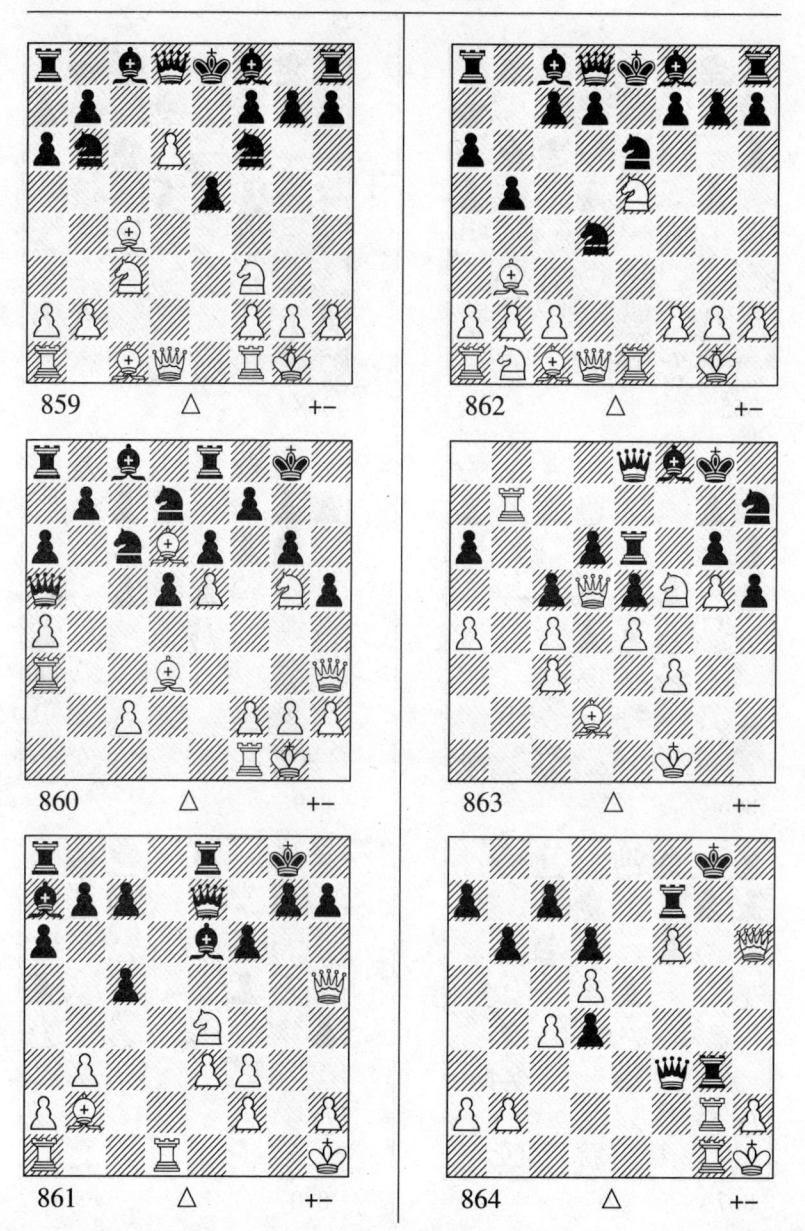

十级习题

859 △ +-

860 △ +-

861 △ +-

862 △ +-

863 △ +-

864 △ +-

153

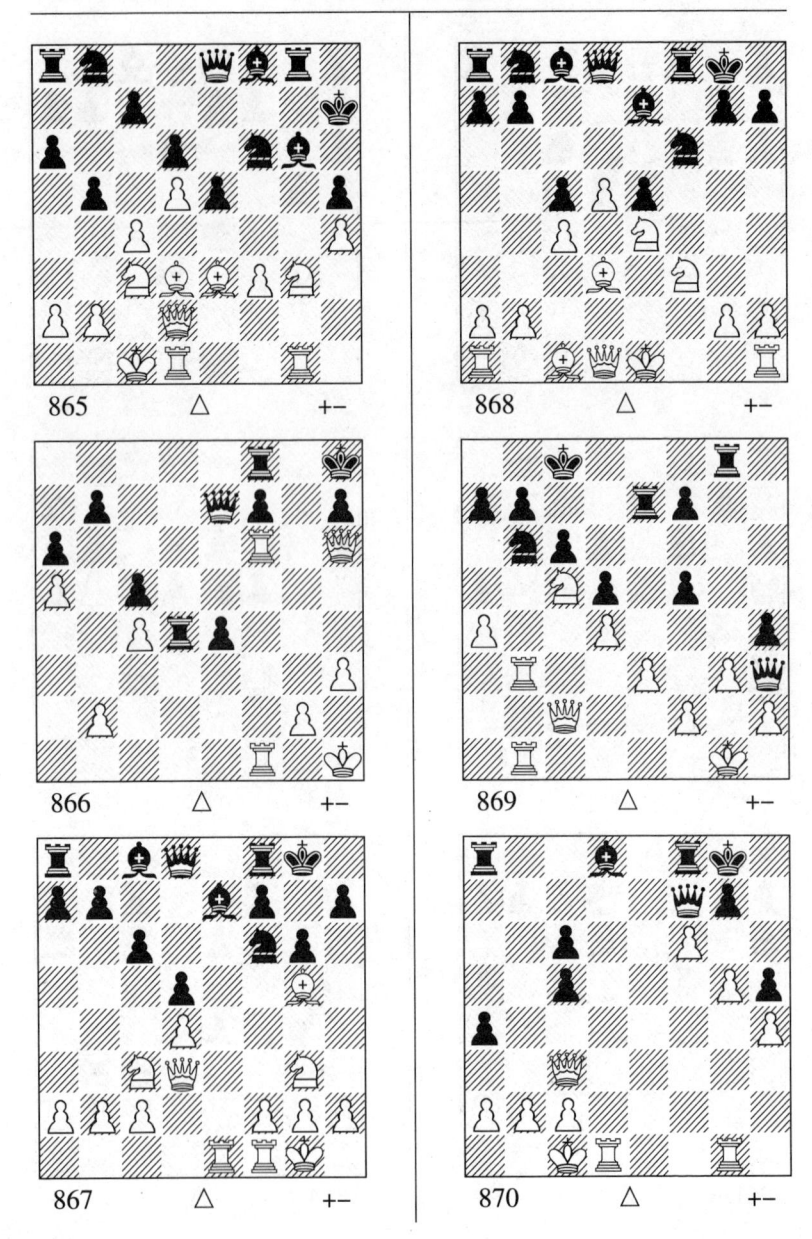

十级习题

865 △ +−

866 △ +−

867 △ +−

868 △ +−

869 △ +−

870 △ +−

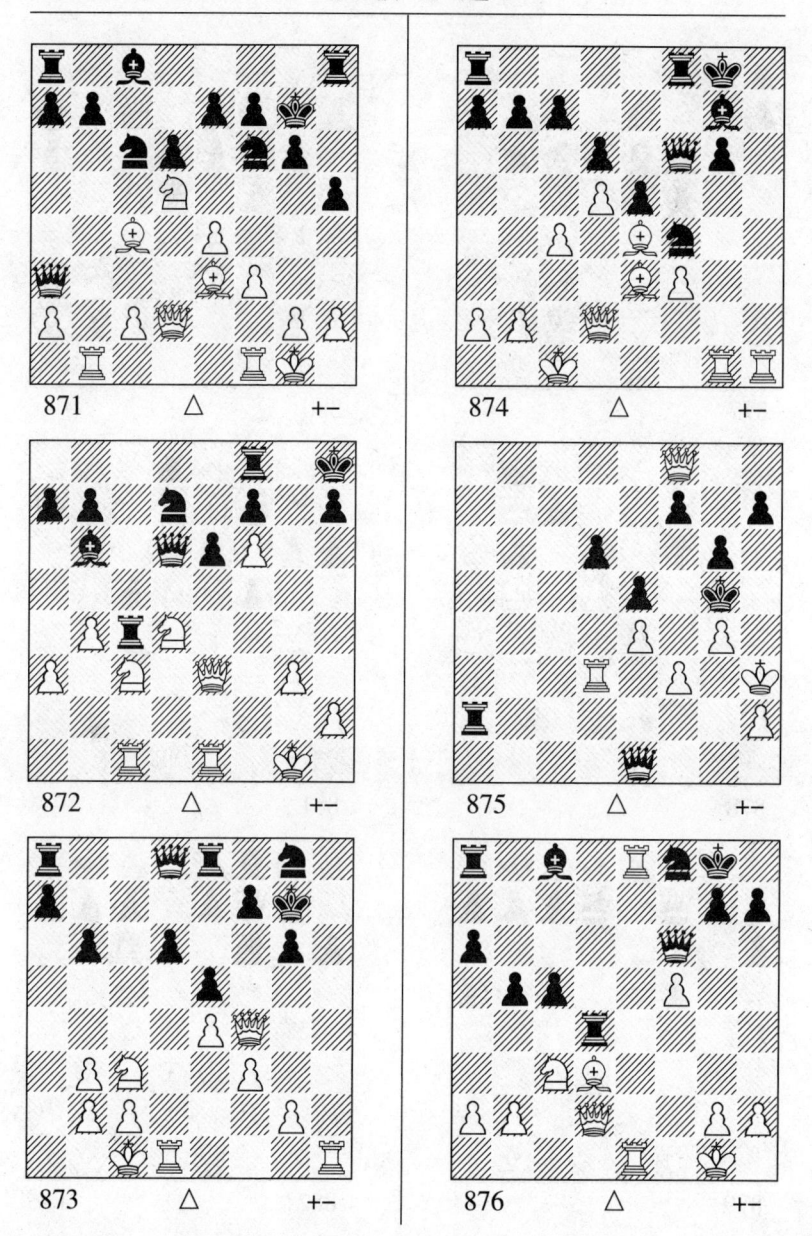

十级习题

871 △ +−	874 △ +−
872 △ +−	875 △ +−
873 △ +−	876 △ +−

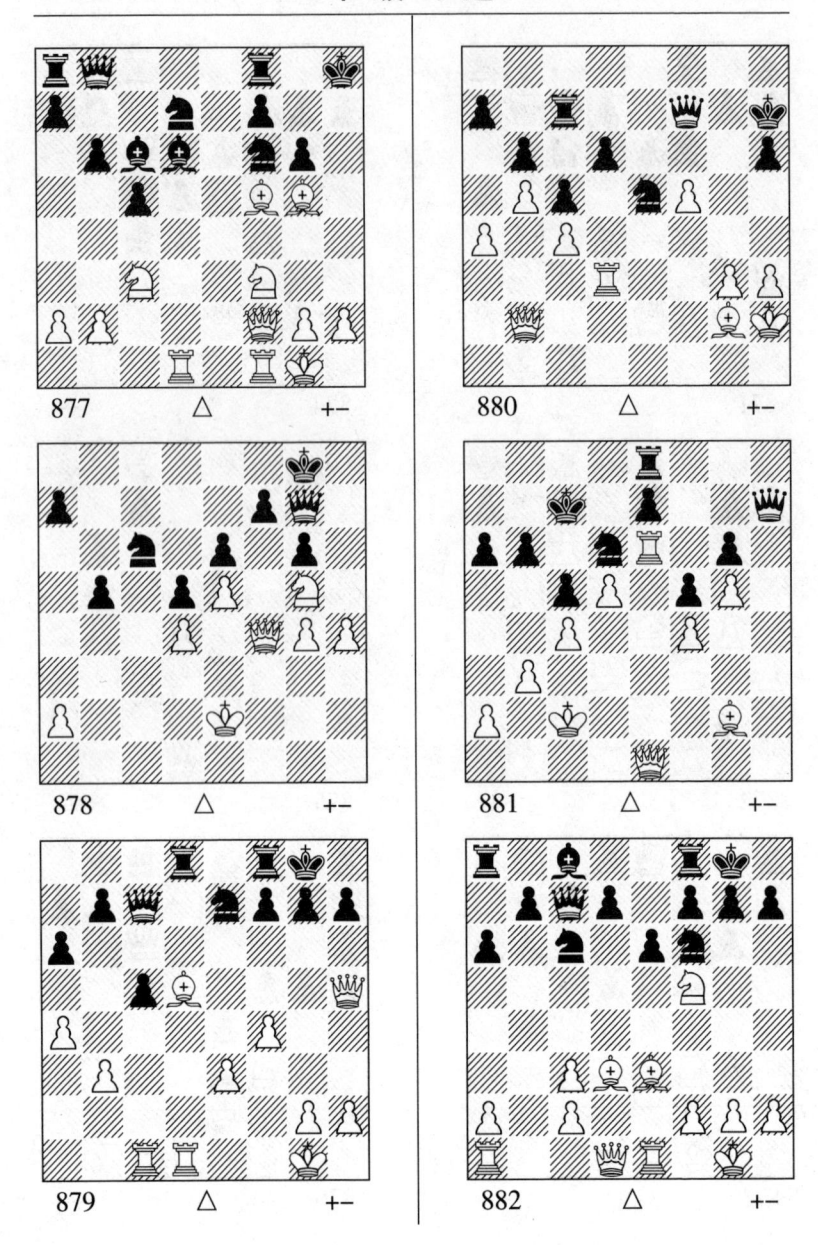

十级习题

877 △ +−

878 △ +−

879 △ +−

880 △ +−

881 △ +−

882 △ +−

十级习题

883 △ +−

884 △ +−

885 ▲ −+

886 ▲ −+

887 ▲ −+

888 ▲ −+

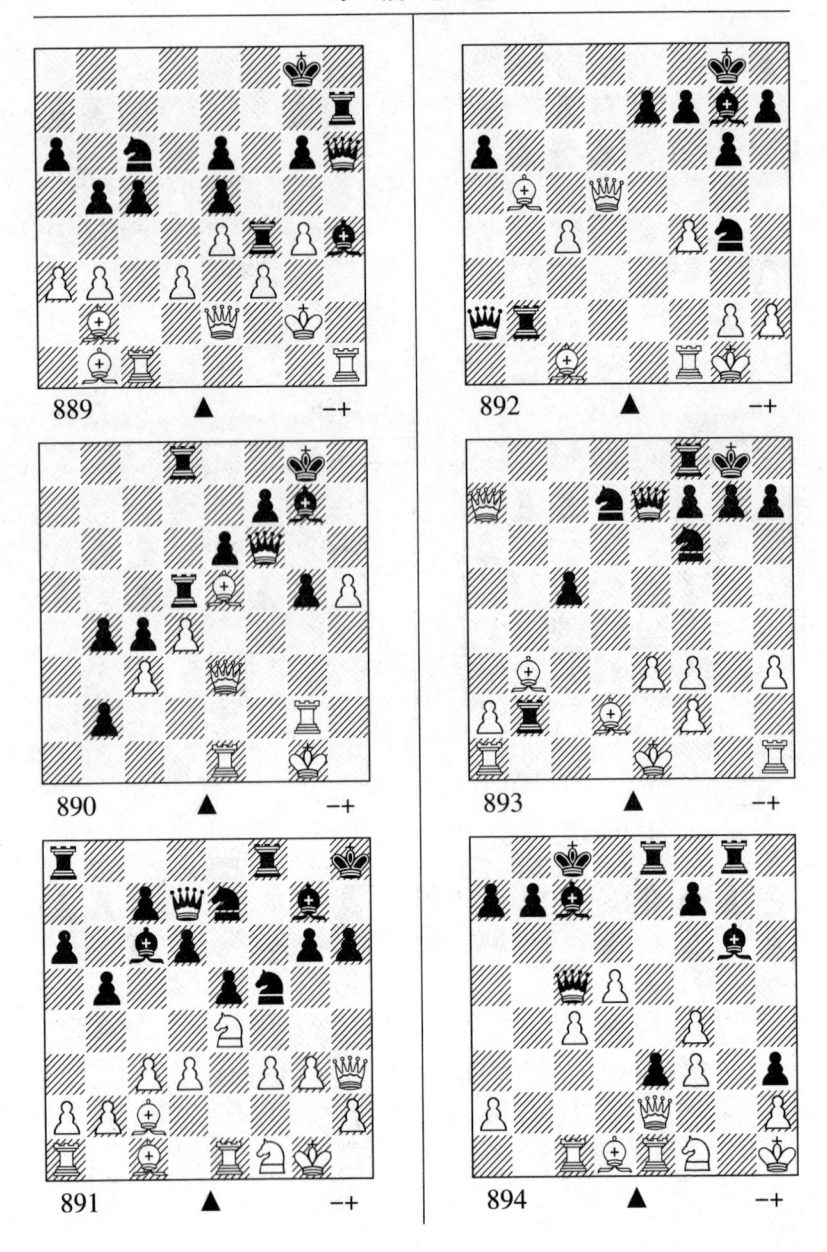

十级习题

889 ▲ −+

890 ▲ −+

891 ▲ −+

892 ▲ −+

893 ▲ −+

894 ▲ −+

158

十级习题

895 ▲ −+

898 ▲ −+

896 ▲ −+

899 ▲ −+

897 ▲ −+

900 ▲ −+

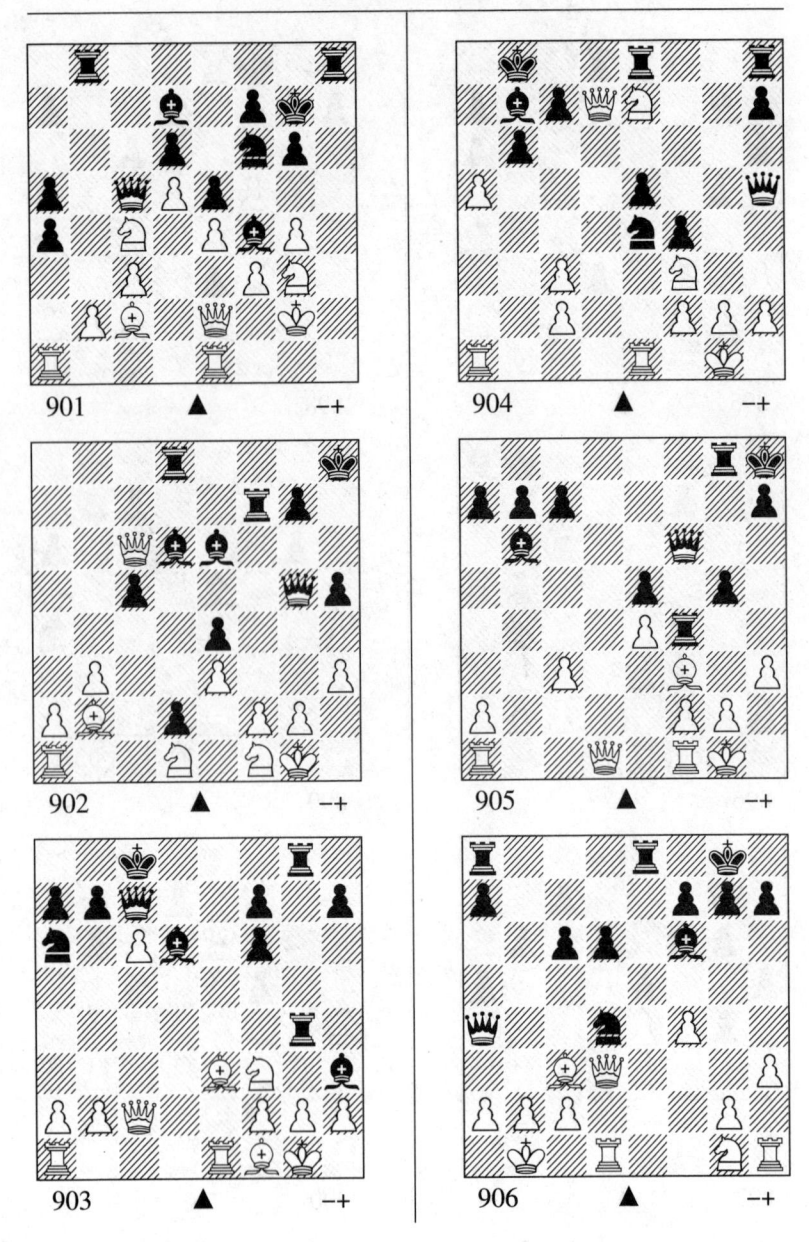

十级习题

901 ▲ −+	904 ▲ −+
902 ▲ −+	905 ▲ −+
903 ▲ −+	906 ▲ −+

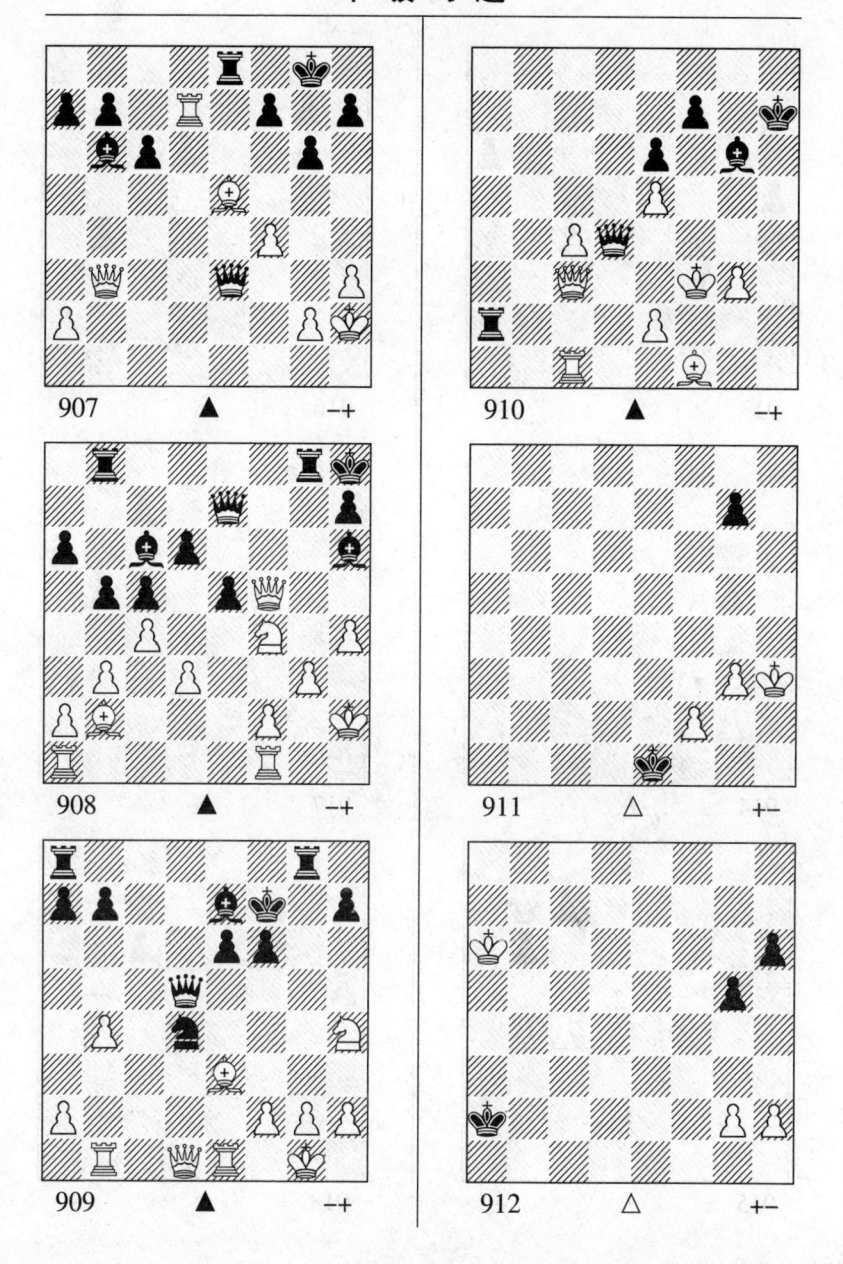

十 级 习 题

907 ▲ −+

908 ▲ −+

909 ▲ −+

910 ▲ −+

911 △ +−

912 △ +−

161

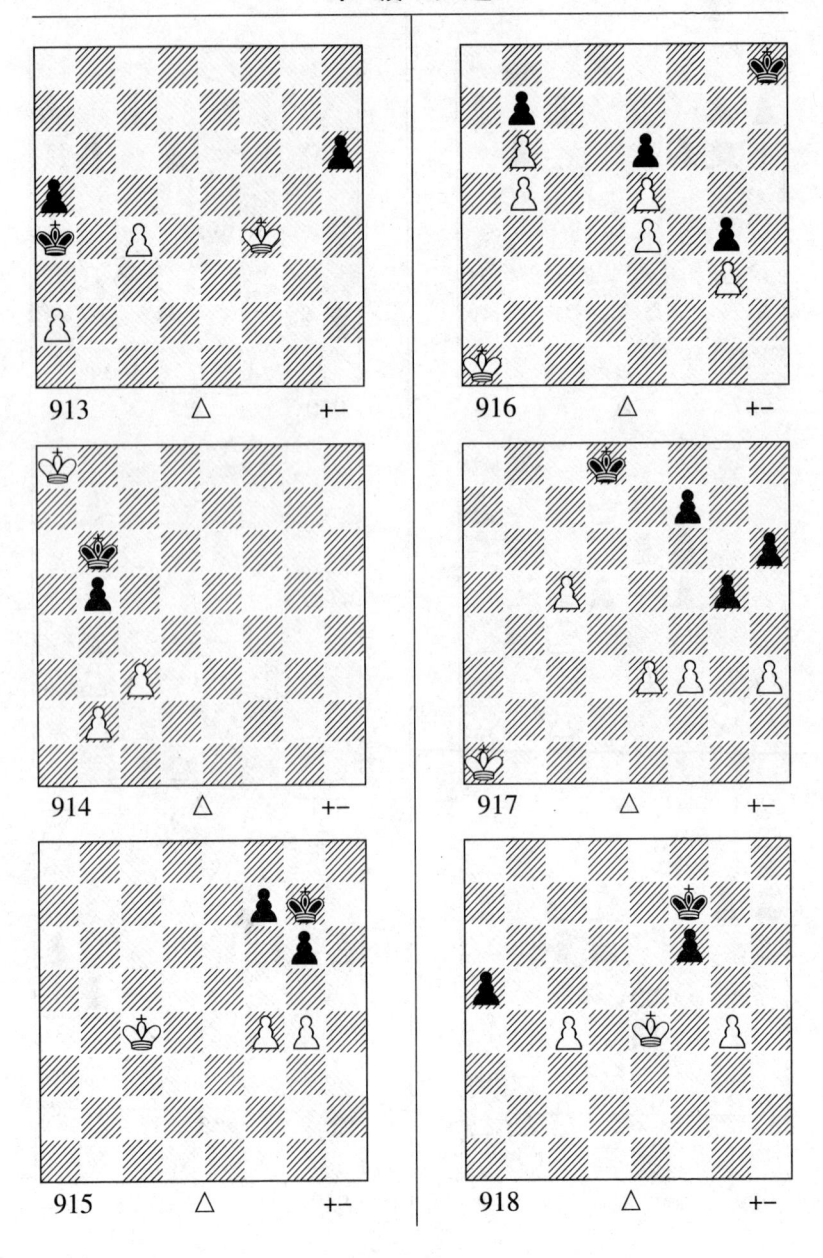

十级习题

913 △ +−

914 △ +−

915 △ +−

916 △ +−

917 △ +−

918 △ +−

十级习题

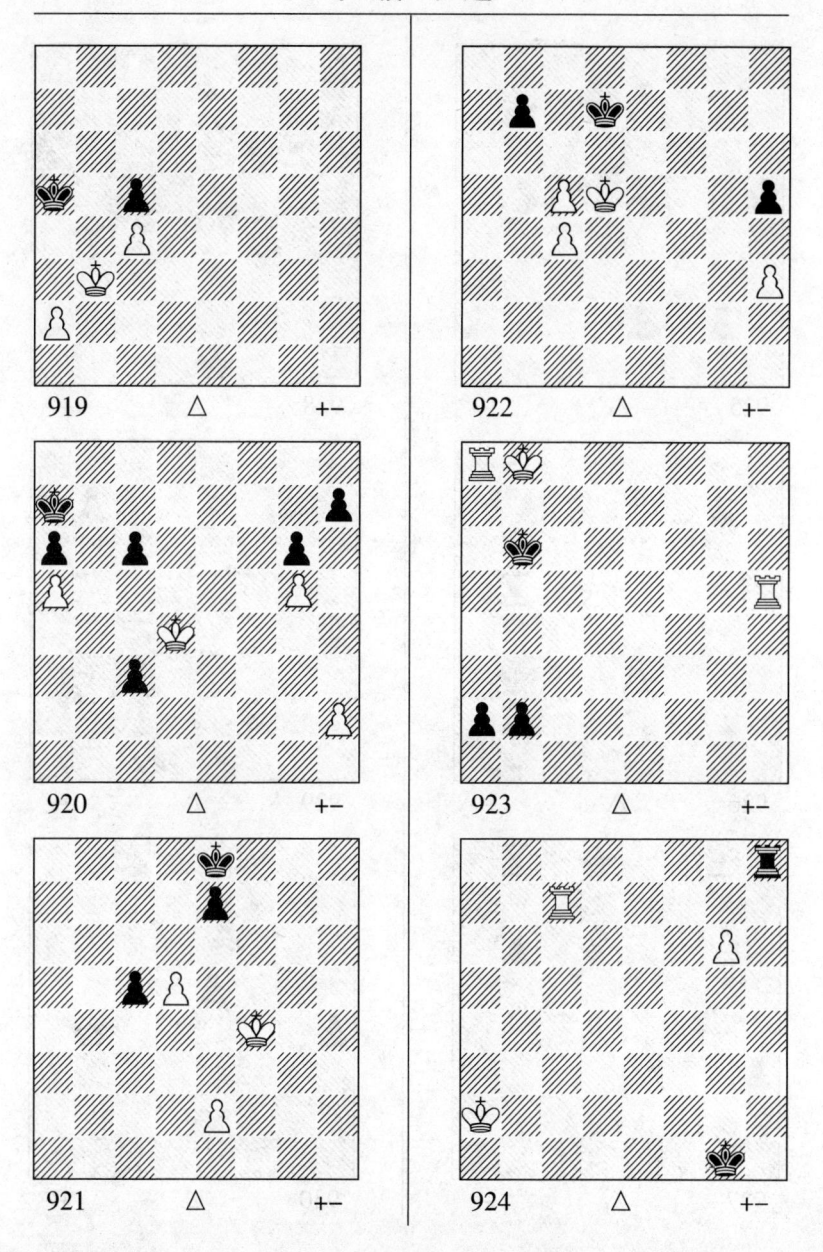

919 △ +−

920 △ +−

921 △ +−

922 △ +−

923 △ +−

924 △ +−

163

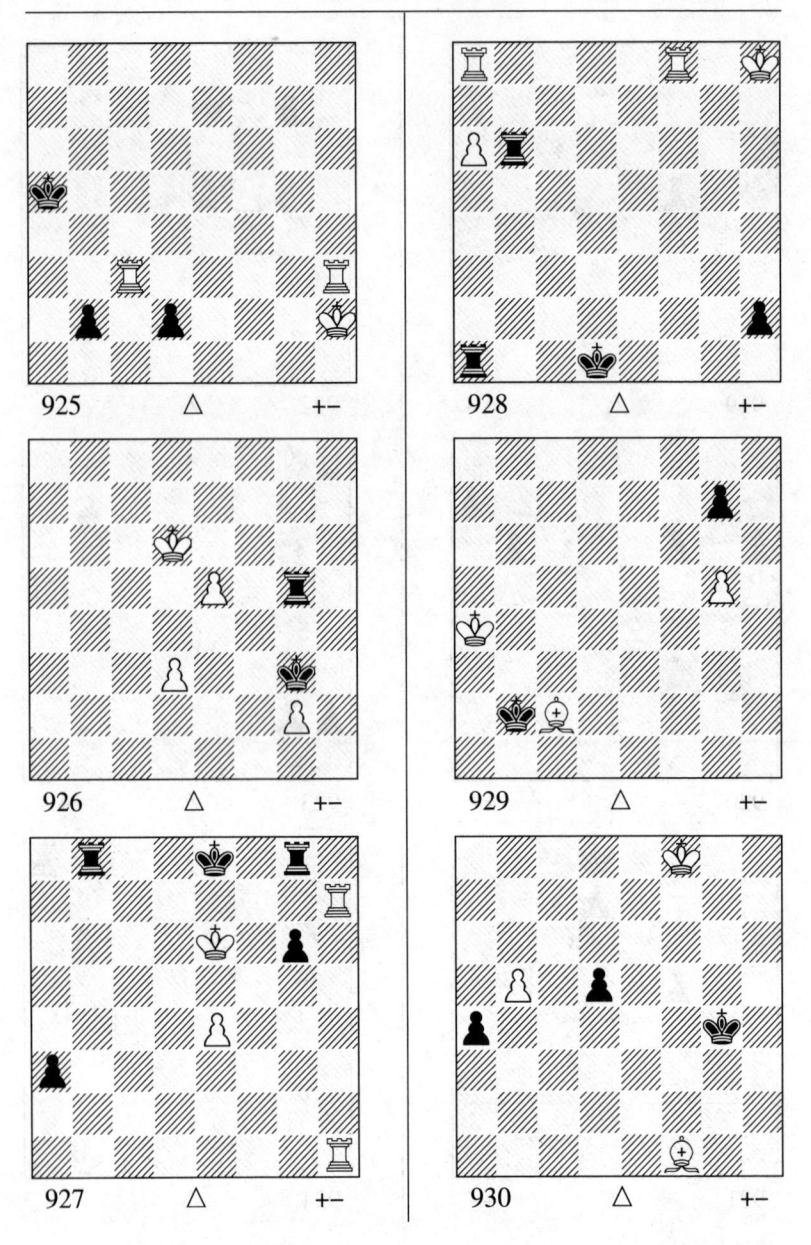

十 级 习 题

925 △ +−

926 △ +−

927 △ +−

928 △ +−

929 △ +−

930 △ +−

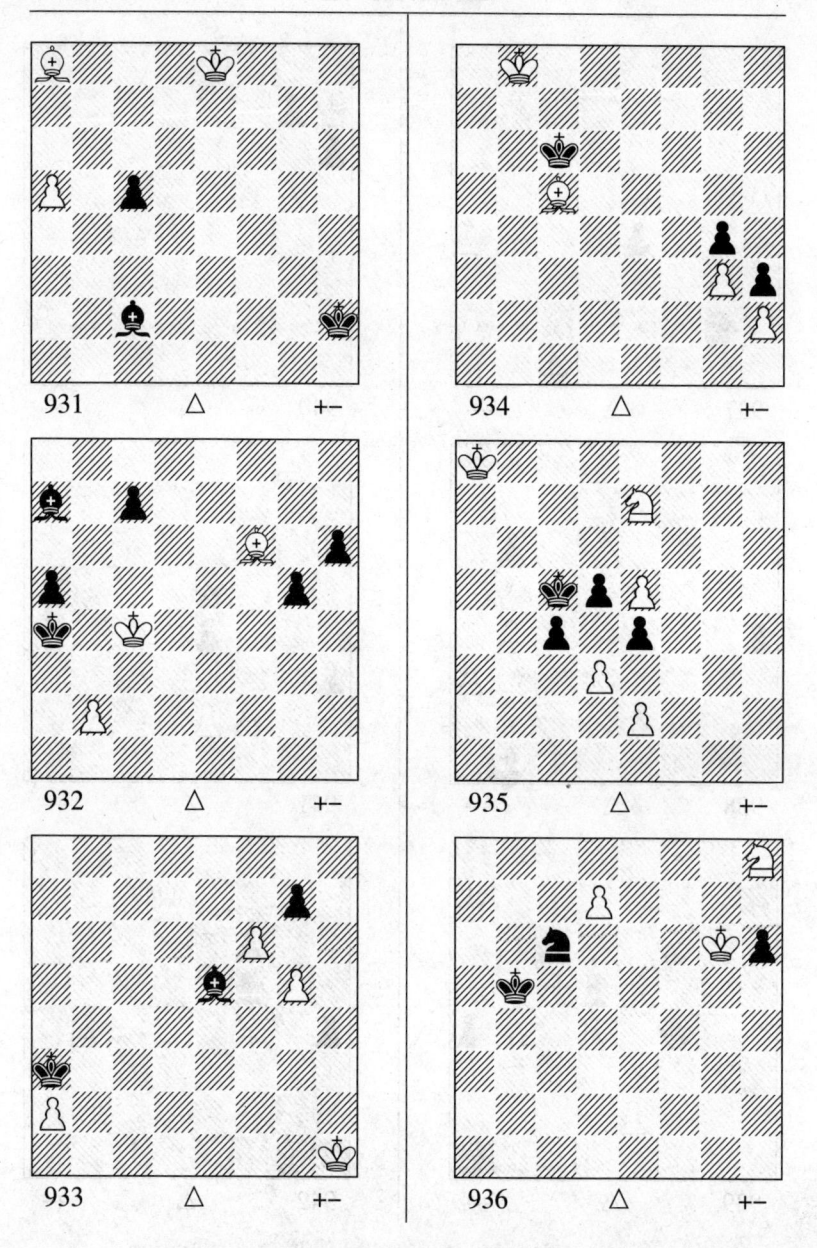

十级习题

931 △ +−

932 △ +−

933 △ +−

934 △ +−

935 △ +−

936 △ +−

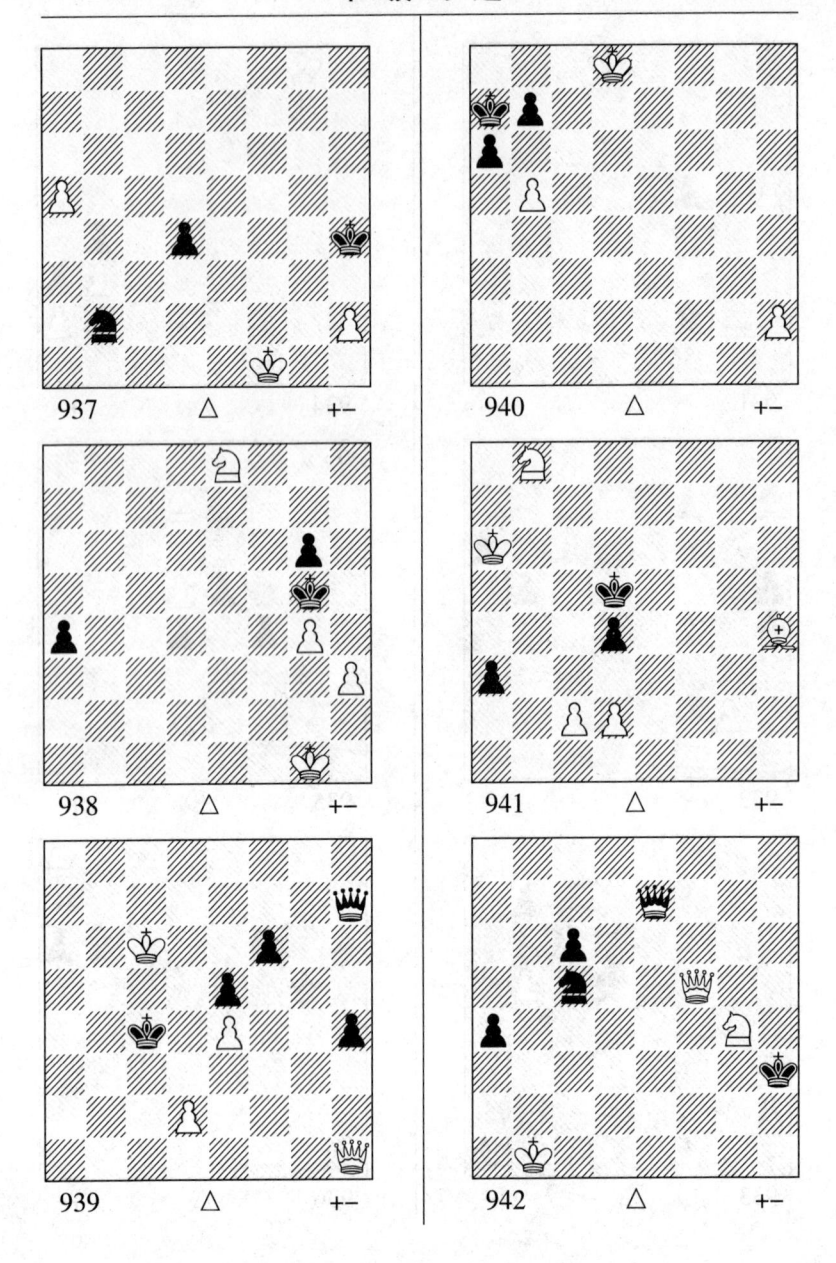

十级习题

937 △ +−

938 △ +−

939 △ +−

940 △ +−

941 △ +−

942 △ +−

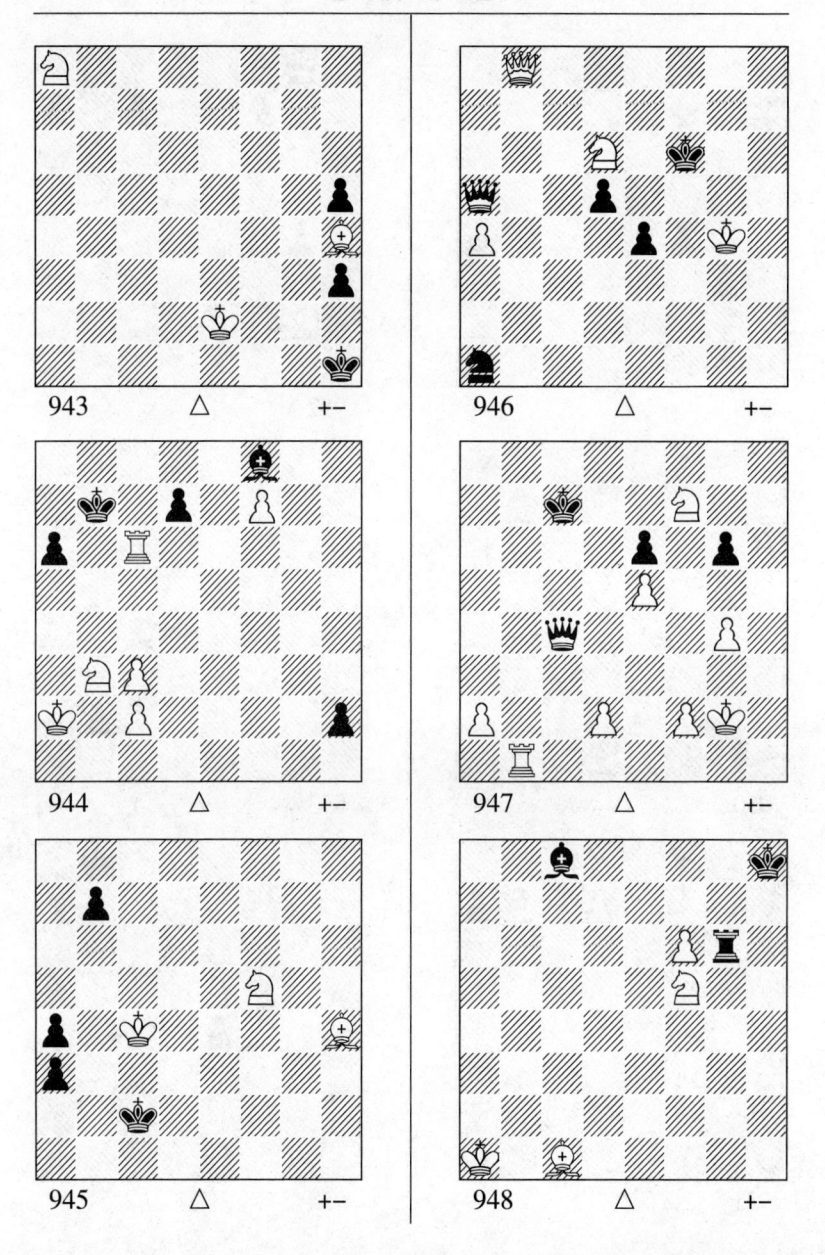

十级习题

943 △ +−

946 △ +−

944 △ +−

947 △ +−

945 △ +−

948 △ +−

167

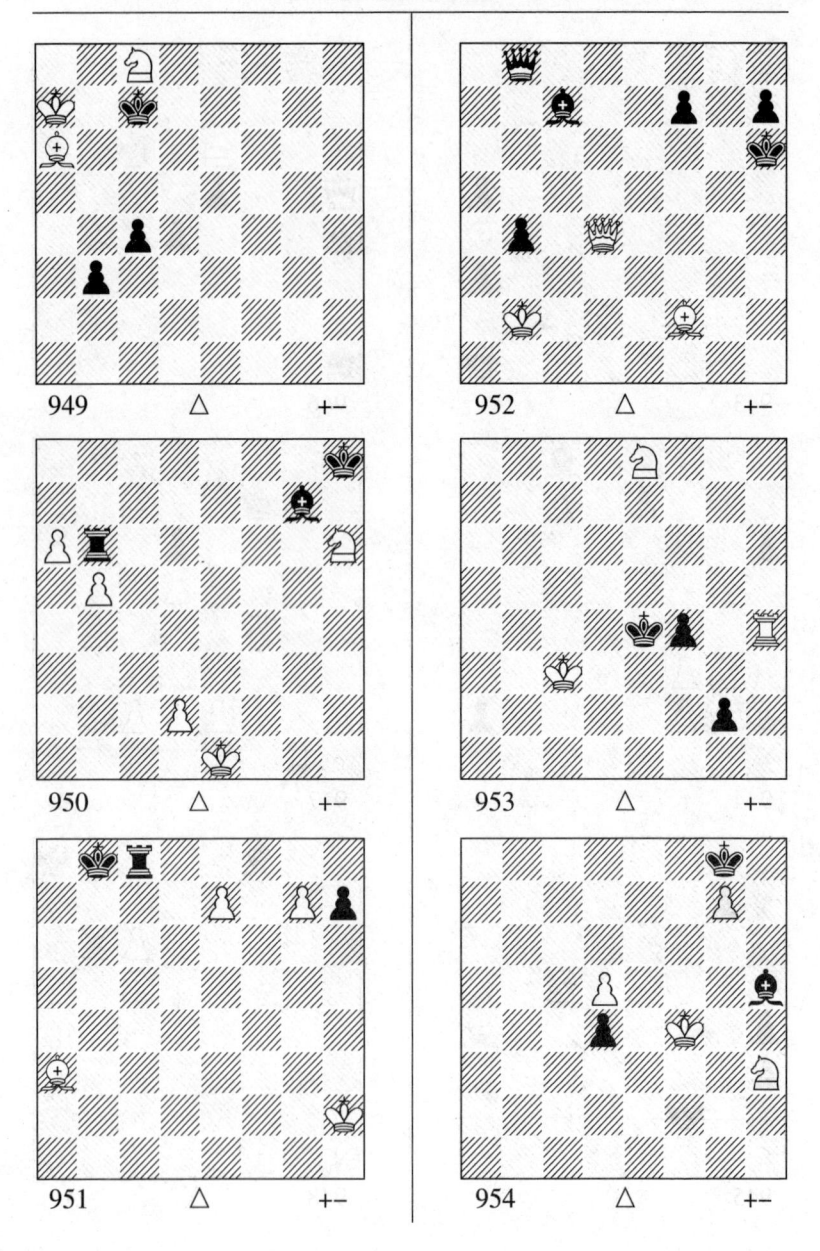

十级习题

949 △ +−

950 △ +−

951 △ +−

952 △ +−

953 △ +−

954 △ +−

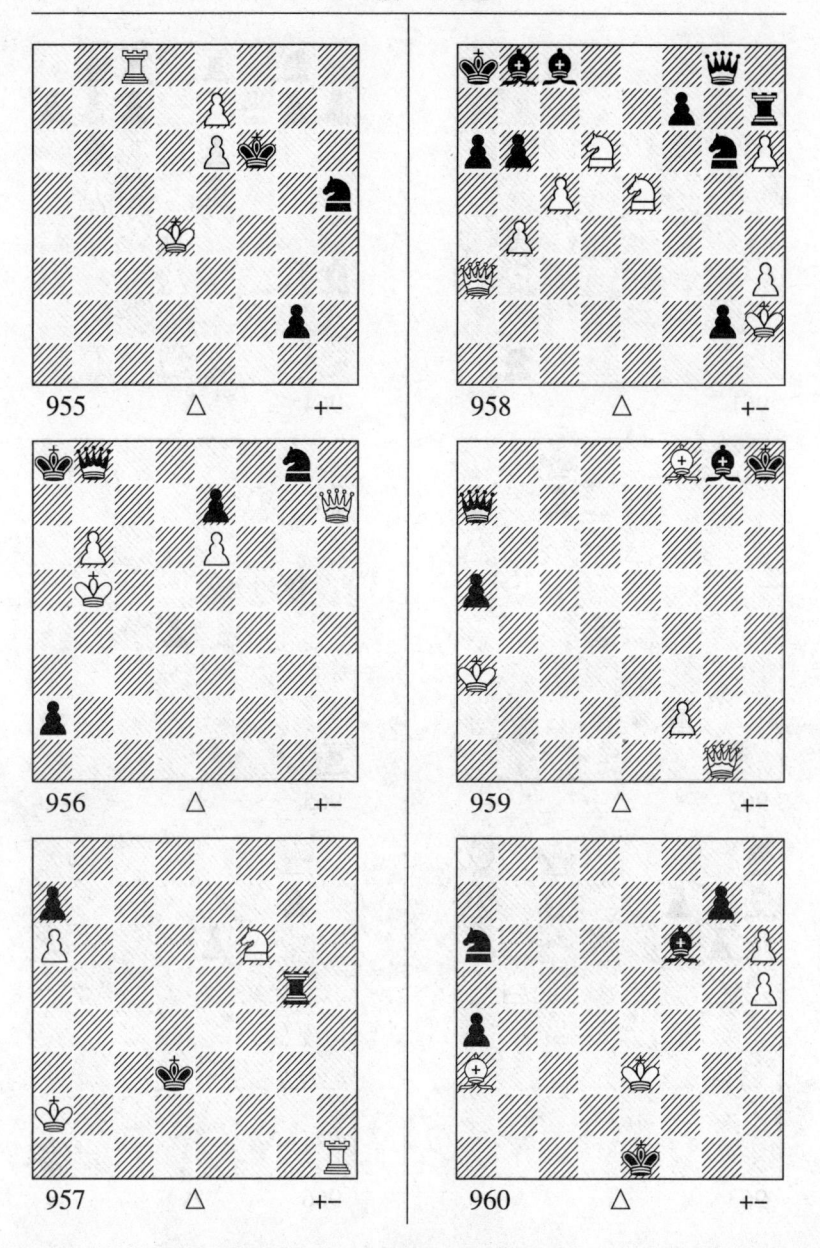

十级习题

955 △ +−

956 △ +−

957 △ +−

958 △ +−

959 △ +−

960 △ +−

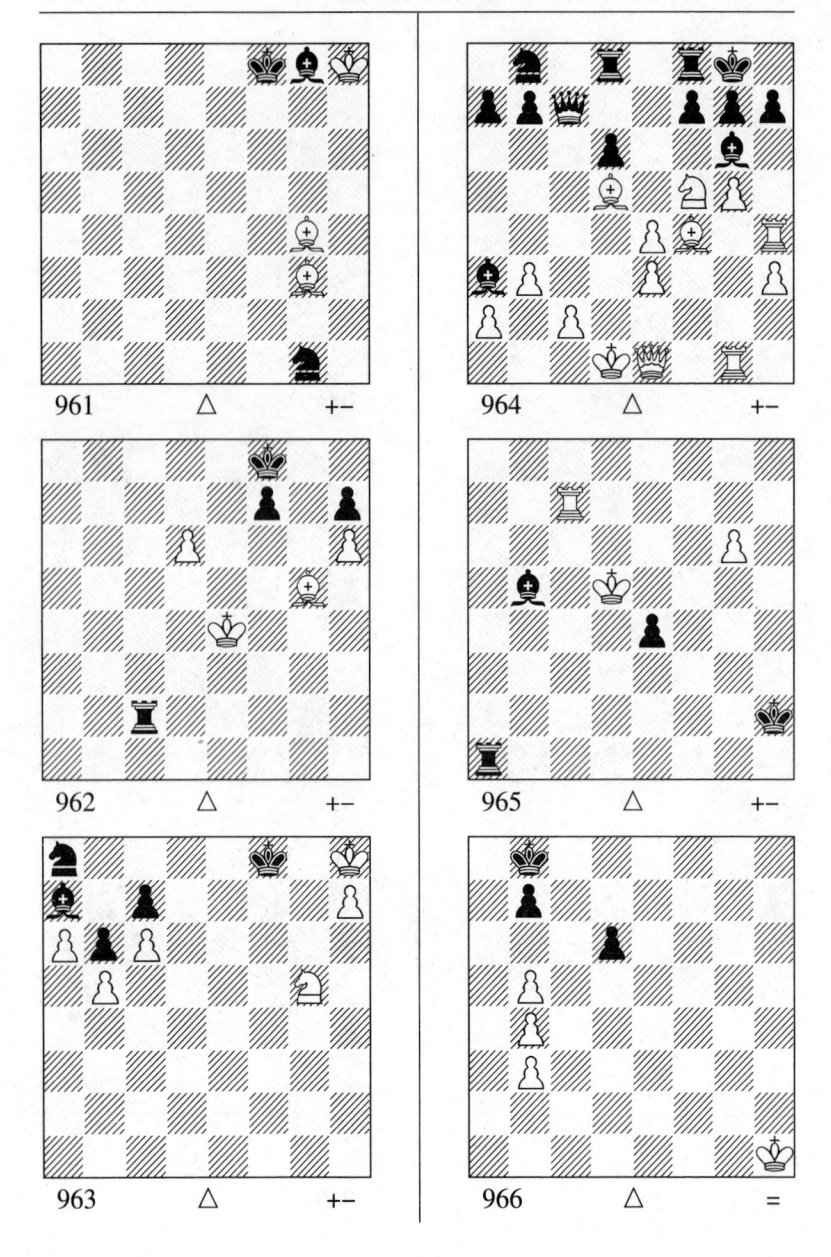

十级习题

961 △ +−

962 △ +−

963 △ +−

964 △ +−

965 △ +−

966 △ =

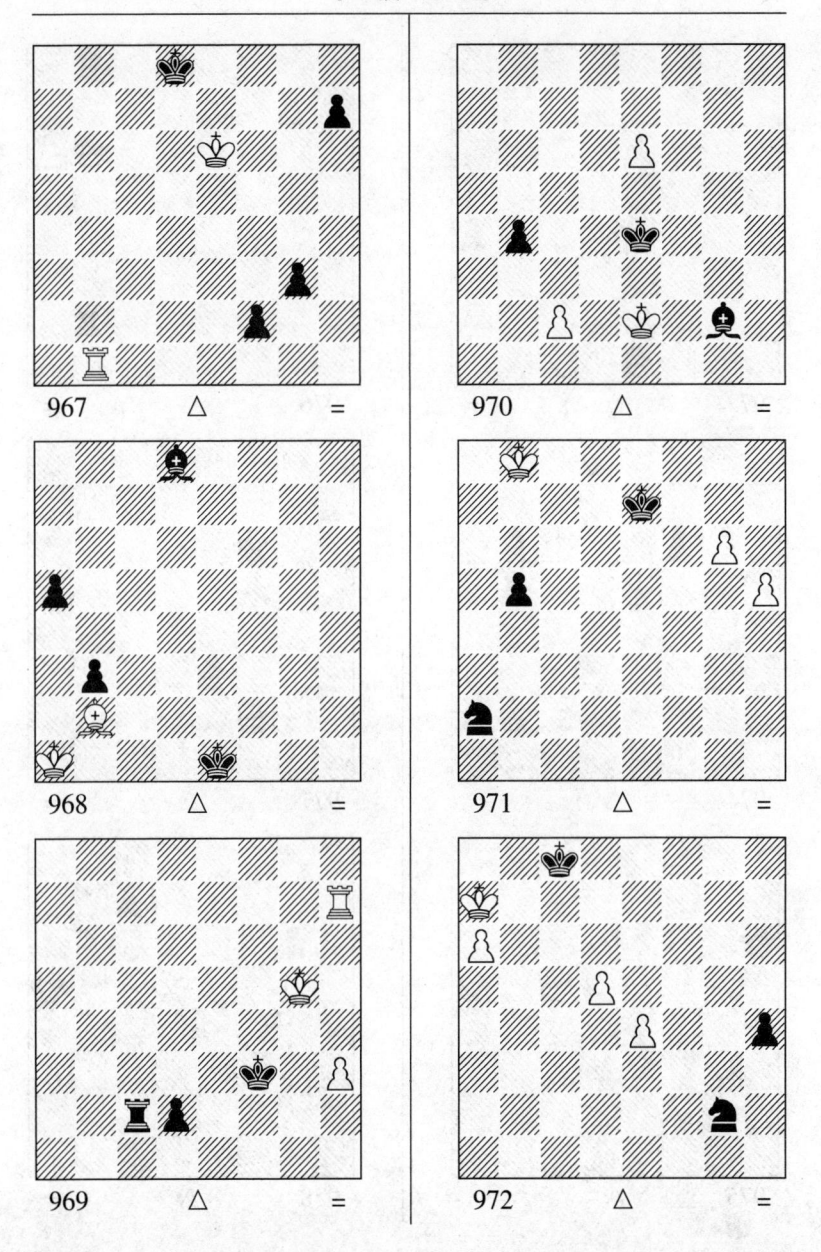

十级习题

967 △ =

968 △ =

969 △ =

970 △ =

971 △ =

972 △ =

171

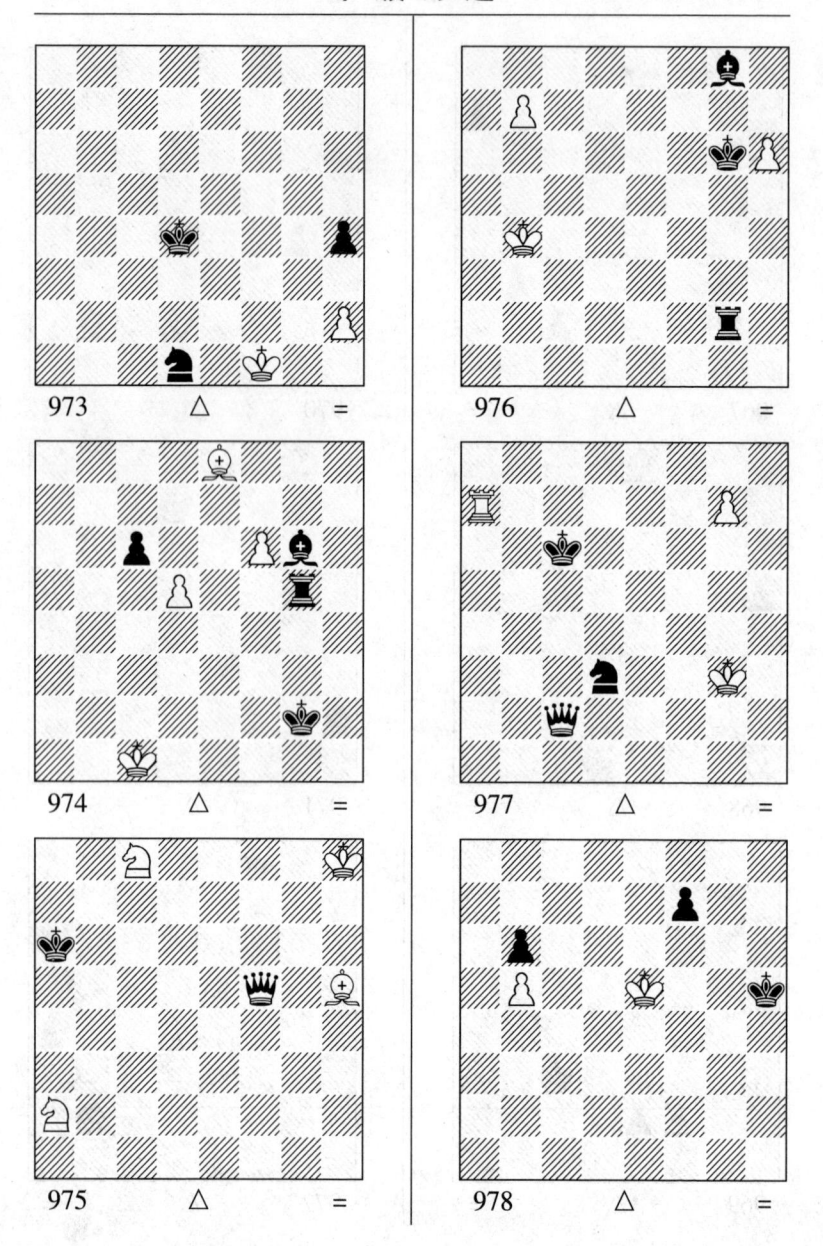

十级习题

973 △ =

974 △ =

975 △ =

976 △ =

977 △ =

978 △ =

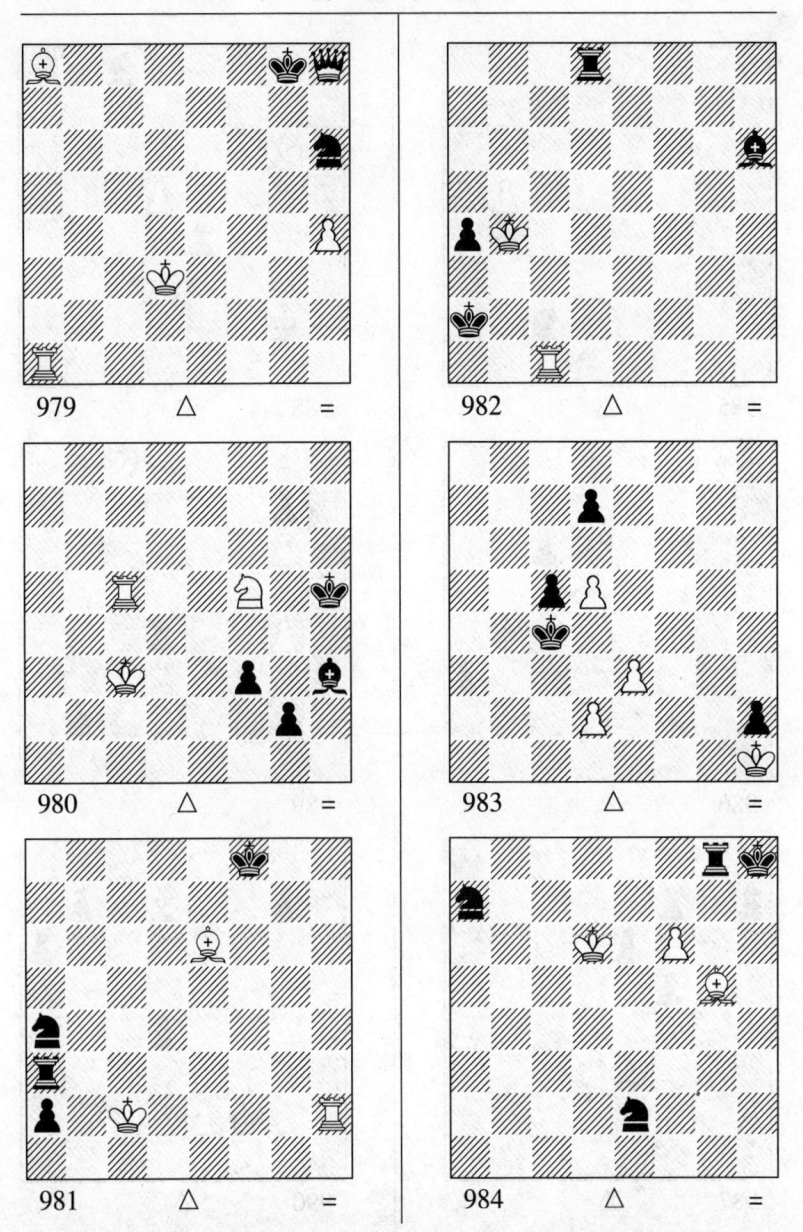

十级习题

979 △ =

980 △ =

981 △ =

982 △ =

983 △ =

984 △ =

十级习题

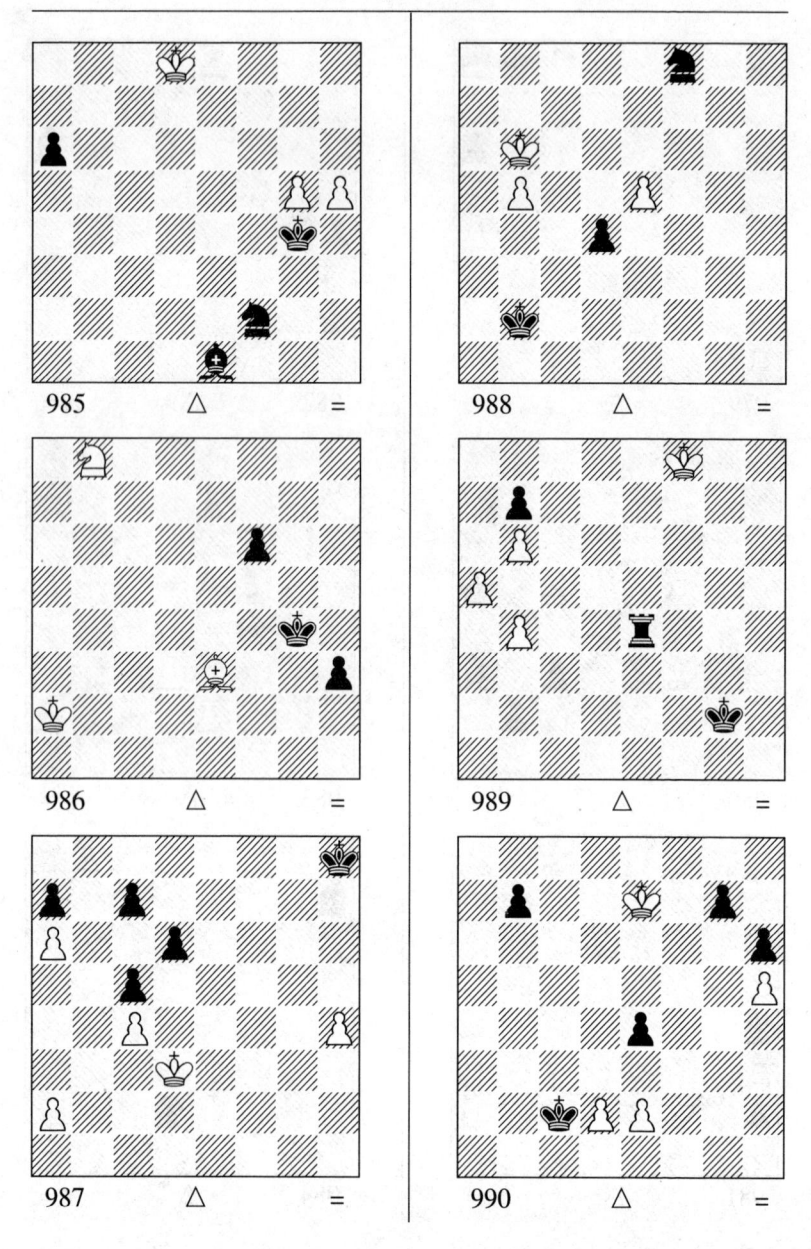

985 △ =

986 △ =

987 △ =

988 △ =

989 △ =

990 △ =

174

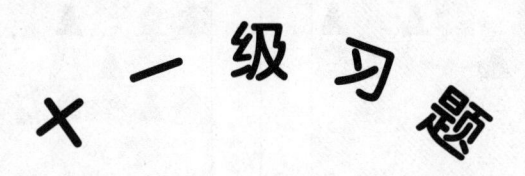

十一级习题

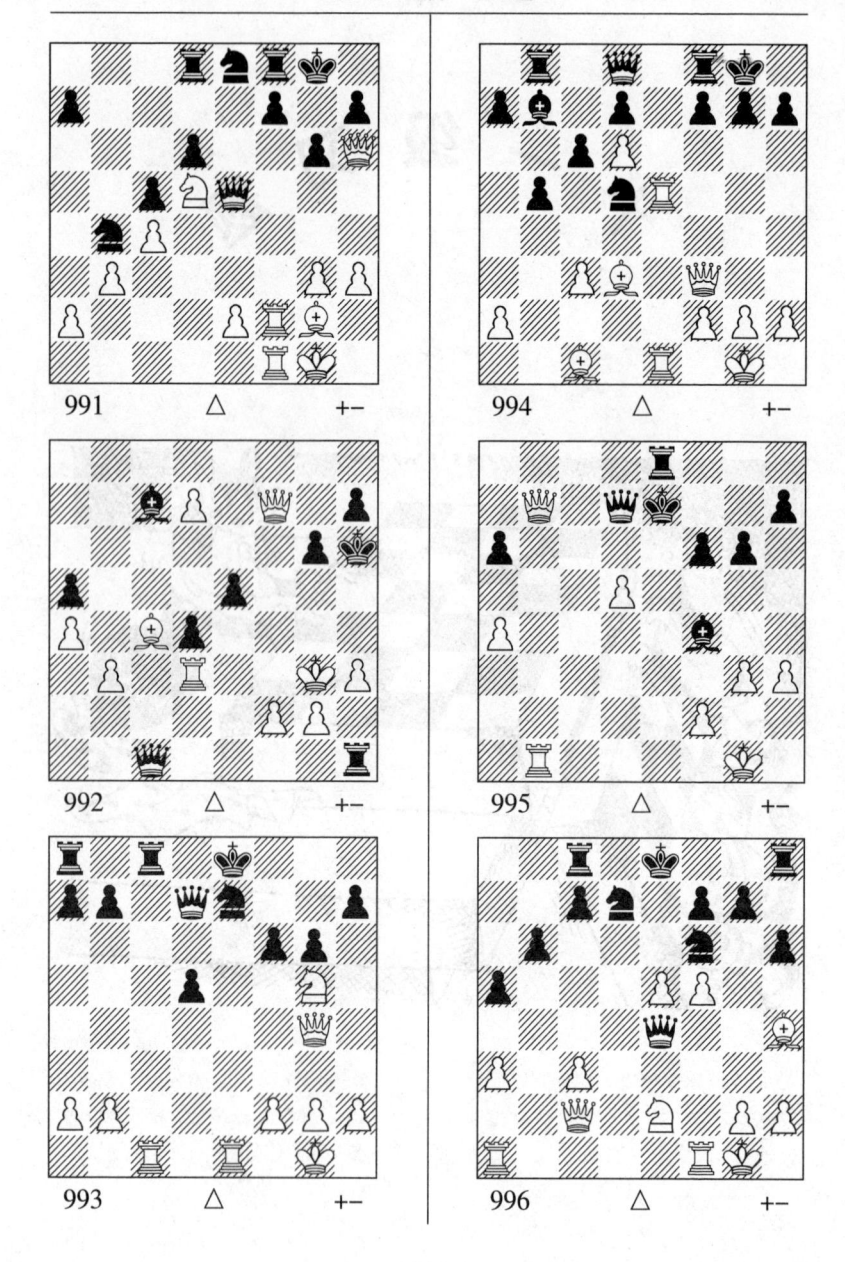

十一级习题

991 △ +−

992 △ +−

993 △ +−

994 △ +−

995 △ +−

996 △ +−

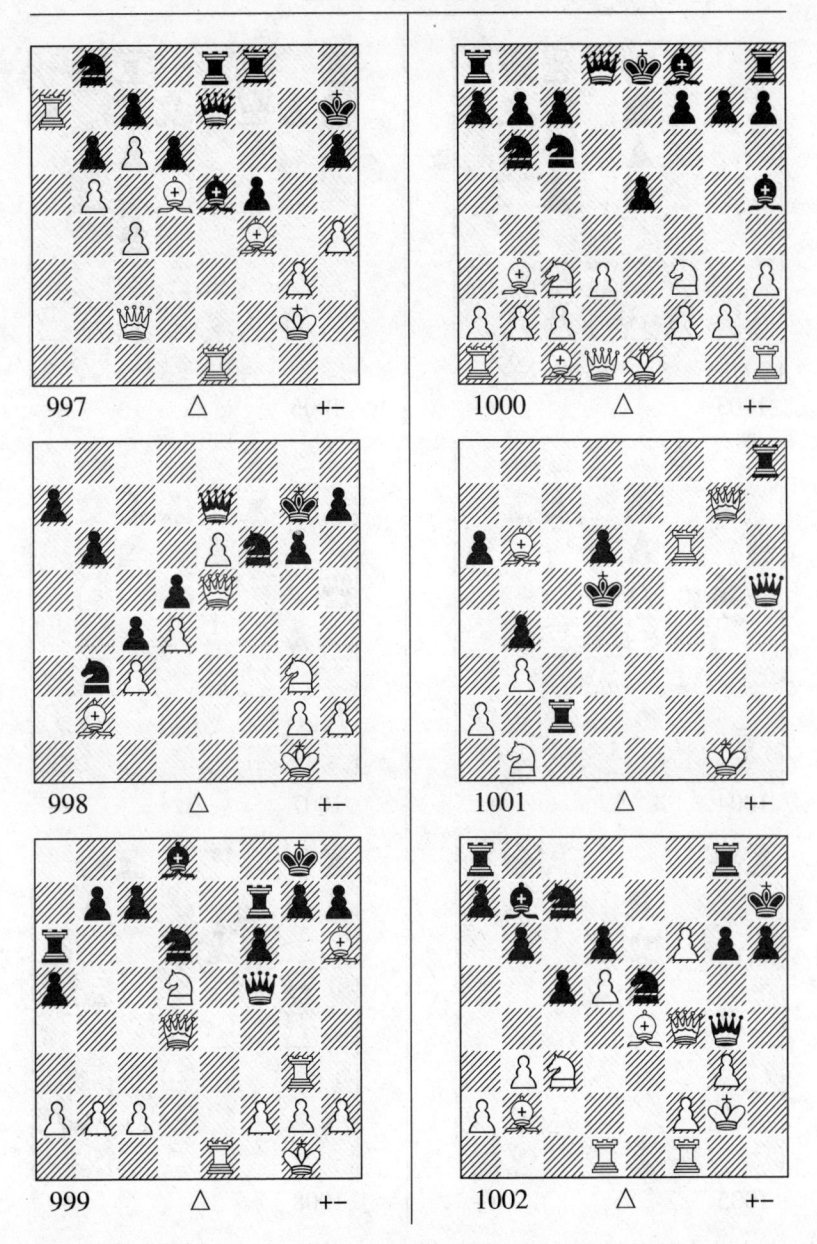

十一级习题

997 △ +−

998 △ +−

999 △ +−

1000 △ +−

1001 △ +−

1002 △ +−

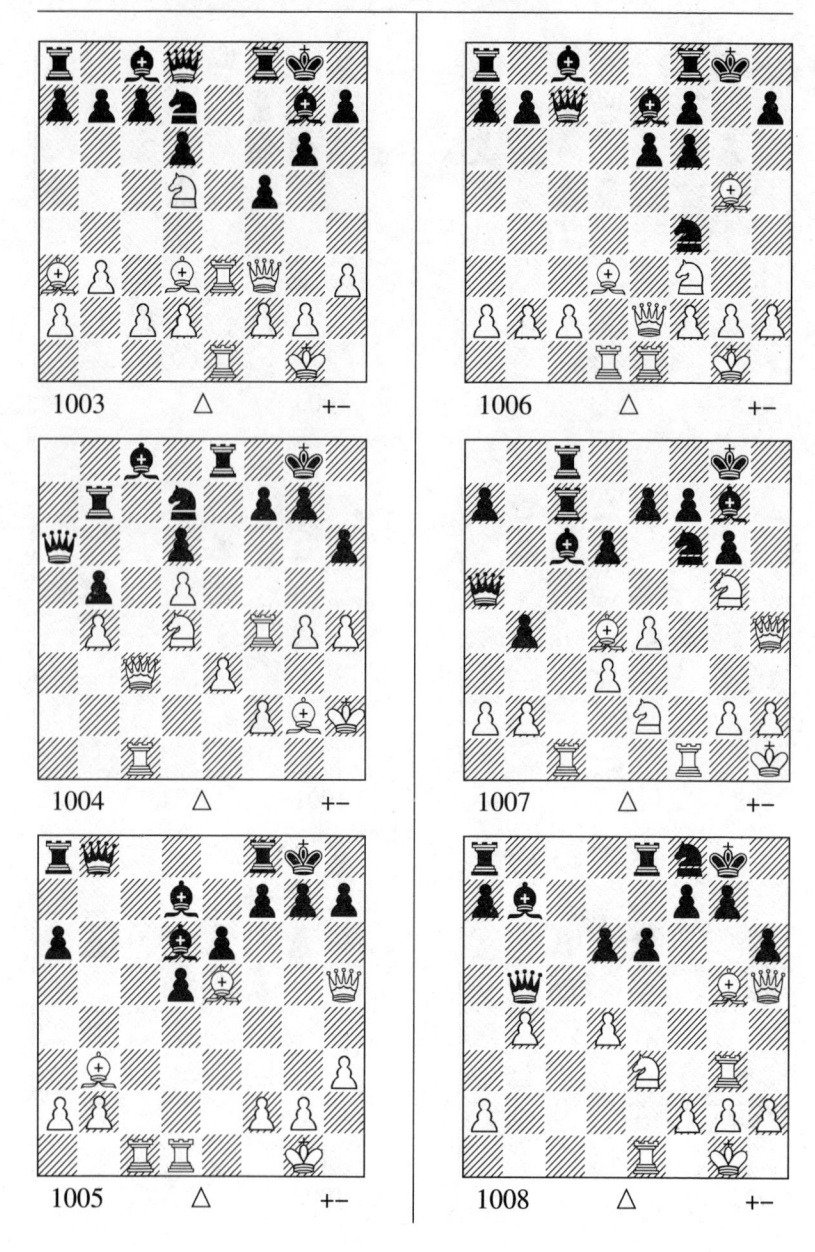

十一级习题

1003 △ +−

1004 △ +−

1005 △ +−

1006 △ +−

1007 △ +−

1008 △ +−

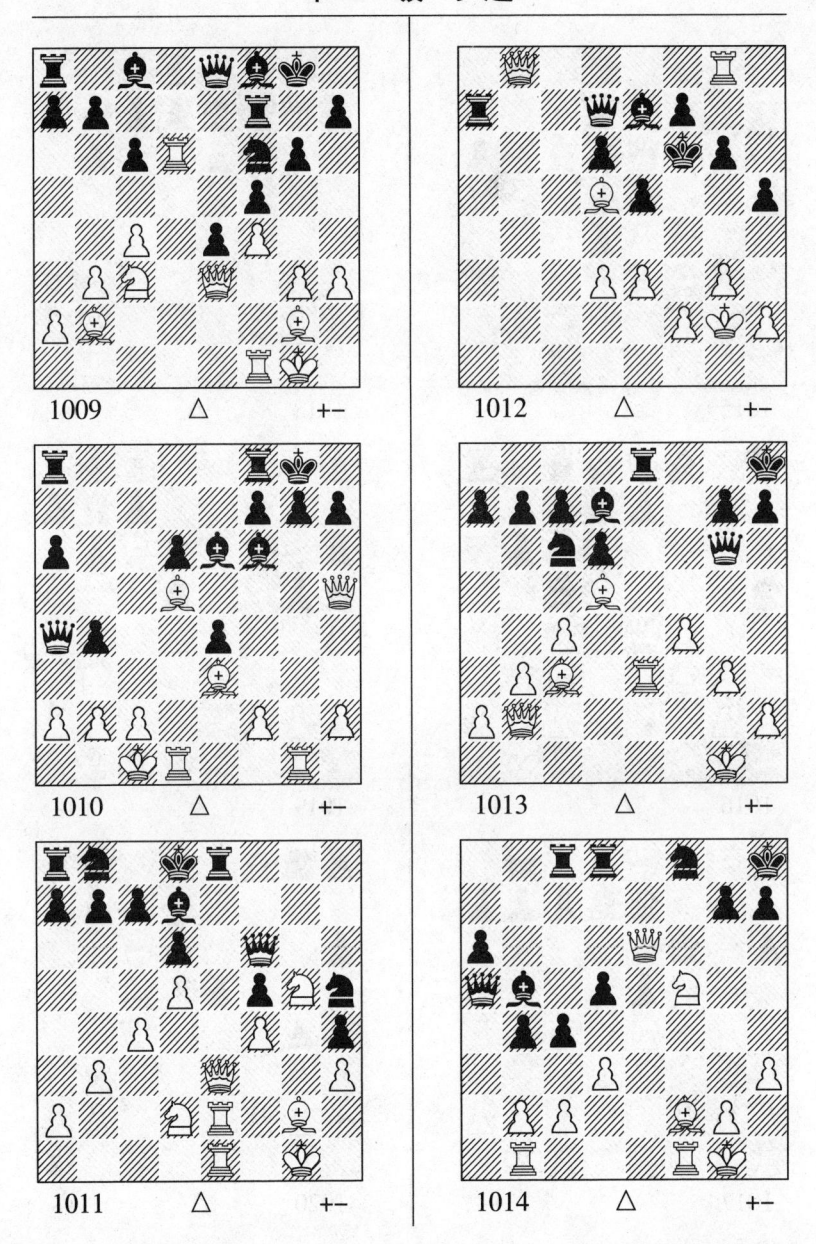

十一级习题

1009 △ +−

1010 △ +−

1011 △ +−

1012 △ +−

1013 △ +−

1014 △ +−

179

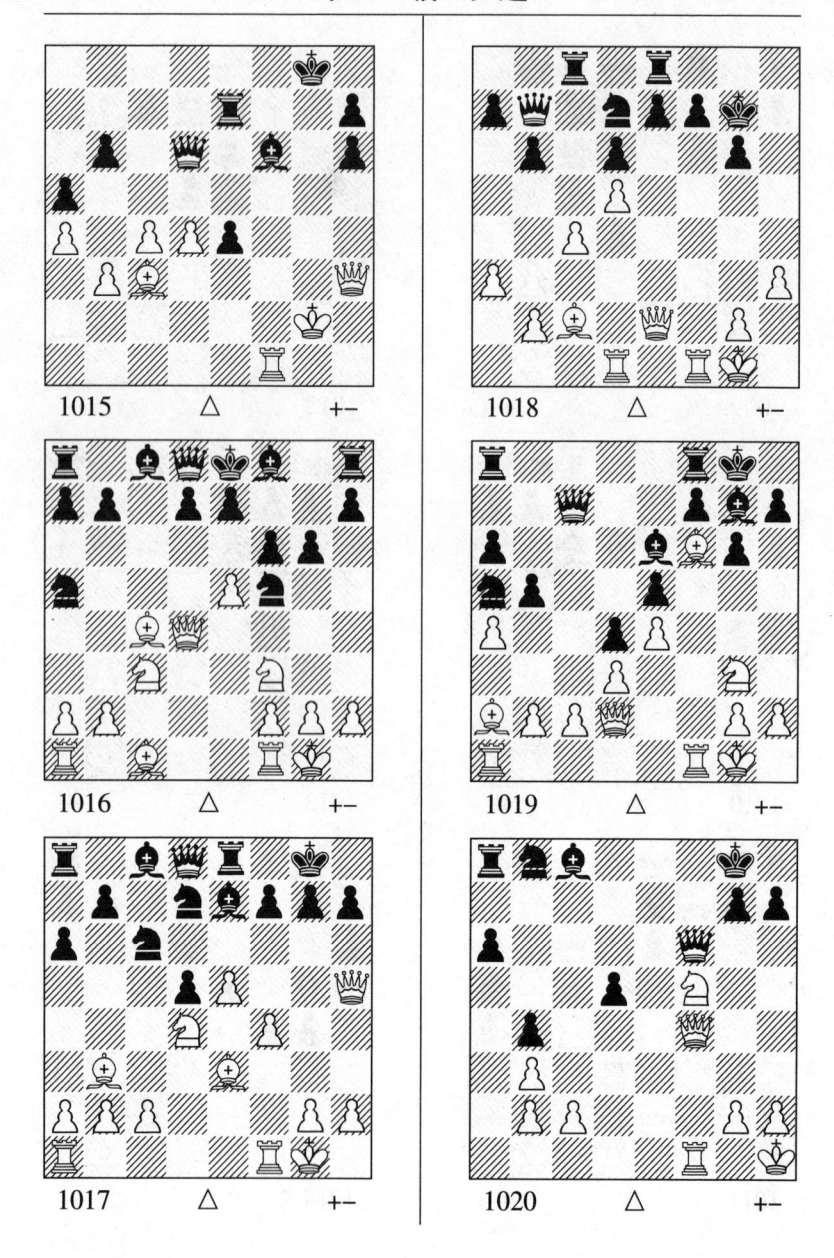

十一级习题

1015 △ +−

1016 △ +−

1017 △ +−

1018 △ +−

1019 △ +−

1020 △ +−

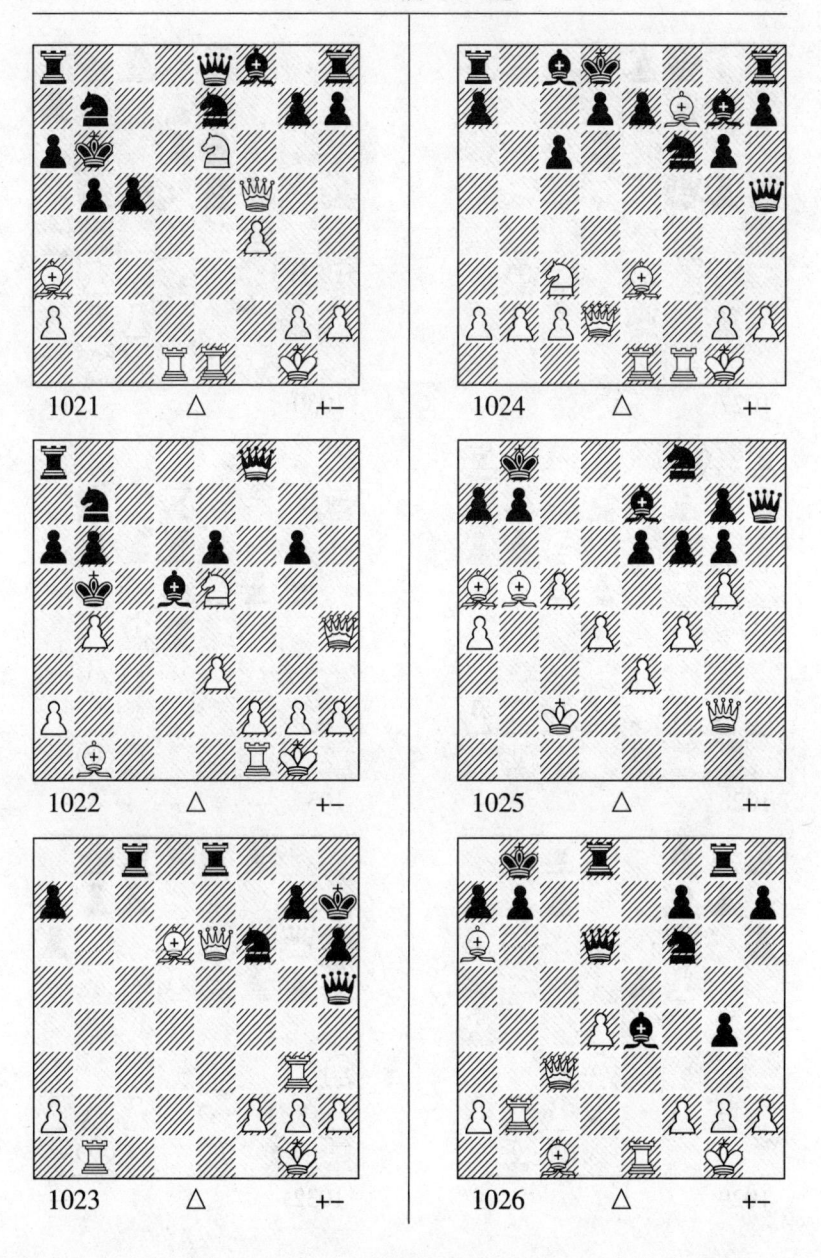

十一级习题

1021 △ +−

1022 △ +−

1023 △ +−

1024 △ +−

1025 △ +−

1026 △ +−

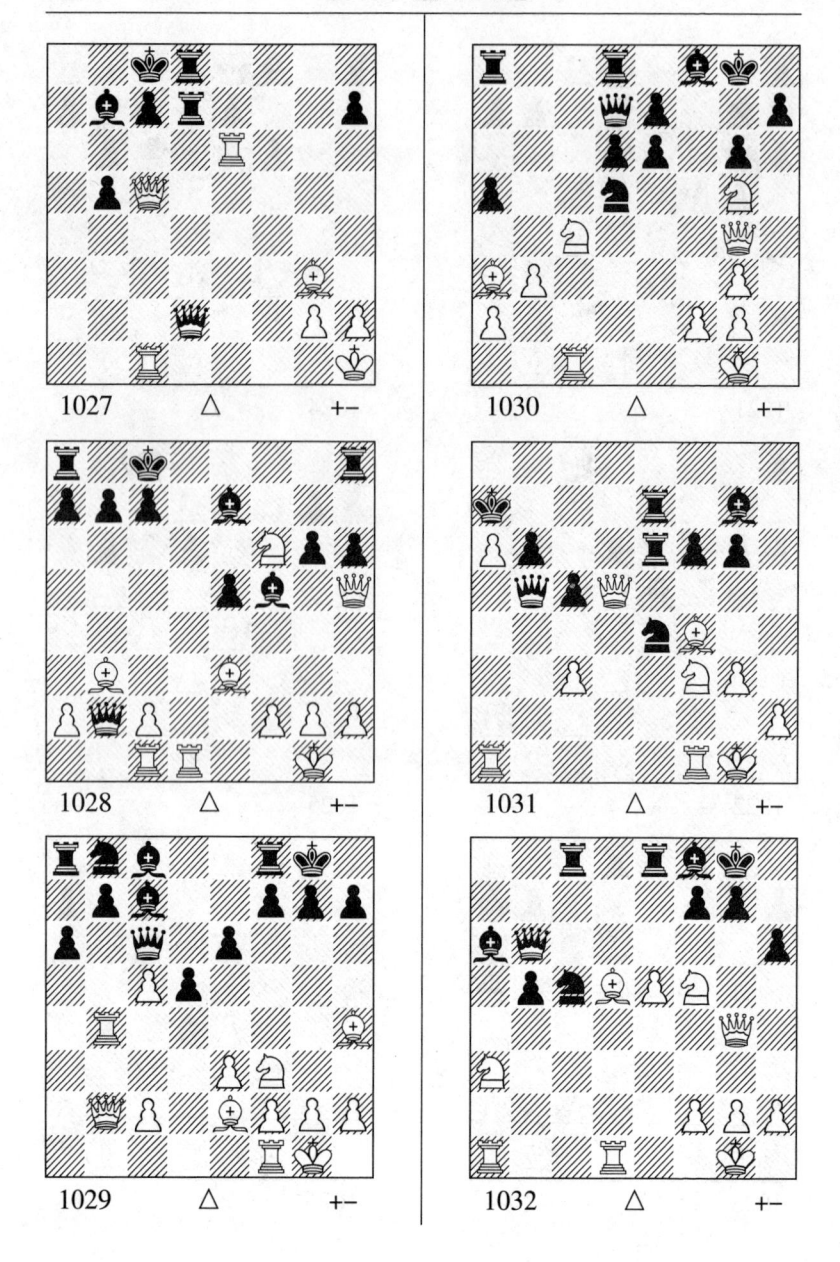

十一级习题

1027 △ +−

1028 △ +−

1029 △ +−

1030 △ +−

1031 △ +−

1032 △ +−

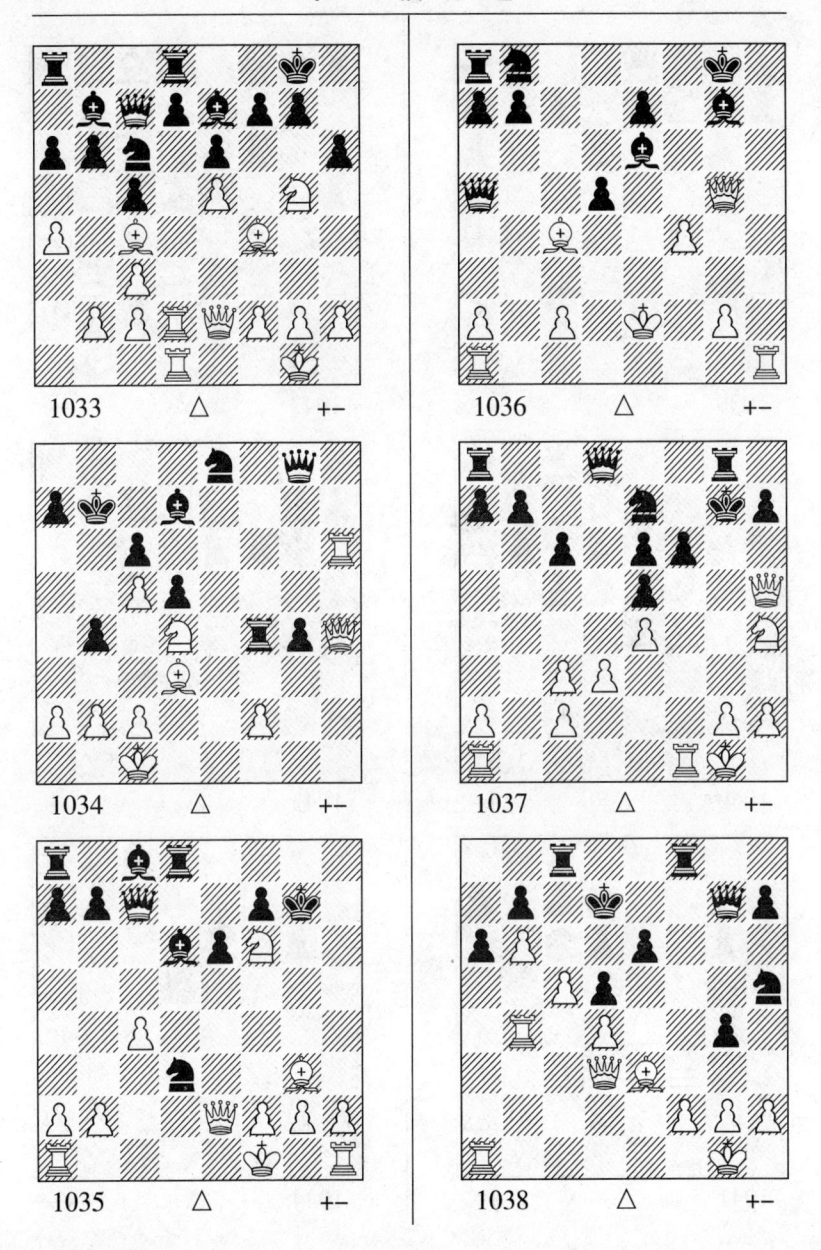

十一级习题

1033 △ +−

1034 △ +−

1035 △ +−

1036 △ +−

1037 △ +−

1038 △ +−

183

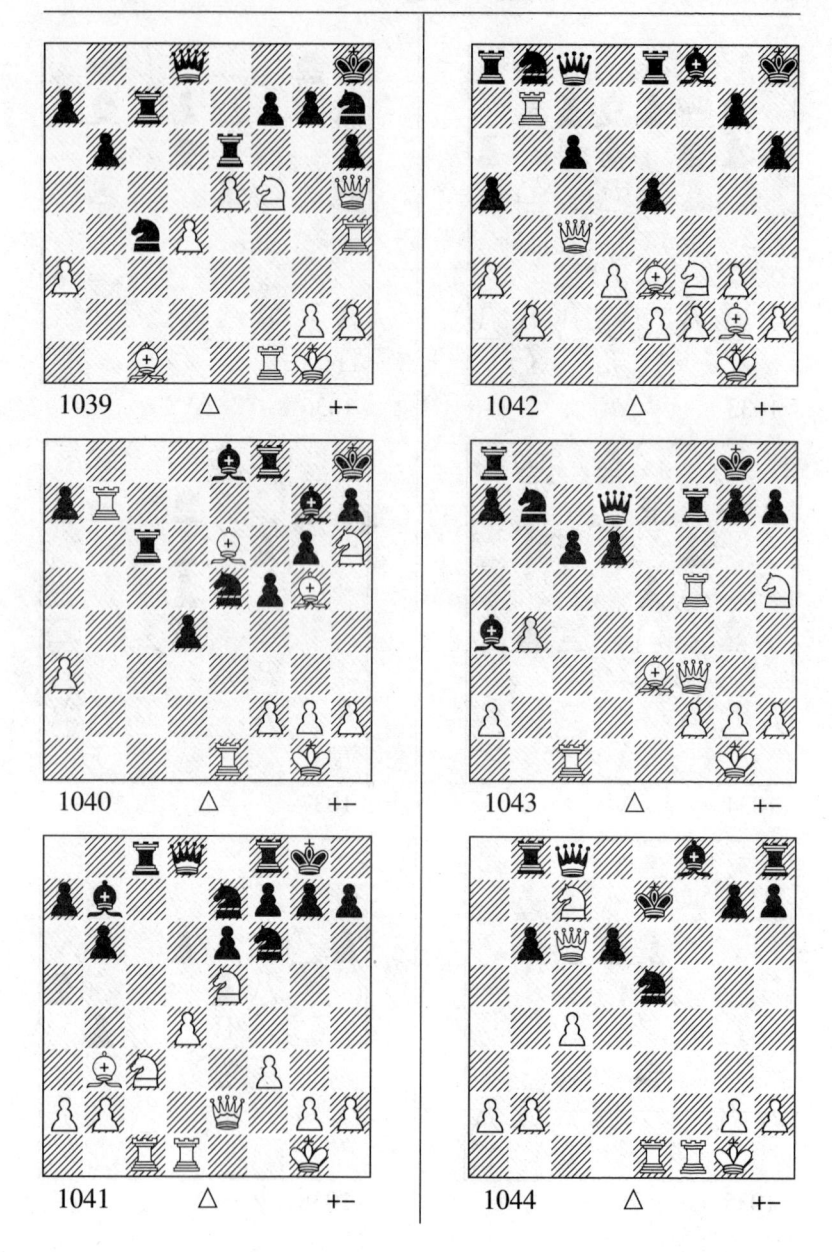

十一级习题

1039 △ +-

1040 △ +-

1041 △ +-

1042 △ +-

1043 △ +-

1044 △ +-

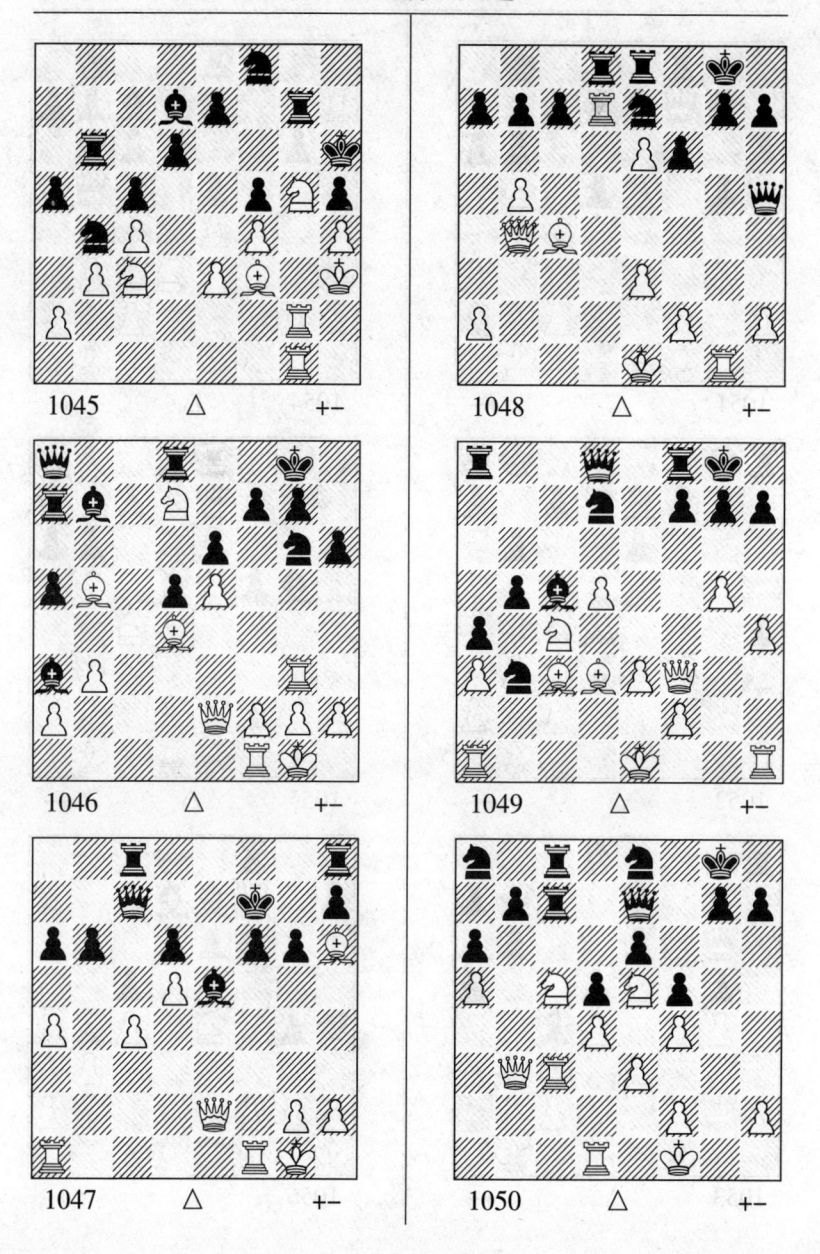

十一级习题

1045 △ +−

1046 △ +−

1047 △ +−

1048 △ +−

1049 △ +−

1050 △ +−

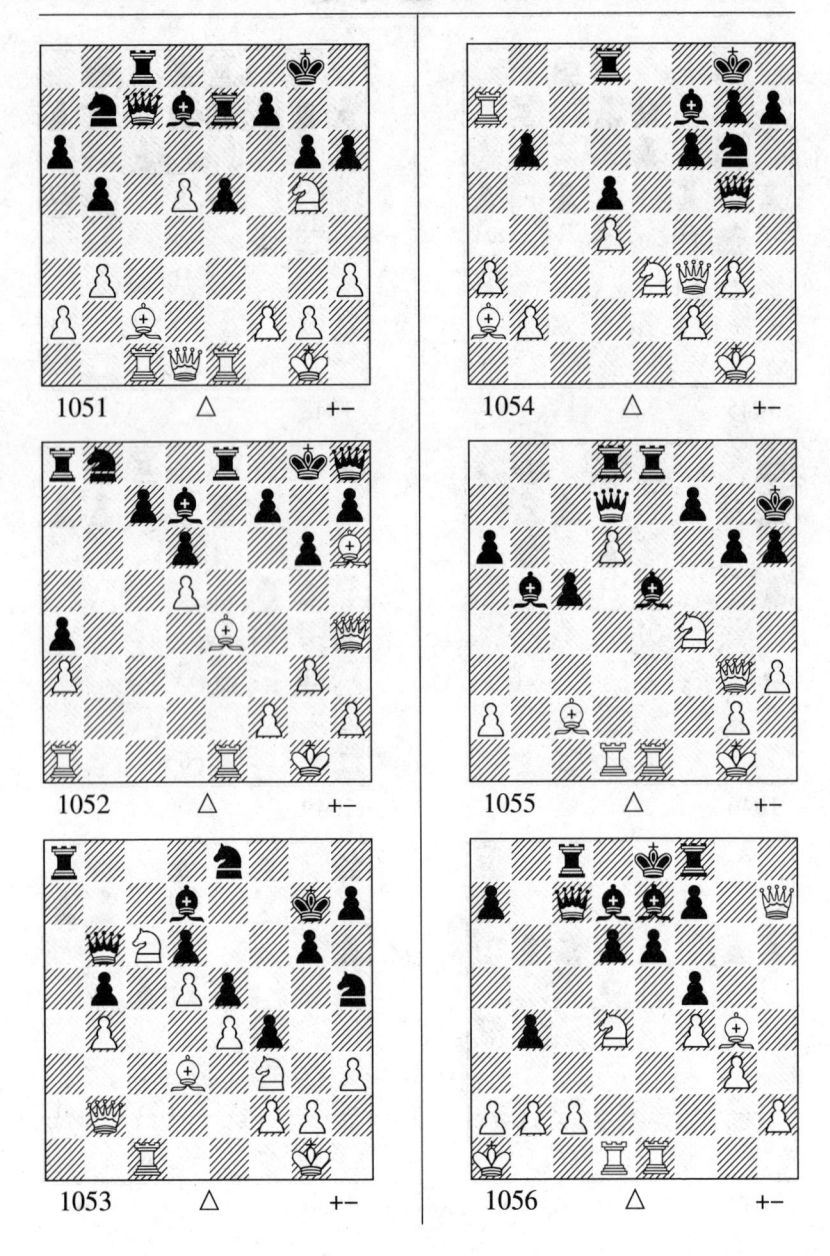

十一级习题

1051 △ +-

1052 △ +-

1053 △ +-

1054 △ +-

1055 △ +-

1056 △ +-

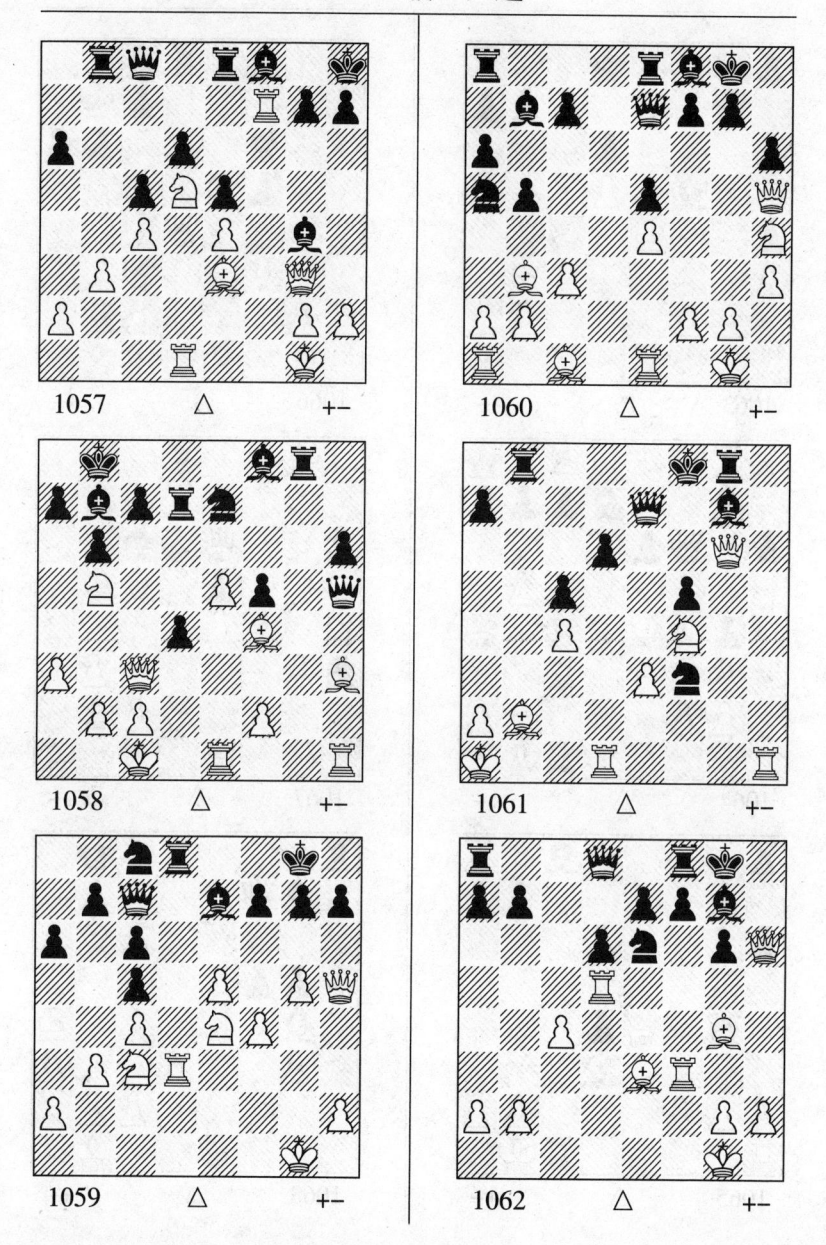

十一级习题

1057　△　+-

1060　△　+-

1058　△　+-

1061　△　+-

1059　△　+-

1062　△　+-

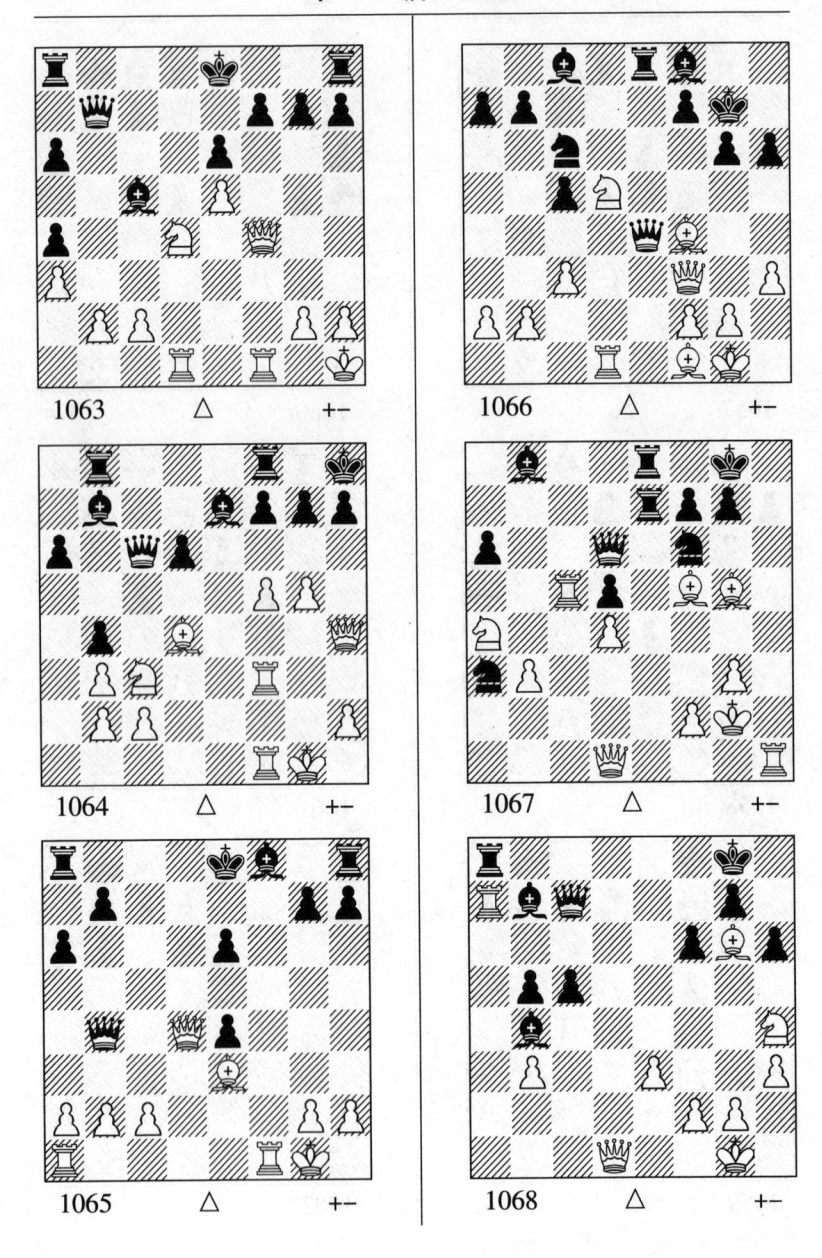

十一级习题

1063 △ +−

1064 △ +−

1065 △ +−

1066 △ +−

1067 △ +−

1068 △ +−

188

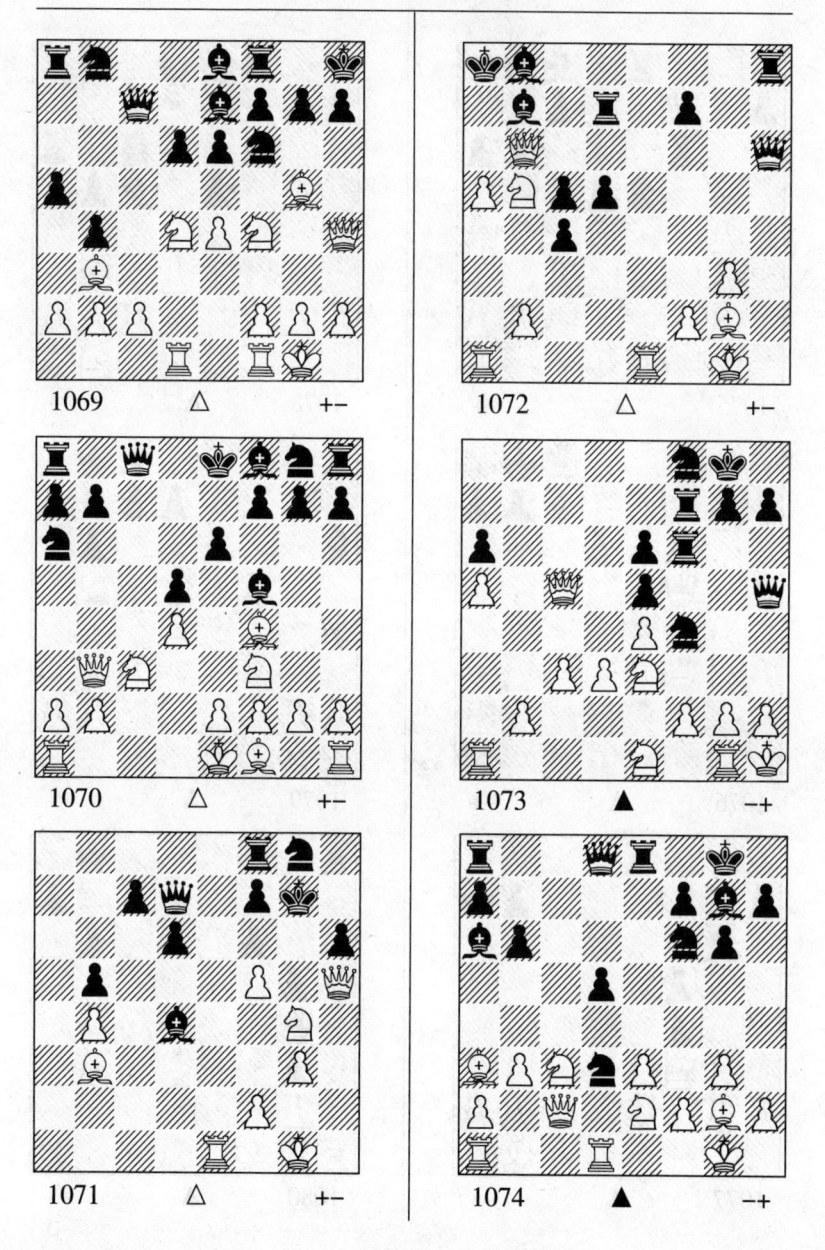

十一级习题

1069 △ +-

1070 △ +-

1071 △ +-

1072 △ +-

1073 ▲ -+

1074 ▲ -+

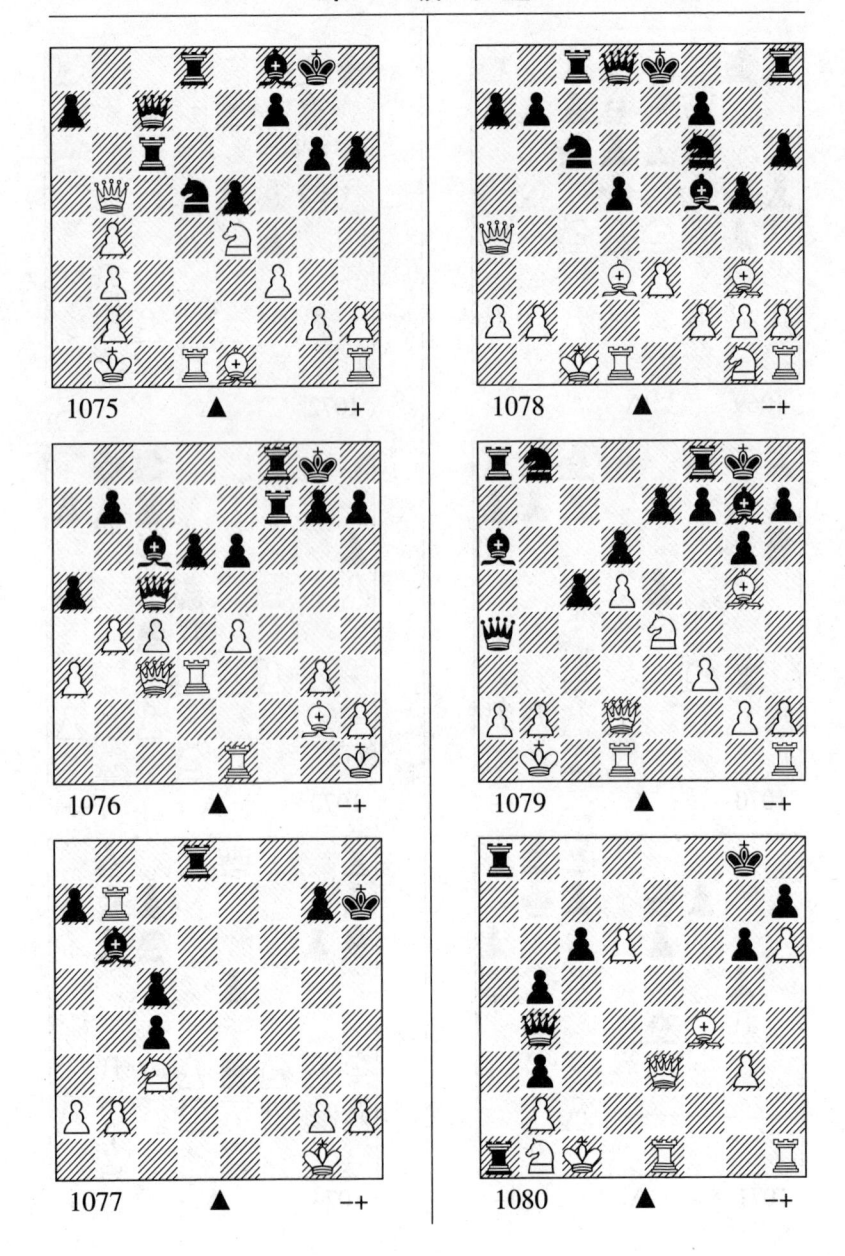

十一级习题

1075 ▲ −+

1076 ▲ −+

1077 ▲ −+

1078 ▲ −+

1079 ▲ −+

1080 ▲ −+

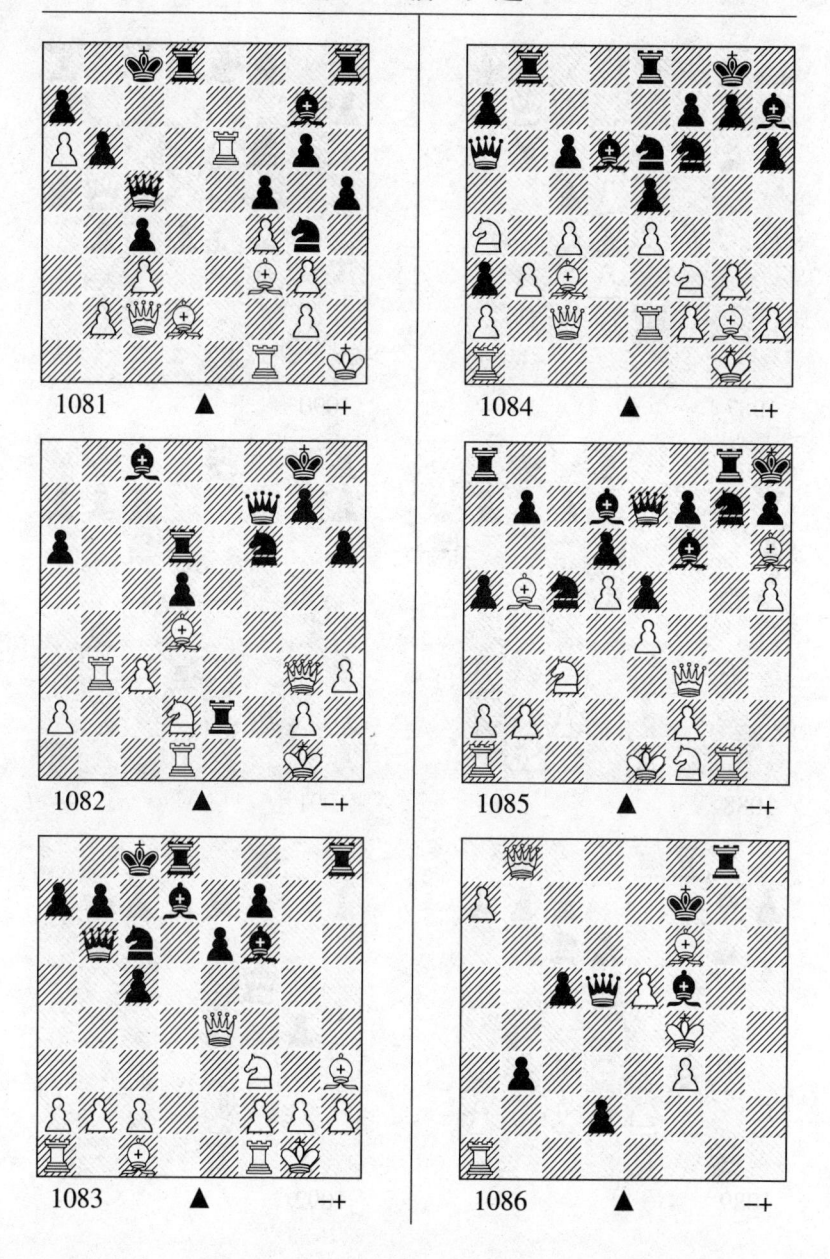

十一级习题

1081 ▲ −+

1082 ▲ −+

1083 ▲ −+

1084 ▲ −+

1085 ▲ −+

1086 ▲ −+

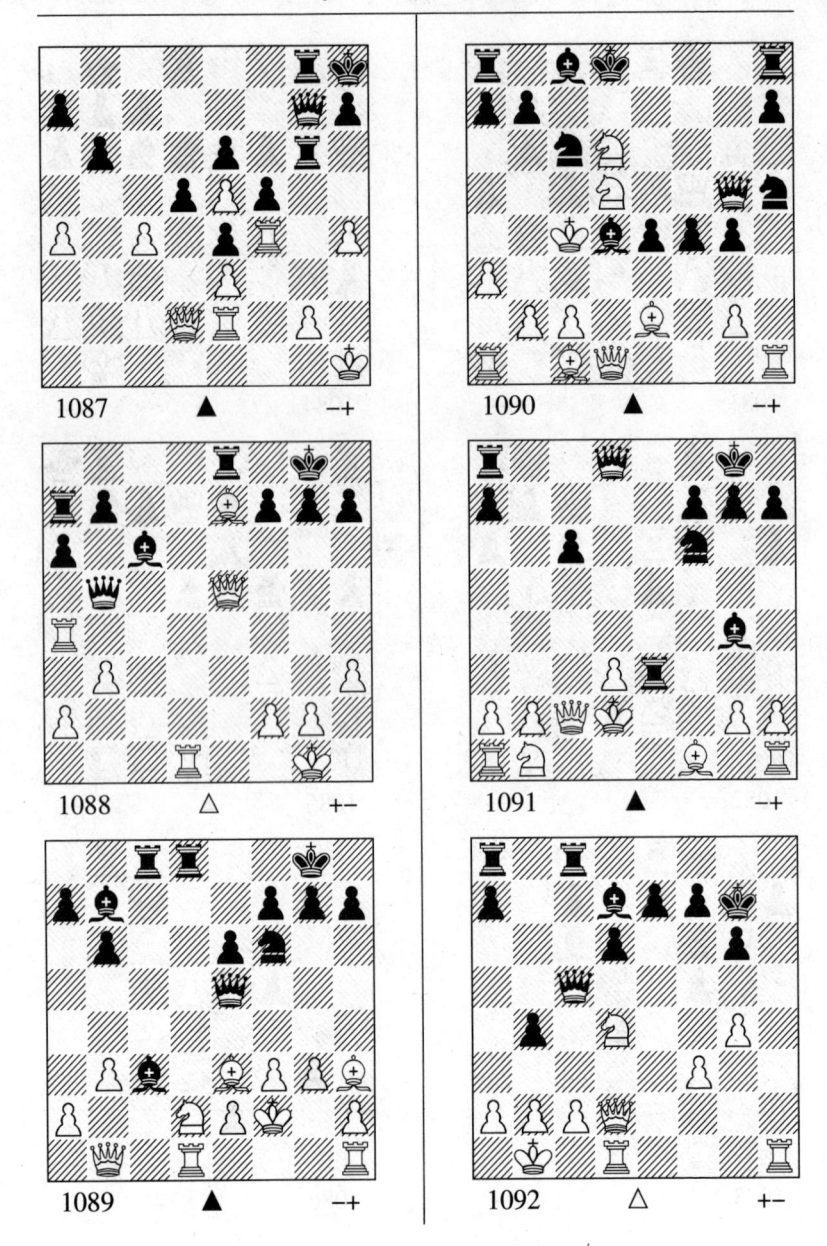

十一级习题

1087 ▲ −+	1090 ▲ −+
1088 △ +−	1091 ▲ −+
1089 ▲ −+	1092 △ +−

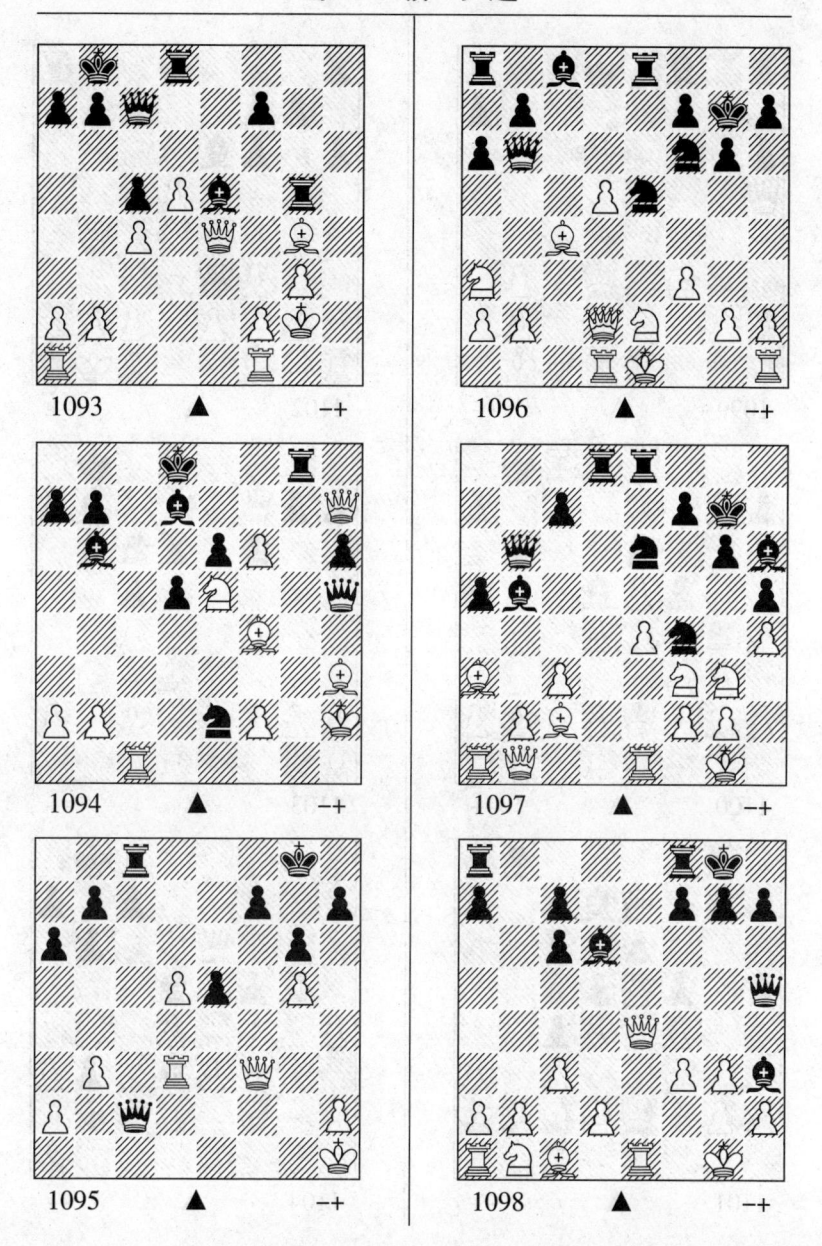

十一级习题

1093 ▲ −+	1096 ▲ −+
1094 ▲ −+	1097 ▲ −+
1095 ▲ −+	1098 ▲ −+

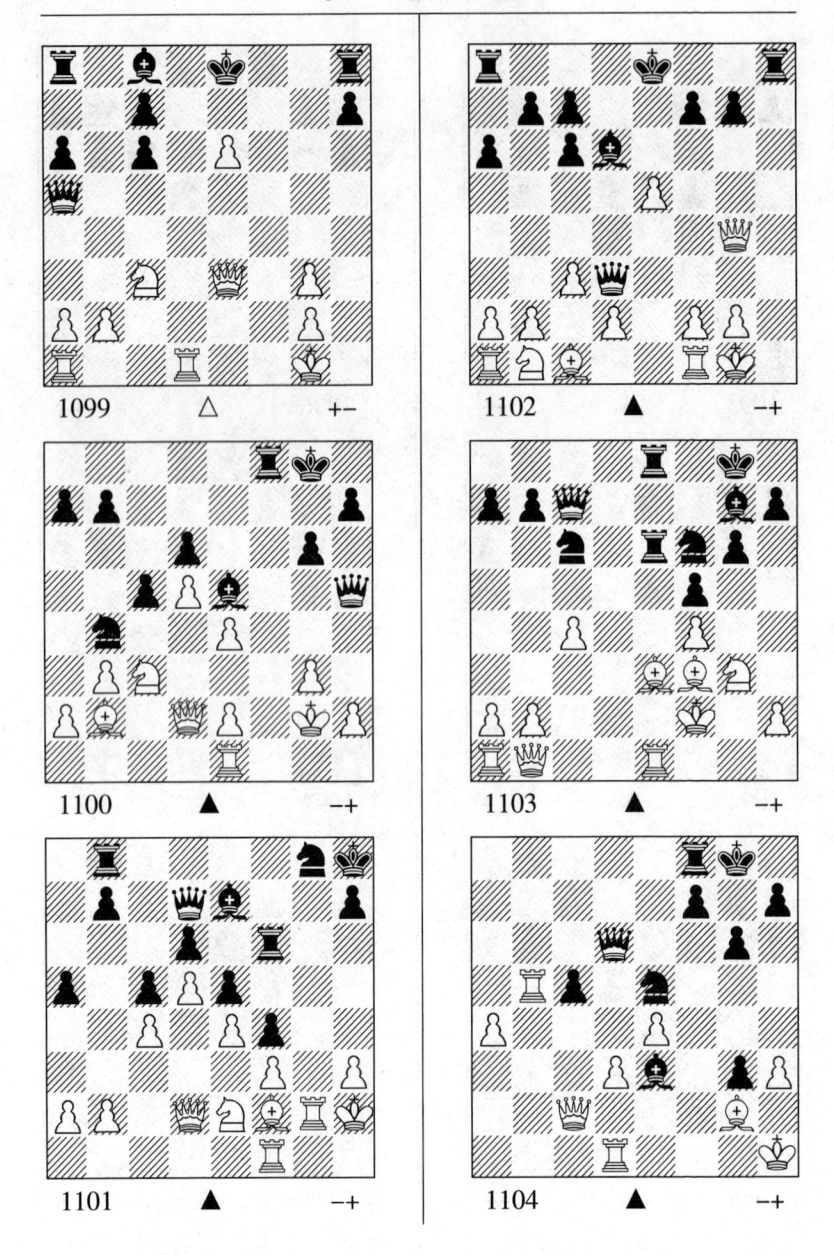

十一级习题

1099 △ +-

1102 ▲ -+

1100 ▲ -+

1103 ▲ -+

1101 ▲ -+

1104 ▲ -+

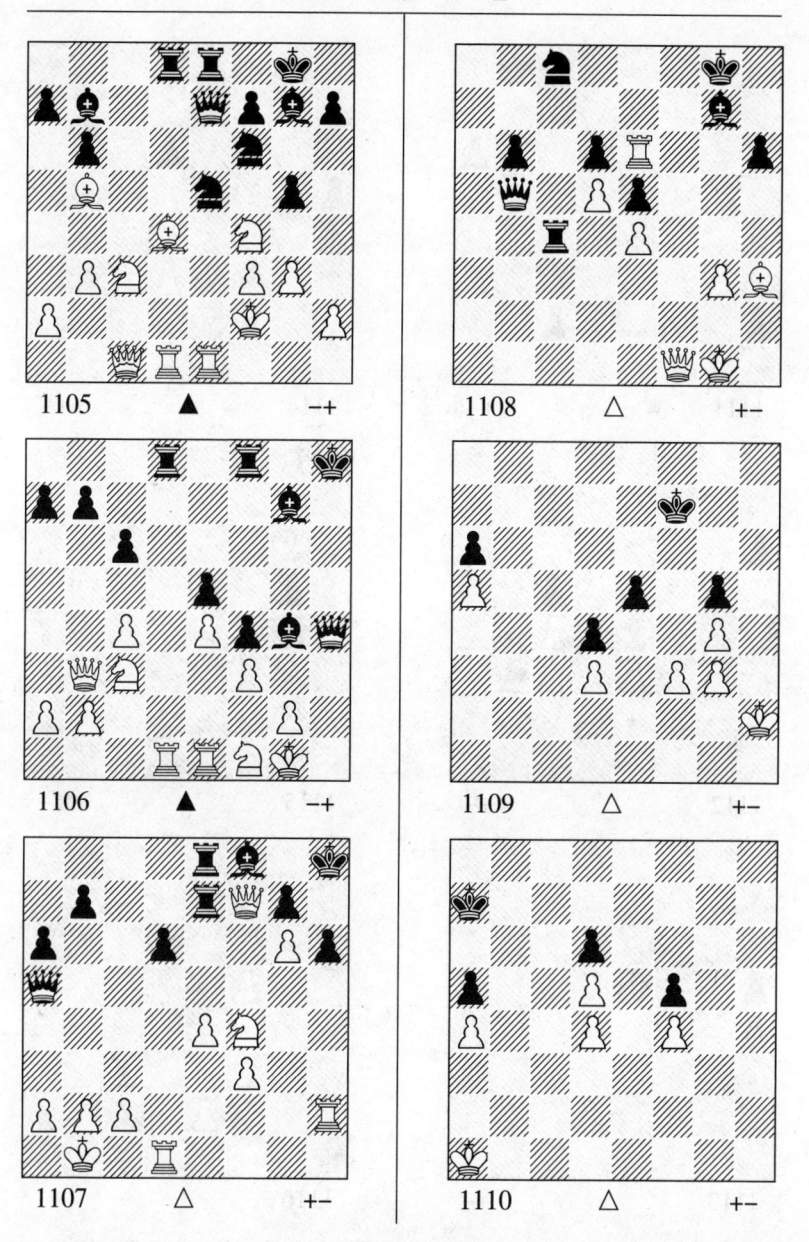

十一级习题

1105 ▲ −+

1106 ▲ −+

1107 △ +−

1108 △ +−

1109 △ +−

1110 △ +−

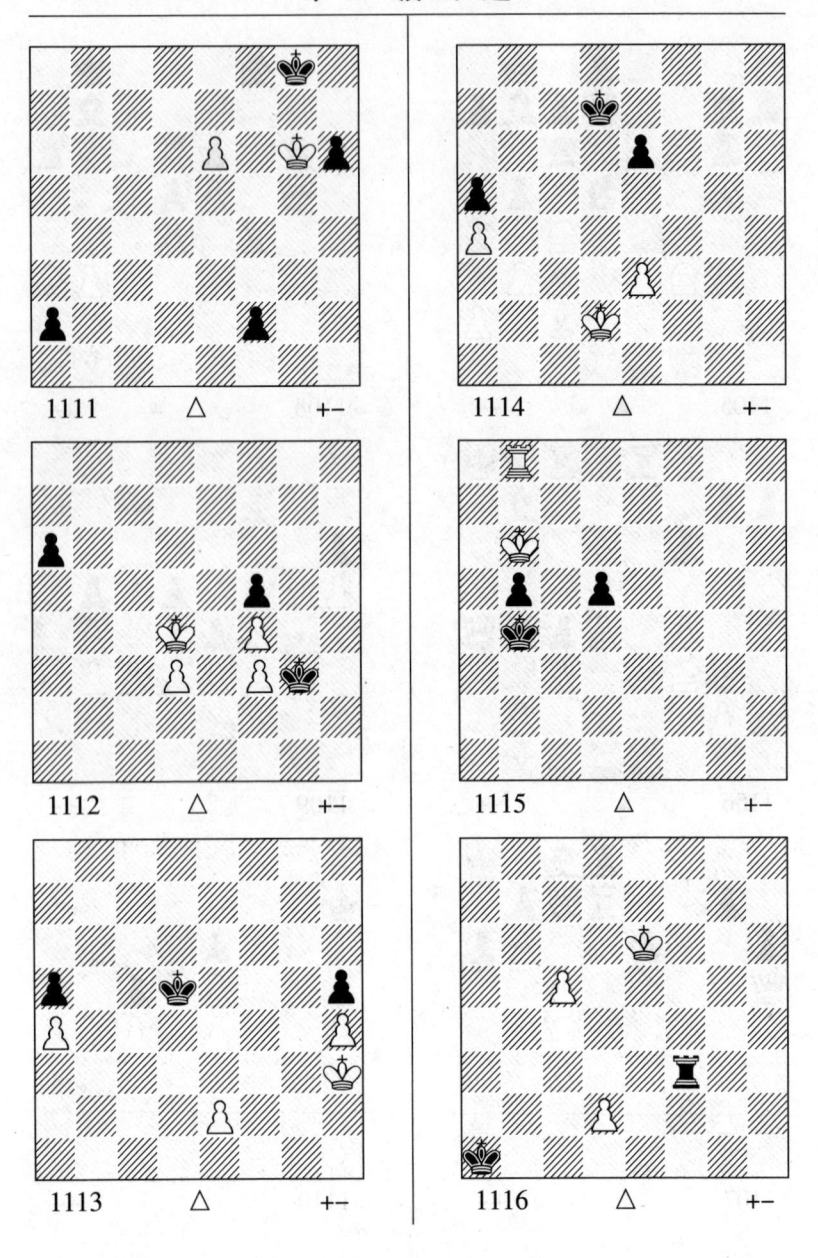

十 一 级 习 题

1111 △ +−

1112 △ +−

1113 △ +−

1114 △ +−

1115 △ +−

1116 △ +−

196

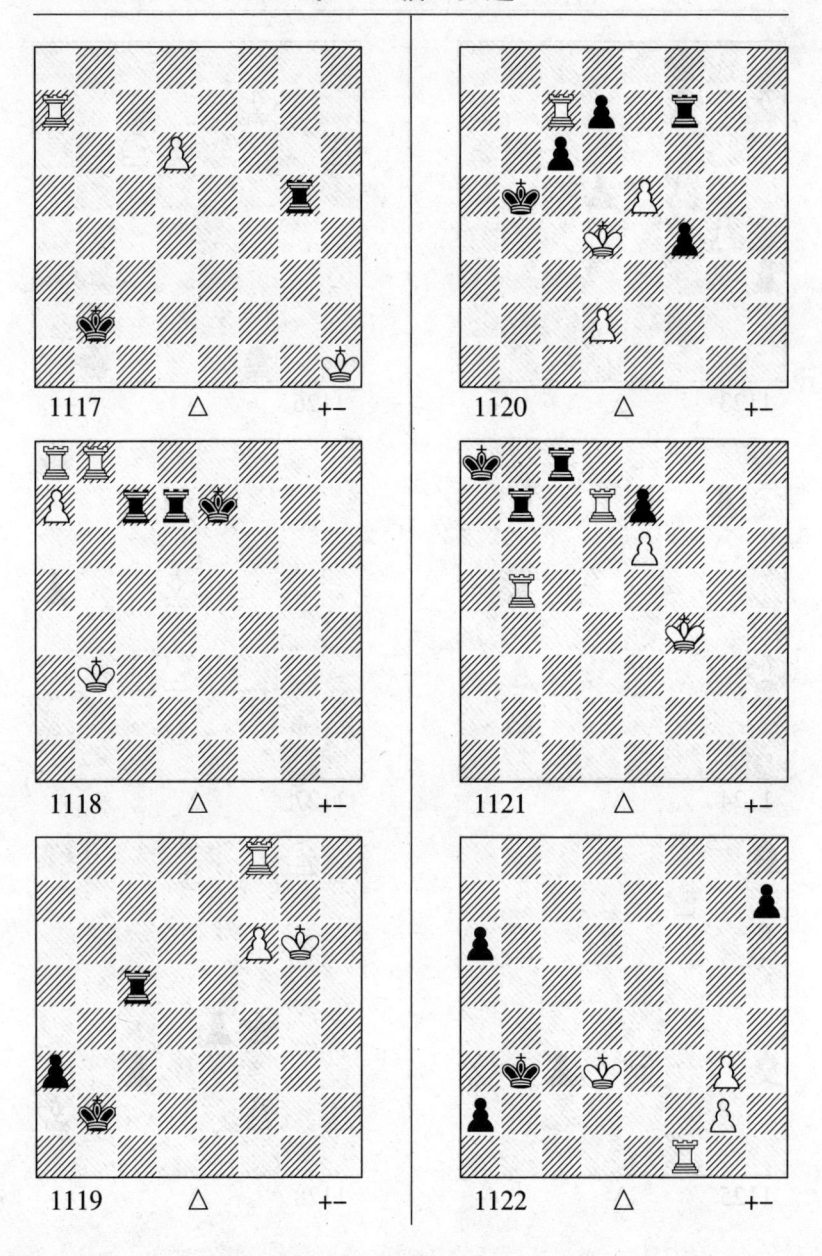

十一级习题

1117　△　+−

1118　△　+−

1119　△　+−

1120　△　+−

1121　△　+−

1122　△　+−

197

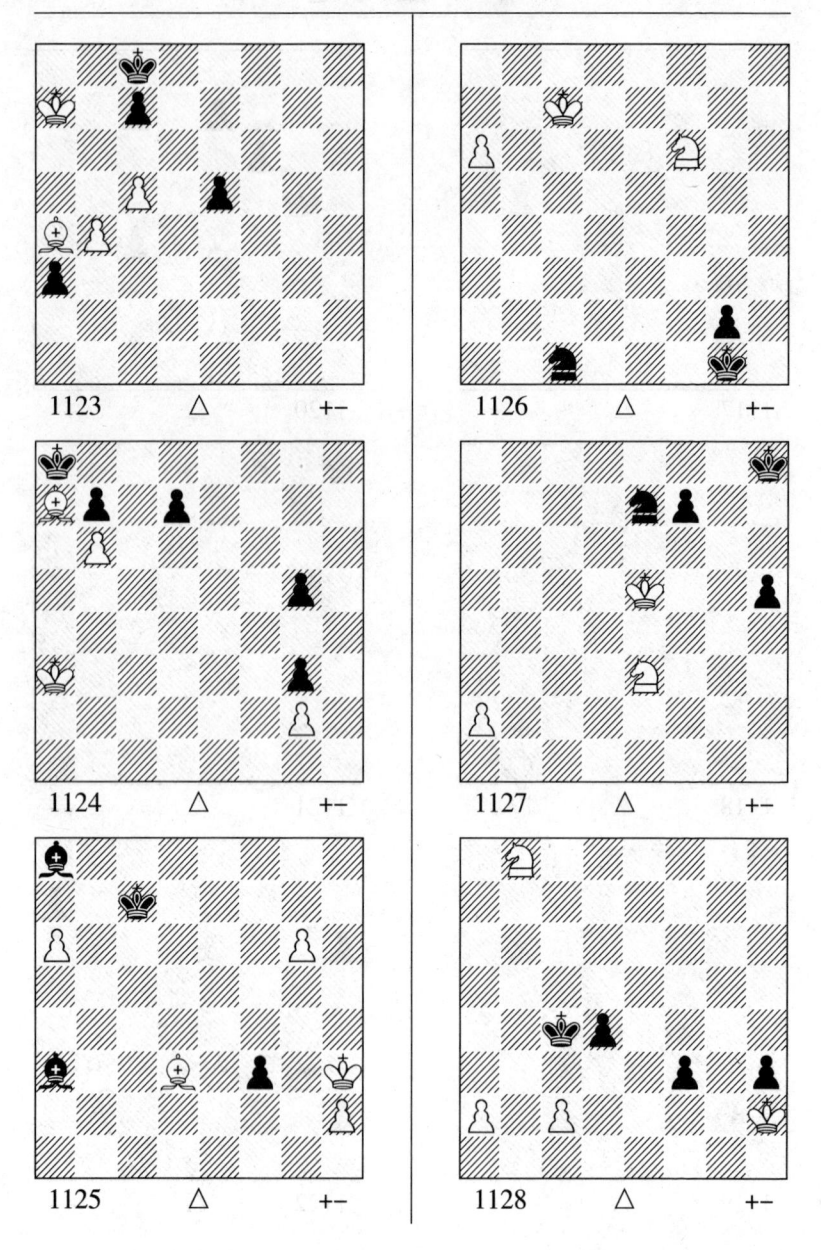

十 一 级 习 题

1123 △ +−

1124 △ +−

1125 △ +−

1126 △ +−

1127 △ +−

1128 △ +−

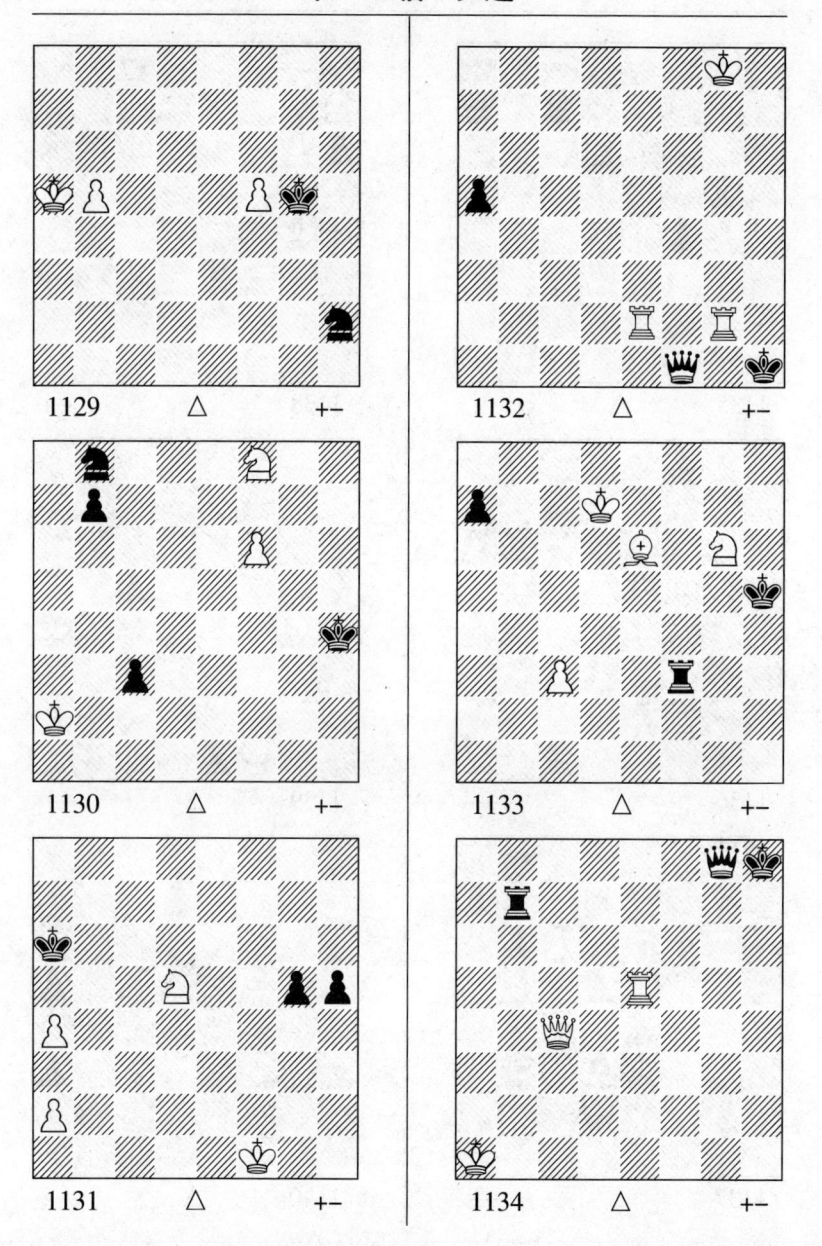

十一级习题

1129 △ +−

1130 △ +−

1131 △ +−

1132 △ +−

1133 △ +−

1134 △ +−

199

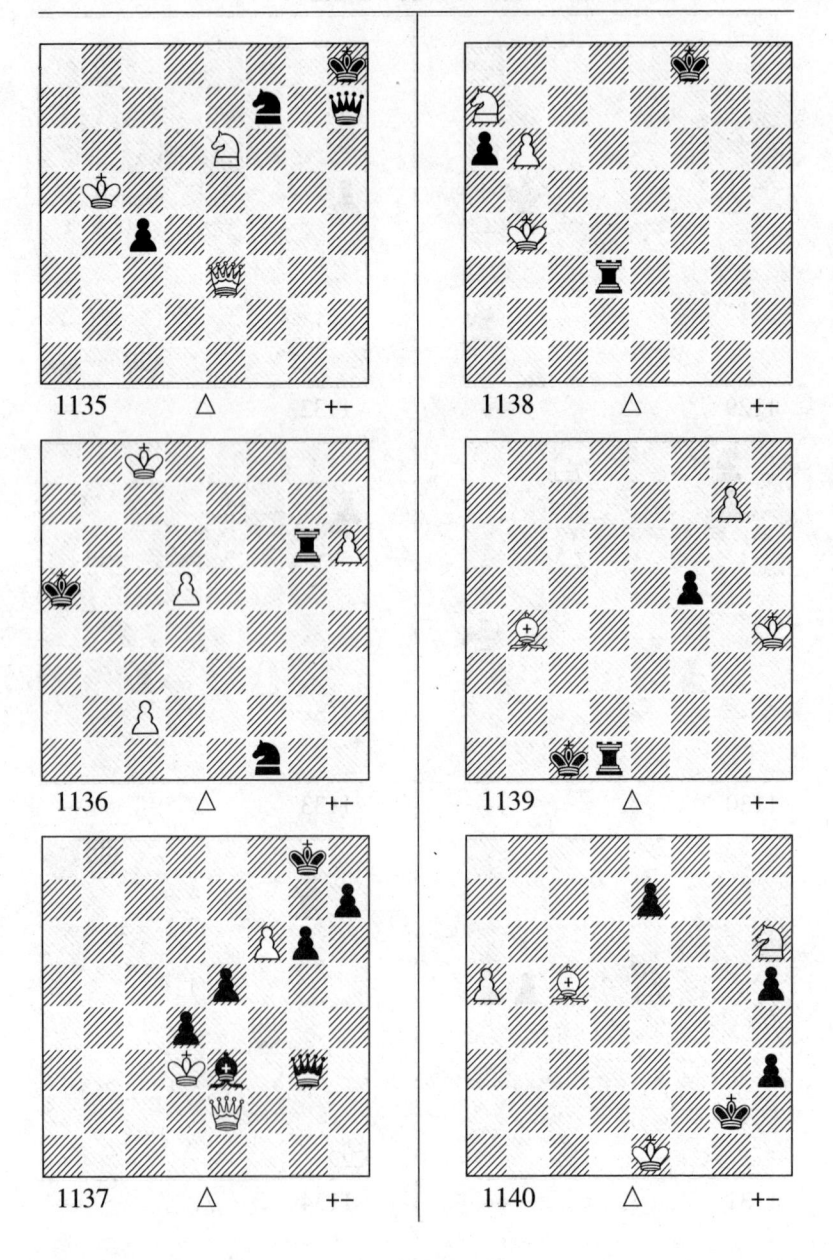

十一级习题

1135 △ +−

1136 △ +−

1137 △ +−

1138 △ +−

1139 △ +−

1140 △ +−

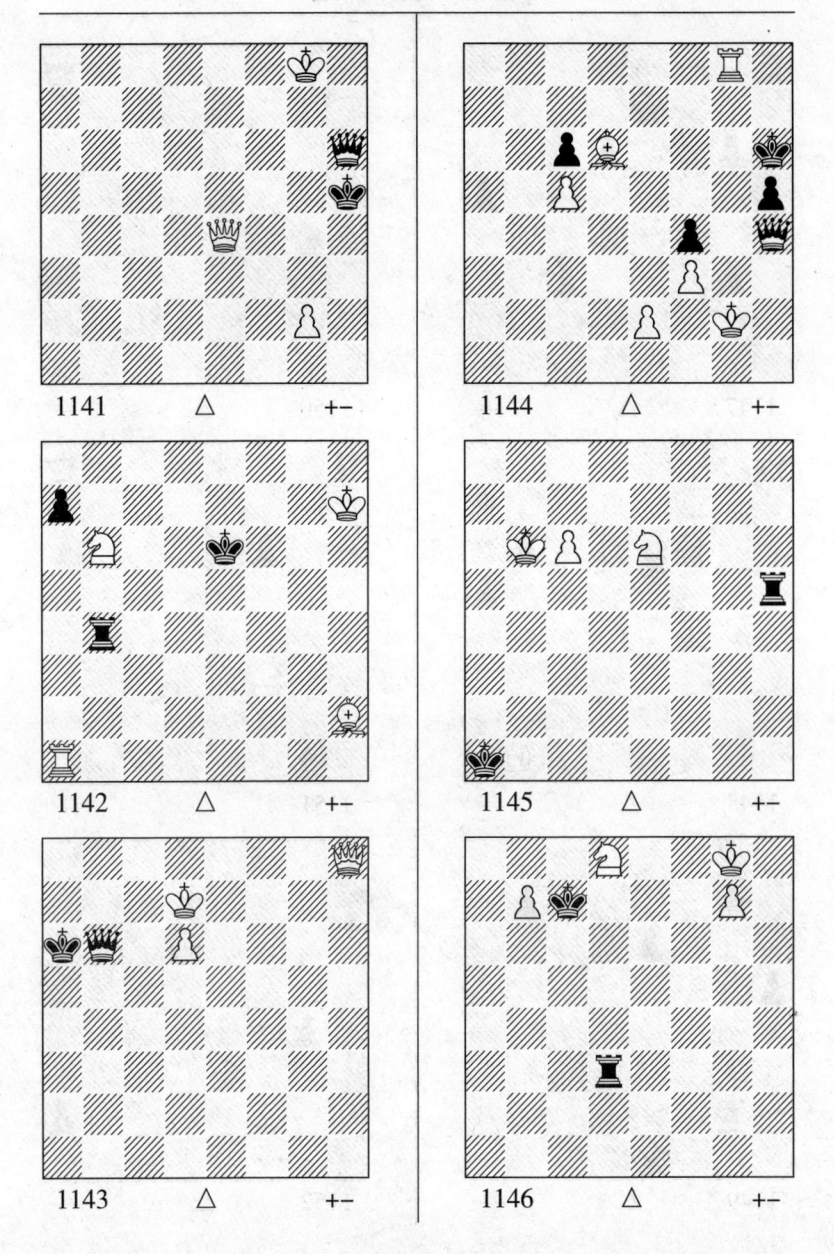

十 一 级 习 题

1141 △ +−

1142 △ +−

1143 △ +−

1144 △ +−

1145 △ +−

1146 △ +−

201

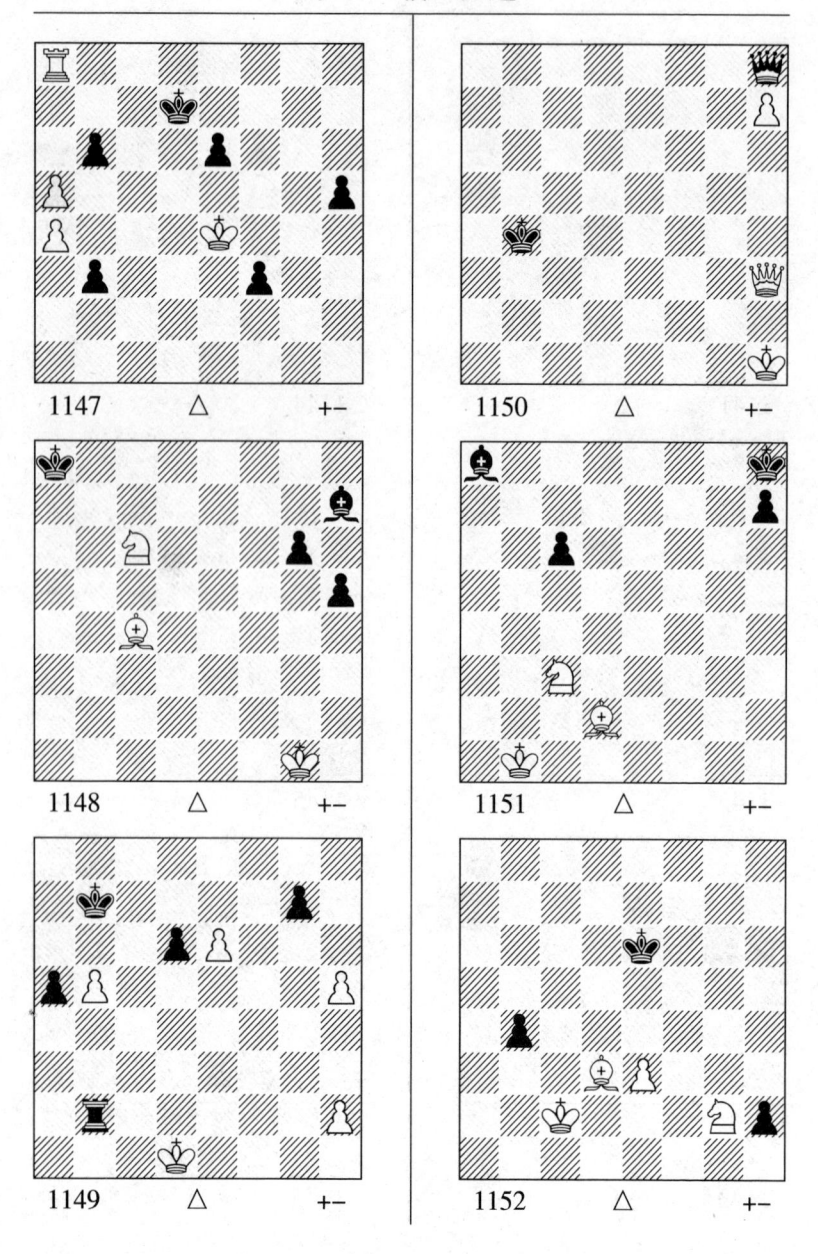

十 一 级 习 题

1147 △ +-

1150 △ +-

1148 △ +-

1151 △ +-

1149 △ +-

1152 △ +-

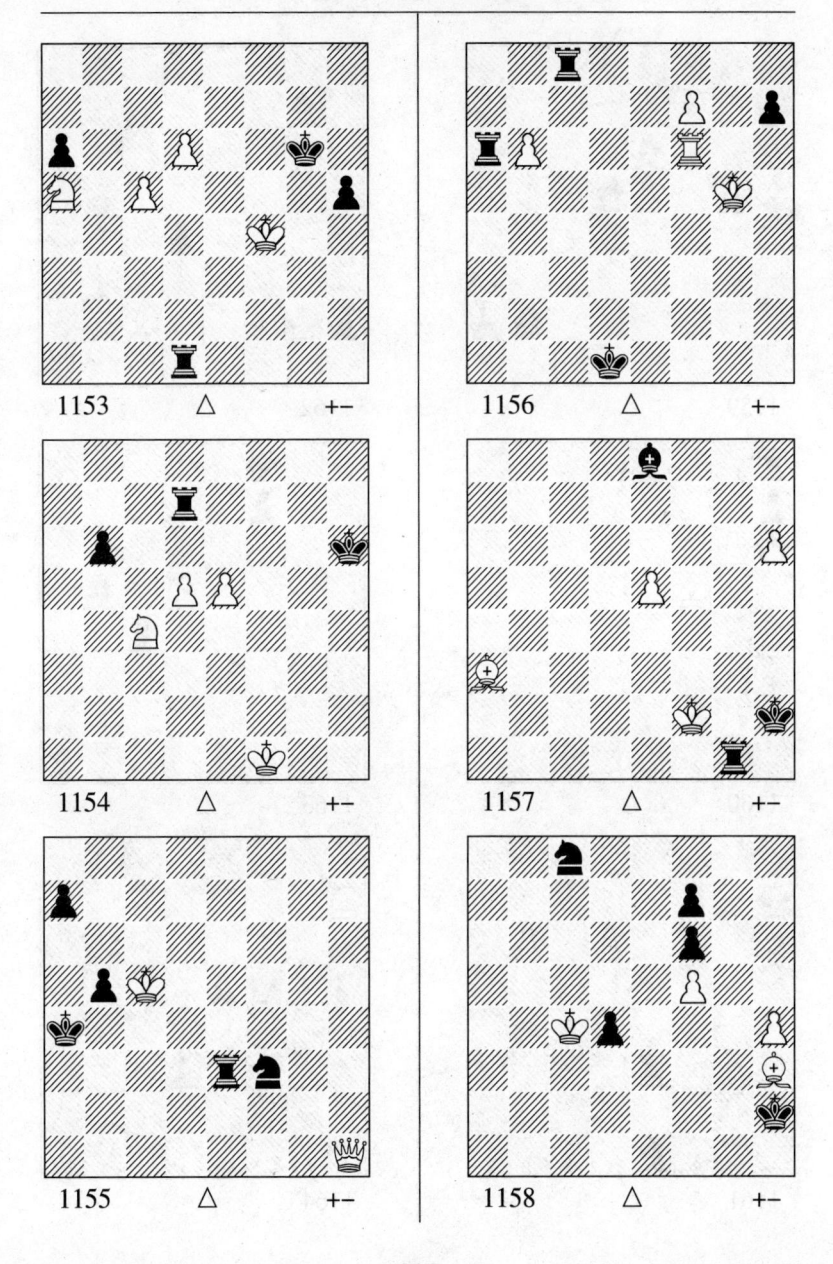

十一级习题

1153 △ +−

1154 △ +−

1155 △ +−

1156 △ +−

1157 △ +−

1158 △ +−

203

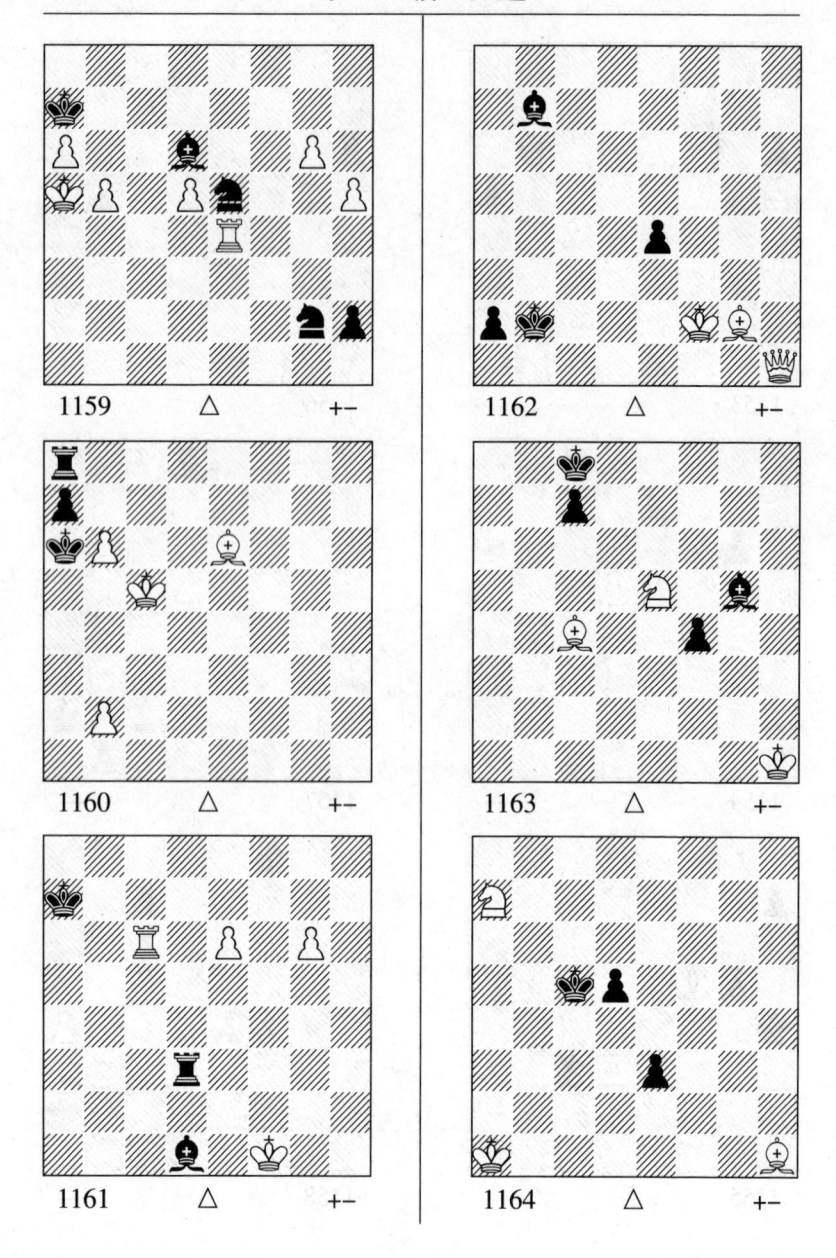

十一级习题

1159 △ +-

1160 △ +-

1161 △ +-

1162 △ +-

1163 △ +-

1164 △ +-

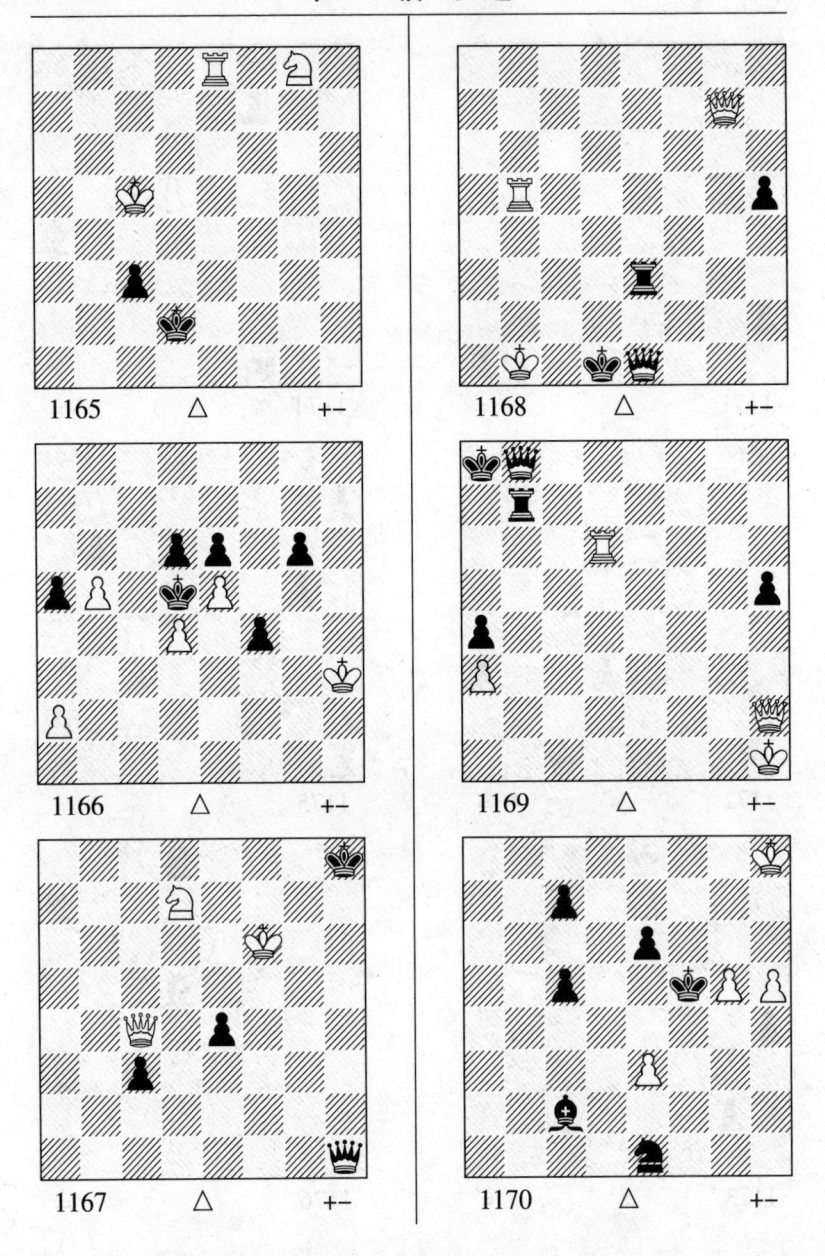

十一级习题

1165 △ +−

1166 △ +−

1167 △ +−

1168 △ +−

1169 △ +−

1170 △ +−

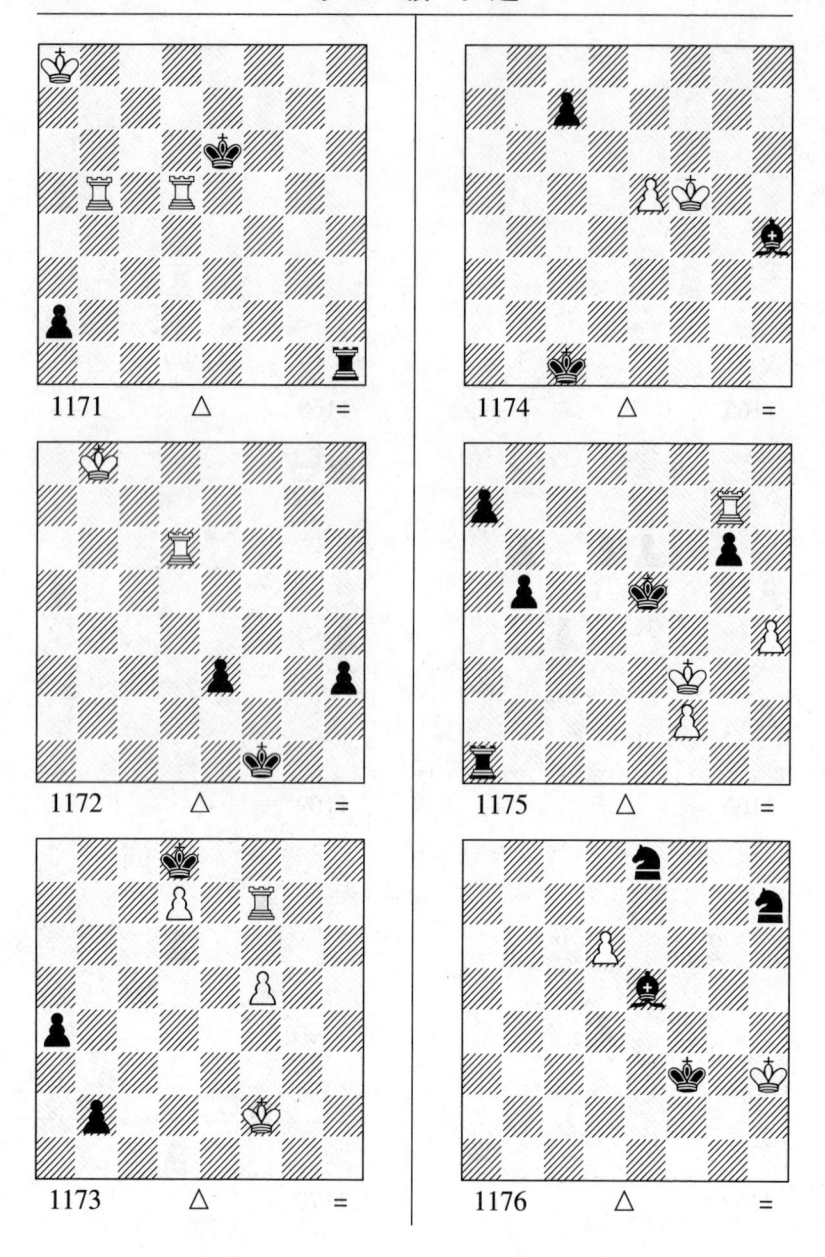

十一级习题

1171 △ =

1172 △ =

1173 △ =

1174 △ =

1175 △ =

1176 △ =

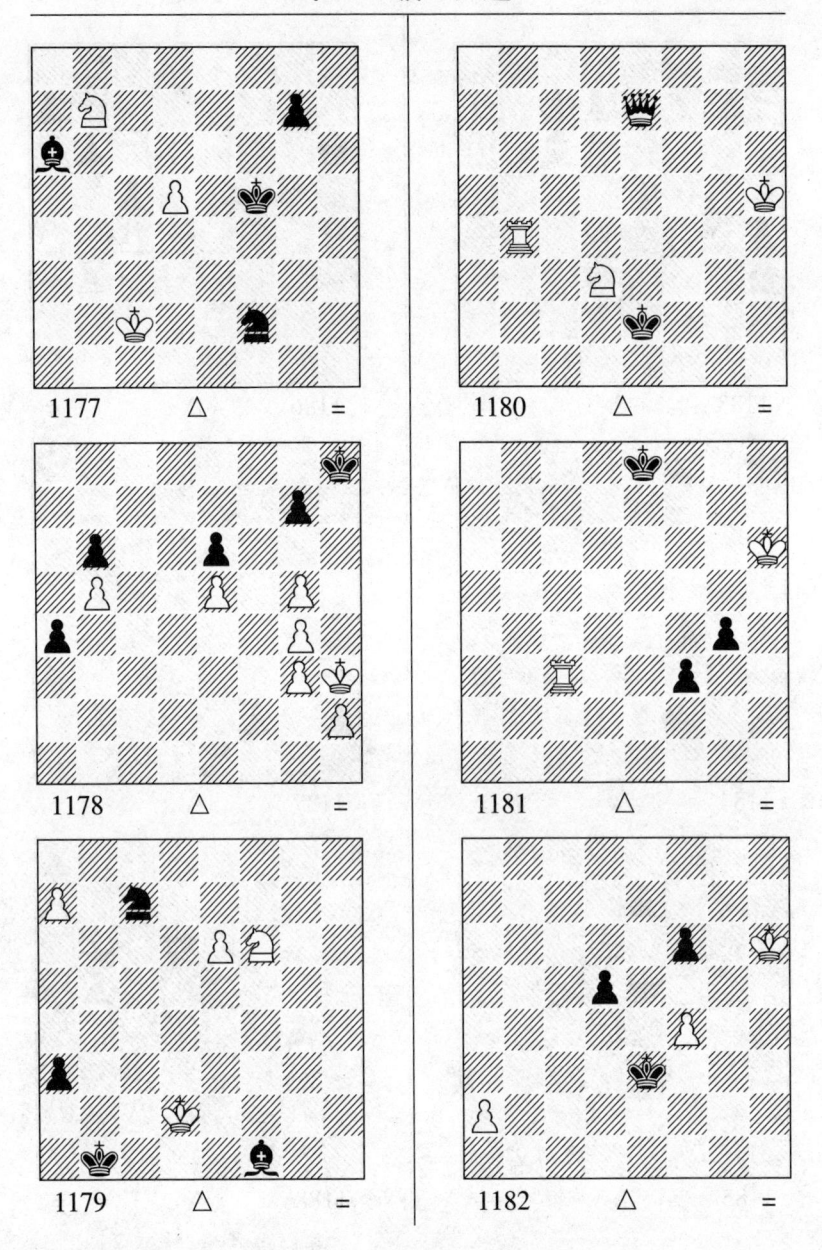

十一级习题

1177 △ =

1178 △ =

1179 △ =

1180 △ =

1181 △ =

1182 △ =

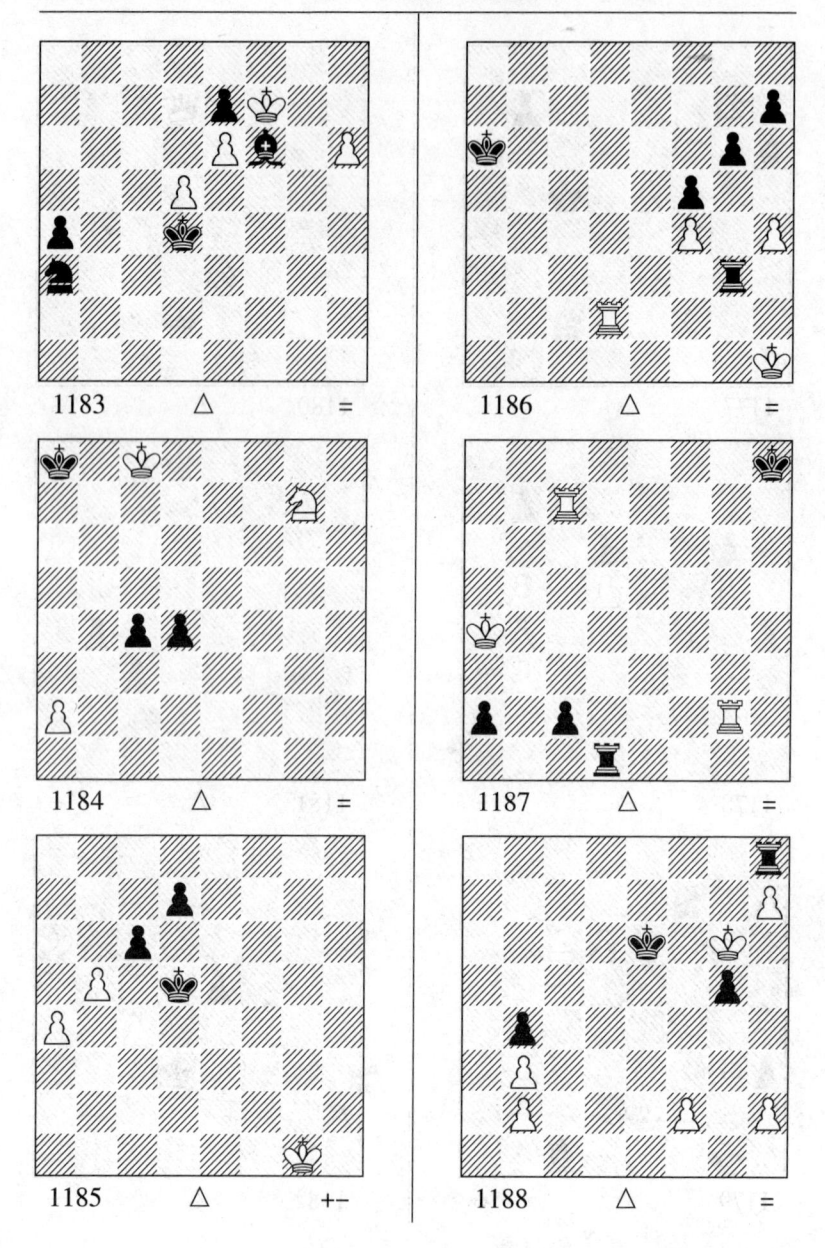

十一级习题

1183 △ =

1186 △ =

1184 △ =

1187 △ =

1185 △ +-

1188 △ =

习题解答

六级习题

1：1.马 e1+ 王 e8 2.后 d8+ 象×d8 3.车 f8+ 车×f8 4.马 g7#（埃尔科尔德尔里奥，1750）

2：1.后 d6+ 后 a8 2.后 c6 后 c8 3.车 d8 象×c6 4.车×c8#（埃尔科尔德尔里奥，1750）

3：1.车 d8+ 后×d8 2.后 e6+ 王 h7 3.车×h6+g h 4.后 f7#（斯坦尼茨—无名氏，维也纳，1861）

4：1.后 e7+ 车×e7 2.车 d8+ 车 e8 3.车 g8+ 后×g8 4.车× e8#（克劳斯—明哈特，莱比锡，1933）

5：1.后×b7+ 马×h7 2.车 f7+ 王 h8 3.g7+ 王 g8 4.马 h6#（什库罗维奇—卡津—兹拉托诺夫，普林莫尔斯科，1974）

6：1.车×g7+ 后×g7 2.车 f8+ 后×f8 3.后 g6+ 后 g7 4.后× g7#（凯克哈约夫—彼得罗夫，保加利亚，1964）

7：1.后 g8+ 王×g8 2.马 e7+ 王 f8 3.马 5g6+ hg 4.马×g6#（彼特塞罗勃—孔斯托维奇，corr.，1968）

8：1.后 e8+ 车 f8 2.车 h8+ 王×h8 3.后×f8+ 车 g8 4.后 h6#（约翰松—雷，corr.，1935）

9：1.车 d8+ 后×d8 2.后×e5 后 d7 3.后 h8+ 王×h8 4.车 f8#（斯蒂芬松—布雷恩，英格兰，1962）

10：1.马×f7+ 车×f7 2.车 c8+ 车 d8 3.车×d8+ 车 f8 4.车× f8#（埃伦斯坦—布里格曼，里加，1988）

11：1.后×h7+ 王×h7 2.g6+ 王 h8 3.车 g5 fg 4.hg#（包里森科—那克希莫夫斯卡娅，苏联，1969）

12：1.后 h8+ 王×h8 2.g7+ 王

g8 3.象 h7+ 王×h7 4.g8 后 #（皮奥托罗夫斯基—特伦鲍姆，或译：利维夫，Lviv，1936)

13：1.后×f8+ 车×f8 2.车×h7+ 王×h7 3.车 h1+ 象 h3 4.车× h3#（斯库杰—罗曾伯格斯，利耶帕亚，1968)

14：1.车×f5+ ef 2.后×d5+ 车 e6 3.后 d7+ 车 e7 4.后×e7#（瓦希里耶夫—谢尔巴科夫，列宁格勒，1958)

15：1.马 d7 象×d7 2.车 f3 象 e6 3.车 f×h3+ 王 g8 4.车 h8#（格兰伯格—杜布尼茨基，corr.，1986)

16：1.马 c7+ 王 a7 2.后×a6 ba 3.马 b5+ 王 a8 4.车 a7#（蒙克—无名氏，卡赛尔，1914)

17：1.象 e4+ 车 b7 2.后 b8+ 车×b8 3.车×a7+ 象×a7 4.马 c7#（斯塔玛，1737)

18：1.后×d8+ 车×d8 2.f8 后+ 车×f8 3.车×f8+ 马×f8 4.马 f7#（卡帕布兰卡—无名氏)

19：1.车×h7 王×h7 2.后 h5+ 王 g8 3.后×g5+ 王 f8 4.后 g7#（奇科瓦尼—奥夫曼，1952)

20：1.马 g6+ 王×h7 2.马 f8+ 王 g8 3.后 h7+ 王×f8 4.后 h8#

（埃格里蒂斯—卡默格劳齐斯，corr.，1973)

21：1.马 h5 gh 2.马 e6 fe 3.车 g5+ 王 f7 4.后 g6#（伯格奎斯特—蒂曼，corr.，1972)

22：1.后×h6+ 王×h6 2.车 h3+ 王 g5 3.车 f1 后×e5 4.马 h7#（保加德—克列什，法尔肯齐，1986)

23：1.后 h6 后 f8 2.后×h7+ 王×h7 3.hg+ 王×g6 4.象 e4#（菲舍尔—马格马苏伦，苏斯，1967)

24：1.后 b3+ 后×b3 2.车 g7+ 王 h8 3.车×h7+ 王 g8 4.车 ag7#（法塔里贝科娃—利申科，尼科拉耶夫，1978)

25：1.车 d7 象×d7 2.后 d6+ 车 e7 3.后 h7+ 王 e8 4.车 g8#（波波夫—安格洛夫，corr.，1961)

26：1.马 b3+ 王 a6 2.后 a4+ ba 3.象 c4+ 王 b7 4.马 a5#（克莱布斯—金斯堡，苏黎世，1943)

27：1.g8 后+ 车×g8 2.后 c7+ 王 h8 3.车×g8+ 王×g8 4.后 g7#（A.索科洛夫—柳博耶维奇，贝尔福特，1988)

28：1.马 f5+ 王 h5 2.象 d1

车×g8 3.fg 后 下一着 4.王 g2# (德拉什科—加夫里科夫，塔林，1985)

29：1.后 f8+ 王×f8 2.车×f7+ 王 e8 3.车 f8+ 王 e7 4.车 2f7# (温特—弗里德，民主德国，1978)

30：1.车×h6+ 王×h6 2.后 g5+ fg 3.hg+ 王 h7 4.车 h2# (拉道维奇—科兹洛夫，阿尔汉格尔斯克，1972)

31：1.马 e7+ 后×e7 2.后×h7+ 王×h7 3.车 h5+ 王 g8 4.车 h8# (斯皮尔曼—霍恩林格，维也纳，1929)

32：1.车×h6+ 王×h6 2.后 g5+ 王 h7 3.后 h4+ 王 g6 4.f5# (鲍塞—盖尔纳，德国，1956)

33：1.马 f6+ gf 2.后 f8+ 王×f8 3.象 h6+ 王 g8 4.车 e8# (理查德森—德尔马，纽约，1887)

34：1.后 b6 后×e5 2.后×h7+ 王×h7 3.王 g2# (皮尔斯伯里—马罗齐，巴黎，1900)

35：1.车×g6+ 象×g6 2.象×e6+ 象 f7 3.后 g5+ 象 g7 4.后×g7# (布罗德—纽恩赫特，苏尔，1979)

36：1.后 e8+ 车×e8 2.车×e8+ 象×e8 3.c7+ 车×f3 4.c8 后 # (米塞斯—巴德勒本，巴门，1905)

37：1.马 f5+ gf 2.车 g3+ 王 f8 3.车 g8+ 王×g8 4.后 e8+ 王 g7 5.后×f7+ 王 h6 6.后×f6# (斯特赖卡洛夫斯基—沙波斯尼科夫，列宁格勒，1953)

38：1.后×h7+ 王×h7 2.车 h3+ 王 g7 3.象 h6+ 王 h7 4.象 f8# (布兰卡—维特沃，卢加诺，1983)

39：1.后 f8+ 王 h7 2.后 h8+ 王 g6 [2.…王×h8 3.车×h5 王 g8 4.车 a8#] 5.后×h5+ 王 f6 4.后×f7# (加夫里拉基斯—马加诺维奇，萨洛尼基，1984)

40：1.后×g8+ 王×g8 2.车 b8+ 王 f7 3.车 f8+ 王 e6 4.象 f5# (伊万丘克—沙夫钦科，尤尔马拉，1985)

41：1.…马 e2+ 2.车×e2 车 f1+ 3.王×f1 后 h1+ 4.王 f2 马 g4# (包戈柳波夫—蒙蒂赛里，圣雷莫，1930)

42：1.…后×h2+ 2.王 h2 车 h4+ 3.王 g1 马 g3 (芮舍夫斯基—约万诺维奇，斯科普里，

211

1976)

43：1.…象 d7+ 2.车×d7 车 h6+ 3.后×h6 后×f3+ 4.王 h4 后 g4#（拉夫—马舍勒, corr., 1980)

44：1.…车×h3+ 2.gh 后 h2+ 3.王×h2 车 f2+ 4.王 h1 车 h2#（迪默—米勒, 巴登-巴登, 1937)

45：1.…车×h2+ 2.王×h2 后 h4+ 3.王 g2 象 h3+（伯津斯—克拉科普斯, 里加, 1988)

46：1.…车 e1+ 2.王 h2 车 h1+ 3.王×h1 后 h3+ 4.王 g1 后×g2#（莫德勒—乌尔曼, 阿舍斯莱本, 1963)

47：1.…后 h1+ 2.王×h1 车 f1+ 3.后 g1 象 c6+ 4.车 g2 象×g2#（巴勒—杰伦, 波多罗茨, 1979)

48：1.…象 g1+ 2.后×g1 马 g4+ 3.hg 后 h6+ 4.象 h4 后× h4#（莫利纳里—卡布拉尔, 乌拉圭, 1949)

49：1.…后 h1+ 2.象×h1 车× h1+ 3.王 g2 车 h2+ 4.王 f1 象 h3#（雅各布森—彼特森, 弗伦斯堡, 1970)

50：1.…后 a4+ 2.王×b1 后 b4+ 3.王 c2 后 b2+ 4.王 d1 后 d2#（巴基洛夫—兰卡, 里加, 1984)

51：1.…后×h2+ 2.王×h2 车 h5+ 3.王 g1 马 f3+ 4.gf 车 dg5#（普罗科波维奇—范德米耶, 贝尔格莱德, 1979)

52：1.马 e7+ 王 h8 2.后 g8+ 车×g8 3.马×g6+ hg 4.车 h4#（埃尔科尔 德尔里奥）

53：1.…后 g1+ 2.王×g1 车 g× g2+ 3.王 h1 车×h2+ 4.王 g1 车 bg2#（伊柳什钦科—苏辛那, 苏联, 1971)

54：1.…后×g2+ 2.王×g2 车 h2+ 3.王 f1 车 h1+ 4.王 f2 车 8h2#（帕夫伦科—柳布林斯基, 基辅, 1960)

55：1.…车 h1+ 2.象×h1 车× h1+ 3.王×h1 后 h3+ 4.王 g1 马 f3#（梅里科夫—扎希洛茨基, 克拉斯诺雅尔斯克, 1978)

56：1.…后 h7+ 2.王 g2 后 h3+ 3.王×h3 马 e3+ 4.王 h2 车 h8#（特雷斯林—阿特金斯, 阿姆斯特丹, 1899)

57：1.…车 d1+ 2.王 g2 马 e3+ 3.王 h3 后 f5+ 4.g4 后×

g4#（霍特—诺圭拉斯，萨洛尼基，1984）

58：1.后 c4+ 王 a5 2.后×c5+ dc 3.马 c4+ 王 b5 4.车 b6+#（Ercole del Rio，1750）

59：1.…象 g2+ 2.车×g2 后 f1 3.车 g1 马 g3+ 4.hg 后 h3#（NN—安德森，1872）

60：1.…象 f5+ 2.王×f5［2.王 f3 马 d4+ 3.王 g2 象 h3+ 4.王 g1 后×e1#］2.…后 f4+ 3.王 e6 后 f6#（卢特卡—维赛里，布拉格，1950）

61：1.…车 f2+ 2.王 h1 车 h2+ 3.王×h2 马 f3+ 4.王 h1 车×g1#（塔尔塔科瓦—施莱克特，1908）

62：1.…f5+ 2.ef 后 g2+ 3.后 g3 后 e4+（施拉帕—赖克尔特，德国，1967）

63：1.…马 hg3+ 2.王 h2 马 f1+ 3.王 h1 后 h2+ 4.马×h2 马 fg3#（NN—加什坦，1948）

64：1.…马 h3+ 2.王 h1 后 g1+ 3.车×g1 马 f2+ 4.王 h2 象 e5#（盖尔格利—齐维茨，corr.，1972）

65：1.后 h7+ 王×h7 2.车×g7+ 车×g7 3.马 f6+ 王 g6 4.象 h5#

（阿廖欣—韦斯特，朴次茅斯，1923）

66：1.后 b7+ 马×b7 2.马 c6+ 王 a8 3.ab+ 王×b7 4.车×a7#（卡尔伯特—巴尔勃，西班牙，1971）

67：1.车 e8+ 马 f8 2.马 h6+ 后×h6 3.车×f8+ 王×f8 4.后 d8#（阿廖欣—弗里曼，纽约，1924）

68：1.象 c7 后×c7 2.车×c5+ 后×c5 3.后 b7+ 王×a5 4.车 a1#（塔拉什—阿里埃斯）

69：1.车 h8+ 王 f7 2.象 e8+ 马×e8 3.王 g5+−（邦达列夫斯基—乌菲姆采夫，列宁格勒，1936）

70：1.后 a6 车 b8 2.象 c6 后 c8 3.后×a7+ 王×a7 4.车 a1#（埃尔科尔德尔里奥，1750）

71：1.…后×h2+ 2.后×h2 象×h2+ 3.王×h2 车×d1−+（藏布格依—波加齐，布达佩斯，1963）

72：1.…后 g2+ 2.王 h4 后 f2+ 3.王 g4 后×f3+ 4.后×f3 象×f3+−+（包里克—苏巴，多特蒙德，1981）

73：1.…后 f3−+（诺瓦克—卡

213

巴卡帕，1970)

74：1.…车 e1+ 2.马×e1 马 h2+-+ (维尔德—鲍尔，弗劳恩斯坦，1950)

75：1.…g4+ 2.王×g4 象 h5+ 3.王×h5 后 g5# (拉尔森—斯帕斯基，利纳雷斯，1981)

76：1.…车×g3+ 2.车×g3 车 g8-+ (金德尔—苏什凯维奇，1956)

77：1.…后×a7+ 2.王×a7 c2-+ (维南茨—卡斯帕洛夫，布鲁塞尔，1987)

78：1.…车 b1 2.王×b1 f2-+ (奥姆斯—卡尔斯，不来梅，1939)

79：1.…c3 2.后×d6 cd6-+ (C.托雷—Em.拉斯克，芝加哥，1926)

80：1.…象×f3+ 2.象×f3 车 h2+ 3.王×h2 马×f3+ 4.王 g2 马×d4-+ (米拉夫列夫—卡本古特，苏联，1968)

81：1.…象 g1+ 2.王×g1 后 e1+ 3.王 g2 后×g3+ 4.王 f1 后 g1+-+ (范德·斯特伦—马兰尤克，塔林，1987)

82：1.…后×g2+ 2.后×g2 车×g2+ 3.王×g2 马×d5 4.车×d4

马 e3+-+ (拉扎雷维奇—佛里肯，南斯拉夫，1972)

83：1.…车 e4+ 2.王 h3 车 c4 3.bc 象×f1+-+ (卡姆本纳斯—达兹尼克，尤尔马拉，1962)

84：1.…车×g3+ 2.车×g3 象 f5+ 3.王 h2 g5 4.hg+ 王 g7+ (多尔马特赞—安托诺夫，保加利亚，1978)

85：1.…车 g3 后×g3 象 h4-+ (雷吉奥—米赛斯，蒙特卡洛，1902)

86：1.…车×d2 2.后×d2 后 f3-+ (耶佩兹—施图德，因斯布鲁克，1987)

87：1.…马 e3 2.马×f5 马 d1-+ (沙洛夫—兰丁，corr.，1985)

88：1.…h5 2.后×h5 马 f4-+ (费尔赫斯特—阿廖欣，福克斯通，1933)

89：1.…车 d1-+ (卡塔耶夫—马尔科夫，波尔，1977)

90：1.…马 c2 2.象×c2 车 f1 3.车×f1 后×e3+-+ (皮夫—铁木申科，杰钦，1977)

91：1.…车 b2+ 2.车 d2 后 d1-+ (泽克—特拉文)

92：1.…后 h4 2.车 e1 马 d4 3.后×d4 后×e1+-+ (德格齐阿

雷夫—卡尔巴诺夫,第聂伯罗德捷尔任斯克,1983)

93：1.…车×g3+ 2.hg 后×e2+ 3.王×e2 h2-+（克林格尔—阿伦西比亚,高斯达尔,1986)

94：1.…马 f2+ 2.王 g1 [2.车×f2 后 a1+] 2.…马×d3+ 3.王 h1 马 f2+ 4.王 g1 马 e4+ 5.王 h1 马 g3+ 6.hg 后 h6#（昂古尔斯—基里洛夫,里加,1979)

95：1.后×e8 后×e8 2.象×f7+ 后×f7 3.车×c8+ 后 f8 4.d7+-（菲利浦—乌尔巴涅茨,布拉格,1955)

96：1.车 h5 车×h5 2.车 a6+王 c5 3.车 a5++-（Civis Bologniae, XIV)

97：1.车 e7 +-（萨金斯—梅耶尔斯,1986)

98：1.车 c8+ 车×c8 2.后 a7+ 王×a7 3.bc 马++-（埃姆·拉斯克—无名氏,1920)

99：1.后 e5+-（卡品斯卡亚—埃拉佩蒂安,埃里温,1982)

100：1.马×f7+-（迈尔斯—加西亚·帕德朗,拉斯帕尔马斯,1977)

101：1.车 g1 后×g1 2.马 g5+ 后×g5 3.hg+-（吉尔格—奥尔巴赫,布列斯拉夫利,1925)

102：1.后 a7 后 a5 2.后×a6 后 c7 3.后 a7+-（罗芙纳—卡米晓夫,莫斯科,1947)

103：1.象×f6 gf 2.后×h6 f5 [2.…fe 3.象×h7+ 王 h8 4.象 g6+] 3.马 g4+-（海克—基夫梅尔,斯德哥尔摩,1974)

104：1.车 d6 后 e7 [1.…后×d6 2.后×e8+ 后 f8 3.车 c8] 2.车 c7 后 f8 3.车×h6 gh 4.车×a7+-（阿兹迈帕拉什维利—诺维科夫,1978)

105：1.后×f6 gf 2.马 ge4+ 王 h8 [2.…马 g6 3.马×f6+ 王 h8 4. 马×d7] 3. 马×f6+-（托卢什—米蒂特鲁,华沙,1961)

106：1.象 e7+-（苏斯勒—克里斯坦森,格罗宁根,1976)

107：1. 马 h5 gh 2.车 g1+-（克鲁基克辛—恰普林斯基,莫斯科,1950)

108：1.车×g7+ 王×g7 [1.…王 h8 2.车 g8+ 车×g8 3.后 c3+] 2.后 g3++-（桑德里克—利布尔,布拉格,1937)

109：1.车×f8+ 王×f8 [1.…后×f8 2.象 h7+ 王 h8 3.象 g6+ 王 g8 4.后 h7#] 2.后 h8+

215

王 f7 3.象 g6+ 王 g6 [3.…王 e6 4.后 c8+ 后 d7 5.象 f5+] 4.后 h5# (盖列尔—诺沃特尔诺夫, 莫斯科, 1951)

110: 1.马 h6+ 王 f8 2.马 f5 ef 3.车×h7+- (蒂曼—帕马, 拉斯帕尔马斯, 1977)

111: 1.后 d8+ 王 g7 2.后×f6+ 王×f6 3.马×e4+ 王 e5 4.马×c5 bc+- (尤佛—达维德松, 阿姆斯特丹, 1925)

112: 1.车×c4 bc 2.车 f5+- (塔尔—NN, 荷兰, 1976)

113: 1.象 e4+ fe 2.后 d5+ 王 c8 3.后 c6# (乌尔齐卡—杭菲, 布加勒斯特, 1937)

114: 1.车 e8+ 王 h7 2.马 f8+ 王 g8 3.马 d7++- (古根尼捷—巴吉罗夫, 苏联, 1958)

115: 1.车×h7+ 王×h7 2.车 f7+ 车×f7 3.后×g6+ 王 h8 4.后×f7+- (鲍罗斯—扎博, 布达佩斯, 1937)

116: 1.g6+ fg 2.后×b2 后×f4 [2.…象×b2 3.马 g5+ 王 h6 4.车 h8#] 3.后 d2 后 c7 4.马 g5++- (克里斯塔诺夫—尼科洛夫, 保加利亚, 1979)

117: 1.车×f7 后×f7 2.象×c6+ bc [2.…王 e7 3.象 a3+ 王 f6 4.车 f1+] 3.后×b8++- (克尔斯蒂克—皮特克, 南斯拉夫, 1957)

118: 1.象×f7+ 后×f7 2.车 d8+ 王 g7 3.后 c3 后 f6 4.后 c7++- (尤多维奇—切霍夫斯基, 列宁格勒, 1934)

119: 1.马 g6+ 王 e8 [1.…fg 2.后×e6+] 2.后×e6+ fe 3.车×e6+ 象×e6 4.车 e7# (霍尔瓦什—乌多夫齐茨, 萨格勒布, 1948)

120: 1.马×f5 王 f7 [1.…后×f5 2.车×g3+] 2.马×e7 王×e7 3.f5+- (苏尔茨—考斯蒂克, 巴尔代约夫, 1926)

121: 1.象 c4+ 后×c4 2.车×d8+ 王 f7 3.后×f5# (德沃里斯—斯帕斯基, 苏联, 1975)

122: 1.马 d8 车×d8 2.后×d8+ 后 f8 3.后 d5+ 后 f7 4.车 e8# (理查德—洛科克, corr., 1975)

123: 1.车×d7 象×d7 2.马 f6+ 王 f8 3.马 d5+- (鲁宾斯坦—希尔什拜因, 罗兹, 1927)

124: 1.马 b3 后 a4 2.马 c3 后 b4 3.a3+- (蒂曼—波罗加

216

耶夫斯基，希尔佛苏姆，1975)

125：1.象 f4 后 d8 2.车×e7 后 f8 3.后×g7+ 后×g7 4.车 e8++-（卡帕布兰卡—斯皮尔曼，圣赛瓦斯蒂安，1911）

126：1.车×d5 后×d5 2.马 f6+ gf 3.象 e6++-（萨尔夫—马科，奥斯坦德，1907）

127：1.马 c6+ bc 2.后 b3+ 王 c8 3.dc+-（罗曼尼辛—范·里姆斯迪耶克，里加，1979）

128：1.后×g7+ 王×g7 2.h8 后+ 车×h8 3.车 g4+ 王 h6 4.车 h1#（N.米拉夫列夫—V.米拉夫列夫，利耶帕亚，1961）

129：1.象 a3 后×a1 2.后 d5+-（皮特拉科夫斯基—马卡楚克，罗兹，1947）

130：1.马 c5 bc 2.车 a3+-（凯列斯—米肯纳斯）

131：1.车×g7+ 王×g7 2.马 e6+ de 3.车 d7++-（基斯洛夫—比里贝索夫，沃罗涅日，1971）

132：1.车 e7 后×e7 2.马×f5+-（卡帕布兰卡—莫里斯，纽约，1911）

133：1.马 f6+ gf 2.gf+-（赛尔盖耶夫—昂尼丘克，赫梅利尼茨基，1990）

134：1.马 d7 马 g6 [1.…后× d7 2.象×h7+ 王 h8 3.象 f5+] +-（西马金—拉祖瓦耶夫，莫斯科，1967）

135：1.车×b2 车×b2 2.后 d4 后 e5 3.车 e1+-（拉达—卡斯特尔，布拉格，1942）

136：1.马 d5 车 c8 [1.…cd 2.车×a7+] 2.后×c5 马×c5 3.马 b6++-（贝克—哈弗兰纳尔松，雷克雅未克，1966）

137：1.车 de1 h6 [1.…后×d4 2.马 f7+ 车×f7 3.车×e8+ 车 f8 4.车×f8#] 2.车×e5 de 3.后 d1+-（乌登菲尔特—海克，斯德哥尔摩，1974）

138：1.车×b2 后×b2 2.后× c8+ 马×c8 3.d7+-（恩格尔斯—马罗齐，德累斯顿，1936）

139：1.g7 h3 2.g8 后 h2 3.王 g6 王 g2 4.王 f5+ 王 f1 5.后 h8 王 g1 6.后 a1+ 王 g2 7.后 a2+ 王 g1 8.王 g4 h1 后 9.王 g3+-（L.博丁，1852）

140：1.王 f4 王 b3 2.王 e5 王 c4 3.d4 +-（I.毛拉维茨，

1952)

141：1.h5 [1.王c6 f5 2.王d5 王g2 3.王e5 王g3 4.h5 f4] 1.…f5 2.h6 f4 3.h7 4.h8后+ 王g1 5.后g8+ 王f1 6.后c4++-（E.波戈西安茨，1981）

142：1.f6 王d6 2.王e4 王d7 [2.…e5 3.王f5 e4 4.王g6 e3 5.f7] 3.王e5 王d8 4.王d6+-（E.波戈西安茨，1981）

143：1.王g7 王e8 2.e6 fe 3.王g8 王d8 4.王f8 王d7 5.王f7 王d6 6.王e8 e5 7.de+ 王e6 8.王f8 王d7 9.王f7 e6 10.王f6+-（B.霍尔维茨，1879）

144：1.g4 hg 2.h5+-（佩雷佩柳克—奥帕纳申科，corr.，1983）

145：1.王f2 王×e4 2.王g3 王e5 3.王h4 王f6 4.王h5 王g7 5.王g5 王h7 6.王f6 王h6 7.g5+ 王h7 8.王f7 王h8 9.王g6+-（E.波戈西安茨，1970）

146：1.王d7 王g8 2.王e8 王h8 3.王f8 h5 4.g5 fg 5.f6+-（U.列维斯，1827）

147：1.g5 王c6 2.王e5 王d7 3.王d5 王d8 4.王c6+-（A.阿廖欣，1924）

148：1.…王g4 [1.…王e5 2.王e2 王d6 3.王e3 王c7 4.王e2 王b7 5.王e3 a5 6.6a+ 王×a6 7.王e2 王b7 8.王e3 王c7 9.王e2 王d6 10.王e3 b5 11.cb 王×d5] 2.d6 g2 3.王f2 王h3 4.d7 e3+ 5.王f3 g1后 6.d8后 后f2+ 7.王e4 e2-+（凯列斯—阿廖欣，德累斯顿，1936）

149：1.王b1 a3 2.b3 王e5 3.王a2 王d5 4.王×a3 王c6 5.五a4+-（F.迪德尔，1939）

150：1.车d2 d4 2.车d1 王d5 3.王d7 王e4 4.王d6+-（R.列蒂，1922）

151：1.h6 gh 2.王c3 a1后+ 3.王b3+-（A.特罗伊茨基，1924）

152：1.王a6 王a2 2.王a5 a3 3.王a4 王a1 4.王b3 a2 5.车h8 王b1 6.车h1#（H.马诺斯，1942）

153：1.王c4 a2 2.王b3 a1马+ 3.王c3 马c2 4.车e2 马a3 5.王b3 马b5 6.车e1#（ph.斯塔马，1737）

154：1.车a1 王×a1 2.王c2

g5 3.hg h4 4.g6 h3 5.g7 h2 6.g8后 h1后 7.后 g7#（波莱里奥，1585）

155：1.车 a3 王×a3 2.ab a4 3.b6+-（M.格林菲尔德，1903）

156：1.车 a7 车 e8 2.d7 车 e7 3.d6 车×d7 4.车 a8#（A.尼姆佐维奇）

157：1.象 b4 王 f7 2.a4 王 e8［2.…王 e6 3.a5 王 d5 4.a6 王 c6 5.象 a5］3.a5 王 d8 4.象 d6 王 c8 5.a6+-（O.杜拉斯，1908）

158：1.象 d7 王 e3 2.h4 王 e4 3.h5 王 c5 4.h6 王 f6 5.象 e8+-（O.弗林克，1923）

159：1.象 d5 王 e2［1.…h2 2.象 h1 王 e2 3.e4 王 f2 4.e5 王 g1 5.象 a8］2.e4 王 e3 3.e5 王 d4 4.e6 王×d5 5.e7 h2 6.e8后 h1后+-（L.普罗克斯，1946）

160：1.象 c8 象 f1［1.…象×e6 2.象×e6+ 王×e6 3.王 e4 王 d6 4.王 d4 王 c6 5.王 c4］2.e7 象 b5 3.c4+ 王×c4 4.象 a6+-（F.扎克曼，1924）

161：1.马 a2 王 f8 2.王 f6 王 g8 3.王 g6 王 h8 4.马 b4 王

g8 5.h7+ 王 h8 6.马 c6 a2 7.马 e5 a1后 8.马 f7#（N.格利高里耶夫，1933）

162：1.马 d6 王 h8 2.马 e4 王 g8 3.王 e8 王 h8 4.马 f6 gf 5.王 f7+-（法尼，理论残局）

163：1.后 d5 后×b4+ 2.王 f3 王 h2［2.…后 e1 3.后 h5+ 王 g1 4.后 g4+；2.…后 c3+ 3.王 f2+ 王 h2 4.后 g2#］3.后 h5+ 王 g1 4.后 g5+ 王 f1 5.后 g2+ 王 e1 6.后 e2#（G.纽曼，1887）

164：1.后 a5+ 王×a5 2.a8后+ 王 b6 3.后 b8++-（V.普罗斯库罗夫斯基，1978）

165：1.c7 车 c6+［1.…车×b4+ 2.王 d3 车 b3+ 3.王 c2］2.马×c6+ 王 b6 3.c8车+-（A.格希斯特曼，1928）

166：1.车 d7+ 王 c8 2.象 g4+-（H.林克）

167：1.c7 王×c7 2.ab+ 王×b8 3.b7+-（M.克利亚茨金，1924）

168：1.王 c3 象 f2［1.…象 h2 2.车 a6+ 王 b1 3.王 b3 王 c1 4.车 a1+ 王 d2 5.车 a2+；1.…象 e3 2.王 c2 王 a3 3.车 c3+］2.车 e6 王 b1［2.…象 h4 3.王 c2 王 a3 4.车 e3+；2.…象 c5

3.车 a6+ 王 b1 4.王 b3 王 c1 5.车 c6] 3.车 e2 象 h4 4.车 c2+-（V.普拉托夫，1906）

169：1.马 d1 c1 后+ 2.马 c3+ 王 a3 3.车 a5+ 王 b2 4.车 a2#（V.马斯曼，1936）

170：1.车 xe6 车 xe6 [1.…后× e6 2.车 xh6；1.…后 xh4 2.b6+] 2.b6+ 王 xb6 3.车 h6+-（B.霍尔维茨，1873）

171：1.象 e3 车 f3 2.象 g5 fg 3.g7+-（H.林克）

172：1.王 b7 王 c4 [1.…王 a4 2.王 b6 b3 3.王 c5 王 a3 4.王 c4 b2 5.王 c3] 2.王 a6 b3 3.王 a5 王 c3 4.王 a4 b2 5.王 a3+-（F.阿梅伦，1901）

173：1.车 e5 dc 2.b5+ cb 3.b4 车 xb4 4.车 e7 王 a5 5.车× a7#（V.塔拉斯尤克，1990）

174：1.王 b2 g1 后 2.后 a8+ 后 g2+ 3.后 f2 后 xa8 4.后 f1#（Ya.普莱塔涅克，E.弗拉赛克，1984）

175：1.车 g4 象 d8 [1.…象 e7 2.车 g8+ 王 b7 3.车 g7 马 c8（3.…马 f5 4.车 f7）4.象 f6；1.…象 e1 2.王 f1 象 a5（2.…象 d2 3.车 d4）3.车 a4 马 b7 4.

象 c3] 2.车 g8 马 b7 3.象 f6+-（H.林克，1924）

176：1.马 f6 王 xf6 2.a6 f4 3.王 d4 f3 4.a7 f2 5.a8 后 f1 后 6.后 f8++-（F.普莱宁斯，1914）

177：1.象 c6 车 f8 2.马 g6+ 王 g8 3.象 d5+ 车 f7 4.马 e5 王 h8 5.马 xf7+ +-（O.丹尼尔森，1929）

178：1.车 c1 b2 2.车 c2 王 b3 [2.…王 b1 3.车 c3 王 a2 4.象 c1 b1 后 5.车 a3#] 3.车 c3+ 王 a4 4.象 c1 b1 后 5.车 a3#（G.纳达列依什维莉，1988）

179：1.象 g8 车 xg8 2.王 f7 车 xg6 3.fg c1 后 4.g7+ +-（Em.拉斯克，1895）

180：1.g7+ 王 g8 2.王 f5 王× g7 3.g6 王 h6 4.g7 王 xg7 5.王 g5+-（B.霍尔维茨，I.克林，1851）

181：1.象 c5 王 xc5 2.马 c3 王 b4 3.马 d5+ 王 a3 4.马 c3 王 b4 5.a4+-（V.马斯，1944）

182：1.车 g7 王 c2 2.车 g2+ 王 b3 3.车 a2 王 xa2 4.a7+-（H.林克，1911）

183：1.王 f2 王 g7 2.王 g3 h5

3.王 h4 王 g6 4.g3 王 h6＝（V.诺维科夫，1930）

184：1.王 g5 车 g1+ 2.王 h6 a1 后 3.车 a8+ 后×a8＝（D.彭齐阿尼，1762）

185：1.王 f4 王 g7 2.a8 后 车×a8 3.王 c5 王 f7 4.王 d6 王 e8 5.王 c6 车 c8 6.王 d6 车 a8 7.王 c6 车 c8 8.王 d6＝（L.普罗克斯，1947）

186：1.车 f8+ 王 d7 2.车 f7+ 王 e6 3.车 f5＝（S.科兹洛夫斯基，1930）

187：1.d6 象×d6 2.b8 后＋象×b8 3.c7 王×c7＝（柳贝塞曼）

188：1.d3＋ 王 a3 2.象 b4＋ [2.象 c3 b2＋ 3.象×b2＋ 王 b3 4.王 b1 b4] 2.…王×b4 3.王 b2＝（M.利伯金，1939）

189：1.马 b6 h4 2.马 c4 王 f2 3.马 e5 王 g3 4.马 c4 h3 5.马 e3＝（F.普罗科普，1925）

190：1.王 d1 b2 2.马 f4+ 王 c3 3.马 e2+ 王 b3 4.马 c1+＝（A.布拉特，A.赫弗勒，1944）

191：1.车 g3 象×g3＋ 2.王 h3 g1 后＝（A.特罗依茨基，1910）

192：1.车 g3 d4 2.王 g2 d3

3.王 f1 后×g3＝（G.科恩）

193：1.王 g4 王 c3 2.王 f5 王 d4 3.王 f6 e4 4.王×f7＝（M.齐纳）

194：1.d7 马 gf6 2.c7 [2.de 后＋ 马×e8 3.王 e8 c1 后 4.c7 后 c6＋；2.d8 后 c1 后 3.后 c8 后 c5+] 2.…c1 后 3.de 后＋ [3.c8 后 后 e3＋ 4.王 d8 后 b6＋ 5.王 e7 马 d5；3.d8 后 后 e3#] 3.…马×e8 4.c8 后 后×c8＝（塔瓦里阿尼，1971）

195：1.马 b5 [1.马 d5 a2 2.马 b6＋ 王 d8] 1.…a2 2.c6 [2.马 a7＋ 王 c7 3.c6 王 b6] 2.…a1 后＋ 3.马 a7＋ 王 d8 4.c7＋ 王×c7＝（A.格林，1989）

196：1.车 g3 马×g3 [1.…b1 后 2.车 b3 后 c2 3.车 b1＋ 王 h2 4.车 b2] 2.王 b8 b1 后＋ 3.王×c7＝（G.马蒂松，1930）

197：1.王 d5 王 g2 [1.…王×h2 2.王 e4 王 g2 3.王 e3＋-] 2.h4 王×f2 3.h5 王 g2 4.h6 f2 5.h7 f1 后 6.h8 后＝（I.毛拉维克，1925）

198：1.ef d3 2.f5 d2 3.f6 d1 后 4.f7＝（赫尔特伯格，1940）

七级习题

199：1.车 h7+ 王×h7 2.后 f7+ 王 h6 3.车 h1+ 王 g5 4.车 h5+ gh 5.后×h5#（尼曼尼斯—米哈依洛夫，苏联，1986）

200：1.车×g7+ 车×g7 2.马 f6+ 王 h8 3.后×h6+ 马 h7 4.后×h7+ 车×h7 5.车 g8#（赫勒斯—皮克特，阿姆斯特丹，1985）

201：1.车 e8+ 车×e8 2.象 d4++-（皮特尔—维斯涅夫斯基，波兰，1967）

202：1.后 h4+ 后 h5 2.象 g7+ 王×g7 3.后 e7+ 王 g8 4.后 f8#（塔恩什—佩纳科夫，corr，1984）

203：1.后 h6+ 王 e8 2.后 e3+ 王 f8 3.后 a3+ 王 g8 4.后 g3+ 王 f8 5.后 b8#（霍尔瓦思—雅科布森，哥本哈根，1988）

204：1.后×c6+ 王×c6 2.马 e5+ 王 c5 3.马 d3+ 王 d4 4.王 d2 再 5.c3#（卡斯帕梁—曼弗里安，埃里温，1936）

205：1.后×f8+ 象×f8 2.车 g8+ 王 h7 3.象 e4+ 王 h6 4.车 h8+ 王 g7 5.车 h7#（科夫曼—朱霍维茨基，莫斯科，1936）

206：1.后 g7+ 车×g7 2.马 f6+ 王 h8 3.车×f8+ 后 g8 4.车×g8+ 车×g8 5.车 h7#（沃依特基维茨—库特辛，里加，1979）

207：1.后×h7+ 王×h7 2.车 h3+ 王 g7 3.象 h6+ 王 h8 4.象 f8+ 马 h4 5.车×h4#（布罗尼—贝伦，拉斯帕尔马斯，1977）

208：1.车 h7+ 王 g8 2.马 f6+ 王 f8 3.e7+ 马×e7 4.车 f7+ 马×f7 5.马 e6#（选自 A2—ad 埃芬迪手稿，第 14 集）

209：1.车×h7+ 王×h7 2.后 h3+ 王 g6 3.后 h6+ 王 f5 4.后 h7+ 车 g6 5.后 h3#（C.托雷—雅特斯，巴登—巴登，1925）

210：1.马 g6+ hg 2.后 e8+ 车 f8 3.后×f8+ 后×f8 4.hg+ 象 h4 5.车×h4#（马依奥洛夫—克里乌科夫，corr.，1956）

211：1.车 g6 fg 2.hg 车 f7 3.后 f8+ 车×f8 4.车×h7+ 王 g8

5.马 h6#（巴赫—鲍托，廷蒂斯特，1975）

212：1.后×h7+ 王×h7 2.马 f5+ 王 g6 3.马 e7+ 王 g7 4.象 h6+ 王 h7 5.象 f8#（布芬贝伦斯—施利保恩，斯特拉尔森德，1934）

213：1.马×d5 马 e8［1.…ed 2.后×f6 gf 3.车 g1++-］2.马 f6+ gf［2.…马×f6 3.后×f6］3.车 g1+ 王 h8 4.后×f6+ 马×f6 5.象×f6#（欧文—伯恩，利物浦，1887）

214：1.后 g7+ 王×g7 2.车 f×f7+ 王 g8 3.车 g7+ 王 h8 4.车 h7+ 王 g8 5.车 bg7#（尤·波尔加—L.B.汉森，法鲁姆，1989）

215：1.马 c6+ bc 2.后×a7+ 王×a7 3.车 a1+ 王 b6 4.车 hb1+ 王 c5 5.车 a5#（马科—无名氏，1898）

216：1.车 g8+ 车×g8 2.马×f7+ 王 g7 3.后 h6+ 王×f7 4.后 f6+ 王 e8 5.hg 后 #（阿廖欣—安德森，芝加哥，1933）

217：1.后 d7 车 g8 2.马 g5 车 bf8 3.后 h3 h6 4.后×h6+ gh 5.车 h7#（埃尔科尔德尔里奥）

218：1.车 f8+ 王 g7 2.象 h6+ 王×h6 3.车 g8 a2 4.车 h5+ 象×h5 5.g5#（埃尔科尔德尔里奥）

219：1.车 e8+ 象 f8 2.车×f8+ 王×f8 3.马 f5+ 王 g8 4.后 f8+ 王×f8 5.车 d8#（维德默—尤伟，卡尔斯巴德，1929）

220：1.车×e6+ fe 2.车 g6+ 王 h7 3.马 g5+ 王 h8 4.马 f7+ 王 h7 5.车 g5#（坦纳—皮尤塞尔，巴德塞阿罗夫，1982）

221：1.车×e7+ 马×e7 2.后×d7+ 王×d7 3.象 f5+ 王 e8 4.象 d7+ 王 f8 5.象×e7#（安德森—达弗雷斯纳，柏林，1852）

222：1.车 d8+ 王 h7 2.车 h8+ 王×h8 3.王×f7+ 王 h7 4.象 f5+ 王 h6 5.象 g7#（科斯基南—无名氏，赫尔辛基，1981）

223：1.后 d7+ 象×d7 2.马 d6+ 王 d8 3.马 f7+ 王 c8 4.车 e8+ 象×e8 5.车 d8#（波洛克—阿里埃斯，布法罗，1893）

224：1.车 f8+ 马 c8 2.后×b7+ 王×b7 3.a6+ 王 b8 4.马 c6+ 王 a8 5.车×c8#（Ph.斯塔马 1737）

225：1.后×g6+ fg 2.车 f8+ 王 g7 3.车 1f7+ 王 h6 4.车 h8+

王 g5 5.h4#（森德林—德拉根，荷兰，1980)

226：1.象×g6+ fg [1.…王×g6 2.后 g4+] 2.后 d7+ +-（欧兰德森—莫伦, corr., 1988)

227：1.后×h7+ 王×h7 2.f6+ 王 g8 [2.…后×d3 3.车 h3+] 3.象 h7+ 王×h7 4.车 h3+ 王 g8 5.车 h8#（安德森—朱克托特，巴门，1869)

228：1.后 f6+ 王 g8 2.后 g7+ 车×g7 3.马 f6+ 王 h8 4.hg+ 王×g7 5.车 h7#（恩德斯—哈普，德国，1936)

229：1.车 g4+ fg 2.后 g5+ 王 h8 3.后 h6+-（霍特—布尔蒂什，马德里，1973)

230：1.马 e5 de 2.g6 后×g6 3.后 c4+ 后 f7 4.车 h8#（阿廖欣—明德诺，荷兰，1933)

231：1.车×f8+ 后×f8 2.车 h8+ 王×h8 3.后 h3+ +-（斯帕基—马塔诺维奇，1962)

232：1.g4+ fg 2.hg+ 王 h4 3.后×h6+ 后×h6 4.王 h2 再 5.象 f2#（施莱克特—梅特纳，维也纳，1899)

233：1.后×g6+ 王 g8 [王 h8 2.马×e5；1.…王 g8 2.马 f5]

2.马 e5+ 王 f6 3.车 f4 王 e7 4.马 c6+ 后×c6 5.象 g5#（马马根—库尼, corr., 1966)

234：1.车 c1+ 王 b8 2.后 b4+ 王 a8 3.象 f3+ 车×f3 4.后 e4+ 后×e4 5.车 c8#（杜拉斯—无名氏，布拉格，1910)

235：1.后×h6+ gh 2.车 g7+ 王 h8 3.象 g8 车×g8 4.车×g8+ 王 h7 5.车 1g7#（里克特—无名氏，1939)

236：1.车×g7+ 车×g7 2.车 h8+ 王×h8 3.后×h6+ 王 g8 4.马×f6+ 王 f7 5.后×g7#（拉古诺夫—赫列诺夫，苏联，1961)

237：1.车 e8+ 车×e8 2.后×e8+ 王 g8 3.马 f7+ 马×f7 4.后×g8+ 王×g8 5.车 e8#（赖斯—欣德列，1965)

238：1.后 d8+ 王 g7 2.车×g5+ hg 3.h6+ 王×h6 4.后 h8+ 车 h7 5.后×h7#（魏斯伯格—里尔斯塔布，德国，1933)

239：1.后 d8+ 王 h7 2.车×h5+ gh 3.车 h6+ 王×h6 4.后 f6+ 王 h7 5.后 g7#（马科夫—瓦泽宁，诺沃西比尔斯克，1976)

240：1.后×e6+ fe 2.象×g6+ 王 e7 3.象 g5+ 马 f6 4.ef+ 王

224

d7 5.马 e5#（马楚尔斯基——M.古列维奇，苏联，1977）

241：1.象×f6 象×f6 2.后×h7+ 王×h7 3.车 h5+ 王 g8 4.马 g6 +-（科岗——福斯特，波士顿，1937）

242：1.马×e5 象×d1 2.马 d7 象 e7 3.马 e×f6+ 象×f6 4.车 e8+ 后×e8 5.马×f6#（卡吉斯——伏科维奇，南斯拉夫，1940）

243：1.后×g6+ 王 g8 2.象 e4+ 王 g5 3.象 e3+ 王 h5 4.马 f4+ 王 g5 5.车 f5#（比莱克——卡多索，英格兰，1973）

244：1.车 d7 象×d7 2.后×g7+ 车×g7 3.车×g7+ 马×g7 4.马 f6+ 王 h8 5.马×f7#（霍瓦思——埃珀杰西，匈牙利，1971）

245：1.…车×f3 2.象×f3 后× f3+ 3.王×f3 马×d4+ 4.王 g4 象 c8+ 5.王 h4 马 f3#（波波夫——柳明，莫斯科，1925）

246：1.…象×h3+ 2.王×h3 车×h4+ 3.王×h4 后 h2+ 4.王 g5 h6+ 5.王 g4 马 e5#（莫夫钱——帕克，顿尼斯克，1931）

247：1.…后×e4 2.de 车×d1+ 3.后×d1 马 g3+ 4.hg hg+ 5.后 h5 车×h5#（维尔汉姆——迈耶，摩洛斯，1977）

248：1.…马 a3+ 2.王 a1 马× c2+ 3.王 b1 马 a3+ 4.王 a1 后 b1+ 5.车×b1 马 c2#（古德里基斯——伊什钦科，利耶帕亚，1968）

249：1.…车 8×f3 2.gf 车×h2+ 3.王×h2 后 h4+ 4.王 g2 象 h3+ 5.王 h1 象 f1#（维赞蒂阿迪斯——斯帕斯基，希根，1970）

250：1.…后 c3+ 2.王 f1 后 d2 3.王 g2 车 c1 4.后×c1 后 e2+ 5.王 g1 后 f2#（贝林——李普尼茨基，里加，1950）

251：1.…车×h3+ 2.王 g1 [2. gh 马 e3+ 3.王 g1 车 g2+ 4. 王 h1 车 h2+ 5.王 g1 车 h1#] 2.…车×g2+ 3.王 f1 马 e3+ 4. 象×e3 车 h1+ 5.象 g1 车 h× g1#（贝克尔——阿尔斯特，匈牙利，1984）

252：1.…象 e3+ 2.王 h2 象 g1+-+（科拉罗夫——皮茨，第比里斯，1967）

253：1.…车 h1+ 2.王×h1 后 h7+ 3.王 g1 后 h2+ 4.王×h2 马 f3+ 5.王 h1 车 h8#（苏尼——阿里弗尔塔，赫尔辛基，

225

1957)

254：1.…后×g2+ 2.马×g2 马f3+ 3.王f1 马×h2+ 4.王e1 马f3+ 5.王f1 车h1#（杜尔特—科奇·柏林，1971）

255：1.…马f3+ 2.gf 车h1+ 3.王×h1 后h3+ 4.王g1 后h2+ 5.王f1 后×f2#（哈姆林—盖龙，corr.，1978）

256：1.…车×h2+ 2.王×h2 车h5+ 3.王g1 车h1+ 4.王×h1 后h3+ 5.王g1 后g2#（格拉包—孔德，民主德国，1968）

257：1.…后×f2+ 2.车×f2 车b1+ 3.车f1 象d4+−+（维勒普—皮克塞尔，塔林，1956）

258：1.…后e3+ 2.马×e3 fe+ 3.王e2 马3f4+ 4.王e1 马×g2 5.王e2 马df4#（罗什—福尔卡，罗森堡，1962）

259：1.…车×f1+ 2.车×f1 马f2+ −+（布拉克—莫里森，加拿大，1926）

260：1.…后g2+ 2.车×g2 马f3+ 3.王h1 车d1+ −+（罗德里盖茨—奥拉夫松，拉斯帕尔马斯，1978）

261：1.…后e1+ 2.王h5 后e2+ 3.王h6 [3.王h4 后g4#;

3.g4 车×h3+ 4.象h4 后×g4+ 5.王h6 车×h4#] 3.…后×g2 4.后×f5 车×h3+−+（米克辛—马夫里阿诺夫，塔什干，1978）

262：1.…车×h3+ 2.王×h3 车h8+ −+（V.库兹明—普罗士维尔诺夫，海蓝沧，1986）

263：1.f6+ 王f8 2.fg+ 王g8 3.马f5 然后 4.车h2 +−（李西岑—无名氏）

264：1.d6 象×d6 2.后d2 +−（森德勒—奥马拉里耶夫，卡尔基夫，1984）

265：1.e6 后×c5 2.马f5+后×f5 3.后×f5 gf 4.ed +−（斯特芬廷斯—默勒，corr.，1973）

266：1.后×h6+ 王×h6 2.车×d6+ 后×d6 3.马f5+ 王g6 4.马×d6 +−（理论局面）

267：1.马f7+ 王g8 2.马h6+ 王h8 3.后×g7+ 王×g7 4.马×f5+ +−（斯托尔茨—佩德森，玛利安斯凯·兰泽，1951）

268：1.后e8+ 车×e8 2.象d5+ +−（菲舍尔—本科，美国，1965/66）

269：1.后h6 车×g3 2.象g6 车×g6 3.fg fg 4.后×f8#（塔尔—普拉托诺夫，杜布纳，

226

1973)

270：1.后 e1 后 d8 2.车 e6 +-（科什尼茨基—瓦尔弗斯，澳大利亚，1962）

271：1.象 f7+ 王 g7 2.后×h6+ 王×h6 3.象×e8 马×e8 4.d7 +-（多梅斯—费多罗夫，莫斯科，1984）

272：1.象 h7+ 王×h7 2.后 e6 +-（卡斯帕洛夫—布朗尼，巴尼亚卢卡，1979）

273：1.后×c8+ 象×c8 2.ed 后×f3+ 3.象 g2 +-（乌尔曼—帕茨，哈勒，1984）

274：1.车×g7+ 象×g7 2.后 g4 车 g6 3.马 h6+ +-（凯列斯—格里戈里奇，萨格勒布，1959）

275：1.后×e5 de 2.马×c7 +-（扎哈罗夫—班基耶夫，加里宁格勒，1973）

276：1.b4 象×b4 2.马 c2 +-（Em.拉斯克—尤伟，诺丁汉，1936）

277：1.马 h5 g6 2.象 f4 +-（梅沙—沙尔托里，意大利，1981）

278：1.车×h5 gh 2.a5 +-（西弗恩特斯—罗德里盖茨，马德普拉塔，1987）

279：1.车 f1 车 d8 [1.…后 e7 2.象 f7+ 王 h8 3.象 d5] 2.象 f7+ 王 h8 3.象 e8 +-（列齐—鲍戈柳包夫，纽约，1924）

280：1.车 c7 后×h5 2.车 e7+ 王 f8 3.车×b7+ 王 e8 4.车 e7+ 王 f8 5.车×h7+ 王 e8 6.车×h5 +-（安图纳克—许伯纳，德累斯顿，1968）

281：1.象×f7+ 王×f7 2.车×c7+ 后×c7 3.后 h7+ 王 e6 4.后×c7 车×d3 5.后×a7 +-（梅金—唐，彼得罗波利斯，1974）

282：1.车 c8 车×c8 2.后 e7 +-（阿廖欣—焦依纳，特立尼达，1939）

283：1.象×f7+ 王×f7 2.马 e6 de [2.…王×e6 3.后 d5+ 王 f5 4.g4+ 王×g4 5.车 g1+] 3.后×d8 +-（菲舍尔—芮舍夫斯基，美国，1958）

284：1.马 b6 马×e4 [1.…ab 2.象 b5] 2.马 cd5 王 f8 3.马×a8 +-（彼得罗夫—西尼津，corr.，1974）

285：1.后×d7 车×d7 2.车 e8+ 王 h7 3.车 cc8 +-（阿廖欣—科勒，巴黎，1925）

286：1.a4 象×a4 2.后 a3 象

227

b5 3.车×b5 +-（迈尔斯—马丁，伯明翰，1977）

287：1.车 d8+ 王 g7 2.f5 象×f5 3.后 c5 +-（奇戈林—雅诺夫斯基，巴黎，1900）

288：1.马 c5+ 王 b8 2.马 d7+ 王 c8 3.马 b6+ 王 b8 4.后 c8+ 车×c8 5.马 d7#（莫菲—NN，巴黎，1859）

289：1.车×b8+ 王×b8 2.后×e5+ fe 3.车 f8+ +-（阿廖欣—芮谢卡斯基，克默利，1937）

290：1.车 g1+ 王 h6 2.象 f8+ 车×f8 3.车 d3 +-（波鲁加耶夫斯基—斯齐拉格依，莫斯科，1960）

291：1.e6 象×e6 2.象 d4 f6 3.后 g4 王 f7 4.车 fe1 +-（达尔—苏尔茨，柏林，1956）

292：1.后×g5 hg 2.车×g6+ 王 h7 3.车×e6+ 王 g8 4.车 g6+ 王 h7 5.车×d6+ 王 g8 6.车 g6+ 王 h7 7.车×c6+ 王 g8 8.车 g6+ 王 h7 9.车×b6+ 王 g8 10.车 g6+ 王 h7 11.车 a6+ 王 g8 12.车×a2 +-（克雷斯契克—雷特格布，维也纳，1951）

293：1.车 c2 后×d4 2.车 c4 后 b6 3.车 c8+ 车 d8 4.后 b5 +-（莱佩克—库南，corr.，1962）

294：1.hg hg 2.车 d6 王 h7 3.后 c4 +-（I.扎依采夫—斯帕斯基，莫斯科，1961）

295：1.车 d1 象 c6 2.车×c7 后×e6 3.车×c6 后 e8 4.车 cd6 +-（维克曼—康戈，芬兰，1975）

296：1.后 f6 gf 2.马×f5 马 e6 3.马 h6+ 王 f8 4.后 h8+ 王 e7 5.马 f5#（札布洛茨基—蒂尔斯基，米努辛斯克，1989）

297：1.车×h5 gh 2.马 f5 ef 3.马 d5 +-（包戈维奇—阿达姆斯基，1963）

298：1.象 f3 后 c4 2.马×c6 bc 3.后 d4 后×d4 4.象×d4 象 d7 5.象×h8 +-（蒂维阿科夫—库普雷奇克，莫斯科，1989）

299：1.后 d2 后 a8［1.…后 f8 2.后 e3；1.…后 b8 2.后 d6 h6 3.车×c5］2.后 a5 后 b8 3.后×c7 +-（伊夫科夫—埃里斯卡塞斯，蒙特卡洛，1958）

300：1.车 f5+ 后×f5 2.f4+ 王 g4 3.后 g7+ 后 g6 4.后 d7+ 后 f5 5.后 d1#（古布尼茨基—

金丁，corr.，1973）

301：1.g6 fg 2.车×e6 后×h4 3.车×c6+ 王 b4 4.a3+ 王 a4 5.车 c4+ bc 6.象 c6#（克柳金—格格尔，列宁格勒，1971）

302：1.车×a5 ba 2.b6 车 c6 3.马×c6 马×c6 4.象 d5 马 b4 5.b7 +-（迪尔赫斯—亚当斯，阿纳姆，1988）

303：1.车×c6+ bc 2.马 c5 后×c5［2.…车 fd8 3.象 a6+］3.象 a6+ 王 d8 4.车 b8#（哈茨顿—杜拉奥，阿利坎特，1975）

304：1.马×f7 车×f7 2.车 c7 王 f8 3.象×f7 王×f7 4.车 fc1 +-（巴尔查—托姆巴，德布勒森，1939）

305：1.车×a4 后×a4 2.后 d7+ 王 f8 3.象×h6+ 车 g7 4.后×c8+ +-（埃尔姆—科尔施密德，埃森，1975）

306：1.车 b8+ 王×b8 2.后 b2+ 王 c8 3.后 b7+ 王 d8 4.c7+ 王 e8 5.c8 后+ +-（索罗彻恩—伊夫钦哥，涅任，1997）

307：1.g6 hg 2.车 e8 +-（里戈—采尔，布宜诺斯艾利斯，1978）

308：1.马×e6 fe 2.马×d5 ed 3.车×d5 +-（古普卡—西科拉，鲁哈乔维斯，1968）

309：1.后×g7+ 王×g7 2.马×d7+ 王 g8 3.马 f6+ 王 f7 4.马 d5+ 然后再 5.马×c7 +-（凯列斯—斯帕斯基，哥德堡，1955）

310：1.马 f6+ 象×f6 2.后 g6+ 象 g7 3.后×f7+ 王 h8 4.车 d7 +-（斯梅斯洛夫—富列尔，黑斯廷斯，1968/69）

311：1.马×e6 车×c4［1.…fe 2.后 c3］2.马 h6+ gh 3.后×h6 +-（拉尔森—马塔诺维奇，萨格勒布，1965）

312：1.象×e4 马×g5 2.车×f8+ 车×f8 3.后 h8+ +-（瓦拉比耶斯库—罗森塔尔，罗马尼亚，1969）

313：1.马 f6+ gf 2.象×h7+ 王×h7 3.后 h3+ 王 g8 4.车 g3#（拉多维奇—尼亚姆图，罗马尼亚，1963）

314：1.后 d3+ 象 g6 2.车 h8+ 王×h8 3.后 d8+ 王 h7 4.后 f8 +-（克拉特森—匹蒂尼克，西纳亚，1970）

315：1.车×c5 车×c5 2.车 c2 车 fc8 3.后 b5 车×c2 4.象×a7

车×a2 5.象 c5 h6 6.h4 王 h7 7.h5 +- （科托夫—霍尔莫夫，莫斯科，1971）

316：1.马×g7 车×g7 2.象 h6 象 d6 3.车×d6 车 e7 4.车×f6+ 王 g8 5.象×g7 +- （科兹洛夫斯卡姆—特玛，莫斯科，1970）

317：1.车 f3 gf 2.象×h6 车 e7 3.后 h7+ 王 f8 4.后 h8+ +- （索科尔斯基—萨伊金，基辅，1950）

318：1.后×g6+ 王×g6 2.象 h5+ 王 h7 3.象 f7+ 象 h6 4.车×h6+ 王×h6 5.车 h1# （马亚辛—卡本古特，明斯克，1969）

319：1.象×e4 de 2.马×d7 后×d7 3.后 h5 +- （库比赛克—普列瓦拉，俄斯特拉发，1976）

320：1.h6+ 王 h8 2.象 e6 后×e6 [2.···d5 3.后 e5+] 3.后 f8+ 后 g8 4.后 f6+ 后 g7 5.后×g7# （伊瓦诺维奇—波波维奇，南斯拉夫，1973）

321：1.车×d5 后×d5 2.后×f4 后 d7 3.马 c5 +- （雷米佐—马斯拉格，corr.，1969）

322：1.象 e8 后 f5 2.车 e6 +- （奥格斯廷—伦奇，希尔诺，1975）

323：1.象×c8 车×c8 2.后×c8+ 象×c8 3.车×c8+ 象 f8 4.象 h6 +- （普利瓦拉—冈西奥，布拉格，1970）

324：1.车 f5 王 h8 2.后 h6 车 g8 3.马 g5 +- （津克尔—迈特格，柏林，1897）

325：1.车×h8+ 王 h8 2.后 h6+ 王 g8 3.e6 车 f7 4.车 h1 +- （古菲尔德—奥兹瓦特，德布勒森，1970）

326：1.车 d6 象×d6 2.后×e6+ 王 g6 3.马 h4+ 王 h5 4.后 e2+ +- （列维吉娜—苏尔，基斯洛沃茨克，1974）

327：1.后×g6 马×b3 2.车 h3 h6 3.车×h6+ +- （马赛伊默—诺古埃斯，阿根廷，1970）

328：1.车 f5 gf [1.···后 d8 2.车×f6 后 g8 3.马 d5 ef 4.马×f6] 2.马 d5 +- （肖尔达格—达尔霍夫，丹麦，1975）

329：1.车×e7+ 王×e7 2.后 b7+ （菲舍尔—马图洛维奇，南斯拉夫，1970）

330：1.车×f8+ 车×f8 2.后 f7 后 c8 3.后×f8+ 后×f8 4.d7 +- （卡帕布兰卡—格罗默，纽约，1913）

230

331：1.马 f5+ gf [1.⋯王 h8 2.后 h6 车 g8 3.后 g5 后 d8 4.马 e7] 2.后 g5+ +-（吉曼尼兹—耶佩兹，古巴，1970）

332：1.后×f8+ 王×f8 2.车 c8+ 王 e7 3.马 f5+ 王×e6 4.马 d4+ 王 f7 5.马×e2 +-（哈托奇—赫克特，斯科普里，1972）

333：1.车×d4 +-（芬贝克—拜尔，corr.，1970）

334：1.车×g7 王×g7 2.后 f6+ 王 f8 [2.⋯王 g8 3.后×h6 车×b2 4.象 h7+ 王 h8 5.象 g6+ 王 g8 6.后 h7+ 王 f8 7.后×f7#] 3.象 g6 +-（凯列斯—扎博，布达佩斯，1955）

335：1.马×g7+ 象×g7 2.马 f6+ +-（瓦本特—马辛雅克，耶尔雷斯，1971）

336：1.马 f5 后 f8 2.马 h6+ +-（拉尔森—奥拉夫松，丹迪，1967）

337：1.王 c3 王 a3 2.王 c4 王 a4 3.g4 b5+ 4.王 d3 王 a3 5.g5 b4 6.g6 b3 7.g7 b2 8.王 c2 王 a2 9.g8 后+ +-（N.格利戈里耶夫，1928）

338：1.a5 王 g8 2.王 g7 王 h7 3.王 e6 王×h6 4.王 d6 王 g6 5.王 c6 王 f7 6.王 b6 王 e7 7.王×a6 王 d7 8.王 b7 +-（G.法尼）

339：1.王 f6 王 g2 2.b4 h5 3.王 g5 王 g3 4.b5 [4.王×h5 王 f4] 4.⋯h4 5.b6 h3 6.b7 h2 7.b8 后+ 王 g2 8.后 b2+ 王 g1 9.王 g4 h1 后 10.王 g3 +-（N.格利戈里耶夫，1928）

340：1.王 d6 王 a3 2.王 c5 王 a4 3.f4 b5 4.f5 b4 5.王 c4 [5.f6 b3 6.f7 b2 7.f8 后 b1 后 8.后 a8+ 王 b3 9.后 b7+ 王 c2] 5.⋯b3 6.王 c3 王 a3 7.f6 b2 8.f7 b1 后 9.f8 后+ 王 a4 10.后 a8+ +-（A.曼德勒，1938）

341：1.e4 王 c5 [1.⋯王 c7 2.王 f5 王 d8 3.e6] 2.e6 de 3.王 e5 +-（V.普罗斯库罗夫斯基，1965）

342：1.王 h4 王 g6 2.王 g4 王 f6 3.王 f4 王 e6 4.王 e4 王 d6 5.王 d4 b3 6.c6 王 c6 7.王 c4 王 b6 8.王 b4 王 ab 9.王 c5 +-（R.比安切蒂，1925）

343：1.⋯a5 2.王 e4 f5+ 3.王 d4 f4 -+（尼姆佐维奇—塔拉什，圣·塞巴斯蒂安，1911）

231

344：1.c7 车 d6+ 2.王 b5 车 d5+ 3.王 b4 车 d4+ 4.王 b3 车 d3+ 5.王 c2 车 d4 c8 车 7.王 b3 +−（J.巴比尔，F.萨维德拉，1895）

345：1.车 d2+ 王 e7 2.车 d6 王×d6 3.王 c8 车 c3+ 4.王 d8 +−（O.杜拉斯，1902）

346：1.车 e6 王 g7 2.王 b7 王 f7 3.车 e4 王 f6 4.王 c6 王 f5 5.王 d5 +−（M.尤伟，1940）

347：1.王 b3 a4+ 2.王 c4 a3 3.王 d5 a1 后 4.象×a1 a2 5.王 e5 王×g7 6.王 f5+ +−（L.普罗克斯）

348：1.王 f5 c3 2.象 f6 c2 3.象 g5 c1 后 4.g4+ fg 5.象×c1 +−（L.普罗克斯）

349：1.王 h5 车 e8 2.马 g6 王 d6 [2.…车 g8 3.马 e7+] 3.马 f8 车 e1 4.马 e6 车 e5+ 5.王 g4 车 e1 6.王 f5 车 f1+ 7.王 g6 车 g1+ 8.马 g5 +−（I.范克拉，1924）

350：1.h7+ 王 g7 2.h8 后+ 王×h8 3.王 f7 车 f1+ 4.象 f6+ 车×f6 5.王×f6 王 g8 6.g7 +−（W.斯坦因尼茨）

351：1.a3 车×f1+ 2.王 e2 车 f4 3.车 b3+ 王 c2 4.车 b4 +−（I.弗里茨，1953）

352：1.车 d3 后 a7+ 2.象 d4 后 d7 3.象 g7+ 后×g7 4.车 h3#（I.克里切里，1985）

353：1.马 b4 王×b4 2.h7 象 e5 3.王×e5 a2 4.象 e1+ 王 b3 5.象 c3 王×c3 6.h8 后 a1 后 7.王 f4+ +−（J.维尔纽夫—埃斯克拉庞，1908）

354：1.车 h8+ 王 g1 2.车 h1 王×h1 3.a8 后 王 h2 [3.…王 g1 4.后 a1+ 王 h2 5.后 b2+ 王 h3 6.后 h8+；3.…后 d3+ 4.王 f2+] 4.后 h8+ 王 g1 5.后 g7+ 王 f1 6.后 a1+ +−（I.康托罗维奇，1952）

355：1.马 d4+ 王 e3 2.马×f3 王×f3 3.王 f8 d2 4.e8 后 d1 后 5.后 h5+ 王 e4 6.后×d1 +−（T.道森，1924）

356：1.后 g7+ 王 h1 2.后 h6 王 g2 3.后 g5+ 王 h1 4.后 h4 王 g2 5.后 g4+ 王 h1 6.后 h3 王 g1 7.后 g3+ 王 h1 8.王 b4 a3 9.后 f2 a2 10.后 f1#（理论局面）

357：1.车 g7 f3 2.马 a5 f4 [2.…f2 3.车×g2 +−；2.…王

a3 3.马 c4+ 王 a2 4.马 d2 +-］ 3.车 g8 f2［3.…王 a3 4.马 c4+ 王 a4 5.马 e5 f2 6.车×g2］ 4.车×g2 f1 后 5.车 a2# (I.德米特里耶夫,1930)

358：1.车 h6+［1.马 d8+ 王 b5 2.车×h5+ 王 c4 3.车 a5 王 b3 再 4.…王 b2］ 1.…王 b7［1.…王 b5 2.车×h5+ 王 b4 3.车 h1 王 b3 4.马 d6 王 b2 5.马 c4+］ 2.马 d8+ 王 a7 3.马 c6+ 王 a8 4.马 a5 a1 后 5.车 a6+ 王 b8 6.马 c6+ 王 c7 7.车×a1 +-（V.普拉托夫,1929）

359：1.车 c7+ 车 d7［1.…王 e6 2.后 c6+ 王 e5 3.车 e7+ 王 d4 4.车 e4+］ 2.后 c5+ 王 d8 3.王 h6 后×c7［3.…车×c7 4.后 f8+ 王 d7 5.后×b8］ 4.后 f8#（H.林克）

360：1.象 h1 车×h1 2.a8 后 车 d1 3.后 h1 车×h1 4.a7 车 g1 5.a8 后+ 王 b6 6.后 b8+ 王 a5 7.后×h2 +-（J.弗里茨）

361：1.车 d3+ 王 c8 2.车 c3+ 王 b8 3.后 c7+ 王 a8 4.后 a5+ b7 5.后 b4+ 王 a6 6.后 a3+ 王 b5 7.后 b2+ 王 a4 8.车 a3#（A.莫特德,1922）

362：1.象 h5 王×h5 2.后 h7+ 王 g4 3.后 h3+ 王 f3 4.后 g2+ 再 5.后×a8。黑方先走：1.…象 h3 2.王×h3 后 h1+ 3.王 g4 后 h5+ 4.王 f5 后 g6+ 再 5.…后×c2 +-（J.维尔纽夫—埃斯克拉庞,1910）

363：1.车 a8 后 a2［1.…后 h7 2.象 g6 +-］ 2.车×a4 后 g8 3.车 a8 后 h7 4.象 g6 后×g6 5.车 a6+ 王 d5 6.车×g6 +-（H.林克）

364：1.车 a4+ 王 e5 2.车 a5 c5 3.车×c5 后×c5 4.d4+ 后×d4［4.…王×d4 5.马 e6+ +-］ 5.马 c6+ +-（B.霍尔维茨,I.克林,1851）

365：1.象 c5+ 王 e8 2.马 b7 b2 3.马 d6+ 王 d8 4.象 d4 b1 后 5.象 f6#（L.米特罗凡诺夫,1981）

366：1.王 f5 c1 后 2.车 h6+ 后×h6［2.…王 g3 3.车 g6+ 王 h4 4.象 f2 +］ 3.象 f2 王 h5 4.g4#（L.米特罗凡诺夫,V.霍夫托夫,1989）

367：1.车 g7+ 王×h8 2.车 h7+ 王 g8 3.g7 +-（S.科兹洛夫斯基,1931）

233

368：1.马e5 王g8 2.马f7 车×d3 3.马h6+ 王h8 4.象e7 车f3 5.象f8 下一步 6.象g7#（E.霍尔姆，1911）

369：1.马e5 王g7 2.象d8 王f8 3.王f2 王e8 4.象a5 王e7 5.王e3 王d6 6.王d4 马c7 7.象b4#（A.沙利切夫，K.沙利切夫，1930）

370：1.后c8+ 王h2 2.后c7+ 王h1 3.后c1+ 后×c1 4.h8后+ 王g1 5.后g7+ 王f1 6.后g2+ 王e1 后×f2+ 王d1 8.后e2#（V.卡兰达德泽，1989）

371：1.车a4+ 王e5 2.车e4+ 王×e4 3.象g8 王d3 4.h5 王c2 5.h6 b1后 6.象h7+ +-（T.埃尔伦，1862）

372：1.象d3 后h5+ 2.象g6 后h4 3.后b2+ 象f6 4.后b5 +-（L.米特罗凡诺夫，1969）

373：1.象b6 马b4 [1.⋯ 马b8 2.象c7 马d7 3.象×h2 再 4.马f2#] 2.马f2+ 王g1 3.马e4+ 王f1 4.马g3+ 王e1 5.象a5 王f2 6.象×b4 王g1 7.象c5#（M.多尔，1966）

374：1.象d6 车f7 2.象e6 车f3 3.王e2 车c3 4.象e5 +- (H.林克，1914)

375：1.e4+ 王b6 2.象c4 王c5 3.e5 王×c4 4.e6 马e2+ 5.王h2 +-（N.符拉森科，1973）

376：1.车f2 象d1 2.车h2+ 象h5 3.象e2 车×e2 4.g4 车×h2 5.g5#（L.库珀尔，1936）

377：1.马c7+ 王e5 2.马b5 b1后 3.象b8+ 王e6 4.象f4 王d5 [4.⋯后c2 5.马d4 +] 5.马c3+ +-（L.库珀尔）

378：1.车f1+ 王e5 2.王g5 后a2 [2.⋯后a5 3.车f5+ 王e6 4.马d4 +] 3.车e1+ 王d5 4.马c3+ +-（M.普拉托夫，1903）

379：1.e4 象×e4 2.王f7 王e2 3.王e6 王e3 4.王e5 王d3 [4.⋯ 王f3 5.f5] 5.d5 +- [E.保利，1952]

380：1.后h6+ 王d3 2.后d6+ 王c3 [2.⋯王e3 3.后c5+ 王e4 4.后c2+ 王e3 5.后c3+] 3.后c5+ 王d3 4.后c2+ 王e3 5.后c3+ 王f2 6.后×d2 +-（B.霍尔维茨，I.林克，1851）

381：1.马d7+ 王d5 2.马b6+ 王×e5 3.马c4+ 王f4 4.g3+ 王g4 5.马e3+ +-（L.库布尔，

1918)

382: 1.马 d7+ 王 c7 2.马 f8 王 d8 [2.…王 d6 3.王 g4 王 d5 4.王 h5 王 e5 5.王 g5 王 e4 6.王 h6 王 f5 7.王 g7 王 e5 8.马 d7+] 3.王 f4 王 e8 4.王 g5 王× f8 5.王 h6 +− (S.科兹洛夫斯基, 1931)

383: 1.王 g7 h4 2.王 f6 王 b6 [2.…h3 3.王 e7] 3.王 e5 王× c6 4.王 f4 = (R.列蒂, 1921)

384: 1.g5 车×b4 2.a6 车×b6 3.a7 = (F.阿梅伦, 1900)

385: 1.g4 王 c4 2.g5 [2.王 f7 王 d5 3.g5 王 e5 4.g6 车 f6+ 5.王 g7 王 f5] 2.…王 d5 3.g6 王 e5 4.王 h7 王 f6 5.g7 车 e7 [5.…车 e1 6.g8 马+ 王 f7 7.马 h6+ 王 f6 8.马 g8+] 6.王 h8 车×g7= (E.波戈西安茨, 1976)

386: 1.车 g7 h2 2.车 b7+ [2.车 aa7 车 f3 + 3. 王 ×f3 h1 后+] 2.…王 c8 3.车 c7+ 王 d8 [3.…王×c7 4.d6+ 王 d6 5.车×h5] 4. 车 d7+ [4.车 b7 车 f3+ 5.王 e2] 4.…王 e8 5. 车 e7 += (V.切霍弗, 1952)

387: 1.象 h7 王×d5 2.象 f5 h2 3.象 c8 王 c6 4.象 g4 h1 后 5.

象 f3+ 后×f3= (A.拉尔森)

388: 1.王 g7 d3 2.马 g6 d2 3.马 f4+ 王 g4 4.马 d5 d1 后 5.马 e3 += (格万·阿尔顿纳, 1941)

389: 1.马 d3 王 e2 2.马 c5 王 f1 3.马×g4 马×g4 4.f4 马 f2+ 5.王 h2 gf= (A.古里亚耶夫, 1952)

390: 1.王 a6 车 e7 2.象 b7 车×b7 3.b5 车 h7 [3.…车 b8 4.王×a7 车 h8 5.王×b6 王 e3 6. 王 a7 王 d4 7.b6 王 c5 8. b7] = (I.弗里茨, 1965)

391: 1.王 g6 王 e6 2.王 h5 王 f5 3.h4 g4= (L.古布尔, 1904)

392: 1.f7 车 f8 2.e6 b6 3.王 b7 王 c5 4.e7 [4.王 c7 王 d5 5.王 d7 王 e5 6.王 e7 车 a8] 4.…车×f7 5.王 a6 车×e7 = (L.古布尔, 1916)

393: 1.象 e8 王 g4 2.象 d7+ 王 f4 3.象 g4 王×g4 4.马 c4 d1 后 5.马 e3+ 马×e3 = (杰斯珀森, 1890)

394: 1.d7 d1 后 [1.… 马 c5+ 2.王 c8 d1 后 3.车 f4+ 再 4. d8 后] 2.车 g2+ 王×g2 3.d8 后 马 c5+ 4.王 a7 [4.王 c8

后 g4+] 4.··· 后×d8=（A.特罗伊茨基，1913）

395：1.车 h3+ 王 g7 2.车 g3+ 王 h6 3.车 d3 象 f3+ 4.王 a7 d1 后 5.车×d6+ 后×d6=（V.普拉托夫，M.普拉托夫，1907）

396：1.王 e4 王 c4 2.王 f5 王×d5 3.王 g6 王 e6 4.f7 象×f7+ 5.王 h7 =（T.高尔基耶夫，1928）

八级习题

397：1.g4+ fg [1.··· 王 h4 2.王 h2 h5 3.车 h6] 2.车 h4+ gh 3.车 b5+ 后×b5 4.ab +- （米赛斯—NN，麦次，1935）

398：1.后 e6 马×e6 2.马 g6+ hg 3.车 h3+ 王 g8 4.象×e6+ 王 f8 5.车 h8#（帕甘廷托夫—芬蒂林，1937）

399：1.马 e5 马×b3 2.马 e×f7+ 后×f7 3.马×f7+ 王 d7 4.象 b5+ c6 5.车 e7#（阿尔诺·de·里维尔雷—焦尔努，巴黎，1860）

400：1.车 d1 后 e6 2.车×d7+ 马 e7 3.后×f6+ 后×f6 4.车×e7+ 马 g8 5.象×f6 +-（哈特劳布—苏奇廷，1935）

401：1.后 b5 后×b5 2.c8 后+ 王 f7 3.后×e6+ 王×e6 4.马 c7+ 王 d6 5.马×b5+ +-（楚克托特—英格里什，伦敦，1883）

402：1.后×d6 cd 2.马 g6+ hg 3.车 c8+ +-（施奈德—埃斯克里奇，1935）

403：1.车×g7+ 王×g7 2.马 h5+ 王 g6 [2.··· 王 f8 3.马×f6 马×f6 4.后×f6] 3.后 e3 +-（鲍特维尼克—凯列斯·海牙，1948）

404：1.车×h7+ 王×h7 2.后 h3+ 王 g6 3.后 h6+ 王 f5 4.后 h7+ 王 g4 5.后 h3#（耶茨—C.托雷，莫斯科，1925）

405：1.车×f8+ 王×f8 2.后 c8+ 王 g7 3.后×b7 后×b7 4.车 c7+ +-（科克—科根，新加坡，1990）

406：1.象 f6 gf [1.···车 g8 2.象×g7+ 车×g7 3.车 d8+ 车×d8 4.车×d8+ 车 g8 8.后×g8#] 2.ef 车 g8 3.车 d8 车 c×d8 4.车×d8 +-（萨柯尼—哈瓦西，1937）

407：1.…车 g2 2.车 g1 车 h2+ 3.王×h2 后×h4+ 4.王 g2 车 g8+ 5.象 g4 车×g4+ -+（文纳斯特罗姆—加拉姆，corr.，1973）

408：1.…车×f2+ 2.王×f2 后× g3+ 3.王 e2 后 f2+ 4.王 d3 c4+ 5.bc bc#（特卢本科夫—什库罗维奇—哈津，列宁格勒，1977）

409：1.…后 d8 2.后 f3 后 d1 3.王 g2 后 c2+ 4.王 h3 象×e4 -+（阿列克谢耶夫—拉朱瓦耶夫，莫斯科，1969）

410：1.…d5 2.cd 马 b3 3.车 d1 马×d2 4.车×d2 象 b4 -+（德齐茨奥耶夫—库载耶夫，奥尔忠尼启则，1989）

411：1.…车×c4 2.后×c4 后× b2+ 3.车×b2 马 a3+ 4.王 a1 象×b2+ 5.王×b2 马×c4+ 6.王 c3 车×e4 -+（杭菲—巴载，凯奇凯梅特，1977）

412：1.…后 d1+ 2.后 e1 象 g2+ 3.王 f2 后 f3+ 4.王 g1 象 h3 -+（贝兹卢奇科—阿沙包，凯迈里，1939）

413：1.…象 g2 2.象×g2 马× f3+ 3.象×f3 后×h2+ 4.王 f1 后×f2#（乌尔班—苏尼堡，哈勒，1971）

414：1.…车×g2+ 2.王×g2 车× f2+ 3.象×f2 e3+ -+（施密特—罗索利莫，德国，1949）

415：1.…后 f5 2.车 e1 车 ae8 3.马 c3 车×e4 4.马×e4 车 e8 -+（尤里耶夫—蒂什勒，1927）

416：1.…车×e2 2.车×e2 车× d5 3.ed 象 b2 -+（卢卡维什尼科夫—捷列霍夫，列宁格勒，1990）

417：1.…f6+ 2.王 g4 后 g2+ 3.后 g3 f5+ 4.王 f4 e5+ 5.de 后 d2#（马托克辛—库兹明，1970）

418：1.…车 h1+ 2.王 g2 后 b4 3.车 e2 车 e1 -+（巴拉绍夫—柴什科夫斯基，鄂木斯克，1965）

419：1.…后×d1+ 2.车×d1 车 f1 3.车 d2 车×d1+ 4.车×d1 车 f1 5.象×e4 车×d1+ -+（齐莫菲耶夫—洛巴诺夫，赤塔，1935）

420：1.…象×f1+ 2.后×h5 车× f2+ 3.王 h1 象 g2+ 4.王 g1 车× e2+ 5.王 h2 象 f3+ -+（卡什

丹—霍洛维茨，美国，1939)

421：1.…车c1+ 2.后xc1 车xa3+ 3.王b1 车a1+ 4.王xa1 后a8+ 5.王b1 后a2#（维勒—赫尔，英格兰，1964）

422：1.…车d1+ 2.象xd1 车xd1+ 3.王e2 后g1 -+（贝克斯—卡罗里，日内瓦，1989）

423：1.…马hg3+ 2.王h2 马f1+ 3.王h1 车e3 4.象xe3 后h2+ 5.马fxh2 马fg3#（皮拉—克维卡拉，布拉格，1899）

424：1.…象f3 2.车xf3 后xh2+ 3.车xh2 车xh2+ 4.王g1 车h1+ 5.王f2 车8h2#（包格丹诺夫斯基—罗思，维也纳，1969）

425：1.…后h3 2.f3 车h5 3.车f2 车c6 -+（布尔维格—布斯曼，corr.，1977）

426：1.…车d1 2.象xb7+ [2.后xb5 象xf2+ 3.王h2 车h8#；2.车fxd1 象xf2+ 3.王h2 车h8#] 2.…王b8 3.c4 车xf2 4.后xb5 车fxf1+ 5.王h2 车h1#（甘多林—罗索利莫，1944）

427：1.…车xb3+ 2.cb [2.ab 象b4 3.c3 象e4+] 2.…象e4+ 3.王a1 象b4 4.后c1 象c3+ -+（克斯特勒—E.托雷，1977）

428：1.… e2+ 2.象xe2 后d4+ 3.王e1 车xc3 4.车xh6+ 王g7 -+（斯米尔诺夫—采列兹诺夫，苏联，1969）

429：1.… 马g3+ 2.hg hg+ 3.王g1 马f2 4.车xf2 车h1+ 5.王xh1 gf-+（曼德尔—约纳，1930）

430：1.… 马g4+ 2.王g1 [hg 后xg4 3.后 b5 g5] 2.…马xe3 3.王h2 象g2 4.g4 马xf1+ -+（克夏奴—维列齐，巴拉顿采普拉克，1969）

431：1.… 马g3+ 2.hg 车f6 3.车xf2 ef-+（赫曼—拉恩菲尔德，1976）

432：1.… 车e2 2.后g3 [2.象e2 车c3 3.后g1 车c5+ 4.王c1 后a1+] 2.…e3 -+（艾格纳—迈耶，corr.，1969）

433：1.车xg7+ 王xg7 2.车g1+ 后g5 3.后e3 车xe7 [3.…王f6 4.车xg5 hg 5.象a3] 4.车xg5+ hg 5.后xg5+ 王f8 6.后h6+ 王e8 7.后xc6+ +-（布赖克伯恩—斯坦尼茨，Var.，1863）

434：1.后×f3 车 c1+ 2.后 d1 车×d1+ 3.王 e2 车 b1 4.d8 后 d1 后+ 5.后×d1 车×d1 6.王×d1 +−（杰曼科夫—萨克斯，瓦尔那，1969）

435：1.后 a8+ 王 g7 2.象×e5+ 后×e5 3.后 h8+ 王×h8 4.马×f7+ 王 g7 5.马×e5 +−（彼得罗襄—西马金，莫斯科，1956）

436：1.马 g5 h6 2.马×f7 王×f7 3.后 f6+ 王 g8 4.后×g6+ 象 g7 5.车×d7 +−（沃尔夫—贾斯蒂尼安，西纳亚，1969）

437：1.车×e5 后×e5 2.马 g6 后×h2〔2.…后×d5 3.马 e7+ 王 h8 4.后×h7+ 王×h7 5.车 h1+〕3.马 de7#（加古拉克—科甘，1909）

438：1.象 f5 gf 2.后×f5 车 h7 3.车 g6+ 王 h8 4.车 e6 后 d8 5.g6 +−（采克—佩斯科夫，corr.，1968）

439：1.车×e8+ 车×e8 2.车×g6+ 王 f7〔2.… 王 h7 3.车 h6+ 王 g7 4.象 f6+ 王×h6 5.后 g5+ 王 h7 6.后 h5+ 王 g8 7.后×e8+ 王 h7 8.后 h5+ 王 g8 9.后×d1〕3.车 f6+ 王 e7〔3.…王 g7 4.象 h4+ 王 h7 5.

后 g6+〕4.车×a6+ +−（布朗斯坦—齐塔，布拉格，1946）

440：1.象×f7+ 王×f7 2.车×g7+ 王×g7 3.后 g4+ 王 f7 4.后 h5+ 王 g7 5.马 f5+ 王 f6 6.象 g5+ 王×f5 7.象 h4+ 王 f4 8.象 g3#（施芬塞尔—康切夫，corr.，1967）

441：1.象×h7+ 王×h7 2.马 e5 象×e5 3.车 h3+ 王 g7 4.后 g4+ 王 f7 5.车 h7+（库巴特—唐纳，巴特·皮尔蒙特，1951）

442：1.车×d7 车×d7 2.马 f6+ 王 h8〔2.…g5 3.后×g4+ 王 h7 4.后 h5+〕3.后×g4 g6 4.h5 王 g7 5.hg +−（科多维尔—加西亚，锡根，1970）

443：1.b5 cb〔1.…车 a8 2.后 h8+ 王 f7 3.后 g7+ 王 e6 4.后 f6+ 王 d7 5.后×c6+〕2.后 h8+ 王 f7 3.后 g7+ 王 e6 4.后 f6+ 王 d7 5.后×a6 +−（马里奇—比诺，莱比锡，1977）

444：1.马 f6+ gf〔1.… 象×f6 2.ef 后×f6 3.象 g5〕2.ef 象×f6 3.象 e4 车 e8 4.后×h7+ 王 f8 5.象 g6 象 g7 6.象 h6 +−（芮谢夫斯基—马楚莫托，锡根，1970）

445：1.d5 cd［1.… fe 2.de］2.象 b5+ 马 d7 3.马 e5 后 c7 ［3.… 象 c8 4.后 g7 车 f8 5.车×d5 ed 6.马 f6+ 象×f6 7.马 g6+ 象 e7 8.后×f8#］4.象×d7+ 王 d8 5.后 g7 车 f8 6.马 g5 后 c5 7.象×e6 +-（科托夫—卡尔马诺克，莫斯科，1936）

446：车×d7 王×d7 2.后×f7+ 象 e7 3.车×e6 后 c5 4.车×e7+ 后×e7 5.象 f5+ +-（扎卢巴—姆尔卡，布拉格，1970）

447：1.马 a4 ［1.车 f4 ef 2.马 a4 f3+ 3.马×f3 后 a7 4.马 g5 fg 5.f6 马 e6 6.象×e6 fe］1.… ba 2.车 f4 ef 3.gf +-（阿列克山大—马歇尔，剑桥，1928）

448：1.马×h7 王×h7 2.后 h5+ 王 g8 3.象×g6 车 f7 4.后 h7+ 王 f8 5.象 h6 象×h6 6.后×h6+ 后 g7 7.车 e8+ 王×e8 8.后×g7 +-（托多塞维奇—简，巴格诺，1968）

449：1.车 e8+ 王 g7 2.马 e6+ 王 h6 ［2.… 象×e6 3.后×g5#］3.马×d8 gf 4.象×f6 马 d7 5.车 g8 +-（杰戈德津斯基—库品斯基，波兹南，1974）

450：1.e6 象×e6 2.后×e6 马 g7 3.后 e5 ［3.后×f7+ 车×f7 4.车×f7 e6］3.… 象 h6 4.后×e7 车 a7 5.车×f7 +-（安德森—维依尔，奥布罗，1969）

451：1.象 h3 h×h3 2.车×f4 车 e8 3.象×e5+ 车×e5 4.车 f8+ +-（马宁—卢德弗，塔什干，1979）

452：1.象×h6 gh 2.马×f7 王×f7 3.后×h6 王 g8 4.后 g6+ 王 h8 5.车 e5 +-（理查德森—马什，马德里，1969）

453：1.车×g7+ 王×g7 2.车 g1+ 王 h8 ［2.… 王 f8 3.后 h4+ 王 f5 4.后 g5+ 王 e4 5.车 e1+ 王 f3 6.后 g3#］3.后×e5+ de 4.象×e5+ f6 5.象×f6+ 车×f6 6.车 g8#（哈特劳布—特斯塔，不来梅，1913）

454：1.马 h4 车×h4 2.马×f5 gf 3.车×d7+ 王 e8 4.车 c7 e4 5.车 dd7 车 h7 6.车×a7 +-（雅各布森—伊夫科夫，拉阿克，1969）

455：1.f6 马×f6 ［1.… 象×f6 2.马×f6+ 马×f6 3.马 c6 bc 4.象×f6］2.马×f6+ 象×f6 3.马 c6 +-（赫文尼基尔德—克利斯坦森，丹麦，1960）

456：1.象xe7 车xe7 2.马f6+ 王f8 3.马xh7+ 王g8 4.马f6+ 王f8 5.后h6 +-（博因什—克纳克，伍特佐夫，1969）

457：1.g5 f5 2.象xf5 马e7 3.象xh7 车xf3 [3.··· 后f1+ 4.后xf1 车xf1+ 5.王g2 车f4 6.象g6+] 4.象d3+ 王g8 5.车h8+ 王f7 6.车xf3+ +-（科夫曼—波利亚克，基辅，1952）

458：1.车g7+ 象xg7 2.后b7 象h6 3.后xc8+ 王f7 4.后d7+ 王f6 5.后xh7 +-（纳塞西安—克雷曼尼茨基，莫斯科，1968）

459：1.车h5 gh 2.象e4 f5 [2.··· 车e8 3.象xh7+ 王h8 4.象f5+ 王g8 5.后h7+ 王f8 6.后h8+ 王e7 7.车d7#] 3.象d5+ 车f7 4.象xf7+ 王xf7 5.车d7+ 象e7 6.后xh7+ +-（沙乌迪斯—格雷戈雷夫斯基，考纳斯，1977）

460：1.车xc7+ 王b8 2.车xb7+ 后xb7 3.后e5+ 王a8 4.马c7+ 王b8 5.马xe6+ 王c8 6.马xd8 车xd8 7.后xg7 +-（施密德—金采尔，锡根，1970）

461：1.象xh7+ 王xh7 2.象f6 gf [2.··· g6 3.后h4+ 王g8 4.后h8#；2.··· 车g8 3.后h5#] 3.后h4+ 王g8 4.后g3+ 王h7 5.车e4 +-（莫林—菲安什，民主德国，1961）

462：1.后e6 马xg5 2.后xf6+ 马f7 3.h4 +-（萨望—布基奇，德希勒森，1970）

463：1.马xh6 gh 2.象xh6 象xh6 [2.··· 车xh6 3.车xf8+] 3.后e4 车e7 4.后g6 后d2 5.车h3 +-（格奥尔基耶夫—波波夫，佩尔尼克，1975）

464：1.马xf7 王xf7 2.后f6+ 王g8 3.车a3 马xa3 4.车e3 +-（裘巴尔—伯奈特，1970）

465：1.d7 车d8 2.后f6 车xd7 3.象h6 后d4 4.车e1 象e4 [4.··· 车d8 5.后xd4；4.··· 象e6 5.车xe6] 5.车xe4 +-（多伯特津—博因什，哈勒，1977）

466：1.e6 ed [1.··· 象xe6 2.车xh7+ 王xh7 3.后xe4+ 象f5 4.后h4+ 马h6 5.马xe7] 2.象xd3 马f6 3.gf 象xf6 4.车xh7+ 王g8 5.象xf6 车xf6 6.车hxg7+ +-（图克马科夫—巴诺，布宜诺斯艾利斯，1970）

241

467：1.马 f5+ g5 2.ef 车 ac8 [2.··· 后×f5 3.后 d6+ 王 e8 4.车 fe1+ 象 e6 5.后 d7#] 3.车×d7+ 后×d7 4.f6+ 马×f6 5.车 e1+ 马 e4 6.车×e4+ 王 f6 7.后×d7 +- (菲舍尔—赛勒，美国，1964)

468：1.马 f6+ 王 f8 [1.··· 象×f6 2.后×g8+ 象 g7 3.马 f5；1.··· 王 h8 2.后×g6 fg 3.马×g6#] 2.马×g6+ fg 3.马 h7+ 王 e7 4.后×g6 +- (米哈尔奇辛—本柯，萨拉热窝，1970)

469：1.g5+ 王 f5 2.王 f3 e5 3.车 e7 ed 4.cd 车 a3+ 5.车 e3 车×e3+ 6.王×e3 +- (温齐尔—格罗纳乌，黑斯廷斯，1975)

470：1.马 e4 象×e4 2.车×d4 象×c2 3.象 f6+ 王 g8 4.后×h7+ +- (巴龙—塔塔巴德捷，1980)

471：1.象 a6 象×a6 [1.··· 后 c8 2.马×c6 后×c6 3.象×b7 后 b7 4.后 h4 王 g7 5.象 h6+] 2.马×c6 后 e8 3.马×e7+ 后×e7 4.后 h4 王 g7 5.象 h6+ +- (克拉门—斯梅斯洛夫，列宁格勒，1947)

472：1.后 f3 后×f3 2.gf 车×f1+ 3.王 g2 +- (楚依德马—庞奈穆，瓦尔，1962)

473：1.马 g6+ hg 2.车×f8+ 王 h7 3.后 h6+ +- [3.··· 王×h6 4.车 h8#；3.···gh 4.车×b7+] (波波夫—诺沃帕辛，别利齐，1979)

474：1.马 f6+ 王 h8 [1.··· gf 2.gf+ 王 h8 3.车 g7] 2.后 h5 gf [2.··· h6 3.g6] 3.车 g3 马 c2+ 4.王 d1 车 g8 5.车 h3 车 g7 6.gf+- (康—无名氏，1933)

475：1.车×e5+ 象 e7 [1.··· 马×e5 马 f6#；1.··· de 2.马 f6+ 马×f6 3.车 d8#] 2.车×e7+ 王 f8 3.后 f5 马 e5 4.后 f6 车 h7 5.车 e8+ 王×e8 6.后 d8# (希巴雷维奇—布基奇，巴尼亚卢卡，1976)

476：1.后 h6+ 王×h6 [1.··· 王 g8 2.象×e6] 2.马 f5+ 王 g5 3.车 g1 +- (沙因斯维特—布鲁纳，1965)

477：1.象 g6 fg 2.后×g6 马 d7 3.马 g5 后 f6 4.车 h8+ +- (马歇尔—伯恩，巴黎，1900)

478：1.象×h7+ 王×h7 2.后 h5+ 王 g8 3.车 d3 车 fd8 4.车 h3 王 f8 5.象 g5 +- (科斯基

南—汉蒂南，芬兰，1978)

479：1.车 d7 车 ad8 2.车×d6 车×d6 3.后 f6 gf 4.车 g4+ 王 h8 5.象×f6#（尼姆佐维奇—尼尔森，1930)

480：1.车 g3+ 王 h7 2.象 d3+ e4 3.马×e4 马×e4 4.象×e4+ f5 5.车×f5 后×h4 6.车 f7+ 王 h8 7.车 h7#（哈特劳布—戈斯丁斯基，1921)

481：1.车×f6 gf 2.象×h6 后 e8 3.象 f8+ 王 g8 4.后 h6 后× f8 5.后 h7 #（赫罗马德卡—塔拉什，佩斯蒂恩，1922)

482：1.马×g7 王×g7 2.马 d4 后 c8 3.马 f5+ 王 g8 4.后 g3+ 马 g4 5.后×g4+ 车 g6 6.马× e7+ +−（涅热麦特金诺夫—艾斯特林，列宁格勒，1951)

483：1.车 h8+ 王 g6 2.f5+ ef 3.后×h6+ gh 4.车 ag8 #（伯恩斯坦—科托夫，格罗宁根，1946)

484：1.马×g6 王×g6 2.象 h5+ 王×h5［2.… 王 h7 3.马 f6+；2.… 王 f5 3.g4 #］3.马 g3+ 王 g4 4.后 e4+ 车 f4 5.后×f4 #（鲍特维尼克—尤多维奇，莫斯科，1933)

485：1.车 g7+ 王 h8 2.车 h7+ 王 g8 3.车 h8+ 王×h8 4.g7+ 王 g8 5.gf 后+ 王 h7 6.后 g7 #（比莱克—库伊帕斯，比弗维雅克，1966)

486：1.车×f8+ 马×f8 2.后 h5+ g6 3.车×f8+ 王×f8 4.象×h6+ 后 g7 5.后×g6 后×h6 6.后×h6+ +−（赫布登—威尔斯，1979)

487：1.象×c5 后×c5 2.象 e6 车 e7 3.后 h6 gh 4.车 g8+ 车×g8 5.车×g8 #（克拉默—卢斯特，阿尔赛德，1926)

488：1.象 b6 后×b6［1.… 后× e5 2.象 d4 后×e2 3.车 h8+］2.后 f3 后 d8 3.后 f6 后×f6 4.gf bc 5.车 h7 +−（萨多瓦娅—卡尔霍夫斯卡娅，corr.，1979)

489：1.b4 后×b4 2.马 c6 后 a3 3.马 b1 后 a4 4.后 b2+ e5 5.马 c3 +−（赫南德斯—兰塔南，斯科普里，1972)

490：1.马 f6 后 d8［1.… 王× f6 2.后 c3+ 王 e6 3.马 g5+ 王 f5 4.后 f3+ 王×g5 5.后 f4+ 王 h5 6.后 h4#］2.车×d8 车×d8 3.后 c3 车 d1+ 4.象 f1 象 h3 5.马 h5+ 王 f8 6.后 g7+ 王 e8 7.马 f6+ 王 d8 8.后 h8+ 王 c7

9.后×h3 +- （弗列依斯勒—里哈，布拉格，1980）

491：1.象c1 后e1+ ［1.… 马e5 2.象f4 车e8 3.后b5］2.车f1 后×c3 3.象f4+ 王b7 4.后b5 +- （菲舍尔—达加，德国，1960）

492：1.车×d7 车a8 2.车d8+ 车×d8 3.象b5+ 车d7 4.f5 +- （米哈尔楚克—比莱克，corr.，1989）

493：1.车×g7+ 王×g7 2.马g5 ［2.… h6 3.后h5 象e8 4.马×e6+；2.… 车h8 3.后h5 车cf8 4.象×h7］+- （阿兰—斯塔德，corr.，1958）

494：1.马d7 后×d7 2.后×g5+ 王f8 3.后g7+ 王e7 4.后f6+ 王e8 5.后h8+ 王e7 6.后×b8 +- （什库罗维奇—哈津·库里耶夫，库利亚布，1956）

495：1.d5 ed ［1.… 马×d5 2.马×d5 ed 3.象×e7 后×e7 （3.… 车e8 4.后c2) 4.车×c6］2.象×f6 象×f6 3.马×d5 后d6 4.马×f6+ 后×f6 5.后e4 +- （艾尔塔里斯—克卢姆卡伦斯，拉脱维亚，1949）

496：1.车×f5 车×f5 2.车f1 车7f6 3.车f3 车f7 4.王f2 车7f6 5.王g3 车f7 6.王g4 +-

497：1.e5 de ［1.… fe 2.f6 后×f6 3.后×g4+ 再 4.象e4］2.d6 c5 ［2.… cd 3.c5］3.象e4 后d7 4.后h6 +- （阿廖欣—G.约纳，苏黎世，1934）

498：1.e6 车d×g7 2.马×g7 车×g7 3.车×d5 cd 4.车f8+ 王c7 5.车f7+ +- （阿廖欣—包戈柳包夫，德国，1934）

499：1.e4 de ［1.… fe 2.f5 后×f5 （2.… 车×f5 3.车g8+ 后×g8 4.车×g8+ 再 5.后×f5) 3.后h6+ 王e7 4.后d6#］2.车g8+ 王e7 3.后h4+ 王d7 4.车d1 +- （鲍里森科—卢布特索瓦，苏联，1948）

500：1.象h5 后×h5 ［1.… g6 2.车5×e4］2.车3×e4 后g6 3.车e8+ 王f7 4.后×d5+ 车×d5 5.车4e7# （贝廷斯—罗马什凯维奇，拉脱维亚）

501：1.象×d4 ed 2.车f6 王g8 ［2.… 象×f6 3.e5］3.e5 h6 4.马e2 ［4.… 马b5 5.后f5；4.… 象×f6 5.后×h6］+- （菲舍尔—本柯，纽约，1963/64）

502：1.马×d5 ed 2.马f5 车f7

3.马×h6+ 王f8［3.··· 王h8 4.后h7#］4.后f7#（A.塔尔—尤里基维，corr.，1969）

503：1.马×f7 后h4［1.··· 象×f7 2.象×f7+ 马×f7 3.后e6+；1.··· 马×f7 2.象b5+ c6 3.后e6+］2.后b5+ c6 3.后×e5 王d7 4.后e6+ 王c7 5.象d6#（伊万斯—麦克唐纳尔，伦敦，1829）

504：1.象×e5 fe 2.马g5 王g7 3.后×h7+ 王f6 4.马e4+ 王e7 5.后h4+ f6 6.车dc1 +-（富洛尔—霍尔维茨，苏联—美国无线电对抗赛，1945）

505：1.c7 gh 2.象c6 车f8 3.车d8 g6 4.象d7 象×d7 5.车×d7 王g7 6.车d8 +-（洛布龙—瓦尔斯，德国，1988）

506：1.车×g6+ hg 2.车×f7+ 王×f7 3.后h7+ 王e6［3.··· 王f8 4.马f4］4.后×g6+ 王e5 5.后g7+ 王×e4 6.马f6+ ef 7.后×d7 +-（拉戈津—维列索夫，莫斯科，1945）

507：1.车×f8+ 车×f8 2.车×f8+ 王×f8 3.马×h7+ 王f7 4.后f4+ 王e7 5.后f6+［5.··· 王e8 6.后f8#］（拉斯—维帕，塔林，1990）

508：1.车×e5 de 2.f7+ 车×f7 3.后×e5 王f8 4.后g7+ 王e7 5.象b4+ +-（巴诺夫—马科冈诺夫，第比利斯，1937）

509：1.马×e5 象×d1 2.象b5+ c6 3.dc 象g4 4.cb+ 象d7 5.象×d7+ 后×d7 6.ba 后+ +-（米塞斯—阿奎斯特，1895）

510：1.车×d4 车d×c7 2.车d8+ 车×d8 3.bc 车c8 4.车d1 +-（唐纳—迪克斯坦）

511：1.车×f8+ 王×f8 2.后c8+ 王e7 3.后×c7+ 车d7 4.d6+ 王e8 5.象×f7+ 王×f7 6.后×d7+ +-（科布伦茨—楚卡耶夫，苏联，1946）

512：1.后d5+ 王f8 2.后c5+ 王g8 3.后c8+ 后f8 4.象f7+ 王×f7 5.后e6#（佐斯特—克卢耶格）

513：1.车×f7 车×f7 2.车d7 车cf8 3.车×f7 车×f7 4.g6 hg 5.马g5 +-（克里斯蒂安森—布拉特尼、萨洛尼基，1988）

514：1.马×h7 王×h7 2.马g5+ 王g8 3.后h5 f6 4.后×g6+ 后g7 5.后×g7+ 王×g7 6.马×e6+ +-（马歇尔—沃尔夫，纽伦

245

堡，1906)

515：1.… f4 2.gf+ 王 d6 3.a5 [3.f5 g3 4.f6 g2 5.f7 王 e7] 3.… g3 4.a6 王 c7 5.王 e2 d3+ -+（斯托尔茨—尼姆佐维奇，柏林，1927)

516：1.王 f3 c6 [1.… 王 e8 2.王 e4 c5 3.王 d5 王 f7 4.王 d6] 2.王 f4 c5 3.王 e4 王 e8 4.王 d5 王 d7 5.王 c4 王 e8 6.王×c5 d3 7.王 d6 王 f7 8.王 d7 +-（J.拜廷斯，1894)

517：1.b4 f5 2.b5 f4 3.b6 f3 4.b7 f2 5.b8 后 f1 后 6.后 b5+ 后×b5+ 7.王×b5 王 g4 8.a4 +-（D.瓦尔克，1841)

518：1.王 g6 王 g8 [1.… c3 2.王 f7 c2 3.g6 c1 后 4.g7+ 王 h7 5.g8 后+ 王 h6 6.后 g6#；1.… b3 2.王 f7 b2 3.g6 b1 后 4.g7+ 王 h7 5.g8 后+ 王 h6 6.后 g6+ 后×g6+ 7.hg c3 8.g7 c2 9.g8 后 c1 后 10.后 g6#] 2.王 h6 b3 3.h7+ 王 h8 4.王 h6 b2 5.g6 b1 后 6.g7#（E.德维佐夫，1965)

519：1.王 b2 王 b4 2.c3+ 王 c5 3.王 c2 f6 [3.… g2 4.王 d3 g1 后 5, b4#] 4.王 d3 fe 5.王

e2 +-（T.道森，1923)

520：1.王 g3 王 b7 2.王 f4 王 c6 3.王 e4 王 b7 4.王 d5 王 c8 5.王 d6 h4 6.c6 h3 7.b7+ +-（克·贝克，1926)

521：1.f3 ef 2. 王 f1 f2 3.e4 de 4.王×f2 e3+ 5.王 e1 e2 6.d5 ed 7.王×e2 d4 8.王 d2 d3 9.c6 bc 10.王×d3 王 b7 11.王 c4 王 a8 12.王 c5 王 b7 13.a8 后+ 王×a8 14.王×c6 +-（L.基塞里茨基，里普曼)

522：1.王 g7 [1.王 f7 王 d5 2.王 f6 王 c4 3.e4 王×c3 4.e5 c5 5.e6 王 d2 6.e7 c4 7.e8 后 c3 8.后 d8+ 王 c1] 1.… 王 d5 2.王 f7 王 e5 3.王 e7 王 d5 4.王 d7 王 c4 5.王 c6 王×c3 6.王 c5 +-（M.齐纳，1981)

523：1.王 f2 王 d6 2.王 g2 王 c6 3.王 h3 王 d6 4.王 g4 王 d5 5.王 g3 王 d6 6.王 f4 王 d5 7.王 e3 +-（M.齐纳，1985)

524：1.王 g2 a5 2.王 f3 a4 3.h6 王×h6 4.王 g4 a3 5.王 h4 a2 6.g4 a1 后 7.g5#（I.辛德勒，1969)

525：1.h7 车 d8 [1.… 车 h2 2.车 f1+ 王 d2 3.车 f2+ 车×f2

4.h8 后] 2.车 c4+ 王 d2 3.车 d4+ 车×d4 4.h8 后 +-（A.托洛斯基，1924）

526：1.王 f4 王 f2 2.王 e4 王 e2 3.王 d4 王 d2 4.王 c5 王 c3 5.车 c8 车×a7 6.王 b6+ +-（A.托洛斯基，1896）

527：1.车 e7+ 王 h8 2.王 h6 车 ge8 3.车 dd7 王 g8 4.车 g7+ 王 h8 5.车 h7+ 王 g8 6.车 dg7+ 王 f8 7.车 h8#（H.林克，1921）

528：1.c3 f2［1.… g3 2.d3 g2（2.… cd 3.c4 g2 4.c5 dc 5.车 e1) 3.dc f2 4.c5 dc 5.车 d1] 2.d3 cd 3.c4 g3 4.c5 dc 5.车 h1 +-（A.渥太华，1939）

529：1.d4+ 王 e6 2.d5+ 王 e5 3.d6 车 d7 4.车 e8 车×b7 5.车×e7+ +-（V.巴尔比尔里，1927）

530：1.王 e7 a2 2.王 d6 e4 3.王 e5 e3 4.王 b4 e2［4.… a1 后 5.车×a1 王×a1 6.王 c3］5.车 e7 a1 后 6.车×e2+ 王 b1 7.车 e1+ 王 a2 8.车×a1+ 王×a1 +-（B.霍尔维茨，1879）

531：1.车 d1+ 车 d2［1.… 王 c7 2.车 c3+ 王 b6 3.车 b1+

车 b2 4.车 b3+ 车×b3 5.车×b3+ 王 a5 6.王×h2］2.车 d3+ 车×d3 3.车×d3+ 王 c7 4.王×h2 +-（L.普罗克斯，1940）

532：1.车 g5 h3 2.车 g4+ b4+ 3.王 c4 h2 4.车 g3 g1 后 5.车 a3+ ba 6.b3#（L.普罗克斯，1924）

533：1.a5 象 f8 2.王 d5 象 h6 3.g5+ 象×g5 4.王 e4 象 h4 5.王 f3 王 e6 6.a6 +-（H.奥顿，1892）

534：1.象 h6+ 王 g8 2.g7 王 f7［2.… e6+ 3.王 d6 王 f7 4.王 e5 王 g8 5.王 f6；2.…e5 3.王 e6 e4 4.王 f6 e3 5.象×e3] 3.g8 后+ 王×g8 4.王 e6 王 h8 5.王 f7 e5 6.象 g7#（A.特罗依茨基，1895）

535：1.象 a7 象 a1 2.王 b1 象 c3 3.王 c2 象 a1 4.象 d4 象×d4 5.王 d3 象 a1 6.王 e4 +-（P.霍格尔，1930）

536：1.象 c2+ 王 a5 2.b4+ 王 a6 3.王 c6 王 a7 4.b5 王 a8 5.象 e4 王 a7 6.象 d5 王 a8 7.b6 cb 8.王×b6#（B.霍尔维茨，1889）

537：1.王 e4 象 d8 2.b6 王

247

a6 [2.··· 王×b6 3.王 f5] 3.王 e5 象 g5 4.h7 象 c1 5.王 d6 [5.王 d5 象×b2 6.王 c6 象 e5] 5.··· 象×b2 6.王 c7 象 e5+ 7.王 c6 象 a1 8.b7 王 a7 9.王 c7 +-（M.列维特，1933）

538：1.b7 [1.王 c7 g2 2.b7 g1 后 3.b8 后 后 h2+] 1.··· f2 [1.··· g2 2.b8 后 g1 后 3.后 b5+] 2.象 g2 f1 后 3.b8 马+ 王 a7 4.马 c6+ 王 b6 5.象×f1 +-（P.瓦西尔奇科夫，1937）

539：1.g7 王 g5 2.h6 象 d5 3.g4 象 f7 4.g8 后+ 象×g8+ 5.王 g7 +-（K.汉奈曼，1925）

540：1.马 b3 王 b4 2.马 a1 a5 3.王 e7 a4 4.王 d6 a3 5.马 c2+ 王 b3 6.ba +-（卡什丹，霍尔维茨，1928）

541：1.王 b5 [1.王 c5 王 a6] 1.··· 马 c8 2.王 c6 马 e7+ 3.王 d7 马 d5 4.马 b5+ 王 b6 5.c8 后 +-（A.舍龙，1955）

542：1.d4+ 王×d4 2.g6 马 e6 3.h5 王 e5 4.g7 马×g7 5.h6 王 f6 6.h7 +-（A.加里宁，1990）

543：1.马 d5 王 d4 [1.··· 王× d5 2.b8 后 g1 后 3.后 b5+] 2.

b8 后 f1 后 3.后 b6+ 王 e5 4.马 e3 +-（A.特罗伊茨基，1924）

544：1.e7 b1 后 2.e8 后 h7 3.王 c8 后 g7 [3.··· 后 e4 4.王 c7+ 后×e8 5.ab#] 4.后 d8 后 f7 [4.··· 后 h7 5.后 f8 ba 6.后 f3+] 5.后 h8 后 e7 6.后 g8 +-（V.普罗斯库罗夫斯基）

545：1.王 h6 王 h8 2.马 h4 王 g8 3.马 f3 王 h8 4.马 e5 王 g8 5.马 c6 王 h8 6.马 e7 象 g8 7.马 g6#（A.特罗伊茨基，1924）

546：1.车 g5+ 王 h6 [1.··· 王 h7 2.车 g7+ 王 h6 3.王 f7 h1 后 4.象 g5+ 王 h5 5.车 h7+ 王×g5 6.车×h1] 2.车 g8 h1 后 3.象 g7+ 王 g5 4.象 e5+ 王 h4 5.车 h8+ 王 g5 6.车×h1 +- (H.维恩宁克，1923)

547：1.车 f2 g3 2.车 f3 王 h2 [2.··· 王 g4 3.王 e4 g2 4.象 e6+ 王 h4 5.车 h3+ 王 g5 6.车 g3+；2.··· 王 h4 3.车 f4+ 王 g5 4.王 e4 g2 5.车 f8 g1 后 6.车 g8+] 3.象 c4 g2 4.象 f1 g1 后 5.车 h3#（N.克拉林，

248

1966)

548：1.象 c4+ 王 g7 [1.⋯ 王 h7 2.车 e7+ 王 g6 3.象×a6 象 d8 4.象 d3+] 2.车 e7+ 王 f8 [2.⋯ 王 f6 3.车 e2 车 a7 4.车 e6+] 3.车 f7+ 王 e8 4.车 f6 象 d8 5.象 b5+ 王 e7 6.车×a6 +－（A.卡科温，1960）

549：1.车 a8 王 b2 2.车 b8+ 王 a1 [2.⋯ 王 c1 3.象 f5 象 h5+ 4.王 e3] 3.象 f3 象 h5 4.车 h8 h1 后 5.车×h5 后 b1 6.车 h1 +－（L.米特罗法诺夫，1990）

550：1.车 b3+ 车 b6 2.车× b6+ 王 c7 3.象 d8+ 王×d8 4.车 b8+ 王 e7 5.王 g6 +－（T.高尔基耶夫，1930）

551：1.马 e6 后×c6 [1.⋯ 后 c8 2.马×e7+；1.王×c6 2.象 a4+；1.⋯ 王 c4 2.马 e5+ dc 3.象 b3+ 王 b5 4.象 a4+ 王× a4 5.马 c5+；1.⋯ 王 e4 2.马 c5+ dc 3.象 f3+ 王 f5 4.象 g4+ 王×g4 5.马 e5+] 2.象 f3+ +－（N.杰弗斯）

552：1.后 e1+ 王 g2 [1.⋯ 王 h2 2.后 f1] 2.象 h3+ 王×h3 [2.⋯ 王 h2 3.后 e5+] 3.后 g1 王 h4 4.后 h2+ 王 g5 5.f4+ +－（L.库珀尔，1925）

553：1.马 e6 象 g3 [1.⋯ 象 h4 2.马 c5+ 王 a3 3.马 e4] 2.马 d4+ 王 a3 3.马 f3 +－（L.库珀尔，1908）

554：1.后 e4+ 王 b8 2.车 b6+ 象×b6 3.王 a6 车 d7 4.后 a8+ 王×a8 5.马×b6+ 王 b8 6.马× d7+ 王 c7 7.马×f8 +－（L.库珀尔，1921）

555：1.车 e2 后 g8 [1.⋯ h6 2.车 e8+ 王 h7 3.马 f6+ 王 g7 4.车 g8+] 2.马 g7 [2.马 f6 后 g1 3.车 e8+ 王 g7 4.车 g8+ 王 h6 5.车×g1=] 2.⋯ 后×g7 3.车 e8+ 后 g8 4.车×g8+ 王× g8 5.a5 +－（D.普尔捷皮奥尔卡，1921）

556：1.车 e6+ 车×e6 2.后 a6+ 王 d5 3.后 c4+ 王 d6 4.后 c5+ 王 d7 5.后 a7+ +－（A.特罗伊茨基，1898）

557：1.车 b4 后 c8 2.车 b8 后 h3 3.车 h8 马 h4 4.车×h4 后 c8 5.车 h8 后 b7 6.车 b8 +－（A.特罗伊茨基，1910）

558：1.车 e4 [1.f7 象×f7 2.车 g4+ d4+ 3.王 f2 后×c5] 1.⋯

de+ 2.王 g2 e3+ 3.王 g1 象 f7 4.ef 后×c5 5.f8 后+ 后×f8 6.f7+ 后 g7+ 7.王 h2 +-（V.埃弗雷伊诺夫，1959）

559：1.马 c7+ 王 e5 2.车 e1+ 王 f4 3.马 e6+ 王 g4 4.车 g1+ 王 h3 [4.··· 王 h5 5.马 g7+ 下着 6.马×f5+] 5.马 g5+ 王 h2 6.马 f3 王 h3 7.车 h1+ 王 g4 8.车×h4#（V.科谢克，1906）

560：1.后 g4+ 王 a5 2.d7 f1 后+ 3.王×f1 车 c1+ 4.后 d1 车×d1+ 5.王 e2 车 e1+ 6.王×d2 +-（L.米特罗法诺夫，1971）

561：1.马 h5 [1.马 f5 王 b2 2.后 b7+ 王 a2 3.马 d4 c1 后 4.后 b3+ 王 a1 5.马 c2+ 后×c2 6.后×c2] 1.··· 王 b2 2.后 b7+ 王 a2 3.后 a6+ 王 b1 4.后 b5+ 王 a2 5.后 f1 王 b2 6.马 f4 c1 后 7.马 d3+ +-（P.赫克尔，1929）

562：1.g4 王 f4 2.王 d7 b5 3.王 e6 b4 4.王 f6 王 f3 5.王 f5 王×f2 6.王 e4 +-（L.米特罗法诺夫，1977）

563：1.马 f7+ 王 e6 2.象 b3+ 王 d7 3.象 a4+ 王 d6 4.d7 马 f6+ 5.王 g5 马×d7 6.象 b3#（G.洛默，1935）

564：1.象 e5+ 王 b6 [1.··· 王 d7 2.车 d4+ 王 e6 3.象 f4; 1.··· 王 c8 2.车 c4+ 王 d7 3.车 d4+; 1.··· 王 c6 2.车 d4 b5 3.象 f4] 2.象 b8 王 a6 3.车 h6+ b6 4.车 h7 b5 5.王 c5 d1 后 6.车 a7#（L.米特罗法诺夫，1989）

565：1.f7 车 c2+ 2.王 d5 车 d2+ 3.王 e5 车 e2+ 4.王 f6 车 e8 5.马 b6+ 王 d8 6.马 g7 车 f8 7.马 e6#（L.米特罗法诺夫，I.舒尔曼，1986）

566：1.马 g3 g1 后 2.马 e2+ 王 e3 3.马×g1 王 f2 4.王 g4 王×g1 5.王 g3 e4 6.h4 王 f1 7.王 f4 王 f2 8.王×e4 +-（E.波戈西安茨，1984）

567：1.王 g8 象 g7 2.王×g7 g2 3.象×g2 马 g5 4.f8 马 下着 5.王 g6 +-（I.弗里茨，1955）

568：1.b8 后+ 王×b8 [1.··· 马×b8 2.g7 车 e5+ 3.车 e3] 2.g7 车 e5+ 3.王 f1 车 e8 4.车 f3 车 c8 5.车 f7 +-（H.马蒂森，1922）

569：1.车 b8+ 王×c2 2.h7 车 h1 [2.··· 象×g4+ 3.王 g2 象

f3+ 4.王×f3 车 h1 5.h8 后 车×h8 6.车×h8 a4 7.车 a8 王 b3 8.王 e2 a3 9.王 d2] 3.车 b2+ 王 d3 4.车 h2 车×h2 5.王 g3 车 h1 6.h8 后 +−（H.马蒂森，1927）

570：1.后 a3+ 王 d7 2.后 h3+ [2.b8 后 后 h4+ 3.王 g6 后 g4+ 4.王 f6 后 f3+] 2.··· 王 e7 3.后 e3+ 王 d7 4.b8 车 后 f7+ 5.王 h6 后 f6+ 6.王 h5 +−（E.波戈西安茨，1977）

571：1.象 c5 象×c5 2.王 c3 王 e3 3.马 c4+ [3.马 d5+ 王 e4 4.马 f6+ ef 5.h7 象 d4+ 6.王 c4 f5] 3.··· 王 e4 4.马 d2+ 王 e3 5.马 f3 +−（T.金-帕克，1909）

572：1.d7+ 王 c7 2.马 d5+ 王 d8 3.ef 象 b4 4.马×b4 马 b6+ 5.王 b7 马×d7 6.马 c6#（A.索赫涅夫，1980）

573：1.马 g5+ 王 g6 [1.··· 王 h6 2.c7 车 f8 3.马 f7+ 王 g7 4.马 d8] 2.马 e6 车 a1 3.c7 车×a4+ 4.马 d4 车 a8 5.马 c6 车 c8 6.马 e7+ +−（H.马蒂森，1913）

574：1.象 e3+ 王 b7 2.e7 车× a3 3.象 a7 [3.象 b6 车 a8 4.象 d8 车 a2] 3.··· 车 a1 [3.··· 王×a7 4.王 d4 车 a4+ 5.王 d5 车 a5+ 6.王 d6 车 a6+ 7.王 d7] 4.王 f4 车 f1+ 5.象 f2 车×f2+ 6.王 e3 +−（H.马蒂森，1914）

575：1.f7 马 c7 2.马 f2 王 c2 2.马 d3 [3.王 c4 e1 后 4.f8 后 后 c3#] 3.··· 王×d3 4.王 d6 e1 后 [4.··· 马 e6 5.王×e6 e1 后+ 6.王 f6 后 a1+ 7.王 e7] f8 后 后 b4+ 6.王 e5 后×f8= （V.布龙，1926）

576：1.王 e7 g5 2.王 d6 g4 3.e7 象 b5 4.王 c5 象 d7 5.王 d4 王 b6 6.王 e4 王 c6 7.王 f4 王 d6 8.e8 后=（R.列蒂，1928）

577：1.王 c8 b5 2.王 d7 象 f5+ [2.··· b4 3.王 e6 王 f4 4.王 d5 象 f5 5.王 c4] 3.王 d6 b4 4.王 e5 王 g4 5.王 d4=（A.萨里切夫，K.萨里切夫，1928）

578：1.f4 e4 2.王×e4 马 f2+ 3.王 f3 马×h1 4.f5 [4.王 g2 王 e6 5.王×h1 王 f5 6.王 g2 王×f4 7.王 f2 f5−+] 4.··· 王 e7 5.王 g2 王 d6 6.王×h1 王 e5 7.王 g2 王 e4 8.王 f2 王×

f5 9.王 f3 =

579：1.马 f5 马×f5 2.车 d7 马 e3 3.车 d2 e1 后 4.车 h2+ 王 g1 5.车 h1# 王×h1=（A.特罗伊茨基，1916）

580：1.e7 [1.a5 马×e6 2.a6 马 d8 3.王 b8 象 e3 4.王 c7 马 f7 5.王 b7 马 d6+ 6.王 b8 马 b5] 1.… 象×e7 2.a5 马 e6 3.a6 马 d8 4.王 b8 象 c5 5.王 c7 马 e6+ 6.王 b7 马 d8+ 7.王 c7 =（V.蒂亚夫洛夫斯基，1963）

581：1.王 c8+ 王 c2 2.车 b7 f1 后 3.车 c7+ 王 d3 [3.… 王 b3 4.车 b7+ 王 a4 5.车 a7+ 王 b5 6.车 b7+ 王 a6 7.车 b6+ 王 a5 8.车 f6+] 4.车 d7+ 王 e4 5.车 e7+ =（G.洛默，1933）

582：1.王 h7+ 王 f5 2.马×f6 象 b8+ 3.王 h4 g3 4.王 h5 g2 5.马 g3+ 象×g3+ 6.王 h3 g1 后=（G.布雷涅夫，1931）

583：1.王 f5 马 f7 [1.… 王 d3 3.王 f6 象 e4 3.b7 象×b7 4.王 g7] 2.王 e6 马 d8+ 3.王 d7 马 b7 [3.… 马 c6 4.王 c7 马 a5 5.b7 象×b7 6.王 b6] 4. 王 c7 马 c5 5.b7 象×b7 6.王 b6 =（M.西格，1930）

584：1.e6 de 2.王 e3 象 a2 3. h5 e5 4.h6 象 g8 5.h7 象×h7 =（安德森，1934）

585：1.王 g3 车×f2 2.车 h5+ 王 g6 3.车 d5 象 b6 4.车 d6+ 王 f5 5.车×b6 车×f3+ 6.王 g2 ab 7.王×f3 王 e5 8.王 e3 =（E.索莫夫—那西莫维奇，1936）

586：1.车 b3 f4 2.车 f3 g2 3. 车×f4 g1 后 [3.… 马 e5 4.车 f5 g1 后 5.车 h5+ 王 g8 6.车 g5+ 后×g5] 4.车 h4+ 王 g8 5. 车 g4+ 后×g4 =（H.马蒂森，1914）

587：1.马 a3 马×a3 2.王 c8 a1 后 [2.… 马 b5 3.马 c7+ 马×c7 4.象 c3] 3.象 c3 后 d1 4.马 c7+ 王 a7 5.象 d4+ 后× d4 6.马 b5+ 马×b5 =（H.马蒂森，1915）

588：1.王 d5 王 d7 2.a4 a5 3.王 c4 王 c6 4.马 c7 王×c7 5.王 b5 象 b6 6.王 a6 王 c6=（H.马蒂森，1924）

589：1.a7 王 h1 [1.… b1 后 2.车 g2+ 王 h1 3.车 h2+ 王 g1 4.车 h1+] 2.车 g3 b1 后 3.车

b3 后 c2 4.车 b1+ 王 h2 5.车 b2 后×b2=（H.马蒂森，1918）

590：1.车 h2 王 a1［1.… 王 a3 2.车 h3+ 王 a4 3.车 f3 车 c1+ 4.王 d5 f1 后 5.车×f1 车×f1 6.王 e6］2.f7 车 c1+ 3.王 b3 车 c3+ 4.王×c3 f1 后 5.车 h1 后×h1 6.f8 后=（G.纳达列依什维莉，1989）

591：1.王 a8［1.王 a7 马 d7 2.e6 d1 后 3.ed 后×d7］1.… 马 d7 2.e6 d1 后［2.… 马 b8 3.e7（3.王×b8 d1 后 4.e7 王 b6 5.e8 后 后 d6+ 6.王 a8 后 a3+ 7.王 b8 后 a7+ 8.王 c8 后×b7+ 9.王 d8 后 c7#）］3.ed 后×d7

4.b8 后 王 a6 5.后 d6+ 后×d6=（G.纳达列依什维莉，1970）

592：1.王 e7 d5 2.王 e6 d4 3.b7 象 g3 4.王 f5 d3 5.王 g4 象 c7 6.王 f3=（L.米特罗法诺夫，1982）

593：1.王 c6 e4 2.王 d5 e3 3.王 e4 e2 4.王×f3 e1 后 5.车 h6+ 王 g1 6.车 h1+ 王×h1=（V.普拉托夫，1925）

594：1.c7 象 e6 2.王 g5 王 f1 3.王 f4 王 e2 4.王 e5 象 c8 5.王 d4 王 d2 6.王 c4 王 c2 7.王 b4 王 b2 8.王 a4 =（T.高尔基耶夫，1976）

九级习题

595：1.车×a7+ 王×a7 2.车 a1+ 王 b8 3.e6+ 车×f4 4.后×f4+ +−（普里—克斯基萨尔耶，万塔，1989）

596：1.车×h7 后×h7 2.象×f5 车 c7 3.象×g6 后 h4 4.象 e4+ 王 f8 5.车 h1 后×f4 6.车 h8+ 王 e7 7.车×a8 +−（斯塔钦科—戈尔德伯，苏联，1956）

597：1.车 ac7 王 d8 2.车 hd7+

王 e8 3.车×d5 ed 4.车 c8+ 王 f7 5.车×g8 王×g8 6.a4 d4 7.王 g3 +−（萨克斯—蒂曼，伦敦，1980）

598：1.车×h6+ 王×h6 2.后 f8+ 王 g5 3.后 d8+ 王 h5 4.车 h1+ 后×h1 5.后 h8+ 王 g5 6.后×h1 象 f4 7.后 g1+ 王 f6 8.后 a1 +−（贝纳—克拉斯科，布加勒斯特，1971）

599：1.马×f7 象×f7 2.车×f7+ 王×f7 3.后×h7+ 王f8 4.象×g6 车d7 5.后h8+ 王e7 6.后×a8 +-（托谢夫—拉巴尔，萨格勒布，1942）

600：1.车×h7+ 王×h7 2.后h1+ 王g7 3.象h6+ 王f6 4.后h4+ 王e5 5.后×d4+ 王f5 6.g4#（斯坦因尼茨—奇戈林，哈瓦那，1892）

601：1.后c4+ d5 2.后c7+ 王g8 3.后g7+ 象×g7 4.f7+ 王h8 5.车e8+ 象f8 6.车×f8+ 王g7 7.车g8+ +-（伯科夫斯基—格里戈罗夫，1977）

602：1.马c6+ 王b7 2.马a5+ 王c8 3.后f5+ 王d8 [3.… 王b8 4.马c6+ 王c8 5.马d8+ 下着 6.马e6] 4.马c6+ 王e8 5.后c8+ 王f7 6.后×c7+ 王g8 7.后×b6 +-（奇戈林—塔拉什，奥斯坦德，1907）

603：1.fg hg [1.… 马×d4 2.车×f7#；1.… 车×g7 2.车×f7+ 车×f7 3.后h8+ 王e7 4.马d5+ ed 5.后×b2] +-（萨比罗夫—伊里茵，伊热夫斯克，1975）

604：1.后g3 后×h6+ 2.后h3 后d6 3.王h1 王g8 4.车×e8+

王f7 5.车h8 +-（杜拉斯—斯皮尔曼，佩斯蒂恩，1912）

605：1.后h5 马h8 2.fg hg 3.车×g6+ 马×g6 4.后×g6+ 王h8 5.后h5+ 王g8 6.车g1#（泰曼诺夫—卡拉克拉耶克，列宁格勒，1957）

606：1.后b5+ 马d7 2.车fe1 象b4 3.马f6+ 王f8 4.马×d7+ 车×d7 5.后e5 +-（阿廖欣—库斯曼，纽约，1924）

607：1.象×h7+ 王×h7 2.后h5+ 王g6 3.车×g7+ 王×g7 4.车g1+ 王f6 5.f5 +-（马塔诺维奇—尼德尔科维奇，贝尔格莱德，1950）

608：1.后×h7+ 王×h7 2.车h5+ 王g8 3.马g6 车f6 4.车h8+ 王f7 5.车f8#（雅诺夫斯基—施莱克特，伦敦，1899）

609：1.车×d4 cd 2.马f6+ 王f8 3.后×h7 gf 4.车e1 +-（达兹—科蒂米尔斯基—庞尼克，维尔纽斯，1949）

610：1.车×d7 后×d7 2.马×g6 车5b6 3.马×f8 王×f8 [3.… 车×f8 4.车g5+ 王f7 5.车g7+] 4.车×h7 后g4 5.后f2+ +-（鲍特维尼克—戈尔登诺夫，苏

254

联, 1953)

611: 1.后×h6+ gh 2.车×h6+ 王 g7 3.车 h7+ 王 f8 4.车 h8+ 王 g7 5.车 g8+ 王 h6 6.g5# (维诺格拉多夫—菲丁, 莫斯科, 1973)

612: 1.⋯ 车×f3 2.后×f3 [2.车 g1 车 af8] 2.⋯ 象 g4 3.后 f2 象 f3+ 4.王 g1 [4.后×f3 后× h2#] 4.⋯ 象×h2+ 5.后×h2 [5. 王 f1 后 h3+] 5.⋯ 车 g8+ −+ (唐纳—格利戈里奇, 侬索卢, 1968)

613: 1.⋯ 车×e3 2.fe 象×e3+ 3.王 f1 [3.王 h1 马 g4] 3.⋯ 后 h2 4.马 d4 象×d4 −+ (乔尔恩—金马克, 瑞典, 1970)

614: 1.⋯ 后 a3+ 2.王 b1 车× b3+ 3.ab 后×b3+ 4.王 a1 马 c4 5.车 d2 马×d2 6.后×d2 后×e6 −+ (马基尔斯基—扎依德, 日丹诺夫, 1979)

615: 1.⋯ 车 a2+ 2.王×a2 [2. 王 c1 马×b3+] 2.⋯ 后 a5+ 3. 王 b2 后 a3+ 4.王 b1 车 a8 −+ (梅勒—哈扎依, 希尔德, 1970)

616: 1.⋯ g4+ 2.后×g4 后 f5 3.h5 c4 4.h6 后×g4+ 5.王×g4 王 f6 −+ (塔培依—马里奥蒂, 意大利, 1973)

617: 1.⋯ 车×b2+ 2.王 a1 后 a5+ 3.王×b2 d3+ 4.王 c1 后 a3+ −+ (铁木森科—L.格利戈里安, 基辅, 1970)

618: 1.⋯ 车×f3 2.gf 后 h4 3. 车 fd1 [3.fg 后×g4+ 4.王 h1 后 f3+ 5.王 g1 象 h3] 3.⋯ 马×h2 4.后 c2 后 h3 5.后 b3+ d5 −+ (盖勒—夏奴兰科, 莫斯科, 1946)

619: 1.⋯ 车×b2 2.后×b2 ef 3. 后 a3 f3 4.王 h1 后 h4 −+ (巴吉罗夫—什坦, 苏联, 1970)

620: 1.⋯ 象×e3+ 2.车×e3 象 a4 3.后 a3 车×c1+ 4.马×c1 车 d1+ 5.王 f2 车 d2+ 6.马 e2 [6.王 g1 车 c2 7.马 a2 车 e2] 6.⋯ 象 b5 7.象 f3 车 d3 −+ (列恩哈特—斯皮尔曼, 柏林, 1920)

621: 1.⋯ 车×f3 2.王×f3 马 e5+ 3.王 g2 后 c6+ −+ (雅弗尔尼克—格罗普, corr., 1970)

622: 1.⋯ d3 2.象×d3 f3 3.车 e3 [3.后×e7 后 h3+ 4.王 g1 后 h1#] 3.⋯ 后 h1+ 4.车 g1 后×g1+ 5.王×g1 车 dg8+ 6.王

f1 车 h1# （朱拉夫列夫—鲍里森科夫，莫斯科，1949）

623：1.⋯ 马×e4+ 2.马×h4 象 f2+ 3.王 e2 象×c4+ 4.后 d3 马 d4+ 5.王 d1 象 b3+ 6.后 c2 象×c2#（NN—里波南，赫尔辛基，1971）

624：1.⋯ 后×d4 2.车×d4 车×c2+ 3.王 b1 车 ee2（苏哈诺夫—克拉斯诺夫，莫斯科，1971）

625：1.⋯ 马×f3+ 2.gf 车 d1+ 3.王 g2 后 g6+ 4.王 h3 后 h5+ 5.王 g2 后 g5+ 6.王 b3 车 d6 −+（加博维奇—布拉乌德，corr.，1969）

626：1.⋯ 车 b4 2.ab 后 c4+ 3.王 d2 后 d3+ 4.王 c1 后 b1+ 5.王 d2 后×b2+ −+（巴乌姆—O.塔尔，民主德国，1975）

627：1.⋯ 车 e3+ 2.象 e2 车×e2+ 3.王×e2 后×e4+ 4.车 e3 马 d3+ 5.王 d1 后 g4+ −+（克洛万尼—兹沃里金娜，苏联，1969）

628：1.⋯ 象 f1 2.象×f1 [2.后×f1 马 g3+] 2.⋯ 马 g3+ 3.后×g3 [3.王 g1 马 e2+ 4.王 h1 车 g1#；3.王 g2 马 e4+ 4.王 h1 马 f2+] 3.⋯ 车×g3 −+（巴尔查—安托辛，索契，1966）

629：1.⋯ 车×b2 2.王×b2 后×c3+ 3.王 c1 车 b8−+（卡本古特—瓦加尼安，杜布那，1970）

630：1.⋯ 马 g3+ 2.fg 后 f6+ 3.后 f2 车×e1+ 4.王×e1 后×f2+ 5.王×f2 c2−+（维尔特曼德—波鲁加耶夫斯基，苏联，1958）

631：1.⋯ 后×f4 2.gf ef+ 3.王 f1 车 e1+ 4.车×e1 象 g2+ 5.王×g2 fe 后+ −+（维罗尔特—恩科姆，阿姆斯特丹，1970）

632：1.⋯ 车×h3+ 2.车×h3 车×h3+ 3.王×h3 王 d4 4.车×f6 c2 5.车 f1 王×e4 −+（阿奥南—拉赫蒂，赫尔辛基，1954）

633：1.⋯ 马×e4 2.fe 象×e4+ 3.象 d3 b3 4.马 c3 象×d3+ 5.后×d3 车×c3 6.后×c3 后×a2+ −+（普飞姆—沃格特，民主德国，1975）

634：1.⋯ 车×f4 2.后×f4 车 f8 3.后 g3 车×f2 4.后×f2 后 e4 −+（梅斯特罗维奇—巴萨吉奇，萨拉热窝，1972）

635：1.… g3 2.fg 车 a1 3.车×a1 象 e3+ 4.王 f1 象×c6+ 5.王 e1 象×c5 6.车 c1 象 f2+ –+（古根尼霍—斯坦，索契，1971）

636：1.… 象×f3 2.gf 王×f3 3.王 f1 b5 4.象 d2 h4 5.象 b4 h3 6.王 g1 王 e2 –+（凯列斯—塔尔，莫斯科，1957）

637：1.… 后 d5 2.象 c4 车×f1+ 3.后×f1 车×f1+ 4.王×f1 象 b5 –+（苏斯—泰什纳，1970）

638：1.… 车 b4 2.cb［2.象×b4 ab 3.cb 王 b5］2.… a4 3.b5+ 王×b5 4.象 a3 c3 5.车 b1 王 c4 –+（克莫赫—尼姆佐维奇，宁多夫，1927）

639：1.… 马 f3+ 2.王 h1［2.gf 后 g5+ 3.王 h1 后 h5 4.车 后×f3+ 5.车 g2 象 h3］2.… 后 d6 3.g8 后 f4 4.王 g2 象 h3+ 5.王×h3 后×f3+ 6.王 h4 g5+ 7.王×g5 王 h8 –+（迪恩—帕瓦戈，彼得堡，1905）

640：1.… g4+ 2.王×g4 后 d7+ 3.王 h5 f5 4.象×h6+ 王 h8 5.象×f8 后 e8+ 6.王 h6 后×f8+ –+（什瓦兹—迪霍，施特拉尔松德，1975）

641：1.… 车×c2 2.车×c2 车×d3+ 3.王 f2 马 d4 4.车 c1 车 d2+ 5.王 e1［5.王 g1 马 f3+ 6.王 h1 车×h2#］马 f3#（富克斯—亨宁格斯，民主德国，1972）

642：1.象 d3+ g6 2.车 h8+ 王×h8 3.后 f8+ 王 h7 4.后×f7+ 王 h8 5.后 f8+ 王 h7 6.象×g6+ 王×g6 7.后 g8#（福林托斯—托莫维奇，布达佩斯，1957）

643：1.车×c6 王×c6 2.后×b5+ 王 b5 3.象 a4+ 王 c4［3.…王×a4 4.马 c3+ 王 b3 5.马 d2#］4.b3+ 王 d3 5.象 b5+ 王 e4 6.车 g4+ 王 f5 7.马 e3#（蒂茨—雷米什，卡尔斯巴德，1898）

644：1.车×f5 ef 2.后×h6+ 王 h6 3.车 h1+ 王 g6 4.王 f4 后 e6 5.车 h8 +–（罗索里莫—无名氏，1944）

645：1.象 d5 ed 2.后×c6+ 王 d8 3.后×a8+ 王 d7 4.后 b7+ 王 e6 5.后 c6+ 象 d6 6.象 f4 后×h1+ 7.王 d2 后×a1 8.后×d6+ 王 f5 9.后 e5+ 下着 10.后 g5#（雅诺夫斯基—夏洛

257

普，纽伦堡，1896)

646：1.b4 后×b4 2.车 db1 后×c4 3.象 e2 后 c2 [3.⋯ 后 c3 4.车 b8+ 车 c8 5.后×c3] 4.象 e3 +−（布斯奇—罗曼尼辛，莫斯科，1977）

647：1.象×f7+ 车×f7 2.后× e8+ 马×e8 3.车×e8+ 车 f8 4. d7 后 d6 5.车 f1 +−（维里米罗维奇—克索姆，阿姆斯特丹，1974）

648：1.车×h6 马×h6 [1.⋯ 车×h6 2.象×f7+ 王×f7 3.g8 后+] 2.后 g5 马 f7 3.后 d8+ 马×d8 4.h6 +−（泰赫曼—无名氏，苏黎世，1926）

649：1.马 f6+ gf 2.ef+ 象 e6 3.车×e6+ fe [3.⋯ 王 d7 4.象 f4 王×e6（4.⋯ 王 c8 5.象 f5) 5.后 e2+] 4.象 g6#（雷尔斯特布—弗拉达，德国，1974）

650：1.马×h6 马×h6 2.王 g5 马 g8 3.h6 马×h6 [3.⋯ f6+ 4.王 g6 马×h6 5.王×h6 王 d7 6.王 g6 王 e6 7.f4 王 e7 8.f5] 4.王×h6 王 d7 5.王 g7 王 e6 [5.⋯ 王 e7 6.f3 王 e6 7.f4 王 e7 8.f5 王 e8 9.f6] 6.f4 王 e7 7.f5 王 e8 8.f6 +−（斯梅卡尔—兰格威格，维亚克安—采恩，1979）

651：1.象 g5 后 d7 [1.⋯ 后× g5 2.后×f7+] 2.车 ad1 象 d6 3.象×h6 gh [3.⋯ 马×b3 4.象× g7 王×g7 5.马 f5+] 4.后 g6+ 王 f8 5.后 f6 王 g8 6.车 e3 +−（盖列尔—波尔蒂斯，莫斯科，1963）

652：1.象×h7+ 王×h7 2.后 h4+ 王 g8 3.马 f6+ gf [3.⋯ 王 f8 4.马×e8 王×e8 5.车 b8+ 马×b8 6.车 d8#] 4.车 h3 王 f8 5.后×f6 马 e7 6.后 h6+ +− （齐尔—福默姆，德国，1978）

653：1.后×e4e fe 2.象 e4+ 王 h8 3.马 g6+ 王 h7 4.马×f8+ 王 h8 5.马 g6+ 王 h7 6.马 e5+ 王 h8 7.马 f7#（阿廖欣—弗列齐尔，伦敦，1928）

654：1.车×f6 gf 2.后 g4+ 王 h8 3.后 h4 f5 4.象×f5 ef 5.后 f6+ 王 g8 6.马 d5 后 d8 7.马 e7+ 后×e7 8.后×e7 象 c6 9. 后 g5+ 王 h8 10.后 f6+ 王 g8 11.后×f5 +−（奥恩斯坦—什奈德，瑞典，1975）

655：1.hg cd 2.gf+ 王 h8 3. 后×f8+ 象×f8 4.车 g8+ 王 h7

5.象 e4+ 王 h6 6.车 h8+ 王 g7 7.车 h7#（科夫曼—朱霍维斯基，莫斯科，1936）

656：1.车×d7 后×d7 2.车 d1 后 c7〔2.… 后 c6 3.后 f6 后 c7 4.象 b5+；2.… 象 d5 3.车×d5 ed 4.e6 fe 5.马 e5 后 b7 6.象 b5+ 后×b5 7.后 f7#〕 3.象 b5+ 象 c6 4.后 e4 车 c8 5.象×c6+ 后×c6 6.后×c6+ 车×c6 7.车 d8#（雷纳德—德克勒，布鲁塞尔，1972）

657：1.马×f7 车×f7 2.后 e6 象×e6 3.车×d8+ 车 f8 4.象×e6+ 王 h8 5.车 d7 车 a8 6.车 c7 c5 7.象 d5 +−（鲍戈柳包夫—艾尔德里，布拉格，1931）

658：1.象 c4 f5〔1.… 象×c4 2.车×d7〕 2.ef 象×f5〔2.… 象×c4 3.后×c6 车×b7 4.d7 王 g7 5.ab〕 3.象×e6 车×e6 4.车×d7 后×d7 5.后 f6+ +−（塔尔—德沃雷茨基，列宁格勒，1974）

659：1.车 d7 象×d7 2.象 h6 gh 3.后×f6+ 王 g8 4.象 f7+ 王 f8 5.象 g6+ 王 g8 6.后 f7+ 王 h8 7.后×h7#（卡塔里莫夫—姆那察卡尼安，苏联，1959）

660：1.象 c8 车×c8 2.车 a8+ 王×a8 3.后×c8+ 车 b8 4.后 c6+ 车 b7 5.后 a4+ 王 b8 6.后 e8+ +−（尼德曼—楚克斯，1895）

661：1.马 g5+ hg 2.车 h3 g4 3.马 f3+ gh 4.后 h4+ 王 g6 5.马 g5 +−（毛拉—无名氏，尼斯，1923）

662：1.象 g7 象 f2+ 2.王 f1 象 b5+ 3.王×f2 后 e2+ 4.王 g3 后×d1 5.象 h8 后 d6+ 6.王 f2 +−（巴特林那—吉特列库，1962）

663：1.象 e6 王 g7 2.象 h6+ 王×h6 3.马 f5+ gf〔3.… 王 h7 4.车 h3+ 王 g8 5.马×e7+ 车×e7 6.后×g6+ 王 f8 7.车 h8+ 象×h8 8.车×f7+ 王 e8 9.车 f8+ 王×f8 10.后 e8 马 f8 11.后×f8#〕 4.后 d2+ 象 g5 5.车 h3+ 王 g6 6.象×f5+ +−（霍尔莫夫—庞尼克，明斯克，1962）

664：1.马 ef6+ gf 2.马×f6+ 王 f7 3.车×h7+ 象 g7 4.车×g7+ 王×g7 5.马×e8+ 王 f8 6.后×f5+ 象×f5 7.马×d6 +−（安

德森—L.保尔森,维也纳,1873)

665:1.车×e5 de 2.后×e5 象×g4 [2.··· 象 e6 3.后 d4+ 王 c8 4.象×e6+ fe 5.后 d7+ 王 b8 6.后×e8+ 马 c8 7.马 d7#] 3.后 d4+ 王 c8 4.象 e6+ 王 b8 5.马 d7+ 王 c8 6.马 c5+ 王 b8 7.马 a6+ ba 8.后 b4#(奇戈林—达维多夫,圣彼得堡,1874)

666:1.后 b4 后×b4 [1.··· 车 8c5 2.车 f8+ 王×h7(2.··· 后×f8 3.象×e5+ 王×h7 4.后×e4+) 3.后×e4+ 王 g7 4.象×e5+ 王×f8 5.象 g7+ 后×g7 6.后 e8#] 2.象×e5+ 王×h7 3.车 h3+ 王 g6 4.车 g3+ 王 h7 5.车 f7+ 王 h6 6.象 f4+ 王 h5 7.车 h7#(楚克尔托特—布赖克伯恩,伦敦,1983)

667:1.e5 fe [1.··· de 2.车 d8] 2.马×d6+ 车×d6 3.fe+ 车 f6 4.e8 后+ 王×e8 5.后 d7+ 王 f8 6.ef+-(奇戈林—波洛克,纽约,1889)

668:1.象 h7+ 王×h7 2.后×h5+ 王 g8 3.象×g7 王×g7 4.后 g4+ 王 h7 5.车 f3 e5 6.车 h3+ 后 h6 7.车×h6+ 王×h6 8.后 d7 +-(埃姆·拉斯克—保尔,阿姆斯特丹,1889)

669:1.马 fg5 后 d7 [1.··· 后 e7 2.cd cd 3.马×d6; 1.··· 后 f8 2.g3; 1.··· 象×e4 2.后×f4 ef 3.马 f7+ 王 g8 4.马×d8] 2.后×f4 ef 3.马 f6 马 e6 4.马×d7 马×g5 5.车 e7 王 g8 6.马 f6+ 王 f8 7.车×c7 +-(埃姆·拉斯克—斯坦尼茨,维也纳,1898)

670:1.e6 象×e6 [1.··· fe 2.后×g4+ 马 g7 3.后 g6] 2.车×e6 fe 3.后×g4+ 马 g7 4.后 g6 车 b4 5.车 f1 车 f4 6.后 h7+ 王 f8 7.象 g6 +-(塔拉什—斯坦因尼茨,维也纳,1898)

671:1.后 g4 后 b5 2.后 c4 后 d7 3.后 c7 后 b5 [3.··· 后 a4 4.车 e4 g6 5.后×c8 后×e4 6.后×e8+] 4.a4 后×a4 5.车 e4 后 b5 6.后×b7 +-(亚当斯—C.托雷,新奥尔良,1920)

672:1.象×c6 车×c6 [1.··· 象×c6 2.车 d8] 2.车 d8 车 cc8 [2.··· 车×d8 3.车×d8 车 e6 4.马 e7] 3.后 g7+ 后×g7 4.fg+ 王 g8 5.马 e7+ +-(埃姆·拉斯克—列蒂,纽约,1924)

673：1.车xf6 gf 2.后 h5+ 王 d8 [2.… 王 e7 3.马 f5+ ef 4.马 d5+ 王 d8 5.象 b6+；2.… 王 d7 3.后 f7+ 象 e7 4.马 f5] 3.后 f7 象 d7 [3.… 象 e7 4.马 f5 后 c7 (4.… 车 e8 5.马xd6 象xd6 6.象 b6+ 象 c7 7.车 d1+) 5.马 a4 车 f8 6.后xh7 王 e8 7.象 b6 后 d7 8.后 h5+ 车 f7 9.马 g7+ 下着 10.后 h8#] 4.后xf6+ 王 c7 5.后xh8 象 h6 6.马xe6+ 后xe6 7.后xa8 象x e3+ 8.王 h1+-（Em.拉斯克—比尔茨，莫斯科，1935）

674：1.马xf7 车xf7 2.象xf6 象xf6 3.车xd5 后 c6 4.车 d6 后 e8 5.车 d7 +-（鲍特维尼克—维德默，诺丁汉，1936）

675：1.后xh7+ 王xh7 2.马x f6+ 王 h6 3.马 eg4+ 王 g5 4. h4+ 王 f4 5.g3+ 王 f3 6.象 e2+ 王 g2 7.车 h2+ 王 g1 8.王 d2#（Ed.拉斯克—托马斯，伦敦，1912）

676：1.车xe7+ 车xe7 2.象 h4 王 f7 3.象xe7 王xe7 4.车 c7+ 车 d7 5.f6+ 王 e8 6.象 g6+ 王 d8 7.f7 +-（阿廖欣—鲍戈柳包夫，1929）

677：1.… 车 a1+ 2.象xa1 后 a4 3.后 g8+ 王 b7 4.后 b3 后xa1 5.后 b1 车xc2+ 6.王x c2 后 c3#（雷德尔—巴拉蒂，1961）

678：1.后xg7+ 王xg7 2.象 d8+ 王 h8 3.车 g8+ 车xg8 4.象 f6+ 车 g7 5.象xg7+ 王 g8 6.象xd4+ 王 f7 7.车 f1+ 王 e7 8.象xb2 +-（威斯特里南—西古尔乔森，纽约，1978）

679：1.车xg5 hg 2.后 h7+ 马 d7 [2.… 王 d8 3.后 h8+ 王 e7 4.后 g7+ 车 f7 5.f6+] 3.象xd7 后 g8 4.车 b7+ 王xb7 5.象 c8+ 王xc8 6.后xg8+ 王 c7 7.后 g7+ +-（马森—维那弗）

680：1.后 h7+ 王xh7 2.车x g7+ 王 h8 3.车 g8+ 王 h7 4.车 1g7+ 王 h6 5.车 g6+ 王 h7 6.车 8g7 王 h8 7.车 h6#（米斯塔—克洛扎，波兰，1955）

681：1.马 b6 马xb6 2.象xh7+ 王xh7 3.后 h5+ 王 g8 4.象xg7 王xg7 5.后 g4+ 王 h7 6.车 f3 象xc5+ 7.王 hl +-（库兹明—斯维什尼科夫，巴库，1973）

682：1.马xf7 王xf7 2.马xg6

hg 3.象×g6+ 王 g8 4.象 f7+ 王 h8 5.象 g7+ 王×g7 6.后 g6+ 王 f8 7.后 h6+ 王×f7 8.后 h7+ 王 f8 9.车×f6+ 象×f6 10.车×f6#（弗斯登伯格—维特曼，荷兰，1955）

683：1.g6 hg 2.马×e6 fe 3.象×e6+ 王 h8 [3.··· 车 f7 4.马 d5 后 d8 5.车×g6 马 ce5 6.车×g7+ 王×g7 7.车 g1+] 4.车×g6 车 f7 5.后 h5+ 王 g8 6.车×g7+ +−（冈恰罗夫—斯特拉兹丁斯，拉脱维亚）

684：1.e6 后×d6 2.车×f7+ 王 e8 3.车 f8+ 王×f8 4.车 f1+ 王 g8 5.后 g6+ 车 g7 6.后 e8+ 王 h7 7.象 e4+ +−（乌伊特尔基—默法特，博格诺里吉斯，1966）

685：1.马 f7 王×f7 2.车 f1+ 王 e8 3.车×f8+ 王×f8 4.后×e7+ 王 g8 5.后 e6+ 王 f8 6.象 e7+ 王 e8 7.象×d6+ +−（索科尔斯基—科夫曼，苏联，1948）

686：1.车×h5 gh 2.g6 hg 3.马×e6 fe 4.后×g6+ 王 f8 5.车 g1 +−（伊什楚克—诺沃科夫斯基，corr.，1975）

687：1.车×f7+ 马×f7 2.马×e6+ 王 g8 3.车×eg+ 王 h7 4.马 4g5+ +−（尼姆佐维奇—杜姆，汉诺威，1926）

688：1.马 b6+ 王 d6 2.e5+ 王×e5 3.象 b8+ 王 f6 4.马 d7+ 王 f5 5.象×e6+ 王×e6 6.马 c5+ +−（温齐克尔—皮茨，索林根，1964）

689：1.马 d5 ed 2.马 h6+ 王 g7 3.后 f7+ 车×f7 4.车×f7+ 王 h8 5.象 d4+ 象 f6 6.车×f6 +−（盖列尔—阿尼卡耶夫，苏联，1979）

690：1.马 g×f5 ef 2.e6 后 f6 3.后×f5+ 后×f5 4.象×f5+ 王 h8 5.马 g6+ 王 h7 6.马 e5+ 王 h8 7.马 f7#（鲍列斯拉夫斯基—莫幸吉克，苏联，1967）

691：1.后 g6 车×d5 [1.··· hg 2.车 h1#] 2.车 h1 王 g8 3.车×h7 车 f7 4.车×g7+ 车×g7 5.后 e8+ 王 h7 6.车 h1#（达加—杜克斯坦，瑞士，1963）

692：1.f5+ gf 2.王 f4 象 g4 3.象 c4+ 王 e7 4.象×f7 王×f7 5.e6+ 王×e6 6.g6 +−（铁木什钦科—斯蒂芬森，黑斯廷斯，1966 / 67）

693：1.马×h7 王×h7［1.…车 h8 2.车×f7+ 王×f7 3.后×g6#］2.车×f7+ 车×f7 3.后×g6+ 王 h8 4.后×f7 后 g8 5.后 h5+ 王 g7 6.象 h6+ 王 h8 7.象 f8+ +−（斯采帕纽克—萨瓦，波兰，1962）

694：1.马 d5 马×d5 2.后×f6 马×f6 3.象×h6 马 bd7 4.象×f8 王×f8 5.e5 马 d5 6.e6 +−（马歇尔—马罗齐，维也纳，1903）

695：1.车×f6+ gf 2.后 h7+ 车 g7 3.后×g7+ 王×g7 4.马×e6+ 王 f7 5.马×c7 象 b7 6.ef 王×f6 7.王 f2 +−（塔宁—马克西莫夫，苏联，1949）

696：1.象×d5 ed 2.马×d5 后 d8 3.车 c8 后 d7 4.车×b8+ a7 5.马×e7+ 后×e7 6.车×f8+ 王×f8 7.后 d6 车 d7 8.后×e7+ 王×e7 9.f4 +−（杜阿特—塞拉，葡萄牙，1970）

697：1.车×h7+ 车×h7 2.车×h7+ 王×h7 3.后 h1+ 王 g7 4.f6+ 王×f6 5.马×d7+ 王 e6 6.马×b6 +−（艾布拉里雅—卢本斯基，苏联，1950）

698：1.车×f4 象×f4 2.马 f6+ gf 3.后 g4+ 象 g5 4.象×g5 fg

5.后×g5+ 王 h8 6.后 h6 +−（帕尔马—范登伯格，贝弗韦克，1963）

699：1.车×f8 车×f8 2.后×g7 后×f2 3.后×f8+ 王 c7 4.后×f7+ 王 b6 5.象×c4 bc 6.后×e6 后×f4 7.g6 +−（梅金—乔汉森，卢加诺，1968）

700：1.后×f7+ 车×f7 2.马 h6+ 王 h8 3.马×f7+ 王 g8 4.马 h6+ 王 h8 5.车 a8+ 马 e8 6.车 f7 +−（库德里阿晓夫—马卡罗夫，苏联，1979）

701：1.… 后 c5+ 2.王 h1 后 c4 3.王 g1 后 d4+ 4.王 h1 后 e4 5.后 c1 后 d3 6.王 g1 后 d4+ 7.王 h1 后 d2 −+（洛夫茨基—塔尔塔科沃，尤拉塔，1937）

702：1.… 象 a4 2.后 g4［2.后 h6 象 f6 3.车×f6 象×b3］2.… 象 f6 3.车×f6 象×b3 −+（菲舍尔—盖列尔，斯科普里，1967）

703：1.… 车×e5 2.fe 象×e5+ 3.王×e5 后 c7+ 4.王 f6 后 g7+ 5.王 g5 后 e5+ −+（曼德尔—库尔泽，柏林，1968）

704：1.… 车×c4 2.车×c4 马

b6 3.车c5 马d5+ 4.车×d5 ed 5.e4 fe 6.fe de 7.王×e4 王e6 -+（达塔夫斯—科甘，里加，1977）

705：1.⋯ 后f4 2.车e7 车f8 [2.⋯ 车×d2 3.车×e8+ 王g7 4.马×d2；2.⋯ 后×d2 3.车×e8+] 3.后a5 车d1+ 4.马e1 后g5 5.后b4 后×e7 -+（塔尔—奥拉夫松，拉斯帕尔马斯，1975）

706：1.⋯ 车d3 2.后×b6 [2.后×d3 象h2+ 3.王h1 马×f2+] 2.⋯ 车×h3 3.象d4 [3.后×c6 象h2+ 4.王h1 马×f2#] 3.⋯ 象h2+ 4.王h1 象×e5+ 5.王g1 象h2+ 6.王h1 象c7+ -+（盖拉西莫夫—斯梅斯洛夫，莫斯科，1935）

707：1.⋯ b4 2.ab 车×h4 3.gh g3 4.fg c3+ 5.bc a3 -+（伦德—尼姆佐维奇，奥斯陆，1921）

708：1.⋯ 车×d4 2.fe [2.ed 象×d4+ 3.王f1 马f4 4.后×e4 后c4+ 5.王e1 马×g2+ 6.王d2 象e3+] 2.⋯ 马f4 3.ef 后c4 4.后×c4 车×d1+ 5.后f1 象d4+ -+（格林菲尔德—阿廖欣，卡尔斯巴德，1923）

709：1.⋯ a3 2.马c1 象a4 3.王×d5 象b3 4.cb a2 5.马×a2 cb -+（阿加托夫—库尔马晓夫，加里宁格勒，1978）

710：1.⋯ 马c3 2.f4 g3 3.车×c3 bc 4.车f3 cb 5.车×g3+ 王f8 6.马d7+ 王e7 7.车g7+ 车f7 -+（克雷乌兹塔勒—雷福尔特，德国，1973）

711：1.⋯ 后×c3+ 2.王×c3 马×d5+ 3.王c2 马×e3+ 4.王b1 象×b3 5.a3 [5.马b2 象×a2+ 6.王a1 马c4 7.车e2 象b3+ 8.王b1 马a3+ 9.王a1 马c2+ 10.王b1 车a1#；5.车b2 象×a2+ 6.王a1 象c4+ 7.王b1 象×d3+ 8.后c2 车×b2+ 9.王c1 车×c2+ 10.王b1 车a1#] 5.⋯ 马c4 -+（霍尔瓦思—萨皮，匈牙利，1977）

712：1.⋯ 后×b2+ 2.王×b2 马d3+ 3.王a3 象b2+ 4.王a4 [4.王b3 车eb8+ 5.王c4 马e5#] 4.⋯ 车×e4+ 5.c4 车×c4+ 6.王b3 车c3+ 7.王a4 车a3#（波里斯—克雷曼尼茨基）

713：1.王e4 王g4 2.h4 王

h5 3.王 f4 王 h6 4.g4 王 g6 5.h5+ 王 h6 6.王 e4 王 g5 7.王 f3 王 h6 8.王 f4 王 h7 9.g5 王 g7 10.g6 王 h6 11.王 g4 王 g7 12.王 g5 d3 13.h6+ 王 g8 14.王 f6 d2 15.h7+ 王 h8 16.王 f7 +-（克林，霍尔维茨）

714：1.⋯ 王 f6 2.王 d1 王 g5 3.王 e2 王 h4 4.王 f1 王 h3 5.王 g1 e5 6.王 h1 b5 7.王 g1 f5 8.王 h1 g5 9.王 g1 h5 10.王 h1 g4 11.e4 fe 12.fe h4 13.王 g1 g3 14.hg hg -+（科恩—卢宾斯坦，圣彼得堡，1909）

715：1.f4 王 b4 2.h4 ［2.王 g2 a5］ 2.⋯ d5 3.f5 王 c5 4.h5 d4 5.f6 王 d6 6.h6 d3 7.f7 王 e7 8.h7 d2 9.f8 后+ 王×f8 10.h8 后+ +-（N.格利戈里耶夫，1930）

716：1.f5 王 c5 2.h5 g3 3.王 e1 d4 4.f6 王 d6 5.h6 g2 6.王 f2 d3 7.f7 王 e7 8.h7 g1 后+ 9.王×g1 d2 10.f8 后+ 王×f8 11.h8 后+ +-（A.哈恰图罗夫，1947）

717：1.王 c2 王 d5 2.王 b3 王 c6 3.王 c4 王 d6 4.王 b5 王 d5 5.王 b6 王 c4 6.王 c6 王×c3 7.王×c5 +-（V.伯尔，1934）

718：1.a6 e3 2.a7 e2 3.a8 后 e1 后 4.后 d5+ 王 b4 5.后 d3 后 a1 ［5.⋯ 后 c1 6.后 a3+ 王 c4 7.b3+ 王 d3 8.后×c1］ 6.后 c3+ 王 a4 7.b3+ 王 a3 8.后×a1+ +-（L.库珀尔，1927）

719：1.王 a5 王 h8 2.王 b6 b4 3.王 c7 b3 4.王×d7 b2 5.王 c7 b1 后 6.d7 王 h7 7.d8 后 后 b8+ 8.王 d7 后 c8+ 9.王 e8 后 e6+ 10.后 e7+ +-（L.米特罗法诺夫，尤·罗斯洛夫，1991）

720：1.王 g2 王 h6 2.c5 bc 3.a5 c4 4.a6 c3 5.a7 c2 6.a8 后 c1 后 7.后 h8# （L.库珀尔，1927）

721：1.车 d8+ 王×d8 2.b7 车 b4 3.王×b4 c5+ 4.王 b5 王 c7 5.王 a6 王 b8 6.王 b6 c4 7.a4 +-（J.莫拉维奇，1937）

722：1.王 b8 车 b2+ 2.王 a8 车 c2 3.车 h6+ 王 a5 4.王 b7 车 b2+ 5.王 a7 车 c2 6.车 h5+ 王 a4 7.王 b7 车 b2+ 8.王 a6 车 c2 9.车 h4+ 王 a3 10.王 b6 车 b2+ 11.王 a5 车 c2 12.车 h3+ 王 a2 13.车×h2 车×h2 14.

c8 后 +-（Em.拉斯克，1890）
723：1.车 g5 hg 2.h6 b2 3.h7 b1 后 4.h8 后+ 后 b2+ 5.后×b2 王×b2 6.fg +-（基斯林）
724：1.f5 王 e2 2.f6 王 f3 3.f7 王 g4 4.王 f6 王 h5 5.g6 王 h6 6.g7 王 h7 7.f8 后 车×f8+ 8.gf 车 +-（ch.伦克维斯特，1949）
725：1.e7+ 王×e7 2.d6+ 王 e8 3.g7 车 g8 [3.⋯ 车 f5+ 4.王×f5 王 f7 5.g8 后+ 王×g8 6.王 g6 王 f8 7.王 f6 王 e8 8.王 g7] 4.王 f6 车 f8+ 5.王 g5 车 g8 6.王 g6 王 d8 7.王 f7 车 e8 8.g8 后 车×g8 9.王×g8 王 c8 10.王 f7 王 b7 11.王 e8 王 c6 12.王 e7 +-（L.普罗克斯，1942）
726：1.g7 车 e6+ [1.⋯ 车 g5 2.王×g5 g2 3.车 h3+ 王 e4 4.车 g3] 2.王 h5 车 g6 3.王×g6 g2 4.车 h3+ 王 f4 5.车 h4+ 王 f3 6.车 g4 王×g4 7.g8 后 王 g3 8.王 h5+ +-（J.庞，1954）
727：1.车 a4 王 e8 2.车 h4 车 e5+ 3.王 d2 王 d8 4.车 a4 车 d5+ 5.王 e3 王 e8 6.车 h4 车 e5+ 7.王 d4 +-（T.多森，1958）
728：1.e6 王 c7 2.e7 车 f4+ 3.王 e8 车 d4 4.王 f7 车 f4+ 5.王 e6 车 e4+ 6.王 f6 车 f4+ 7.王 e5 车 f3 8.王 e4 车 f2 9.王×d3 王 d7 10.王 e3+ +-（D.佩克奥弗，1958）
729：1.c6 b2 2.c7 b1 后 3.c8 后+ 王 a7 4.后 c7+ 王 a8 5.象 g2+ 象 e4 6.后 h7 王 b8 7.象×e4 +-（A.特罗伊茨基，1927）
730：1.h7 g6+ 2.王 f6 象 e5+ 3.王×e5 王 g7 4.hg c2 5.h8 后+ 王×h8 6.王 f6 c1 后 7.g7+ 王 h7 8.象 g6+ 王 h6 9.g8 马 #（L.卡耶夫，1939）
731：1.象 b4+ 王 b3 2.b8 后 h1 后+ 3.象 e1+ 王 c4 4.后 b4+ 王 d3 5.后 c3+ 王 e2 6.后 d2+ 王 f1 7.后×f2#（K.de 菲特，1936）
732：1.象 d7+ 王 c7 2.象×e6 王 c6 3.象 d7+ 王 c7 4.象 b5 王 c8 [4.⋯ e6 5.象 c4 e5 6.象 a6 e4 7.象 b7 e3 8.象 a6] 5.象 a6+ 王 c7 6.象 b7 +-（A.希尔德布兰德，1955）
733：1.马 f8+ 王 c6 2.b7 a3 3.马 e6 王 d5 4.马 d4 王×d4 5.王 c7 a2 6.b8 后 a1 后 7.后 h8+ 下着 8.后×a1 +-（L.库

珀尔,1937)

734:1.马 e1 王 a5 2.马 c2 c5 3.王 g4 王 a4 4.王 f4 王 b3 5.马×d4+ cd 6.王 e5 王 c3 7.王 e4 +- (N.克拉林,1979)

735:1.b4 王 b3 2.b5 王 c4 3.b6 王 d5 4.b7 马 e5 5.王 b8 马 d7+ 6.王 c8 王 d6 7.f6 马 b6+ 8.王 d8 马 d7 9.f7 +- (E.阿萨巴,1986)

736:1.马 b4 ab 2.b6 c2 3.b7 c1 后+ 4.王 b6 后 c4 5.b8 后+ 后 g8 6.后 h2 + +- (sh.科兹洛夫斯基,1931)

737:1.王 d6 马 b6 2.王 c5 马 a4+ 3.王 b4 马 b2 4.象 e6+ 王 b1 5.象 f5+ 王 c1 6.王 a3 马 d1 7.马 b3# (S.科里科马托夫,1988)

738:1.后 b4 后 h1 2.后 a3+ 王 b6 3.后 b2+ 王 c7 [3.⋯ 王 c5 4.王 a7 后 h7 5.后 b6+ 王 d5 6.王 a6 后 d3+ 7.后 b5+] 4.后 h2+ 后×h2 5.b8 后+ +- (范·弗里特,1888)

739:1.b8 后+ 后×b8 2.g8 后+ 王 c7 3.后 g3+ 王 c8 4.后 g4+ 王 c7 5.后 d7+ 王 b6 6.c7 后 g8 [6.⋯ 后 a8 7.c8 后;6.⋯

后 b7 7.c8 马+ 后×c8 8.后×c8 b1 后 9.后 b8+] 7.c8 马+ 王 c5 8.后 d6+ 王 c4 9.后 b4+ 王 d5 10.马 e7+ +- (G.纳达列依什维莉,1958)

740:1.后 b8 后 a1 [1.⋯ 后 c3 2.后 g3+;1.⋯ 后 d4 2.后 d8+] 2.后 g3+ 王 f5 3.后 f2+ 王 e4 [3.⋯ 王 e6 4.后 a2+;3.⋯ 王 g5 4.后 g1+] 4.后 g2+ 王 f5 5.王 g8 后 e5 6.后 f3+ 王 g5 7.h8 马 后 e8+ 8.后 f8 后 e6+ 9.马 f7+ +- (L.塔特塞尔,1911)

741:1.象 c7 车 h5+ [1.⋯ 车 b1 2.a7 车 h1+ 3.王 g7 车 g1+ 4.王 f7 车 f1+ 5.王 e7 车 e1+ 6.王 d7 车 d1+ 7.象 d6+] 2.王 g7 车 g5+ 3.王 f7 车 h5 4.a7 车 h8 5.象 d6+ 下着 6.象 f8 +- (A.特罗伊茨基,1924)

742:1.车 e8 h1 后 2.马 e4+ 王 c1 3.车 c8+ 王 b1 4.马 d2+ 王 a1 5.马×b3+ 王 b1 6.马 d2+ 王 a1 7.车 c2 +- (R.列蒂,1923)

743:1.象 b2 车 h6 2.车 g4+ 王 h7 3.车 g7+ 王 h8 4.王 b1 车 f6 5.车 f7 +- (R.比安切蒂,1925)

744：1.c6 dc [1.… d6 2.马×d6+ 王 d8 3.a6 象 f3 4.马 b7+ 王 c8 5.a7] 2.a6 象 f3 3.马 g5 象 d5 4.马 e6 c5 5.马 c7+ 王 d7 6.马×d5 王 c8 7.马 c3 王 b8 8.马 b5 c4 9.王 f2 +- (H.马蒂森，1914)

745：1.象 g1+ 王 a8 2.马 d7 象 c1 3.马 f6 象 f4 4.马 d5 象 g3 5.象 e3 象 h2 6.象 f2 g3 7.马 c7# (G.阿特卡茨，1990)

746：1.f4+ 王 d5 2.f5 象×f5 3.马 f4+ 王 e5 4.车 d1 c6 5.车 d5+ cd 6.马 d3+ ed 7.f4# (A.卡科文，1936)

747：1.f5+ 王×f5 2.马 h6+ 车×h6 3.f7 马 g5+ 4.象×g5 王×g5 5.h4+ 王 g6 6.f8 象 王 f7 7.象×h6 +- (T.高尔基耶夫，1929)

748：1.象 d3 象×g7 2.象 a6 d4 3.王 g6 象 h8 4.象 d3 王 b7 5.马 d8+ 王 c7 6.马 f7 +- (T.高尔基耶夫，1959)

749：1.马 e5+ 王 a5 2.后 d8+ 王 b5 3.象 c4+ 车×c4 4.后 a5+ 王×a5 5.马×c4+ 王 b5 6.马×d6+ 王 b6 7.马×f5 +- (E.波戈西安茨，1959)

750：1.马 e7+ 王 b7 [1.… 王 b6 2.马 d5+ 下着 3.马×c3；1.… 王 d7 2.象 b5+ 下着 3.象 a4；1.… 王 c5 2.马 f5 c2 3.马 d4 c1 马 4.王 g3] 2.象 a6+ 王 a8 [2.… 王×a6 3.马 d5 c2 4.马 b4+ 下着 5.马×c2] 3.马 c6 c2 4.象 b7+ 王×b7 5.马 a5+ 下着 6.马 b3 +- (V.基维，1938)

751：1.后 d8+ 王×c6 2.后 c8+ 王 d6 3.象 a3+ 王 d5 4.后 g8+ 象 f7 5.后×f7+ 王 d4 6.象 b2+ 后×b2 7.后 f6+ 王 e4 8.后×b2 +- (E.索莫夫—纳西莫维奇，1928)

752：1.王 d2 g2 [1.… e3+ 2.车×e3 g2 3.车 h3+ 王 g1 4.马 g6 王 f2 5.马 h4 g1 后 6.车 f3#；1.… 王 h2 2.马 e6 g2 3.马 f4 e3+ 4.车×e3 g1 后 5.车 h3#] 2.车 h3+ 王 g1 3.王 e1 e3 4.车 h8 e2 5.马 h7 +- (V.普拉托夫，M.普拉托夫，G.卡斯帕梁，1975)

753：1.车×b3 cb 2.g6 后×g8 3.王 c5 d6+ 4.王 d4 d5 5.王 c5 d4 6.王×d4 王 e8 [6.… 后 h8 7.g7+] 7.f7+ +- (M.克

利亚茨奎,1924)

754:1.马 e4+ 王 e5 2.马 g5 象 f7+ 3.马×f7+ 王 f6 4.马 d8 车 b5+ 5.王 h6 车×a5 6.车 f8+ 王 e5 7.马 c6+ 王 d6 8.马×a5 +- (T.高尔基耶夫,1929)

755:1.车 a2 象 g1 2.车 g2 王 f3 3.车×g1 王 f2 4.车 e1 e4 5.马 e6 e3 6.马 c5 e2+ 7.王 d2 马 f1+ 8.王 c1 王×e1 [8.… 王 e3 9.王 c2 马 d2 10.马 d3 马 f3 11.车 b1 马 d4+ 12.王 c3 马 f3 13.马 e1 马 g1 14.车 b5 王 f2 15.王 d2] 9.马 d3# (M.里伯金,1935)

756:1.车 g8+ 王 b7 2.马 c5+ 王 b6 3.马 a4+ 王 b5 4.马 c3+ 王 b4 5.马 a2+ 王 b3 6.马 c1+ 王 b2 7.王×h2 王×c1 8.车 g1 +- (N.罗索里莫,1929)

757:1.象 f6+ 王 h7 2.车 g7+ 王 h6 3.车 f7 王 g6 [3.… 马 c6 4.象×d8 马×d8 5.车 d7 马 e6 6.车 d6] 4.车 f8 马 c6 5.象×d8 王 g7 6.车 e8 王 f7 7.车 h8 王 g7 8.象 f6+ 王×f6 9.车 h6+ 下着 10.车×c6 +- (T.高尔基耶夫,1929)

758:1.王 b4 象 e6 2.车 d6 象 f7 3.象 g6 马 h6 [3.… 象×g6 4.车×g6+ 下着 5.车×g8; 3.… 象 a2 4.车 d1+ 下着 5.车 d2+] 4.王 c3 王 h2 [4.… 象 a2 5.车 d1+ 下着 6.车 d2+; 4.… 象 g8 5.象 h5 下着 6.车 g6; 4.… 王 f2 5.车 f6+; 4.… 王 g2 5.象 e4+] 5.象 h5 象×h5 6.车×h6 下着 7.车×h5 +- (I.弗里茨)

759:1.马 h2 王 e3 2.马 g4+ 王 f4 3.后 f1+ 王 e4 4.马 f6+ 王 d4 5.后 d1+ 王 c4 6.后×d5+ 王 c3 7.后 a8 王 b2 8.马 d5 +- (L.库珀尔,1940)

760:1.象 d5+ 王 g7 2.后 f7+ 王 h6 3.象 e4 王 g5 4.后 g6+ 王 h4 5.象 f3 后 g1 6.后 h5+ 王 g3 7.后 g4+ 王 h2 8.后 h4# (H.林克,1907)

761:1.c4+ 王×a5 2.后 b3 后 f7+ [2.… 王 a6 3.后 a2+ 王 b6 4.c5+] 3.王 e2 后 h5+ 4.g4 后×g4+ 5.王 f1 王 a6 6.后 a4+ 王 b6 7.c5+ 王×c5 8.后× g4 +- (L.库珀尔,1926)

762:1.车 e2 车 b8+ 2.王 a5 车 b2 3.车 e4 车×g2 4.马 e3 车 e2 5.fe f5 6.马×f5 车×e4 7.马 d6+ 王 e7 8.马×e4 +-

(S.卡米纳，1926)

763：1.后 a7+ 王 d8 [1.… 王 c8 2.车 c5+ 车 c6（2.… 王 d8 3.后 c7+ 王 e8 4.车 e5+ 车 e6 5.后 d6）3.后 b6 王 d7 4.后 b7+] 2.后 b8+ 王 d7 3.后 b7+ 王 d8 4.后 c6 王 e7 5.后 c7+ +-（M.哈弗尔，1944)

764：1.象 e6 车 b3 2.象 d6 车 c3+ 3.王 d2 车×f3 4.王 e2 车 c3 5.象 e5 王 b2 6.王 d2 +-（V.赫尔伯斯塔特，1951)

765：1.象 g3 a2 2.b8 后 a1 后 3.后 f4+ 王 e2 4.后 e4+ 王 d2 5.象 f4+ 王 c3 6.象 e5+ 马× e5+ 7.后×e5+ +-（A.特罗伊茨基，1928)

766：1.象 g6+ 王 a1 2.王 f7 马 c4 3.象 d4+ 马 b2 4.象 g7 a3 5.王 f6 马 c4 6.王 e6+ 马 b2 7.王 e5 马 c4+ 8.王 d5+ 马 b2 9.王 d4 马 d1 10.王 c4+ 马 b2+ 11.王 c3 +-（M.普拉托夫，A.特罗伊茨基，1925)

767：1.象 h8 f6 2.王×c5 王 a7 3.象 g7 王 b7 4.象 f8 王 a7 5.象 e7 王 b7 6.象 d8 王 a7 7.象 c7 王 b7 8.象 b8 王×b8 9.王 b6 +-（D.德扎加，1967)

768：1.b7+ 王 b8 2.象 f4+ 车 c7 3.王 g6 h5 4.象 e5 h4 5.王 h7 g5+ 6.王 g8 g4 7.王 f8 g3 8.王 e8 g2 9.王 d8 g1 后 10.象×c7#（G.包尔登，1841)

769：1.后 h5+ [1.后 g4+ 王 f1；1.后 e4+ 王 d1] 1.… 王 d3 2.后 g6+ 王 d4 3.后 g7+ 王 c5 4.后 c7+ 王 b5 [4.… 王 d4 5.后 e5+ 王 d3 6.后 e4#] 5.后 b7+ 王 c5 6.象 b4+ 王 d4 7.后 e4#（R.许伯，1926)

770：1.象 c5 车 c8 [1.… 王 c8 2.象 a7；1.… 车 b8 2.车 h8+ 王 c7 3.象 d6+] 2.象 b6+ 王 e8 3.象 c7 a5 4.王 d1 a4 5.王 c1 a3 6.王 b1 a2+ 7.王 a1 王 f8 8.车 h8+ +-（L.库珀尔，1909)

771：1.马 d4+ 王 d5 2.后 h1+ 王 c4 3.后 f1+ 王 c3 [3.… 王 d5 4.后 f3+ 王 d6 5.后 c6+ 王 e7 6.后 e6+ 王 f8 7.后 f7#] 4.后 f3+ 王 d2 5.后 e2+ 王 c3 6.后 c2+ 王×d4 7.后 d1+ +-（A.莫特德，1916)

772：1.后 e7+ 王 h6 [1.… 王 g8 2.后 e6+ 王 h8 3.后 e5+ 王 g8 4.后×b8+] 2.后 h4+ 王

g7 3.后 d4+ 王 h6 4.后 f4+ 王 g7 5.后 e5+ 王 h6 6.车 h5+ gh 7.后 f6# (G.洛里，1763)

773：1.象 d8+ 王 a7 2.车×a6+ ba 3.后 d7+ 王 b8 4.后 c7+ 王 a8 5.后 c8+ 王 a7 6.象 b6+ 王×b6 7.后 b8# (D.庞齐阿尼，1769)

774：1.车 c2 后×c2 [1.… 后 f8 2.车 c4+ 王 g5 3.象 d2+ 下着 4.车 f4+] 2.象 d8+ g5 3.象 a5 后 e2 4.象 c7 后 f2 5.象 d6 后 f4+ 6.g3+ 后×g3+ 7.象×g3# (S.卡米纳，1925)

775：1.车 g1 a1 后 2.象 g6+ 王 f8 3.车×a1 e1 后 4.车 a8+ 王 e7 5.车 e8+ 王 f6 6.马 f2 后×f2 7.车 f8+ +− (L.米特罗凡诺夫，E.波戈西安茨，1974)

776：1.王 d4 d6 2.王 c3 d5 3.王 d4 b4 4.王×d5 b3 5.王 c6 王 b8 6.王 b6 b2 7.a7+ 王 a8 8.王 a6 b1 后= (L.库珀尔，1922)

777：1.王 b6 [1.王 c4 王 c7 2.王 d5 h5 3.王 d4 c6 4.王 e3 王 b5 5.王 f4 王×a5 6.王 g5 王 b5 7.王×h5 c4 8.王 g4 d5] 1.… 王 c8 2.a6 王 b8

3.a7+ 王 a8 4.王 c7 h5 5.王×d6 h4 6.王×d7 h3 7.e5 h2 8.e6 h1 后 9.e7 后 d5+ 10.王 c7 后 e6 11.王 d8 后 d6+ 12.王 c8 后×e7= (A.特罗伊茨基，1899)

778：1.车 a1+ 王 b8 2.车 b1+ 王 c8 3.车 a1 王 d8 4.王 d6 王 e8 5.王 e6 王 f8 6.王 f6 王 g8 7.车 a8+ 王 h7 8.车 a7+ 王 h6 9.车 a8 王 h5 10.王 f5 王 h4 11.王 f4 王 h5 12.王 f5= (I.莫拉维奇，1937)

779：1.车 d3 王 g2 2.车 d2+ f2 3.王 d3 王 g1 4.车 d1+ f1 后+ 5.王 e3 王 g2 6.车×f1 王×f1 7.王 f3= (D.佩克弗，1957)

780：1.王 g4 e2 [1.… d2 2.王 f3 王 d3 3.车 a1 e2 4.车 a3+ 王 c2 5.车 a2+ 王 c1 6.车 a1+] 2.车 c1+ 王 d4 [2.… 王 b3 3.王 f3 d2 4.车 b1+ 王 c2 5.王×e2；2.… 王 d5 3.王 f3 d2 4.车 c5+] 3.王 f3 d2 4.车 c4+ 王 d3 5.车 d4+ 王×d4 6.王×e2 王 c3 7.王 d1 王 d3= (L.普罗克斯，1939)

781：1.王×a7 g3 2.象 e4 b5 3.王 b6 b4 4.王 c5 b3 5.王 d4

b2 6.王 e3 g2 7.王 f2=（L.波波夫，1989）

782：1.c5 车 e4 2.c6 车 c4 3.e4 车×e4 4.c7 车 c4 [4.… 车 e8 5.王 d4 车 c8 6.王×d5 车× c7 7.e4] 5.e4 车×c7 6.ed =（E.阿萨巴，1974）

783：1.马 e7+ 王 h7 [1.… 王 h5 2.马 f5 e2 3.马 g3+；1.… 王×g5 2.马 c6 王 f4 3.马 b4 g5 4.王 b2 g4 5.王 c1 g3 6.马 d3+ 王 f3 7.王 d1 e2+ 8.王 d2 g2 9.马 e1+] 2.g6+ 王 h8 3.王 b4 e2 4.王 c5 e1 后 5.王 d6=（P.伊尔金，1947）

784：1.马 f2+ 王 g3 2.c7 a2 3.马 e4+ 王 f3 4.马 d2+ 王 e3 5.马 c4+ 王 e4 6.马 d2+ 王 e5 7.马 c4 +=（A.特罗伊茨基）

785：1.马 c7 b1 后 2.马 b5+ 王 d3 3.车 f3+ 王 d2 4.车 f2+ 王 e1 5.车 e2+ 王 f1 6.车 f2+ 王 g1 7.车 g2 +=（A.特罗伊茨基，1907）

786：1.车 a6+ 王 b2 2.车 b6+ 王 c2 3.车 c6+ 王 d2 4.车 d6+ 王 e2 5.车 d1 王×d1 6.马 g4 h1 后 7.马 f2 +=（H.林克，1907）

787：1.g6+ 王 h8 2.王 h6 象 d5 3.f7 象×f7 4.g7+ 王 g8 5.象 d3 象 g6 6.象 c4+ 象 f7 7.象 d3 马 g5 8.象 h7+ 马×h7=（G.娜达雷什维莉，1978）

788：1.h8 后 车×h8 2.象 d5 车 h2 3.象 g2 车 h5 4.象 d5 车 h2 5.象 g2 王 b3 6.象 d5+ 王 a3 7.象 g2=（A.莫特德，1923）

789：1.王 h6+ 王 h2 2.王 g7 f1 后 3.车 h6+ 王 g3 4.车 g6+ 王 h4 5.车 h6+ 王 g5 6.车 g6+ 王 f5 7.e7=（L.米特罗凡诺夫，1980）

790：1.g3+ 王 e4 2.象 c2 后 g4+ [2.… 后 c4 3.王 d2 后 b4+ 4.王 e2 后 c4 5.王 d2] 3.王 f2 王 f5 4.车 d4+ e4 5.车× e4 后×e4 6.g4+ hg 7.王 g3 后×c2=（L.库珀尔，1924）

791：1.a7 车 b4+ 2.王 a3 e1 后 3.a8 后+ 王 d4 4.后 h8+ 王 d3 5.后 h3+ 王 c2 6.后 g2+ 王 b1 7.后 f3=（V.塔拉修克，1990）

792：1.车 e4+ 王 d8 2.车 d4+ 王 c8 3.马×e2 象 f1 4.车 c4 象×e2 5.王 c6 象×c4=（F.拉扎德，1913）

十级习题

793：1.… 车×b2 2.车×b2 车×b2 3.后×b2 象×c3 4.后 b7 象×a1 5.后×d7 后 b2+ 6.王 h3 后 c1 −+（宾德里奇—戈尔兹，民主德国，1969）

794：1.… 车×h2+ 2.象×h2 马 g3+ 3.象×g3 后 h8+ 4.象 h2 后×h2+ 5.王×h2 车 h8+ 6.后 h5 车×h5#（贝采尔—斯托纳）

795：1.… 马 f3 2.g3 车 h6 3. h3 车×h3+ 4.象×h3 后 h6 −+（富尔曼—克洛凡，苏联）

796：1.… 车×g2+ 2.王×g2 象 b7+ 3.王 f2［3.王 g1 车×g3+ 4.hg 后 h1+ 5.王 f2 后 f3+］3.… 车 f3+ 4.王 f2［4.王 e2 后×h2+］4.… 车 c3+ 5.王 f1 后 h3+ 6.王 e2 车×c5 −+（尼科里奇—马图洛维奇，南斯拉夫，1963）

797：1.… 象 d3 2.车 a1 车 c2 3.e4［3.后 f4 车×a2 4.后×f7+ 王 h7 5.车 c1 车 d2］3.… 车×a2 4.e5 后×f2+ −+（施米德—特纳，斯图加特，1953）

798：1.… 象 c5 2.车 fe1［2. 象×c5 车 ah8］2.… 车 ah8 3. 王 f1 马×e3+ 4.马×e3 象×e3 5.车×e3 车 h1+ −+（德里—克霍夫，松博尔，1966）

799：1.… 象 h3+ 2.王 g1 后 a1 3.后 e2 c3 4.王 f2 后×f1+ 5.后×f1 象×f1 6.王×f1 c2 −+（伦吉尔—布林克—克劳森，瓦尔那，1962）

800：1.… 车×h3 2.gh 车×d2 3.车×d2 马×f3+ 4.王 f1 马× d2+ 5.王 e1 马 f3+ 6.王 d1 后×c4 7.后 e2 后 d4+ 8.王 c1 后 g1+ 9.后 d1 后 e3+ −+（科山斯基—阿拉玻维奇，南斯拉夫，1971）

801：1.… 车×c5 2.象×e5 马 f3+ 3.gf 象×f3 4.后 c2 象×d1 5.后×d1 后 g5+ −+（索科尔斯基—鲍特维尼克，苏联，1938）

802：1.… 马×c1 2.车 d×c1 后×b2 3.车×b2 车×b2 4.后 a1 车×f2 5.后 b1 车×f1+ 6.王×f1 马 d2+ 7.王 e2 马×b1 8.车× b1 d5 −+（赫维杰—瓦尔纳

斯，匈牙利，1977)

803：1.车 g8+ 车×g8 2.象 d4+ 车 g7 3.象×g7+ 王×g7 4.后 c7+ 王 f6 ［4.… 王 f8 5.后× b8+］5.后×f4+ 后 f5 ［5.… 王 e7 6.后 d6+］6.后 d6+ 王 g7 7.后×g3+ 下着 8.后×b8 +-（弗塔奇尼克—格奥尔基耶夫，格罗宁根，1977)

804：1.… 马×g2 2.王×g2 马 f4+ 3.王 h1（3.王 g1 马 h3+ 4.王 g2 后×f2+！5.王×h3 象 c8+ 6.马 f5+ 象×f5+ 7.ef 后× f3+ 8.王 h2 车 d2+ -+）3.… 后×f2 -+（包列斯拉夫斯基—涅日麦特金诺夫，维尔纽斯，1958)

805：1.象 g5 h1 后 ［1.… 后× g5 2.后 c8+ 王 g7 3.后 c7+ 王 g8 4.后×h2］2.后 e8+ 王 g7 3.后 g6+ 王 f8 4.后×f6+ 王 g8 5.后 d8+ 王 g7 6.后 e7+ 王 g8 7.后 e8+ 王 g7 ［7.… 王 h7 8.后 f6+］8.f6+ 王 h7 9.后 f7+ 王 h8 10.后 g7#（西马金—布朗斯坦，莫斯科，1947)

806：1.马 f5 后 g5 ［1.… 后× g2+ 2.后×g2 象×g2 3.象×g7+

王 g8 4.车 c7 再下着 5.王× g2］2.后×d8+ 后×d8 3.车 c8 后×c8 4.象×g7+ 王 g8 5.象 d5+ +-（尤多维奇—拉戈津 (var.)，第比利斯，1937)

807：1.车×d3 cd 2.e5 后×d5 3.后×h6 车 fe8 4.象 h7+ 王 h8 5.象×d3+ 王 g8 6.象 h7+ 王 h8 7.象 e4+ 王 g8 8.后 h7+ 王 f8 9.后 h8+ 王 e7 10.后 f6+ 王 f8 11.象×d5 车×d5 12. f4 象 b7 13.车 e1 +-（尼斯廷—弗拉索夫，corr.，1948)

808：1.车×d6 后×d6 2.马×f7+ 车×f7 3.车 e8+ 后 f8 4.车×f8+ 车×f8 5.后 d2 王 g8 6.后 d4 车 f7 7.象×c8 车×c8 8.后×c5 车 cf8 9.象 d4 +-（格奥尔吉乌—金马克，海牙，1961)

809：1.马 g5 hg 2.马 g6 fg 3. 车×g7+ 王×g7 4.e6+ +-（格林什潘—卡明斯基，波兹南，1961)

810：1.后×d4+ cd 2.象 g7+ 王×g7 3.车×e7+ 车×e7 ［3.… 王 f6 4.车×e8 后 c2+（4.… 后 g5+ 5.王 f2 后 d2+ 6.车 e2）5.王 g3］4.h8 后+ 王 f7 5.车 h7+ 王 e6 6.后 c8+ 王 f6

7.后 f8+ +-（帕顿斯—蒂尔森，英格兰，1964）

811：1.后×h7+ 王×h7 2.车 h1+ 王 g8 3.马 h6+ 王 h7 4.马 f7+ 王 g8 5.车 h8+ 王×f7 6.车 h7+ 王 g8 7.车 g7+ 王 h8 8.车 h1#（普拉茨—贾斯特，民主德国，1972）

812：1.象 c3 fe 2.后 e5 象 f8 3.后 h8+ 王 f7 4.车 f1+ 后 f5 5.车×f5+ gf 6.后 f6+ 王 g8 7.后 g5+ 王 f7 8.后×f5+ 王 g8 9.后 g5+ 王 f7 10.后 f6+ 王 g8 11.后 h8+ 王 f7 12.后×h7+ 王 e6 13.后×e4+ 王 d6 14.后×b7 +-（拉尔森—贝德纳斯基，哈瓦那，1967）

813：1.h5 马 f7 2.王 c2 马 d8 3.王 c3 马 f7 4.a4 马 d8 5.王 c4 马 f7 6.王 d5 马 d8 7.b4 马 f7 8.王 c6 马 d8+ 9.王 c7 +-（米塞斯—无名氏，1903）

814：1.后×a7+ 车×a7 2.车× a7+ 王×a7 3.车 a1+ 王 b7 4.象 a6+ 王 a8 5.象 c8#（科特—科兹马，捷克斯洛伐克，1950）

815：1.马 h×g5 象×g5 2.马× g5 hg 3.车 h7+ 王 f6 4.象×

g5+ 王×g5 5.车 1h6 马×h6 6.后 d2+ 王 f6 7.后×h6+ 王 e7 8.后 e6#（奇戈林—希弗斯，圣彼得堡，1895）

816：1.象×h7+ 王×h7 3.马 f6+ 象 f6〔2.… gf 3.后 h5+ 王 g8（3.… 王 g7 4.gf+ 象×f6 5.ef+ 王×f6 6.后 g5+ 王 e6 7.车 fe1+）4.gf〕3.后 h5+ 王 g8 4.gf 马×e5 5.fe 后 e6 6.后 g5 g6 7.后 h6 后 g4+ 8.王 h2 后 e2+ 9.王 h3 +-（兹维格—马廷尼茨，哈瓦那，1966）

817：1.车×h7+ 王×h7 2.后 h4+ 王 g6 3.马×f4+ ef 4.e5+ 象 f5 5.象×f8+ 王×f5 6.后 h7+ 王×e5 7.车 e1+ 王 d4 8.后 e4+ 王 c5 9.马 a4+ 王 b4 10.后 c2 王 a5 11.后 c3+ 王 a6 12.马 c5+ dc 13.后 a3+ 王 b6 14.后 b3+ 下着 15.后 b5#（韦德—无名氏，伦敦，1958）

818：1.车×d5 ed 2.马×d5 后 b8 3.后 c3 象 d6 4.马 b6+ 王 c7 5.ed+ 马×d6 6.马 c5 象 f5 7.马 d5+ 王 c8 8.马×a6 +-（吉普斯里斯—萨依金，雷泽克内，1963）

819：1.车×e7+ 王×e7 2.象

g5+ 王 d6 [2.… 王 e8 3.后 e2+ 王 f7 4.象 d5+ 王 g6 5.后 e4+ 王×g5 6.后 f4+ 王 h5 7. 象 f7+ g6 8.后 h4#] 3.后 d1+ 王 c7 4.象 f4+ 王 b6 5.后 d6+ 王 a7 6.后 e7+ 车 c7 7.象 e3+ +-（拉文斯基—帕诺夫，莫斯科，1943）

820：1.象×f6 gf 2.车×a4 车× a4 3.d7 车 b8 4.车 e8 车 a1+ 5.象 f1 车 aa8 6.马 e7+ 王 g7 7.马 c8 车×c8 8.车×c8 车×c8 9.dc 后 +-（图克马科夫—库兹明，苏联，1977）

821：1.车 4×d5 cd 2.后×d5 车 f8 3.e6 象 g7 4.ef+ 王 h8 5.象 d4 h6 6.象×g7+ 王×g7 7. 后 e5+ 王 h7 8.象 c2 后 c4 9. 象×g6+ 王×g6 10.车 d6+ 王 f7 11.车 d7+ +-（托鲁什—皮特森，维尔纽斯，1958）

822：1.车 f3 车 h6 2.后×h6+ 王×h6 3.车 h2+ 象 h5 4.车× h5+ 王 g6 5.车 g5+ 王 h6 6. 车 h3#（塔拉什—谢维，哈勒，1983）

823：1.象 b5 [1.马 e5 马×e5 2.象 f5 后×f5 3.车×e5 后 d3 (3.… 后 d7 4.后×a7 后 e8) 5.

车 ae1 马 e4 6.后 a8+ 王 d7 7.后×b7) 4.车×e7 车 d7 5.车 e3 后 a6 6.后×a6+ ba 7.象 e5] 1.… gf 2.象×c6 后×c6 3. 车×e7 后×a4 4.车×c7+ 王 b8 5.车 c4+ 王 a8 6.车×a4 +-（凯列斯—亚历山大，黑斯廷斯，1954 / 55）

824：1.车×h7+ 王×h7 2.后 h5+ 王 g8 3.车×g6+ 车 g7 4. 车 h6 王 f8 5.车 h8+ 王 e7 6. 后 e5+ 王 f7 7.后 e8+ 王 f6 8. 车 h6+ 王 f5 9.后 e5+ 王 g4 10.后 f4#（斯坦尼茨—楚克托特，伦敦，1872）

825：1.马×f7 王×f7 2.e6+ 王×e6 3.马 e5 后 c8 [3.… 后 e8 4.车 e1 王 f6 5.象×e7 马×e7 6.后 f3+ 王 e6 7.马 f7+ 王 d7 8.后 g4+ 王 c7 9.后 f4+ 王 d7 10.后 d6+ 王 c8 11.车× e7] 4.车 e1 王 f6 5.后 h5 g6 6.象×e7+ 王×e7 [6.… 马×e7 7.后 h4+ g5 8.马 g4+ 王 f7 9. 后×g5] 7.马×g6+ 王 f6 8.马× h8 象×d4 9.车 b3 后 d7 10.车 f3 车×h8 11.g4 车 g8 12.后 h6+ 车 g6 13.后 f8+ +-（奇戈林—斯坦尼茨，哈瓦那，

1892)

826：1.象 f6 车 fc8［1.… gf 2.车 g4+；1.… h5 2.车 g4 后× e2 3.车×g7+ 王 h8 4.马 g5］2. 后 e5 车 c5［2.… 车×c4 3.后 g5 车 g4 4.后×g4 g6 5.后×a4；2.… 后×c4 3.后 g5 王 f8 4. 后×g7+ 王 e8 5.后 g8+ 王 d7 6.马 e5+ 王 c7 7.后×f7+ 下着 8.马×c4］3.后 g6 4.车×a4 后 d3 5.车 f1 后 f5 6.后 f4 后 c2 7.后 h6 +−（阿廖欣—斯特克，布达佩斯，1921）

827：1.fe 象×g3 2.ef+ 王 h8 3.马 d5 后 c5［3.… 后 b7 4. 马 e6 象 e5 5.马×d8；3.… 后 a7 4.马 c6 象 e5 5.象×e5 de 6.马×a7 车×a7 7.马×b6 车 f8 8.马×c8 车×c8 9.车×d7；3.… 后 b8 4.马 c6 象 e5 5.象×e5 de 6.马×b8 车×b8 7.马 c7 车 f8 8.马 e6］4.马 e6 象 e5 5. 象×e5 de 6.马×c5 bc 7.马 c7 车 b8 8.马 e8 +−（阿廖欣—萨埃米什，柏林，1923）

828：1.后 g3 fe 2.后 g7 车 f8 3.车 c7 后×c7［3.… 后 d6 4. 车×b7 d5 5.车 a7 后 d8 6.后× h7 下着 7.后 g6+］4.后×c7 象

d5 5.后×e5 d3 6.后 e3 象 c4 7.b3 车 f7 8.f3 车 d7 9.后 d2 e5 10.bc bc 11.王 f2 王 f7 12. 王 e3 王 e6 13.后 b4 车 c7 14. 王 d2 车 c6 15.a4 +−（鲍特维尼克—尤伟，海牙，1948）

829：1.车 xe4 de 2.象 f6 后 b6 3.象×g7 车 fe8 4.象 e5 后 g6 5.马 h6+ 王 f8 6.f5 后 g5 7.马 xf7 +−（塔尔—纳依多夫，莱比锡，1960）

830：1.车×f6 象×f6 2.后 h7+ 王 f8 3.车 e1 象 e5 4.后 h8+ 王 e7 5.后×g7+ 王 d6 6.后× e5+ 王 d7 7.后 f5+ 王 c6 8. d5+ 王 c5 9.象 a3+ 王×c4 10. 后 e4+ 王 c3 11.象 b4+ 王 b2 12.后 b1#（鲍特维尼克—切霍弗，莫斯科，1935）

831：1.象 xh6 象 xh6 2.后× h6+ 王 xh6+ 3.车 g6+ 王 xh5 ［3.… 王 h7 4.马 g5+］4.马× e5+ 马 g4［4.… 王 h4 5.车 h6+］5.象×g4+ 王 h4 6.车 h6+ 王 g5 7.马 xf7+ 王 f4 8. 马×d8（阿维尔巴赫—邦达列夫斯基，苏联，1961）

832：1.e5 de 2.马 e4 马 d5 3. 马 6c5 象 c8 4.马×d7 象×d7

5.车 h7 车 f8 6.车 a1 王 d8 7.车 a8+ 象 c8 8.马 c5 +- (Em.拉斯克—卡帕布兰卡,圣彼得堡,1914)

833:1.象 d3 后×c3 2.车 h4 后 c5 3.象×f6 象×f6 4.象×h7+ 王 h8 5.象 f5+ 王 g8 6.车 h8+ 王×h8 7.后 h5+ +- (斯塔尔茨—芬特采尔,捷克斯洛伐克,1967)

834:1.马 d5 后 d6 2.马×c7 后×c7 3.车×c5 车×d1 4.cb 车×f1+ 5.王×f1 后×b7 6.象×b7 7.马×e5 +- (科尔奇诺依—罗巴茨,哈瓦那,1963)

835:1.马×f7 车×f7 [1.…王×f7 2.象×g6+ 王×g6 3.车×c7 车×c7 4.d6] 2.象×g6 后 d6 [2.…后×c1 3.象×f7+ 王 f7 4.后 h5+ 王 g7 5.后×e5+ 王 g8 6.车×c1 车×c1+ 7.王 h2] 3.象×f7+ 王×f7 4.车×c8 象×c8 5.后 c2 象 d7 6.后 h7+ 王 f8 7.车 e3 +- (塔尔—马塔诺维奇,莫斯科,1963)

836:1.车 e7 后×a6 2.车×f7+ 王×f7 3.马 e5+ 王 f6 4.马 g4+ 王 g5 5.后 d5+ 王 g6 6.后 e6+ 王 g5 7.h4+ 王 h5 8.后 f5+ g5

9.后×g5# (约翰森—斯塔尔伯格,斯德哥尔摩,1961)

837:1.后×d5 车×d5 2.马×f6+ 王 h8 3.象 g5+ 王 g7 4.车 h7+ 王 f8 5.车 h8+ 王 e7 6.马×d5+ +- (米拉诺维奇—戈罗夫,苏联,1977)

838:1.后 b7+ 象×b7 2.象×b7+ 王 a5 3.象 b4+ 王 b6 4.象 c3+ 王 c5 5.象×d4+ 车×d4 6.车×d4 王×d4 7.象×c8 +- (柳布林斯基—涅奇佩罗维奇,苏联,1950)

839:1.马×e5 de 2.象×e5 马 d6 3.f6+ 王 d7 4.象×d6 王×d6 5.车 e6+ 王 c7 6.f7 车 a1 7.王 e2 +- (卡斯帕罗夫—E.托雷,巴库,1980)

840:1.车×a6 车×a6 2.车 b7 车 g7 3.c7 车 a8 4.车 b8 车 g8 5.车×a8 车×a8 6.马 d7+ 王 e7 7.马 b8 +- (富尔蒂斯—戈龙贝克,布拉格,1947)

841:1.车 e8+ 王 a7 2.车 a8+ 王 b6 [2.…王×a8 3.后 c8+ 王 a7 4.后×b7#] 3.后 a5+ 王×a5 4.ab+ 王 b6 5.b8 后+ 王 c5 6.车 a5+ 王 d4 7.后×f4+ +- (科特奇—普罗克斯,维

也纳，1907)

842：1.车×e6 后×e6 2.车 e1 后 d6 [2.… f5 3.车×e6 fg 4.象×d5 车 ed8 5.车×c6+ 车×d5 6.车×c8 gf 7.gf 车×d4 8.车 c7] 3.象 f4 后 d8 [3.… f5 4.后 h3 后×f4 5.后×h7+ 王 f6 6.象×d5；3.… h5 4.后×c8 车×c8 5.象×d6 象×d6 6.象×d5+] 4.后 e6+ 王 g7 5.象×d5 g5 6.后 f7+ +-（斯特卢阿—库希罗夫，埃里温，1996)

843：1.象×h7+ 王×h7 2.g6+ 王 g8 3.马 g5 fg 4.后 f3 后×g5 5.象×g5 de 6.车 ac1 +- （斯帕斯基—盖列尔，里加，1965)

844：1.车×h6 gh 2.后 g6+ 车 g7 3.象×g7 车×e2 4.象 f6+ 王 f8 5.后×h6+ 王 e8 6.后 h8+ 王 f7 7.后 g7+ 王 e6 8.后×g4+ 王 d6 9.后×e2 +-（波里什丘克-唐钦科，列宁格勒，1977)

845：1.ef 后×e1+ 2.王 h2 象× f6 3.象×h6 象 e5+ 4.王 h3 后×a1 5.马 e7+ 王 h8 6.象×g7 象×g7 7.后 h5+ 象 h6 8.后× h6# （西里奇—斯托雅诺夫斯基，南斯拉夫，1958)

846：1.后 f4+ gf 2.象×f4+ 王 a8 3.马 b6+ ab 4.ab+ 马 a6 5.车×c8+ 车×c8 6.车×a6+ ba 7.象 g2+ 车 c6 8.象×c6#（ph.斯塔马，1737)

847：1.车×c6 后×c6 2.后×c6+ bc 3.象 a6+ 王 c7 4.车 b7+ 王 c8 5.象 e5 马×e5 6.车×a7+ 王 b8 7.车 b7+ 王 a8 8.马 b6# （米塞斯—奇戈林，汉诺弗，1902)

848：1.象 g6 后×g6 2.车×g6 马 e7 3.车×f7 王×f7 4.g8 后+ 马×g8 5.后×h7+ 象 g7 6.后× g7+ 王 e8 7.后×g8+ 王 e7 8.车×e6#（马克希亚—奎因特罗斯，圣米格尔，1980)

849：1.车 a8+ 王 c7 2.象 b6+ 王 b7 [2.… 王 d6 3.后 a3+ 马 b4 4.后×b4+ 王 c6 5.后 c5+ 王 b7 6.后 c7+ 王 a8 7.后 a7#] 3.象 c5+ 王 c7 4.象 d6+ 王×d6 5.后 a3+ 王 c7 6.车 a7+ 马×a7 7.后×a7+ 王 d6 后 c5#（巴拉尼尔—西拉吉，捷克斯洛伐克，1956)

850：1.车×g7+ 象×g7 2.车× g7+ 王×g7 3.后×h6+ 王 g8 4. f6 后 f8 5.后 g5+ 王 h8 6.后

h5+ 王 g8 7.象 h6 +-（伯恩德特—保姆哈特，法尔肯塞，1979）

851：1.马×h7 王×h7 2.后 h4+ 王 g8 3.象 g5 车 e8 4.车 e3 车×c3 5.车 h3 车×d3 6.后 h7+ 王 f8 7.象 f6 马 f5 8.后 h8+ 象×h8 9.车×h8#（巴伦德雷格特—西拉吉，阿姆斯特丹，1966）

852：1.马 g6 车 e8 2.车×f7 王×f7 3.后 h5 象 e6 4.马 ge7+ 王 f8 5.车 f1+ 马 f6 6.车×f6+ gf 7.后×h6+ 王 f7 8.后×f6# +-（巴尔查—塔塔尔，德布雷森，1931）

853：1.车×h7+ 王×h7 2.后 e7+ 王 g6 3.车 g8+ 王 f5 4.车×g5+ 王×g5 [4.… fg 5.后 d7+] 5.后 g7 王 f5 6.后 d7+ +-（杜拉斯—科恩，卡尔斯巴德，1911）

854：1.e7 车×f3 2.e8 后+ 车 f8 3.后 e6+ 王 h8 4.马 f7+ 王 g8 5.马 h6+ 王 h8 6.后 g8+ 车×g8 7.马 f7#（奥尔谢夫斯基—切尔尼雅克，苏联，1979）

855：1.象×h7+ 王×h7 2.hg+ 王 g8 3.车 h8+ 王 f7 [3.… 王×h8 4.后 h5+ 王 g8 5.g6 车 e8 6.后 h7+ 王 f8 7.后 h8#] 4. 后 h5+ g6 5.后 h7+ 王 e8 6.后×g6#（施莱克特—沃尔夫，贝什，1894）

856：1.车 h8+ 王×h8 2.车 h1+ 王 g8 3.车 h8+ 王×h8 4.gf 后 d8 [4.… 后×b2+ 5.王 d1 后 b1+ 6.象 c1 象 d7 7.后 g6] 5. 后 g6 后 f8 6.后 h5+ 王 g7 7. 象 h6+ +-（亚历山大—雅诺夫斯基，黑斯廷斯，1947）

857：1.马 h7 马 d5 2.马×d5 王×h7 3.马 b6 象 g4 4.后×g4 ab 5.f5 象×e5 6.fg+ 王 h8 7.gf 马 f6 8.后 g6 +-（巴拉基尔斯基—卡尔丁，苏联，1978）

858：1.马 h6+ gh [1.… 王 h8 2.后×f7 象 d6 3.后 g8+ 车×g8 4.马 f7#] 2.后×f7+ 王 h8 3.车 d7 车 e7 4.后 f6+ 王 g8 5.象 h3 后 c6 6.车×e7 后×f6 7.gf 象×e7 8.象×c8 +-（古菲尔德—雷科维奇，苏联—南斯拉夫，1975）

859：1.象×f7+ 王×f7 2.后 b3+ 王 g6 3.马×e5+ 王 h5 4.马 e2 后 e8 5.后 f3+ 象 g4 6.后×g4+ 马×g4 7.马 g3+ 王 h4 8.马 f3#

（凯里—基维，芬兰，1949）

860：1.马×f7 王×f7 2.象×g6+ 王×g6 3.后g3+ 王h7 4.后g5 马d×e5 5.后×h5+ 王g7 6.车g3+ 王f6 7.后g5+ 王f7 8.后g7#（札沃津—库兹涅佐夫，苏联，1975）

861：1.马×f6+ gf 2.车g1+ 王h8 3.后h6 车f8 4.车g6 象f5 5.车×f6 王g8 6.车g1+ 象g6 7.车g×g 6+hg 8.车×g6+ +−（西古尔琼森—西加尔，Ybbs，1968）

862：1.后×d4 马×d4 2.象×f7+ 王e7 3.象g5+ 王d6 4.象×d8 马×c2 5.车d1+ 王×e5 6.车d5+ 王f4 7.象g5+ 王g4 8.f3#（阿克亨多夫—札西阿德科，corr.，1972）

863：1.马e7+ 王f7 2.马c6+ 王g8 3.马d8 后×d8 4.后×e6+ 王h8 5.后f7 +−（凯列斯—塔诺夫斯基，赫尔辛基，1952）

864：1.后h3 车fg7 2.后c8+ 王h7 3.fg 车×g7 4.后h3+ 后×h3 5.车×g7+ 王h8 6.车g8+ 王h7 7.车cg7+ 王h6 8.车h8+ +−（保恩加塞尔—维纳，corr.，1975）

865：1.马×h5 马×h5 2.车×g6 王h8 3.车dg1 象g7 4.后g2 马d7 5.后g5 马df6 6.后h6+ +−（丘阿塔斯—胡格，厄瓜多尔，1969）

866：1.车e6 后d8 2.车g6 车g8 3.车×f7 车d1 4.王h2 后b8+ 5.g3 车d2+ 6.王h1 +−（卡拉塞夫—克拉曼，苏联，1967）

867：1.车×e7 后×e7 2.后f3 王g7 3.马ce4 de 4.马×e4 后e6 5.象×f6+ 王g8 6.后f4 +−（斯皮尔曼—瓦尔，维也纳，1926）

868：1.d6 象×d6 2.马×d6 e4 3.象×e4 后e7 4.0-0 马×e4 5.马×c8 车×c8 6.后d5+ 王h8 7.车e1 车e8 8.马g5 +−（查雷—巴尔查，匈牙利，1965）

869：1.马×b7 王×b7 2.后c5 车c7 3.车×b6+ 王a8 4.后b4 ab 5.后×b6 车gc8 6.后a6+ +−（伦吉尔—鲁宾奈蒂，卢加诺，1968）

870：1.g6 后×f6 [1.… 后e6 2.f7+ 王h8 3.后f3] 2.后c4+ 王h8 3.车gf1 后e7 4.后e2 王g8 [4.… 后×e2 5.车×f8#；

4.… 车×f1 5.后×h5+ 王 g8 6.后 h7+ 王 f8 7.后 h8#] 5.后× h5 后×h4 6.车×d8 +-（科尔森斯基—里斯顿加顿，巴库，1978）

871：1. 马×e7 象 e6 ［1.… 马×e7 2.车 b3 后 a4 3.象 b5 后×a2 4.后 c3］2. 马 d3 马 a5 3.象 d4 马×c4 4.后 g5 马 e5 5.后×f6+ 王 h6 6.f4 车 he8 7.后 g5+ +-（斯坦—佩里康，马德普拉塔，1966）

872：1.后 h6 车 g8 2.马 f3 后 f8 ［2.… 后 c6 6.b5］3. 马 g5 车×g5 4.后×g5 h6 5.后 b5 车×c3 6.车×d7 后 g8 7.后 h5 象 e3 8.后×f7 +-（马里亚辛—克洛凡，苏联，1977）

873：1.车 h7+ 王×h7 2.后×f7 王 h6 3.车 h1+ 王 g5 4.后 h7 王 f6 5.马 d5+ 王 e6 6.马 c7+ 王 f6 7.后 h8+ 王 g5 8.后 h4# （库吉柏斯—波马尔，恩斯赫德，1964）

874：1.车×g6 马×g6 2.象 g5 后×f3 ［2.… 后 f7 3.后 h2 象 h8 4.象×g6 后×g6 5.后×h8+ 王 f7 6.车 h7+ 王 e8 7.车 e7+］3.象×f3 车×f3 4.后 h2 +-（卡瓦廖克—马丁诺维奇，萨拉热窝，1968）

875：1.f4+ 王×f4 2.后×f7+ 王 g5 3.后 e7+ 王 h6 4.g5+ 王 h5 5.后×h7+ 王×g5 6.车 g3+ +-（克纳阿克—波斯特勒，民主德国，1971）

876：1.马 d5 车×d5 ［1.… 后 d6 2.马 e7+ 王 f7 3.马×c8］2. 象 c4 象 e6 3.车 1×e6 后×e6 4.象×d5 车×e8 5.象×e6+ 车× e6 6.fe 马×e6 7.后 d5 +-（罗伊兹曼—科茨，苏联，1950）

877：1.车×d6 后×d6 2.车 d1 后 c7 3.车×d7 马×d7 4.后 h4+ 王 g8 5.象×d7 象×f3 6.马 d5 +-（古阿拉—谢恩斯维特，美国，1958）

878：1.后 c1 马×d4+ 2.王 d3 后×e5 3.后 c8+ 王 g7 4.后 h8+ 王×h8 5.马×f7+ 王 g7 6.马×e5 +-（马图洛维奇—茨维特科夫，瓦尔那，1965）

879：1.车×c5 后×c5 2.象×f7+ 王 h8 3.后×c5 车×d1+ 4.王 f2 车×f7 5.后 h5 车 d2+ 6.王 e1 +-（乌尔曼—亨宁斯，民主德国，1968）

880：1.车×d6 马×c4 2.车×

h6+ 王×h6 3.后 h8+ 王 g5 4.象 e4 后 h7 5.h4+ 王 g4 6.后 d8 +-（拉什科夫斯基—戈尔第耶夫，苏联，1972）

881：1.车×d6 王×d6 2.后 e6+ 王 c7 3.d6+ 王 d8 4.d7 车 h8 5.后×b6+ 王×d7 6.象 c6+ 王 e6 7.象 e8#（扬萨—索洛门，伦敦，1976）

882：1.马×g7 王×g7 2.象 h6+ 王×h6 [2.… 王 g8 3.后 f3] 3.后 d2+ 王 h5 [3.… 王 g7 4.后 g5+ 王 h8 5.后×f6+ 王 g8 6.车 e4] 4.车 e3 +-（沃斯卡尼安—霍多斯，苏联，1964）

883：1.马×f7 王×f7 2.后×e6+ 王 g7 3.象×g6 车×d1 4.后 f7+ 王 h6 [4.… 王 h8 5.后×h7#] 5.马 f5+ 王 g5 6.h4+ 王 f4 7.g3+ 王 f3 8.象 h5+ +-（图尼克—皮安科夫，苏联，1979）

884：1.车×h6+ gh 2.后 f5+ 王 g8 3.后 g4+ 王 f8 4.后 g7+ 王 e7 5.后 e5+ 王 f8 [5.… 王 d8 6.后 b8+ 王 e7 7.象 c5+] 6.象 c5+ +-［富尔曼—霍尔莫夫，苏联，1963］

885：1.… 后×e3 2.fe 马 g3+ 3.王 h2 马×f1+ 4.王 h1 马

g3+ 5.王 h2 马 e4+ 6.g3 车 f2+ 7.王 h1 马×g3#（尼纳—维伊辛格，德国，1944）

886：1.… 车×c3+ 2.bc 车×e5+ 3.王 d2 车×e1 4.王×e1 王 d5 5.王 d2 王 c4 6.h5 b6 7.王 c2 g5 8.h6 f4 9.g4 a5 10.ba ba 11.王 b2 a4 12.王 a3 王×c3 13.王×a4 王 d4 14.王 b4 王 e3 -+（隆巴迪—菲舍尔，美国，1960/61）

887：1.… 后 a3 2.后×a3 车 f1+ 3.王 h2 马 g4+ 4.王 h3 车 h1+ 5.象 h2 马 f5 6.后 g3 车×h2+ 7.后×h2 马 f2#（卡阿比—兰卡，塔林，1988）

888：1.… 车×e2 2.马×e2 马 d4 3.后 b1 象×e2+ 4.王 f2 马 g4+ 5.王 g1 马 f3+ 6.gf 后 d4+ 7.王 g2 后 f2+ 8.王 h3 后×f3+ 9.王 h4 马 e3 10.车 g1 马 f5+ 11.王 g5 后 h5#（苏尔顿—莫菲，纽约，1857）

889：1.… 车×f3 2.后×f3 [2.车×h4 车 g3+ 3.王×g3 后×h4+；2.王×f3 后 f4+ 3.王 g2 后 g3+ 4.王 f1 车 f7+] 2.… 后 d2+ 3.王 g1 象 f2+ 4.王 f1 [4.后×f2 车×h1+ 5.王×h1 后×

f2] 4.… 马 d4 5.象×d4 后×c1+ 6.王 e2 车×h1 7.象×f2 后×b1 -+（冈斯伯格—奇戈林，哈瓦那，1890）

890：1.… 车×e5 2.de 后×e5 3.后×e5 象×e5 4.车×g5+ 王 h7 5.车 g×e5 bc 6.车 b5 车 d1 -+（盖列尔—阿维尔巴赫，基辅，1954）

891：1.… 马 d4 2.后×d7 马×f3+ 3.王 h1 马×e1 4.后 h3 象 d7 5.g4 象×g4 6.后×g4 车×f1+ 7.后 g1 车×g1+ 8.王×g1 马×c2 -+（布赖尔利—萨金特，黑斯廷斯，1947）

892：1.… 象 d4+ 2.王 h1 车 f2 3.车 e1［3.车 d1 车×g2 4.后×g2 马 f2+；3.车 g1 车×f4］3.… 车×g2 4.后×g2 马 f2+ 马 f2+ 5.王 g1 马 d3+ 6.王 f1 后×g2+ 7.王×g2 马×e1+ 8.王 f1 马 d3 -+（沃罗特尼科夫—尤尔塔耶夫，苏联，1975）

893：1.… 马 e4 2.0-0-0［2.fe 后×e4 3.车 g1 马 e5 4.0-0-0 后 b1#］2.… 马 e5 3.后 a6 后 a7 4.象 c4 后 b8 5.象 b3 后 a8 6.王×b2［6.象 c4 马×c4 7.后×c4 后 a3］6.…

后×a6 -+（波马尔—帕拉西奥斯，西班牙，1965）

894：1.… 象 d3 2.后×d3 车 g1+ 3.王×g1 e2+ 4.马 e3 车×e3 5.后 f5+ 车 e6+ 6.王 h1 后 f2 -+（布龙斯坦—巴库林，莫斯科，1965）

895：1.… 象 f2+ 2.王 f1 车 d1+ 3.王 e2［3.车×d1 e2+ 王×f2 ed 马+］3.… 车 d2+ 4.后×d2 ed+ 5.王×f2 象 f3 6.马 d6 车 f8 -+（罗恩—保姆加特纳，伯恩，1959）

896：1.… 车 b1+ 2.王×b1 车 b6+ 3.王 c1 象 b2+ 4.王 b1 象 c3+ 5.王 c1 车 b1+ 6.王×b1 后 b4+ 7.王 c1 后 b2#（弗尔克—杜拉斯，希拉格，1899）

897：1.… 马×d4 2.车 c7 马 e2+ 3.王 f1 马×c1 4.车×b7 马×a2 5.车 b8+ 王 d7 6.车×h8 b3 7.车 b8 b2 8.车×b6 马 b4 -+（巴伦德赖格特-希尔蒂什，阿姆斯特丹，1969）

898：1.… 车×g2 2.王×g2 车 g8+ 3.王 h3 象 d7+ 4.王 h4 马 f5+ 5.王 h3 马 d4+ 6.王 h4 马×f3+ 7.王 h5 马×d2 -+（卢吉尼斯-瓦德帕特里基安，

corr，1987）

899：1.… 马 f3+ 2.gf 后×f3 3.王 f1 后 h3+ 4.王 e2 象 c4+ 5.王 d1 后 b3+ 6.王 c1 象 d3 7.后 c7 车×a4 8.象 b4 车×a1+ 9.王 d2 后×b4+ −+（科佩茨基—卡那尔，维恩，1925）

900：1.… g5 2.车 g4 马 e3+ 3.车×e3 车 f2+ 4.王 g1 后 f6 5.车 e1 车 g2+ 6.王 h1 车 h2+ 7.王×h2 后 f2+ 8.王 h1 后×e1+ 9.王 g2 车 f2#（皮茨奇-佩恩，比苏姆，1971）

901：1.… 马×g4 2.fg ［2.车 h1 后×c4 3.后×c4 马 e3+］2.… 象×g4 3.后×g4 车 h2+ 4.王×h2 后 f2+ 5.王 h1 车 h8+ 6.后 h5 象×g3 −+（汉姆普莱顿—哈格特，英格兰，1950）

902：1.… 车 f3 2.后×e4 ［2.g3 象×g3 3.马×g3 车×g3+ 4.fg 后×g3+ 5.王 h1 后×h3+ 6.王 g1 后 g3+ 7.王 h1 象 g4 8.象×g7+ 王 g8］2.… 象 d5 3.后 d3 后×g2+ 4.王×g2 车 g3+ 5.王 h2 车 g2+ 6.王 h1 车 h2+ 7.王 g1 车 h1#（塔拉什—阿廖欣，佩斯泰恩，1922）

903：1.… 象×h2+ 2.马×h2 ［2.王 h1 车×g2 3.cb+ 王 b8 4.后×c7+ 象×c7 5.象×a6 车 h2+ 6.马×h2 象 g2+ 7.王 g1 象×b7+ 8.王 f1 象×a6+ 9.车 e2 象×h2 10.f3 车 e8 11.王 f2 象×e2 12.王×e2 象 f4］2.… 车×g2+ 3.象×g2 车×g2+ 4.王 f1 车×f2+ 5.王×f2 车×h2+ 6.王 f3 后×c2 7.车 ac1 后 g2+ 8.王 f4 后 g4#（韦斯特曼—瓦乐特，哈瓦那，1966）

904：1.… 车×e7 2.后×e7 后×f3 3.gf 车 g8+ 4.王 f1 象 a6+ 5.车 e2 马 d2+ 6.王 e1 马×f3+ 7.王 d1 车 g1+ 8.车 e1 车×e1#（斯塔尔芬加—格兰，埃斯比约，1974）

905：1.… g4 2.hg ［2.象×g4 车 g ×g4 3.hg 车×f2 4.车×f2 后×f2+ 5.王 h2 后 h4#］2.… h5 3.g5 车×g5 4.王 h2 车 h4+ 5.王 g1 后 f4 6.车 e1 车×g2+ 7.王×g2 后 h2+ 8.王 f1 后×f2#（奇戈林和庞斯—斯坦尼茨和加维兰，哈瓦那，1889）

906：1.… 车 e3 2.后 d2 车×c3 3.后×c3 车 b8 4.后 d3 马 b5 5.王 a1 象×b2+ 6.王×b2 马 c3+ 7.王 c1 后×f4+ 8.后 d2

车 b1#（马顿斯—艾奇戈恩，伊布斯，1968）

907：1.… 后 g1+ 2.王 g3 后 e1+ 3.王 g4 h5+ 4.王 g5 车×e5+ 5.王 h6 车 e6 6.车×b7 g5+ −+（富林托斯—安托辛，布达佩斯，1973）

908：1.… 车 bf8 2.后 e6 [2.后 h3 象×f4 3.gf 车×f4] 2.… 后×h4+ 3.gh [3.马 h3 车×f2+ 4.车×f2 后×g3#；3.后 h3 后×f4 4.gf 象×f4+；3.后 h3 后×f4 4.象 c1 后 d4] 3.… 象×f4+ 4.王 h3 象 g2#（菲古埃雷多—杜瓦特，波尔托，1974）

909：1.… 车×g2+ 2.王 f1 [2.马×g2 车 g8 3.f3 马×f3+ 4.王 h1 车×g2 5.王×g2 马 h4+ 6.王 g3 后 g2+ 7.王×h4 f5+ 8.象 g5 后×h2#] 2.… 车 g1+ 3.王×g1 车 g8+ −+（希林—普范库谢，布宜诺斯艾利斯，1957）

910：1.… 车 a3 2.后×a3 象 e4+ 3.王 f4 象 g2+ 4.王 g5 后×e5+ 5.王 g4 后 f5+ 6.王 h4 后 h3+ 7.王 g5 h6+ 8.王 g4 f5#（特罗扬奈斯克萨伯，巴尔卡尼阿达，1947）

911：1.王 g2 [1.f4 王 f2 2.f5 王 f3 3.王 h4 王 e3 4.王 g4 王 e4 5.王 g5 王 f3 6.g4 王 g3 7.王 h5 王 f4 8.王 h4 王 e4] 1.… 王 e2 2.g4 王 d3 3.王 f3 g5 4.王 g2 [4.王 g3 王 e4 5.f3+ 王 e3] 4.… 王 d4 [4.… 王 e4 5.王 g3 王 e5 6.王 f3 王 d4 7.王 e2 王 e4 8.f3+ 王 d4 9.王 d2 王 d5 10.王 d3 王 e5 11.王 e3] 5.王 f1 王 e5 6.王 e2 王 e4 7.f3+ 王 d4 8.王 d2 王 d5 9.王 d3 王 e5 10.王 e3 +−（N.格利戈里耶夫，1936）

912：1.g4 [1.王 b5 王 b2 2.王 c5 王 c2 3.王 d5 王 d2 4.王 e5 王 e2 5.王 f6 g4 6.g3 王 f2 7.王 f5 王 f3 8.王 g6 王 g2 9.王 h5 王 h3] 1.… 王 a3 2.王 a5 王 b2 3.王 b6 王 b3 4.王 b5 c2 5.王 c6 王 c3 6.王 c5 王 d2 7.王 d6 王 d3 8.王 d5 王 e2 9.王 e6 王 e3 10.王 e5 王 f2 11.王 f6 王 f3 12.王 f5 王 g2 13.王 g6 王 h3 14.王 h5 +−（N.格利戈里耶夫，1937）

913：1.a3 [1.王 e5 h5 2.c5 王 b5（2.… h4 3.c6 h3 4.c7 h2 5.c8 后 h1 后 6.后 c4+ 王 a3 7.后 b3#）3.王 d6 h4 4.c6 h3 5.c7 h2 6.c8后 h1后 7.后 c5+ 王 a6=] 1.… h5 2.王 g3 [2.王 g5 h4 3.王×h4 王×a3 4.c5 a4 5.c6 王 b2=] 2.… h4+ 3.王 h3 王×a3 4.c5 a4 5.c6 王 b2 6.c7 a3 7.c8后 a2 8.后 b7+ 王 a1 9.后 a6 王 b2 10.后 b5+ 王 a1 11.后 a4 王 b2 12.后 b4+ 王 a1 13.后 a3 王 b1 14.后 b3+ 王 a1 15.王 g4 h3 16.后 c2 h2 17.后 c1# (N.格利戈里耶夫，1925)

914：1.b3 [1.b4 王 a6 2.王 b8 王 b6=] 1.… 王 a5 [1.… 王 a6 2.b4 王 b6 3.王 b8 王 c6 4.王 a7] 2.王 b8 b4 3.c4 王 b6 4.王 c8 王 c6 5.王 d8 王 d6 6.王 e8 王 e6 7.王 f8 王 f6 8.王 g8 王 g6 9.王 h8 王 f6 10.王 h7 王 f7 11.王 h6 王 f6 12.王 h5 王 f5 13.王 h4 王 f4 14.王 h3 王 f5 15.王 g3 王 g5 16.王 f3 王 f5 17.王 e3 王 e5 18.王 d3 王 d5 19.王 d4 +- (N.格利戈里耶夫，1925)

915：1.王 d5 王 f8 2.王 d6 王 e8 3.f5 g5 4.王 c7 王 e7 5.王 c8 王 d6 6.王 d8 王 e5 7.王 e7 f6 8.王 f7 王 f4 9.王×f6

王×g4 10.王 g6 +- (M.鲍特维尼克，1952)

916：1.王 a2 王 h7 2.王 b2 王 g7 3.王 b3 王 g8 4.王 c3 王 f8 5.王 c4 王 f7 6.王 d4 +- (R.比安谢蒂，1925)

917：1.王 b2 f5 2.王 c3 h5 3.王 d3 h4 4.f4 g4 5.王 e2 g3 6.e4 fe 7.f5 +- (D.布朗斯坦，1967)

918：1.王 d4 王 e6 [1.… a4 2.王 c5 王 e5 3.王 b4 王 d6 4.王×a4 王 c5 5.王 b3] 2.王 c5 王 e5 3.王 b5 王 d4 4.c5 a4 5.c6 a3 6.c7 a2 7.c8后 +- (R.雷阿迪德，1944)

919：1.王 a3 王 b6 2.王 b2 [2.王 a4 王 a6=] 2.… 王 a5 3.王 b3 王 b6 4.王 c3 王 a5 5.王 d2 [5.王 d3 王 b4=] 5.… 王 a4 6.王 e3 王 b4 7.王 d3 王 a3 8.王 e4 王×a2 9.王 d5 +- (D.瓦尔克，1841)

920：1.王×c3 王 b8 2.王 b4 王 b7 3.王 c5 王 c7 4.h3 王 d7 5.王 b6 c5 [5.… 王 d6 6.王×a6 c5 7.王 b5 王 d5 8.a6] 6.王×c5 王 c7 7.h4 王 b7 [7.… 王 d7 8.王 b6 王 d6 8.王×

a6 王 c6 9.王 a7 王 c7 11.a6]
8.王 d6 王 b8 9.王 c6 王 a7
10.王 c7 王 a8 11.王 b6 +−
(J.布拉克伯恩，1911)

921：1.e4〔1.王 e5 e6 2.d6
王 d7 3.e4 c4 4.王 d4 王×d6；
1.王 e4 e6 2.d6 王 d7 3.王 e5
c4〕1.… e6 2.d6 王 e5+ 3.王×
e5 王 d7 4.王 f6 c4 5.e5 c3
6.e6+ 王×d6 7.e7 c2 8.e8 后
c1 后 9.后 d8+ +− (J.范迪斯
特，1970)

922：1.c6+ bc+ 2.王 e5 h4 3.
c5 王 e7 4.王 f5 王 f7 5.王 g5
王 e6 6.王×h4 王 d5 7.王 g5
王×c5 8.h4 王 d6 9.王 f6 c5
10.h5 c4 11.h6 c3 12.h7 c2
13.h8 后 c1 后 14.后 d8+ 王
c5 15.后 c8+ +− (B.霍尔维
茨，I.克林)

923：1.车 ha5 王 c6 2.王 c8
王 d6 3.王 d8 王 e6 4.车 8a6+
王 f7 5.车 f5+ 王 g7 6.王 g5+
王 f7 7.车 gg6 a1 后 8.车 af6#
(A.沃塔瓦，1952)

924：1.g7 车 b8 2.车 b7 车
c8 3.王 b2 王 g2 4.车 c7 车
d8 5.王 c4 王 g3 6.王 d7 车
e8 7.王 d5 王 g4 8.车 e7 车

g8 9.王 e6 王 g5 10.王 f7 +−
(D.古尔根尼捷，1981)

925：1.车 a3+ 王 b4 2.车
ab3+ 王 c4 3.车 hc3+ 王 d4
4.车 d3+ 王 c4 5.车 bc3+ 王
b4 6.车 c7 b1 后 7.车 d8 d1
后 8.车 b8+ 王 a3 9.车 a7+
+− (L.奥尔默茨基，1963)

926：1.e6〔1.d4 王 f4 2.e6
车×g2 3.e7 车 e2 4.d5 王 f5
5.王 d7 王 f6 6.d6 王 f7 7.王
d8 车 e6=〕1.… 王 f4 2.e7
车 e5 3.g3+ 王 f5 4.g4+ 王 f6
5.g5+ 王 f5 6.g6 王 f6 7.g7
车 e6+ 8.王 d5 车 e5+ 9.王 d4
车×e7 10.g8 后 +− (H.林克，
1937)

927：1.车 e7+ 王 d8 2.车 d1+
王 c8 3.车 c1+ 王 d8 4.车 d7+
王 e8 5.车 b7 车 a8 6.车 a7
车 b8 7.车 b1 车 c8 8.车 e7+
王 d8〔8.… 王 f8 9.车 f1#〕9.
车 d1# (H.林克，1922)

928：1.车 f1+ 王 c2 2.车×a1
车 b1 3.车 a2+ 车 b2 4.车 c8+
王 b1 5.车 a1+ 王×a1 6.车
c1+ 车 b1 7.车 h1 +− (V.卡
兰达捷，1972)

929：1.象 b1〔1.王 b4 王×c2

2.王 c4 王 d2 3.王 d4 王 e2 4.王 e4 王 f2 5.王 f5 王 g3 6.g6 王 h4 7.王 e6 王 g5 8.王 f7 王 h6-+；1.象 h7 王 c3 2.王 b5 王 d4 3.王 c6 王 e5 4.g6 王 e6=］1.… 王 c3 ［1.… 王×b1 2.王 b4 王 c1 3.王 c3 王 d1 4.王 d3 王 e1 5.王 e3 王 f1 6.王 f3 王 g1 7.g6 王 h2 8.王 g4 王 g2 9.王 f5 王 g3 10.王 e6］2.王 b5 王 d4 3.王 c6 王 e5 4.王 d7 王 c6 5.王 e7 王 f4 6.王 f6 +-（H.维恩宁克，1922）

930：1.象 e2+ 王 f5 2.b6 a3 3.象 d3+ 王 e6 4.b7 a2 5.b8 后 a1 后 6.后 b6+ 王 e5 7.后 c7+ 王 d4 8.后 g7+ +-（L.米特罗凡诺夫，1980）

931：1.a6 c4 2.a7 c3 3.象 h1 象 a4+ 4.王 f7 象 c6 5.象×c6 c2 6.a8 后 c1 后 7.后 a2+ g3 8.后 g2+ 王 f4 9.后 f3+ 王 g5 10.后 f3+ 王 f5 11.后 g6+ 王 f4 12.后 h6+ +-（A.特罗伊茨基，1925）

932：1.象 e7 c5 2.象 f8 象 b6 3.象 d6 象 a7 4.象 c7 h5 5.象 d6 ［5.象 d8 象 b8 6.象×g5 象 e5 7.象 c1 象×b2］5.… h4 6.象 e7 h3 7.象×g5 h2 8.象 c1 h1 后 9.b3# （L.库珀尔，1926）

933：1.f7 象 d6 2.王 g2 王×a2 3.王 f3 王 b3 4.王 e4 ［4.王 g4 g6］4.… 王 c4 ［4.… g6 5.王 d5 象 a3 6.王 e6 王 c4 7.王 f6 王 d5 8.王×g6 王 e6 9.王 g7 王 f5 10.g6 王 g5 11.王 h7］5.王 f5 王 d5 6.王 g6 象 f8 7.王 h7 王 e6 8.王 g8 王 e7 9.g6 +-（O.温伯格，1960）

934：象 a7 王 d5 2.王 c7 王 e4 3.王 d6 王 f3 4.王 e5 王 g2 5.王 f4 王×h2 6.王×g4 h1 7.象 g1 王 g2 8.王 h4 王×g1 9.王×h3 +-（V.内杰，1980）

935：1.d4+ 王×d4 2.马 c6+ 王 c5 3.马 d4 王×d4 4.e6 c3 5.e7 c2 6.e8 后 c1 后 7.后 h8+ 王 e3 8.后 h6+ 王×e2 9.后×c1 +-（V.亚克洪托夫）

936：1.王 g7 ［1.王 f6 王 b6 2.王 e6 王 c7 3.马 g6 马 b8=］1.… 王 b6 2.王 f8 王 c7 3.王 e8 h5 4.马 g6 马 d8 5.马 h4 ［5.马 f4 马 b7 6.王 e7 h4 7.

马e6+ 王b6 8.马g5 王c7 9.马f7 h3=] 5.… 马c6 6.马f5 马d8 7.马d6 马c6 8.马b5+ 王b7 9.马d4 +- (M.多雷，1964)

937：1.a6 d3 2.王e1 d2+ [2.… 马c4 3.a7 d2+ 4.王d1 马b6 5.王×d2 王h3 6.王d3 王×h2 7.王d4 王g3 8.王c5] 3.王×d2 马c4+ 4.王e2 王h3 5.a7 马b6 6.王d3 王×h2 7.王d4 王g3 8.王c5 +- (L.米特罗凡诺夫，1988)

938：1.马c7 a3 2.马e6+ 王h4 3.王h2 a2 4.马d4 王g5 5.马c2 [5.马b3 王f4 6.王g2 王e4 7.h4 王d5 8.h5 gh 9.gh 王c4 10.马a1 王c3 11.h6 王b2] 5.… 王h4 6.王g2 a1后 7.马×a1 g5 8.王f3 +- (L.米特罗凡诺夫，1979)

939：1.后b1 王d4 2.后b3 后×e4+ 3.王d6 后a8 4.后e3+ 王c4 5.后c3+ 王b5 6.后b3+ 王a6 7.后a4+ 王b7 8.后b5+ 王c8 9.后d7+ 王b8 10.后c7# (H.林克，1906)

940：1.b6+ 王b8 2.h4 a5 3.h5 a4 4.h6 a3 5.h7 a2 6.h8后 a1后 7.后g8 后a2 8.后e8 后a4 9.后e5+ 王a8 10.后h8 +- (D.约瑟夫，1922)

941：1.马c6 王×c6 2.象f6 王d5 3.d3 a2 4.c4+ 王c5 5.王b7 a1后 6.象e7# (L.库珀尔，1922)

942：1.马e3+ 王g3 2.后g4+ 王f2 3.后f4+ 王e2 4.后f1+ 王d2 5.后d1+ 王c3 6.后c2+ 王b4 7.后b2+ 马b3 8.后a3+ 王×a3 9.马c2# (L.库珀尔)

943：1.王f2 h2 2.象g3 h4 3.象b8 h3 4.王g3 王g1 5.象a7+ 王h1 6.马b6 王g1 7.马d5+ 王h1 8.马e3 王g1 9.马g4+ 王h1 10.象b8 +- (V.普拉托夫，M.普拉托夫，1924)

944：1.马a5+ 王a7 2.车c7+ 王a8 3.车c8+ 王a7 4.车×f8 h1后 5.车b8 后d5+ 6.王b2 后×f7 7.车b7+ 王a8 8.马c6 王×b7 9.马d8+ +- (A.特罗伊茨基，G.卡斯帕梁，1958)

945：1.马d4+ 王b1 2.马b5 a2 3.马a3+ 王b2 4.象f6+ 王×a3 5.象a1 b5+ 6.王c3 b4+ 7.王c4 b3 8.王c3 b2 9.象×b2# (A.特罗伊茨基，1897)

290

946：1.后 f8+ 王 e6［1.… 王 e5 2.马 c4+ dc 3.后 f5+］2.马 b7 后 e1［2.… 后 d2 3.马 c5+ 王 e5 4.后 h8+ 王 d6 5.马×e4+ de 6.后 d8+ 下 着 7.后×d2］3.马 c5+ 王 e5 4.马 d3+ ed 5.后 e7+ 下 着 6.后× e1 +–（A.特罗伊茨基，1897）

947：1.车 b7+ 王 c6 2.马 d8+ 王 d5 3.车 d7+ 王×e5 4.f4+ 后×f4［4.… 王×f4 5.车 d4+ 后×d4 6.马×e6+］5.车 d4 后 f8［5.… 后 g5（5.… 后 h6） 6.马 f7+］6.马 c6+ 王 f6 7.车 f4+ 下 着 8.车×f8 +–（A.特罗伊茨基，1895）

948：1.f7 车 a6+ 2.象 a3 车× a3+ 3.王 b2 车 a2+ 4. 王 c1 车 a1+ 5.王 d2 车 a2+ 6.王 e3 车 a3+ 7.王 f4 车 a4+ 8.王 g5 车 g4+ 9.王 h6 车 g8［9.… 车 g6+ 10.王×g6 象×f5+ 11.王 h6］10.马 e7 象 e6 11.f8 后+ 象×g8 12.马 g6#（V.科罗尔科夫，1951）

949：1.马 b6 b2 2.马 d5+ 王 d6 3.马 c3 王 c5 4.马 b1 王 b4 5.王 b6 c3 6.象 d3 王 b3 7.王 b5 c2 8.象 c4#（L.库珀尔，1940）

950：1.马 f7+ 王 g8 2.a7 车 e6+ 3.王 d1 车 e8 4.马 d6 车 d8 5.马 f5［5.b6 象 d4 6.马 c8 车×c8 7.b7 车 c1+ 8.王×c1 象×a7］5.… 象 f8 6.b6 象 c5 7.马 e7+ 王 h7 8.马 c8 车×c8 9.b7 +–（H.马蒂森，1927）

951：1.e8 后 车×e8 2.象 f8 车 e2+ 3.王 h3 车 e3+ 4.王 h4 车 e4+ 5.王 h5 车 e5+ 6.王 h6 车 e1 7.象 c5 车 e8 8.王×h7 车 d8 9.象 e7 车 c8 10.象 f8 车 c7 11.象 d6 +–（I.范丘拉，1916）

952：1.后 f6+ 王 h5 2.后 f5+ 王 h6 3.象 e3+ 王 g7 4.后 g5+ 王 f8 5.象 c5+ 象 d6 6.后 e5 后 d8 7.象×d6+ 王 g8 8.后 g3+ 王 h8 9.象 e5+ f6 10.后 g5 +–（A.特罗伊茨基，1930）

953：1.车 g4 王 e3［1.… 王 f3 2.马 f6 王 f2 3.马 e4+ 王 f3 4.车 g8 王×e4 5.王 d2 f3 6.王 e1］2.车×g2 f3 3.车 g8 f2 4.马 f6 f1 后 5.马 g4+ 王 e4 6.车 e8+ 王 d5 7.马 e3+ +–（L.米特罗凡诺夫，1978）

954：1.王 g5 象 f7 2.d6 象 e6

3.马 f4 d3 4.王 h6 d2 5.马 d5 王 f7 6.d7 象×d7 [6.··· d1 后 7.g8 后 王×g8 8.d8 后+] 7.王 h7 象 f5+ 8.王 h8 d1 后 9.g8 后 #（A.贝里亚夫斯基，L.米特罗凡诺夫，1982）

955：1.车 g8 马 g7 2.王 d5 g1 后 3.e8 马+ 王 f5 4.马×g7+ 王 f4 5.马 h5+ 王 f5 6.马 g3+ 王 f4 7.马 e2+ +-（L.米特罗凡诺夫，1987）

956：1.王 e4+ 后 b7 2.后 a4+ 王 b8 3.后 f4+ 王 a8 4.后 f8+ 后 b8 5.后 f3+ 后 b7 6.后 a3+ 王 b8 7.后 g3+ 王 a8 8.后× g8+ 后 b8 9.后 g2+ 后 b7 10.后×a2+ 王 b8 11.后 h2+ 王 a8 12.后 h8+ 后 b8 13.后 a1+ 王 b7 14.后 a6#（B.霍尔维茨，I.克林，1851）

957：1.王 b3 车 b5+ 2.王 a4 车 b6 3.马 d5 车×a6+ 4.王 b5 车 d6 5.王 c5 车 d8 6.车 d1+ 王 c2 7.马 e3+ 下着 8.车×d8 +-（A.萨里切夫）

958：1.后 f3+ 王 a7 2.马 c6+ 王 a8 3.马 d8+ 王 a7 4.cb 王×b6 5.后 c6+ 王 a7 6.后 c5+ 王 a8 7.后 a5+ 王 a7 8.后 d4+ 王 a8 9.后 e4+ 王 a7 10.后 e3+ 王 a8 11.后 f3+ 王 a7 12.后 f2+ 王 a8 13.后×g2+ 王 a7 14.后 f2+ 王 a8 15.后 f3+ 王 a7 16.后 e3+ 王 a8 17.后 e4+ 王 a7 18.后 d4+ 王 a8 19.后 d5+ 王 a7 20.后 c5+ 王 a8 21.后×c8 +-（G.博尔顿，1850）

959：1.后 a1+ 王 h7 2.后 b1+ 王 h8 3.后 b2+ 王 h7 4.后 c2+ 王 h8 5.后 c3+ 王 h7 6.后 d3+ 王 h8 7.后 h3+ 象 h7 8.后 c3+ 王 g8 9.后 c8 王 f7 10.象 c5 +-（L.库珀尔，1935）

960：1.h7 g5 2.hg 马 c7 3.象 f8 马 e6 4.g7 马×g7 5.象 b4+ 王 d1 6.象 c3 马 f5+ 7.王 d3 马 d6 8.象×f6 马 f7 9.王 e4 +-（H.马蒂森，1925）

961：1.象 d6+ 王 f7 2.象 f4 王 f8 3.象 h6+ 王 f7 4.象 e3 王 f8 5.象 c5+ 王 f7 6.象×g1 王 f8 7.象 c5+ +-（V.内什塔特，1929）

962：1.d7 车 e2+ 2.王 d5 车 e8 3.象 f6 车 a8 4.王 c6 车 a6+ 5.王 c5 车 a8 6.王 b6 车 b8+ 7.王 a7 车 e8 8.王 b7 +-

(G.阿米尔哈诺夫，1973)

963：1.马 e6+ 王 f7 2.马 g7 王 f8 3.马 f5 王 f7 4.马 e7 王 f8 5.马 c8 象 b8 6.a7 象×a7 7.马×a7 王 f7 8.马 c8 王 f8 9.马 e7 王 f7 10.马 g6 +−（H.雷切尔姆，1915)

964：1.后 c3 后×c3 2.马 e7+ 王 h8 3.马×g6+ 王 g8 4.马 e7+ 王 h8 5.g6 h6 6.象×h6 gh 7.车×h6+ 王 g7 8.马 f5+ 王 f6 9.gf+ 王 e5 10.车 e6# (G.冯维顿斯蒂，1913)

965：1.车 h7+ 王 g3 2.g7 象 c6+ 3.王 d6 象 d5 4.王×d5 车 a5+ 5.王 d4 车 g5 6.王×e4 王 g4 7.车 h1 +−（D.古尔根尼泽，1982)

966：1.王 g2 王 c7 2.王 f3 王 d7 3.王 f4 王 e6 4.王 e4 b6 [4.··· d5+ 5.王 d4 王 d6 6.b6 王 e6 7.b5 王 d6 8.b4 王 e6 9.王 c5 王 e5] 5.王 d4 d5 6.王 e3 王 e5 7.王 d3 d4 8.王 c4 王 e4=（N.格利戈里耶夫，1930)

967：1.王 d6 王 c8 2.车 c1+ 王 b7 3.车 b1+ 王 a6 4.王 c6 王 a5 5.王 c5 王 a4 6.王 c4 王 a3 7.王 c3 王 a2 8.车 f1 h5 9.王 d3 h4 10.王 e3 h3 11.王 f3 g2 12.车×f2 +=（阿鲁雷德—古尔根尼泽，伏罗希洛夫格勒，1955)

968：1.象 c3+ 王 d1 2.王 b1 a4 3.象 f6 象 a5 4.象 c3 a3 5.象×a5 a2+ 6.王 a1 王 c2 7.象 c3 王×c3=（H.维宁克，1918)

969：1.车 d7 [1.车 f7+ 王 e4 2.车 e7+ 王 d5 3.车 d7+ 王 e6 4.车 d8 车 c5+ 下着 5.··· 车 d5] 1.··· 王 e4 2.王 g4 车 c4 3.车×d2 王 e3+ 4.王 g5 王×d2 5.h4 王 e3 6.h5 车 c5+ 7.王 g4 = （L.米特罗凡诺夫，1990)

970：1.e7 象 f3+ 2.王 d2 象 h5 3.c5 b3 4.王 c1 王 d3 5.王 b2 王 c4 6.王 a3 王×c3 [6.··· 象 e8 7.王 b2 象 b5 8.王 a3 象 e8 9.王 b2=] 7.e8 后 象×e8=（A.卡利宁，1988)

971：1.h6 王 f6 2.h7 王 g7 3.王 c7 b4 4.王 d6 马 c3 5.c5 b3 6.王 b4 b2 7.王 a3 b1 后 8.h8 后+ 王×h8 9.g7+ 王 h7 10.g8 后+ 王×g8=（V.亚克洪托夫，1950)

972：1.王 b6 王 b8 2.a7+ 王

293

a8 3.e5 h3 4.e6 马 f4 5.王 c5 马×d5 6.王×d5 h2 7.e7 h1 后+ 8.王 d6 后 e4 9.王 d7 后 d4+ 10.王 c8 后 c5+ 11.王 d8 后 d6+ 12.王 c8 后 c5+ 13.王 d8 王 b7 14.a8 后+ 王×a8 15. e8 后=（V.切霍弗，1961）

973：1.王 g2 马 e3+ 2.王 h3 马 f5 3.王 g4 王 e4 4.h3 王 e5 5.王 g5 王 e6 6.王 g4 王 f6 7.王 h5 王 g7 8.王 g5 =（E.阿萨巴，1976）

974：1.f7 车 f5 2.d6 象×f7 3. 象×c6+ 王 g3 4.d7 车 f1+ 5. 王 d2 象 h5 6.象 f3 象×f3 7. d8 后 车 d1+ 8.王 e3 车×d8=（H.马蒂森，1922）

975：1.马 b4+ 王 a5 2.马 c6+ 王 a4 3.马 b6+ 王 a3 4.马 c4+ 王 a2 5.象 f3 后×f3 [5.… 后 f8+ 6.王 h7 后 f7+ 7.王 h8 后×c4 8.象 d5 后×d5 9.马 b4+] 6.马 b4+ 王 a1 7.马 c2+ 王 a2 8.马 b4 +=（G.纳达列依什维莉，1958）

976：1.h7 车 b2+ 2.王 a3 车 a2+ 3.王 b4 王×h7 4.王 c3 车 a3+ 5.王 b2 车 b3+ 6.王 a1 象 d5 7.b8 后 车×b8=（V.普拉托夫，M.普拉托夫，1911）

977：1.车 c7+ 王×c7 2.g8 后 后 f2+ 3.王 h3 马 f4+ 4.王 g4 后 g2+ 5.王 h4 后 h3+ 6.王 g5 后 g3+ 7.王 h6 后 h4+ 8.王 g7 马 h5+ 9.王 f8 后 d8+ 10.王 f7 后 f6+ 11.王 e8 马 g7+ 12. 后×g7+ 后×g7=（H.林克，1918）

978：1.王 f5 王 h4 2.王 f4 王 h3 3.王 f3 王 h2 4.王 f2 王 h1 5.王 f1 f6 6.王 f2 王 h2 7.王 f3 王 g1 8.王 e4 王 f2 9.王 d5 f5 10.王 c6 f4 11.王×b6 f3 12.王 c7 王 e2 13.b6 f2 14.b7 f1 后 15.b8 后=（N.格利戈里耶夫，1925）

979：1.象 d5+ 王 h7 [1.… 王 g7 2.车 a8 后 h7+ 3.象 e4] 2. 象 e4+ 王 g7 3.车 a8 马 g8 4. 车 a7+ 王 f8 5.象 g6 后 h6 6.车 f7+ 王 e8 7.车 g7+ 王 f8 8.车 f7 +=（B.奥林匹耶夫，1980）

980：1.马 d4+ 王 g4 2.车 f5 f2 3.车×f2 g1 后 4.车 f4+ 王 h5 5.车 h4+ 王 g6 6.车×h3 后 a1+ 7.王 c4 后 f1+ 8.车 d3=（L.阿加波夫，F.阿伊托夫，1980）

981：1.车h8+ 王g7 2.车g8+ 王h7 3.象×a2 车×a2+ 4.王b1 马c3+ 5.王c1 车a1+ 6.王b2 车b1+ 7.王a3 车a1+ 8.王b2 车a2+ 9.王c1=（M.利伯尔金，1928）

982：1.车c2+ 王b1 2.车h2 车d4+ 3.王c3 象g7 4.车b2+ 王a1 5.车b1+ 王a2 6.车b2+ 王a3 7.车b3+ ab=（G.纳达列依什维莉，1973）

983：1.d6 王d3 2.王g2 h1后+ 3.王×h1 c4 4.王h2 王×d2 5.e4 c3 6.e5 c2 7.e6 c1后 8.ed=（V.叶夫莱诺夫，1968）

984：1.f7 马c8+ [1.… 车g6+ 2.王d7 王g7 3.王e8 车e6+ 4.象e7] 2.王e6 车f8 [2.… 马f4+ 3.象×f4 车g6+ 4.王d7 马b6+ 5.王e7 马d5+ 6.王e8 车e6+ 7.王d7 车e7+ 8.王d6 车×f7 9.象e5+ 马f6 10.王e6 王g7 11.王f5] 3.象h6 马f4+ 4.王f6 马d5+ 5.王e6 马c7+ 6.王f6 马e8+ 7.王e6 马g7+ 8.王f6 马h5+ 9.王e6 马f4+ 10.王f6=（N.里阿比宁，1990）

985：1.g6 象a5+ 2.王c8 象c3 3.h6 马e4 4.g7 象×g7 5.hg 马f6 6.王c7 a5 7.王d6 a4 8.王e5 马g8 9.王d4=（T.高尔基耶夫，1960）

986：1.象g1 王g3 2.马c6 王g2 3.象d4 h2 4.象×f6 h1后 5.象b2 后h5 6.马d4 后d5+ 7.王b1 后c4 8.象a1=（G.纳达列依什维莉，1954）

987：1.王e4 c6 2.王f5 d5 3.王e5 d4 4.王e4 王g7 5.王d3 王g6 6.王c2 王f5 7.h5 王g5 8.王b3 王h6 9.a3 王g7 10.王c2 王h7 11.王b2 王h6 12.王b3 王×h5 13.王a4 王g4 14.王a5 d3 15.a4=（V.切霍弗，1956）

988：1.王c7 d3 2.b6 d2 3.b7 马d7 4.e6 d1后 5.e7 后e2 6.王×d7 后d3+ 7.王c7 后c4+ 8.王d7 后d5+ 9.王c7 后c5+ 10.王d7=（G.纳达列依什维莉，1970）

989：1.b5 车b4 2.王e7 车×b5 3.王d6 车f5 4.王c7 车f7+ 5.王b8 王f3 6.王a7 王e4 7.a6 车d5 8.ab 车c6 9.王a8 车×b7=（L.库珀尔，1935）

990：1.d4 ed 2.ed 王c3 3.d4

王 c4 4.王 e6 王×d4 5.王 f7 b5 6.王×g7 b4 7.王×h6 b3 8.王 g7 b2 9.h6 b1 后 10.h7=（普里涅夫，1987）

十一级习题

991：1.后×f8+ 王×f8 2.车×f7+ 王 g8 3.马 e7+ 王 h8 4.车 f8+ 王 g7 5.车 1f7+ 王 h6 6.马 g8+ 王 g5 7.王 h2 后×e2 8.h4+ 王 g4 9.车 f4+ 王 h5 10.王 h3 g5 11.g4+ 王 g6 12.h5+ 王 g7 13.车 4f7+ 王 h8 14.马 f6#（列文菲什—戈特吉尔夫，列宁格勒，1924）

992：1.车 e3 后 a3［1.··· de 2.后 f8+ 王 h5 3.象 e2+ 王 g5 4.d8 后+ 象×d8 5.f4+ ef+ 6.后×f4#；1.··· 车×h3+ 2.王 g4 车 h4+ 3.王×h4 后 h1+ 4.车 h3］2.车 e2 象 d8 3.车×e5 后 d6 4.后 f4+ 后 g5 5.车 e6+ 后× e6 6.后 f8+ +-（巴蒂尔雅—莫希金诺夫，塔什干，1959）

993：1.车×e7+ 王 f8［1.··· 王×e7 2.车 e1+ 王 d6 3.后 b4+ 王 c7 4.马 e6+ 王 b8 5.后 f4+ 车 c7 6.马×c7 后×c7 7.车 e8#］2.车 f7+ 王 g8 3.车 g7+ 王 h8 4.车×h7+ 王 g8 5.车 g7+ 王 h8 6.后 h4+ 王×g7 7.后 h7+ 王 f8 8.后 h8+ 王 e7 9.后 g7+ 王 e8［9.··· 王 d8 10.后 f8+ 后 e8 11.马 f7+ 王 d7 12.后 d6#；9.··· 王 d6 10.后×f6+］10.后 g8+ 王 e7 11.后 f7+ 王 d8 12.后 f8+ 后 e8 13.马 f7+ 王 d7 14.后 d6#（斯坦尼茨—巴德勒本，黑斯廷斯，1895）

994：1.象×h7+ 王×h7 2.车 h5+ 王 g8 3.后 h3 g6 4.车 h8+ 王 g7 5.后 h6+ 王 f6 6.象 g5+ 王 f5 7.后 h3+ 王×g5 8.后 g3+ 王 f5 9.后 e5+ 王 g4 10.h3#（斯皮尔曼—科恩，卡尔斯巴德，1907）

995：1.车 e1+ 象 e5 2.d6+ 王 e6 3.后 b3+ 王 f5 4.后 d3+ 王 g5 5.后 e3+ 王 f5 6.后 e4+ 王 e6 7.后 c4+ 王×d6 8.车 d1+ 王 e7 9.车×d7+ 王×d7 10.后× a6 +-（卡帕布兰卡—朱巴莱夫，莫斯科，1925）

996：1.ef 后×c2 2.fg 车 g8 3.马 d4 后 e4 [3.… 后 d2 4.车 ae1+ 马 e5 5.车×e5+ 王 d7 6.车 d5+ 王 e8 7.车 e1+；3.… 后×c3 4.车 ae1+ 马 e5 5.车×e5+ 王 d7 6.车 e7+] 4.车 ae1 马 c5 5.车×e4+ 马×e4 6.车 e1 车×g7 7.车×e4+ 王 d7 8.车 e7+ 王 d6 9.f6 +− (李连塔尔—卡帕兰卡，黑斯廷斯，1934/35)

997：1.c5 bc 2.b6 车 c8 3.后 c3 车 fe8 4.象×e5 de 5.后×e5 后×e5 6.车×e5 车×e5 7.车×c7+ 车×c7 8.bc 车 e8 9.cb 后 车×b8 10.象 e6 +− (阿廖欣—什瓦茨，伦敦，1926)

998：1.象 a3 后×a3 2.马 h5+ gh 3.后 g5+ 王 f8 4.后×f6+ 王 g8 5.e7 后 c1+ 6.王 f2 后 c2+ 7.王 g3 后 d3+ 8.王 h4 后 e4+ 9.王×h5 后 e2+ 10.王 h4 后 e4+ 11.g4 后 e1+ 12.王 h5 +− (鲍特维尼克—卡帕布兰卡，AVRO，阿姆斯特丹，1938)

999：1.马 b4 ab 2.后×d6 后 d7 3.后 d5 王 f8 4.后×g7 后×d5 5.车 g8+ 王×g8 6.车 e8+ 车 f8 7.车×f8# (科尔奇马—波里雅克，苏联，1937)

1000：1.马×e5 象×d1 2.象× f7+ 王 e7 3.象 g5+ 王 d6 4.马 e4+ 王×e5 5.f4+ 王 d4 6.车× d1 王 e3 7.0−0 马 d4 8.车 de1+ 马 e2+ 9.车×e2+ 王 e2 10.象 h5+ 王 e3 11.车 f3+ 王 d4 12.象 f7 +− (伊姆巴乌德—斯特鲁米洛，corr.，1922)

1001：1.马 c3+ 车×c3 2.后 g2+ 王 e5 3.象 d4+ 王×d4 4.后 d2+ 车 d3 5.后×b4+ 王 e5 6.后 f4+ 王 d5 7.后×d6+ 王 e4 8.后 f4+ 王 d5 9.后 c4+ 王 e5 10.后 e6+ 王 d4 11.车 f4+ 王 c3 12.后 e1+ 王 b2 13.车 f2+ 王 a3 14.后 e7+ +− (佩雷兹—纳伊多夫，托雷莫利诺斯，1961)

1002：1.后×h6+ 王×h6 2.象 c1+ g5 3.车 h1+ 后 h5 4.车× h5+ 王×h5 5.车 h1+ 王 g4 6.马 d1 马×d5 7.f3+ 马×f3 8.马 f2# (什雷依弗特—富拉塞里，斯德哥尔摩，1949)

1003：1.马×c7 后×c7 2.后 d5+ 王 h8 3.车 e8 马 f6 4.车× f8+ 象×f8 5.象 b2 象 g7 6.象 c4 象 d7 7.象×f6 象×f6 8.后

297

f7 后 d8 9.车 e8+ +-（涅日麦德金诺夫—科特科夫，苏联，1957）

1004：1.后×c8 车×c8 2.车×c8+ 马 f8 3.马 e6 fe [3.… 王 h7 4.马×f8+ 王 g8 5.马 g6+ 王 h7 6.车 h8+ 王×g6 7.象 e4+ f5 8.车×f5；3.… g6 4.车×f8+ 王 h7 5.车 4×f7+ 车×f7 6.车×f7+] 4.车 f×f8+ 王 h7 5.象 e4+ g6 6.车 h8+ 王 g7 7.g5 +-（霍尔维茨—邓克尔，纽约，1946）

1005：1.象×g7 王×g7 2.后 g5+ 王 h8 3.后 f6+ 王 g8 4.车 d4 e5 [4.… h5 5.后 g5+ 王 h8 6.后×h5+ 王 g8 7.车 g4#] 5.车×d5 象 e6 6.车 c3 车 d8 7.车 g3+ 王 f8 8.车 g7 象 e7 [8.… 车 a7 9.车×h7 王 e8 10.车 h8+ 王 d7 11.车×d6+] 9.车×f7+ 象×f7 10.车×d8+ 后×d8 11.后×f7#（马特维恩科—默弗格尔，corr.，1973）

1006：1.象×f4 后×f4 2.象×h7+ 王×h7 3.车 d4 后 f5 4.车 h4+ 王 g7 5.马 d4 后 e5 6.车 g4+ 王 h8 7.后×e5 fe 8.车 e3 f5 9.车 h3+ 象 h4 10.车 h

h4#（海因兹—舒伯特，莱比锡，1979）

1007：1.象×f6 ef 2.后 h7+ 王 f8 3.马 e6+ fe 4.马 f4 象 d7 7.马×g6+ 王 f7 6.车×f6+ 王×f6 7.车 f1+ 王 g5 8.h4+ 王 g4 9.车 f4+ 王 g3 10.车 f3+ 王 g4 11.马 e5+ 后×e5 12.后 g6+ 王×h4 13.车 h3#（菲里波维兹—奥兹斯瓦特，布达佩斯，1976）

1008：1.象 f6 后×h5 2.车×g7+ 王 h8 3.车×f7+ 王 g8 4.车 g7+ 王 h8 5.车×b7+ 王 g8 6.车 g7+ 王 h8 7.车 g5+ 王 h7 8.车×h5 王 g6 9.g4 王×f6 10.车×h6+ +-（C.托雷—Em.拉斯克，莫斯科，1925）

1009：1.车×f6 车×f6 2.马×e4 车 e6 3.后 d4 车×e4 [3.… fe 4.后 h8+ 王 f7 5.后×h7+] 4.后 h8+ 王 f7 5.后×h7+ 王 e6 6.象×e4 fe 7.f5+ 王 d6 8.车 d1+ 王 c5 9.后 c7 王 b4 10.象 a3+ 王×a3 11.后 a5+ +-（贝根—查伦科，苏联，1974）

1010：1.车×g7+ 象×g7 2.车 g1 车 fe8 3.象×e4 王 f8 4.车×g7 b3 5.后×h7 ba 6.后 g8+

王 e7 7.象 g5+ 王 d7 8.车×f7+ 象×f7 9.后×f7+ 王 c8 10.后 b7#（萨巴依—维恩戈尔德，苏联，1974）

1011：1.后×e8+ 象×e8 2.车×e8+ 王 d7 3.马 h7 后 d4+ 4.王 h1 马 g3+ 5.王 h2 马 e4 6.马×e4 王 e8 [6.… c6 7.马 c5+ dc 8.马 f8+ 王 d6 9.车 d8+ 王 c7 10.马 e6+] 7.马 e g5+ 王 d7 8.马 f8+ 王 d8 9.马 f7+ 王 c8 10.车 e8#（斯梅依卡尔—裘基奇，瑞士，1968）

1012：1.车×g6+ 王×g6 [1.… fg 2.后 h8+ 王 f5 3.e4+ 王 g4 4.f3+ 王 g5 5.h4#] 2.后 g8+ 王 h6 3.后 h8+ 王 g6 4.象 f3 后 d8 5.象×h5+ 王 f5 6.后 h6 象 f6 7.象 g4+ 王×g4 8.e4 +-（安德森—约翰森，瑞典，1964）

1013：1.f5 后 g5 2.象×g7+ 后 g7 3.f6 后 g6 4.f7+ 马 e5 5.车×e5 de 6.后×e5+ +-（乔夫尼克—布拉斯，波兰，1927）

1014：1.后 h6 车 d7 2.象 d4 后 c7 3.车 f3 马 g6 4.车 bf1 王 g8 5.后×g7+ 车×g7 6.马 h6+ 王 h8 7.车 f7 后×f7 [7.…

马 e5 8.车×c7 车 g×c7 9.象×e5+ 车 g7 10.车 f7 车 cg8 11.象×g7+] 8.车×f7 车 cg8 9.车 d7 象×d7 10.马 f7#（布鲁门塔尔—迈克卡尼格尔，corr., 1962）

1015：1.后 c8+ 王 g7 2.后 g4+ 王 h8 [2.… 王 f8 3.c5 后 c6 4.d5] 3.d5 车 f7 [3.… 车 g7 4.象×f6 后×f6 5.车×f6 车×g4+ 6.王 f2] 4.车×f6 车×f6 5.后 e6 后×e6 6.de 王 g7 7.e7 王 f7 8.象×f6 +-（亚诺夫斯基—鲁宾斯坦，布拉格，1908）

1016：1.ef ef 2.车 e1+ 象 e7 3.马 d5 王 f8 [3.… 马×d4 4.马×f6+ 王 f8 5.象 h6#] 4.车×e7 后×e7 5.象 h6+ 王 e8 6.后 c3 后 d6 7.车 e1+ 王 d8 8.象 f4 后 c6 9.后 c f6+ 后×f6 10.象 c7#（杜贝克—维恩斯坦，美国，1958）

1017：1.后×f7+ 王×f7 2.象×d5+ 王 g6 [2.… 王 f8 3.马 e6+ 王 g8 4.马×d8+ 王 h8 5.马×c6 bc 6.象×c6] 3.f5+ 王 h5 4.象 f3+ 王 h4 5.g3+ 王 h3 6.象 g2+ 王 g4 7.车 f4+ +-（特罗伊诺

夫—波波夫，苏联，1962)

1018：1.车×f7+ 王×f7 2.后 e6+ 王f8 3.车f1+ 马f6 4.象×g6 王g7 5.后f7+ 王h6 6.象c2 车g8 7.车×f6+ ef 8.后×f6+ 王h5 9.象d1+ +-（卡德雷夫—A.伊凡诺娃，索菲亚，1954）

1019：1.马h5 象×f6 2.马×f6+ 王g7 3.马h5+ 王h8 ［3.…gh 4.后g5+ 王h8 5.后f6+ 王g8 6.车f3］4.后h6 车g8 5.马f6 车g7 6.象×e6 fe 7.马×h7 车×h7 8.车f8+ 车×f8 9.后×f8#（普利比尔—贾布龙尼基，布拉提斯拉瓦，1973）

1020：1.马h6+ 王h8 2.后c1 后e7 3.后g5 后e8 4.马f7+ 王g8 5.马d6 后d7 6.后×d5+ 后e6 7.马×c8 后×d5 8.马e7+ 王h8 9.车f8+ 后g8 10.车×g8#（里包雷依托—林克，阿根廷，1969）

1021：1.车d6+ 王a5 2.后c2 马×d6 3.象b4+ c6 4.后c7+ 王a4 5.马c5+ 王a3 6.后a5+ 王b2 7.后×b4+ 王c2 8.车e2+ 王c1 9.后e1#（安德森—马耶特，布雷斯芬，1867）

1022：1.a4+ 王a4 2.象c2+ 王a3 3.车a1+ 王b2 4.后d4+ 王×c2 5.后d3+ 王b2 6.后a3+ 王c2 7.车c1+ 王d2 8.后c3+ 王e2 9.车e1#（施莱克特—马科，维也纳，1898）

1023：1.车×g7+ 王×g7 2.车b7+ 王g6 3.后f7+ 王f5 4.车b5+ 王e4 5.f3+ 王e3 6.后b3+ 王e2 7.后b2+ 王d3 8.后b1+ 王e2 9.车b2+ 王e3 10.后e1+ 王d4 11.后d2+ 王c4 12.车b4#（奇戈林—伯尔德，纽约，1889）

1024：1.车×f6 ef 2.马d5 cd 3.后a5+ 王e7 4.象g5+ ［4.…王×f7 5.后×d5+ 王f8 6.后d6+ 王f7 7.车e7+ 王f8 8.车×d7+；4.…王d6 5.后×d5+ 王c7 6.后c5+ 王b7 7.象d5+ 王a6 8.后d6+］+-（克里斯特尔—比罗特，1974）

1025：1.后×b7+ 王b7 2.c6+ 王a8 3.c7 王b7 4.象a6+ 王×a6 5.c8后+ 王×a5 6.后c6 a6 7.王b3 马d7 8.后c7+ 马b6 9.后c3+ +-（克芬尔—菲尔，1962）

1026：1.象f4 后×f4 2.象×b7

车 d6［2.… 象×b7 3.车×b7+ 王 a8 4.后 c6 车 d6 5.车 b8+］3.象 c6+ 王 c8 4.象×e4+ 王 d8 5.车 b8+ 王 d7 6.车 b7+ 王 e8 7.后 c8+ 车 d8 8.象 d5+ 马 e4 9.象×f7+ +-（纳依盖里—伯塔, corr., 1971）

1027：1.后×c7+ 车×c7 2.车×c7+ 王 b8 3.车 c1+ 王 a7 4.车 a1+ 象 a6 5.车 a×a6+ 王 b7 6.车 eb6+ 王 c8 7.车 a8+ 王 d7 8.车×d8+ 王×d8 9.车 d6+ +-（弗尔林斯基—拉宾诺维奇，列宁格勒，1925）

1028：1.后×f5+ gf 2.象 e6+ 王 b8 3.马 d7+ 王 c8 4.马× e5+ 王 b8 5.马 d7+ 王 c8 6.马 c5+ 王 b8 7.车 b1 后 b1 8.马 a6+ ba 9.车×b1+ +-（卡德雷夫—I.巴诺夫，保加利亚，1955）

1029：1.后×g7+ 王 g7 2.车 g4+ 王 h6 3.象 f6 象 d8 4.象 g7+ 王 h5 5.车 g5+ 象×g5 6.马 e5+ 王 h4 7.g3+ 王 h3 8.象 g4#（加乔恩—德尼，里昂，1988）

1030：1.马 b6 马×b6 2.车 c7 后×c7［2.… 后 e8 3.后×e6+

王 h8 4.车×e7 后×e7 5.象 b2+ 后 g7 6.马 f7+ 王 g8 7.马 h6+ 王 h8 8.后 g8#］3.后×e6+ 王 g7［3.… 王 h8 4.象 b2+ 象 g7 5.马 f7+ 王 g8 6.马 h6+］4.象 b2+ 王 h6 5.后 h3+王×g5 6.f4#（斯米尔诺夫—罗茨坦，corr., 1976）

1031：1.象 b8+ 王×b8 2.a7+ 车×a7 3.车×a7 王×a7 4.车 a1+ 王 b8 5.车 a8+ 王 c7 6.后 d8+ 王 c6 7.车 c8+ 王 b7 8.后 c7+ 王 a6 9.车 a8#（阿罗宁—夏波什尼科夫，苏联，1952）

1032：1.象×f7+ 王×f7 2.车 d6 象×d6［2.… 后 b7 3.马×h6+ gh 4.后 g6+ 王 e7 5.后 f6#］3.后×g7+ 王 e6 4.马×d6 后 d8［4.… 车 f8 5.马×c8 车×c8 6.后×h6+］5.马×e8 后×e8 6.后 f6+ 王 d5 7.后 d6+ 王 e4 8.车 e1+ 王 f5 9.后 f6+ 王 g4 10.h3+ 王 h5 11.g4#（李连塔尔—兰达乌，阿姆斯特丹，1934）

1033：1.马×f7 王×f7 2.车×d7 后×d7［2.… 车×d7 3.象×e6+ 王×e6 4.后 c4+ 王 f5 5.后

301

f7+] 3.车×d7 车×d7 4.后 h5+ g6 5.象×e6+ 王×e6 [5.… 王 e8 6.后×g6+ 王 d8 7.象×d7 王×d7 8.后 g4+] 6.后×g6+ 象 f6 [6.… 王 d5 7.后 f7+ 王 e4 8.f3#] 7.后×f6+ 王 d5 8.后 f5 +- （西德曼—桑塔西尔雷，美国，1939）

1034：1.马×c6 象×c6 2.后 e7+ 马 c7 3.象 a6+ 王×a6 4.后×c7 后 e8 5.车×c6+ 王 b5 6.a4+ ba 7.后 b7+ 王 c4 8.后 b3+ 王 d4 9.后 c3+ 王 e4 10.e1+ +- （威伯—帕耶茨，波兰，1978）

1035：1.后 g4+ 王×f6 2.象 h4+ 王 e5 3.后 g7+ 王 e4 4.f3+ 王 e3 5.车 e1+ 马×e1 6.后 c3+ 马 d3 7.象 f2+ 王 f4 8.后 f6# （库普雷依奇克—塔尔，苏联，1975）

1036：1.车 h8+ 王×h8 [1.… 王 f7 2.后 h5+ 王 f6 3.象 d3] 2.后 h5+ 王 g8 3.后 e8+ 象 f8 4.后 g6+ 象 g7 5.后×e6+ 王 f8 6.后 f5+ 王 e8 [6.… 象 f6 7.车 d1 王 e8 8.后 c8+ 后 d8 9.象 b5+] 7.车 d1 +- （芬泽—L.菲舍尔，corr.，1975）

1037：1.车×f6 王×f6 2.车 f1+ 马 f5 3.马×f5 ef 4.车×f5+ 王 e7 5.后 f7+ 王 d6 6.车 f6+ 王 c5 [6.… 后×f6 7.后×f6+ 王 d7 8.后 f5+] 7.后×b7 后 b6 8.车×c6+ 王×c6 9.后 b4# （卡帕布兰卡—斯坦因纳，洛杉矶，1933）

1038：1.车×a6 ba 2.b7 车 b8 3.后×a6 后 e7 4.象 g5 后×g5 [4.… 马 f6 5.象 f4] 5.后 d6+ 王 e8 6.后×b8+ 王 f7 7.后× f8+ 王×f8 8.b8+ +- （尤伟—维恩尼克，荷兰，1933）

1039：1.马×g7 王×g7 2.象×h6+ 王 g8 [2.… 王 h8 3.象 g7+ 王×g7 4.后×h7+ 王 f8 5.后 h8+ 王 e7 6.车×f7+] 3.车 g4+ 车 g6 4.e6 马 d6 5.ef+ 车×f7 6.车× g6+ 王 h8 7.车×f7 马×f7 8.象 g7+ +- （科托夫—温齐克尔，斯德哥尔摩，1952）

1040：1.车×g7 车×e6 [1.… 车×g7 2.车×e7] 2.车×e5 车× e5 3.车 g8+ 车×g8 4.象 g6+ 车 g7 5.象×e5 d7 6.王 f1 象 b5 7.王 e1 a5 8.王 d2 a4 9.f4 +- （布朗斯坦—科托夫，莫斯科，1949）

1041：1.马×f7 车×f7 2.后×e6 后 f8 ［2.… 马 ed5 3.马×d5 马×d5 4.象×d5 象×d5 5.车× c8］3.马 e4 车×c1 ［3.… 马 ed5 4.马 d6；3.… 马×e4 4.fe 车 c6 5.车×c6 象×c6 6.d5 下 着 7.d6］4.车×c1 马 fd5 5.马 d6 象 a8 6.车 e1 g6 7.马×f7 后×f7 8.后×e7 马×e7 9.车×e7 象 d5 10. 车×f7 象×f7+ +- （鲍特维尼克—巴图耶夫，苏 联，1930）

1042：1.马 h4 后×b7 2.马 g6+ 王 h7 3.象 e4 象 d6 4.马×e5+ g6 ［4.… 王 h8 5.马 f7+ 王 g8 6.马×d6+］5.象×g6+ 王 g7 6. 象×h6+ 王 h6 7.后 h4+ 王 g7 8.后 h7+ 王 f6 9.马 g4+ 王 e6 10.后×b7 +- （鲍特维尼克— 波尔蒂什，蒙特卡洛，1968）

1043：1.马×g7 车×g7 ［1.… 车 af8 2.马 e6 车×f5 3.后 g4+ 王 h8 4.象 d4+；1.… 王×g7 2.象 h6+ 王 g8 3.后 g4+ 王 h8 4.后 d4+］2.象 h6 后 e7 ［2.… 车 f7 3. 车 g5+ 王 h8 4.后 c3+；2.… 车 e8 3.象×g7 × g7 4.h4 h6 5.车 c4 车 e1+ 6. 王 h2 象 d1 7.车 f8+ ×f8 8.

车 g4+ 后 g7 9.车×g7+ 王×g7 10.后 c3+］3.象×g7 后×g7 ［3.… 王×g7 4.后 c3+ 王 g8 5.车 f3］4.h4 h6 5.车 c4 +- （凯列斯—温齐克尔，汉堡， 1956）

1044：1.车×e5+ de 2.马 d5+ 王 d8 3.车×f8+ 车 f8 4.后 d6+ 后 d7 5.后×f8+ 后 e8 6.后 d6+ 后 d7 7.后×b8+ +- （凯 列斯—夏波罗，corr.，1956）

1045：1.马 f7+ 车×f7 2.车 g5 马 g6 3.车×g6+ 王 h7 4.车 6g5 d5 5.马×d5 马×d5 6.象× d5 车 f8 7.车×h5+ 车 h6 8.象 g8+ +- （斯梅斯洛夫—马格 林，卢加诺，1968）

1046：1.车×g6 f8 2.后 g4 象 a6 ［2.… 王 f7 3.马 b6 后 b8 4.象 d3 g5 5.f4］3.后×e6+ 王 h7 4.象×a6 车×a6 5.后 f7 车× d7 6.后×d7 后 c6 7.后 f7 后 e6 8.后×e6 车×e6 9.f4 +- （斯梅斯洛夫—汉森，比尔， 1993）

1047：1.车×f6+ 王×f6 ［1.… 象×f6 2.后 e6#；1.… 王 g8 2. 车 af1 象×f6 3.后 e6+；1.… 王 e7 2.车 e6+ 王 d7 3.车×

e5] 2.后 g4 后 c5+ 3.王 h1 王 e7 4.象 g5+ 象 f6 5.车 e1+ 王 d8 6.象×f6+ 王 c7 7.车 e7+ 王 b8 8.后 d7 +-（斯梅斯洛夫—K.格里戈利安，莫斯科，1976）

1048：1.后×e7 车×e7 2.车×d8+ 车 e8 3.e7+ 王 h8 4.象 e6 后×b5 5.象 f7 后 b1+ 6.王 e2 后 b5+ 7.王 f3 后 f5+ 8.王 g2 后 g4+ 9.王 f1 后 h3+ 10.车 g2 +-（斯梅斯洛夫—艾拉佩托夫，苏联，1948）

1049：1.象×h7+ 王×h7 2.后 h5+ 王 g8 3.象×g7 王×g7 4.后 h6+ 王 g8 5.g6 马 f6 6.车 g1 后×d5 7.g7 +-（泰曼诺夫—夏辛，苏联，1978）

1050：1.马×b7 车×b7 2.后×b7 后×b7 3.车×c8 王 f8 4.车 b8 后 e7 [4.··· 后×b8 5.马 d7+；4.··· 后 a7 5.车 cc8 马 ac7 6.马 c6] 5.车 a8 g6 6.车 cc8 王 g7 7.车×e8 +-（泰曼诺夫—李西岑，列宁格勒，1948）

1051：1.马×f7 车×f7 [1.··· 王 xf7 2.象×g6+ 王×g6 3.车×c7 车×c7 4.d6] 2.象×g6 后

d6 [2.··· 后×c1 3.象×f7+ 王×f7 4.后 h5+ 王 g7 5.后×e5+ 王 g8 6.车×c1 车×c1 7.王 h2] 3.象×f7+ 王×f7 4.车×c8 象×c8 5.后 c2 [5.后 h5+ 王 g7 6.后×e5+] 5.··· 象 d7 6.后 h7+ 王 f8 7.车 e3 +-（塔尔—马塔诺维奇，莫斯科，1963）

1052：1.象 f5 后 c3 [1.··· 象 b5 2.车×e8+ 象×e8+ 3.后 d8] 2.车×e8+ 象×e8 3.车 c1 后 e5 4.后 d8 gf 5.王 f1 [5.··· 马 d7 6.后×a8 马 f8 7.象×f8] （塔尔—K.格里戈利安，埃里温，1982）

1053：1.车 c5 后 a6 [1.··· dc 2.马 f×e5 王 g3 3.马×d7 后 a6 4.bc；1.··· 马 c7 2.马 c×e5；1.··· 象×c6 2.车×c6] 2.车×b5 马 c7 [2.··· 象×c6 3.dc 马 c7 4.车 a5 后×c6（4.··· 后 d3 5.车×a8 马×a8 6.后 a1) 5.马×e5 de 6.后×e5+ 马 f6 7.车 c5] 3.车 b8 后×d3 4.马 c×e5 后 d1+ [4.··· de 5.后×e5+ 马 f6 (5.··· 王 h6 6.后 g5+ 王 g7 7.后 e7+ 王 h6 8.后 f8+ 马 g7 9.后×f4+）6.后 e7+ 王 h6 7.后 f8+ 王 h5 8.后×f6] 5.王 h2

车 a1 6.马 g4+ 王 f7 7.马 h6+ 王 e7 8.马 g8+ +−（塔尔—贾塔森，雷克雅未克，1987）

1054：1.马×d5 象×d5 2.车 a8 象×a2 3.车×d8+ 王 f7 4.后 c6 马 e7 5.后 e8+ 王 e6 6.车 c8 后 d5 7.车 c3 后 d7 8.车 e3+ 王 d6 9.后 b8+ 王 c6 10.a4 马 d5〔10.… 马 f5 11.后 a8+ 王 c7 12.后 a7+ 王 c6 13.车 c3+ 王 d6 14.后×b6+〕11.车 e1 后 d6 12.车 c1+ 王 d7 13.后 c8+ +−（塔尔—布林克·克芬乌森，哈瓦那，1966）

1055：1.象×g6+ 王 h8 2.象×f7 象 d4+ 3.车×d4 车×e1+ 4.后×e1 后×f7〔4.… cd 5.后 e5+ 王 h7 6.后 e4+ 王 h8 7.后 g6 后×d6 8.马 e6〕5.后 e5+ 后 g7 6.后×c5 象 c6 7.车 d2 +−（塔尔—希特斯库，米什科尔茨，1963）

1056：1.象×f5 ef 2.车×e7+ 王 e7 3.车 e1+ 王 d8 4.后 h4+ f6 5.后 h6 后 a5 6.马 b3〔6.后×f8+ 王 c7 7.后×f6 b3〕6.… 后 d5 7.后×f8+ 王 c7 8.后×f6 +−（塔尔—克拉曼，苏联，1957）

1057：1.马 f6 gf〔1.… 象×d1 2.后 h4 h5 3.后 g5 车 b7 4.后 h6+〕2.后 h4 象 g7 3.象 h6 象×d1〔3.… 车 g8 4.车 d6 车 b7 5.象×g7+ 车×g7 6.车×b7 后×b7 7.车 d8+ 车 g8 8.车×g8+ 王 g8 9.后×g4+〕4.象×g7+ 王 g8 5.象 h6 王×f7 6.后×f6+ 王 g8 7.后 g7#（塔尔—兰塔南，塔林，1979）

1058：1.e6 dc 2.ed 象 g7 3.马×c7 后 f3 4.马 d5+ 王 a8 5.象 g2 后×f2〔5.… 后×g2 6.马 c7+ 王 b8 7.马 e8+ 王 a8 8.d8 后+〕6.车×e7 象 c6 7.车 e8+ 车×e8 8.de 后+ +−（塔尔—帕捷夫斯基，莫斯科，1961）

1059：1.马 f6+ 8f〔1.… 象×f6 2.gf 车×d3 3.后 g5 王 f8 4.后×g7+ 王 e8 5.后 g8+ 王 d7 6.后×f7+ 王 d8 7.后 g8+ 王 d7 8.e6+ 王 d6 9.马 e4#〕2.车 h3 王 f8 3.后×h7 王 e8 4.g6 象 f8〔4.… f8 5.后×g6+ 王 d7 6.后 f5+ 王 e8 7.后 e6 王 f8 8.车 h7〕5.g7 象×g7 6.后×g7 后 e7 7.马 e4 车 d1+ 8.王 f2 f5 9.马 f6+ 王 d8 10.

车 h8+ 王 c7 11.e8 +-（彼得罗相—拉尔森，哥本哈根，1960）

1060：1.象 g5 后 d7 2.车 ad1 象 d6 3.象×h6 gh [3.··· 马× b3 4.象×g7 王×g7 5.马 f5+ 王 g8 6.后 g5+] 4.后 g6+ 王 f8 5.后 f6 王 g8 6.车 e3 +-（盖列尔—波尔蒂什，莫斯科，1967）

1061：1.马 e6+ 后×e6 2.象× g7+ 王 e7 3.象 f8+ 车 b×f8 [3.··· 车 g×f8 4.车 h7+ 车 f7 5.车×f7+ 后×f7 6.后×d6+ 王 e8 7.后×b8+] 4.车 h7+ 车 f7 5.车×f7+ 后×f7 6.后×d6+ 王 e8 7.后 d8#（拉尔森—卡瓦廖克，卢加诺，1970）

1062：1.后×g6 马 f4 [1.··· 马 c7 2.后×g7+] 2.车×f4 f8 3.象 e6+ 车 f7 [3.··· 王 h7 4.车 h4+ 象 h6 5.象×h6 车 f5（5.··· g5 6.车×g5 后 b6+ 7.c5） 6.车×f5 gf 7.象 f7 e5 8.车 h3] 4.车×f7 王 h8 [4.··· 象 e5 5.车 f5+] 5.车 g5 b5 6.车 g3 +-（拉尔森—彼得罗相，圣莫尼卡，1966）

1063：1. 马×e6 fe 2. 后×a4+ 后 b5 [2.··· 王 e7 3.后 h4+ 王 e8 4.后 g4 车 f8（4.··· 后 e7 5.后 a4+）5.后×e6+ 象 e7 6.车×f8+ 王×f8 7.车 d7] 3.后 g4 后 c6 [3.··· 车 f8 4.后× e6+ 象 e7 5.车×f8+ 王×f8 6. c4 后 c5 7.车 f1+ 王 e8 8.后 g8+ 象 f8 9.后 f7+] 4.后×g7 车 f8 5.车×f8+ 象×f8 6.后×h7 车 c8 7.后 g6+ 王 e7 8.车 d6 +-（斯帕斯基—达尔加，瓦尔那，1962）

1064：1.象×g7+ 王×g7 2.后 h6+ 王 h8 [2.··· 王 g8 3.f6] 3. g6 后 c5+ 4.车 1f2 f8 5.f8 后 g5+ 6.后×g5 象×g5 7.车×f8+ 车×f8 8.车×f8+ 王 g7 9.gh +-（菲舍尔—卡多索，纽约，1957）

1065：1.车×f8+ 后×f8 2.后 a4+ b5 3.后×e4 车 d8 4.后 c6+ 车 d7 5.车 d1 后 e7 6.象 g5 +-（菲舍尔—德里，斯科普里，1967）

1066：1.马 f6 王×f6 2.象 e5+ 王×e5 3.后×e4+ 王×e4 4.车 e1+ 王 f5 5.车×e8 象 e6 6. 车×f8 象×a2 7.车 c8 +-（卡尔波夫—托帕洛夫，西班牙两

姊妹镇，1994)

1067：1.车 h8+ 王×h8 2.后 h1+ 王 g8 3.象×f6 后×g3+ 4.fg 车 e2+ 5.王 h3 gf 6.王 g4 +-（卡尔波夫—莫罗维奇，拉斯帕尔马斯，1994)

1068：1.后 g4 后 c6 2.车×b7 后×b7 3.后 e6+ 王 h8 4.象 e4 +-〔4.… 后 a6 5.马 g6+ 王 h7 6.马 e5+ 王 h8 7.马 f7+ 王 g8 8.马×h6+ 王 h8 9.后 g8+ 车 g8 10.马 f7#；4.… 车 a1+ 5.王 h2 后 b8+ 6.f4 f5 7.马 g6+ 王 h7 8.后×f5 后 g8 9.马 e7+ g6 10.后 g4〕（卡尔波夫—希罗夫，比尔，1992)

1069：1.马 d×e6 fe 2.马×e6 后 a7〔2.… 后 c6 3.马×f8 象×f8 4.象×f6 gf 5.象 d5〕3.e5 de 4.马×f8 象×f8 5.象×f6 gf 6.车 d8 马 d7〔6.… 后 e7 7.后 c4 王 g7 8.后 g8+ 王 h6 9.象 d5〕7.后 g4 象 g7 8.后 e6 +-（卡斯帕罗夫—格尔凡，利纳雷斯，1993)

1070：1.e4 de 2.象 b5+ 王 e7 〔2.… 王 d8 3.马 e5 象 g6 4.车 c1 +-〕3.后 a3+ 王 f6 4.马×e4+ 象×e4 5.象 e5+ 王 g6

6.马 h4+ 王 h6 7.后 h3 f5 8.象 e2 马 f6 9.象×f6 g5 10.象 e5 +-（朱霍维茨基—阿巴卡罗夫，苏联，1963)

1071：1.马×h6 象 f6〔1.… 马×h6 2.后 g5+ 王 h7 3.f6（3.象 c2 f6 4.后 g6+ 王 h8 5.后×h6+ 王 g8 6.象 b3+ d5 7.车 e4 后×f5 8.象×d5+ 后×d5 9.后 g6+ 王 h8 10.车 h4+）3.… 象×f2+ 4.王×f2 后 f5+ 5.后×f5 马×f5 6.象 c2 象 g6 7.g4〕2.象×f7 +-（卡斯帕罗夫—肖特，伦敦，1993)

1072：1.车 e8 后 h2+ 2.王 f1 后×g2+ 3.王×g2 d4+ 4.后×b7+ 车×b7 5.车×h8 车×b5 6.a6 王 a7 7.车 f8 车×b2 8.车×f7+ 王 a8 9.a7c3 10.车 f8 +-（卡斯帕罗夫—伊万丘克，利纳雷斯，1994)

1073：1.… 后×h2+ 2.王×h2 车 h6+ 3.王 g3 马 e2+ 4.王 g4 车 f4+ 5.王 g5 车 h2 6.后×f8+ 王×f8 7.马 f3 h6+ 8.王 g6 王 g8 9.马×h2 车 f5 10.马×f5 马 f4#（赫尔曼—吉乌桑格，法兰克福，美国河畔，1930)

1074：1.… 马×f2 2.王×f2 马

g4+ 3.王 g1 马 xe3 4.后 d2 马×g2 5.王×g2 d4 6.马×d4 象 b7+ 7.王 f1 ［7.王 f2 后 d7 8.车 ac1 后 h3 9.马 f3 象 h6 10.后 d3 象 e3+ 11.后×e3 车× e3 12.王×e3 车 e8+ 13.王 f2 后 f5；7.王 g1 象×d4+ 8.后× d4 车 e1+ 9.王 f2 后×d4+ 10.车×d4 车×a1 11.车 d7 车 c8 12.车×b7 车×c3 13.车 b8+ 王 g7 14.象 b2 车×a2］7.… 后 d7 8.后 f2 后 h3+ 9.王 g1 车 e1+ 10.车×e1 象×d4 -+（R. 伯恩尼—菲舍尔，纽约，1963 / 64）

1075：1.… 马 e3 2.车×d8 车 c1+ 3.王 a2 马 c2 4.马 f6+ ［4.车×f8+ 王×f8 5.象 d2 车× h1 6.象×h6+ 王 e7 7.象 g5+ f6 8.象×f6+ 王 f8］4.… 王 g7 5.马 e8+ 王 h8 6.象 c3 车×h1 7.象×e5+ f6 8.象×f6+ 王 h7 9.车 d7+ 象 e7 10.车×e7+ 后× e7 -+（沃格特—普里比尔，斯科普里，1972）

1076：1.… 象×e4 2.车×e4 车 f1+ 3.象×f1 车×f1+ 4.王 g2 后 f2+ 5.王 h3 车 h1 6.车 f3 后×h2+ 7.王 g4 后 h5+ 8.王 f4 后 h6+ 9.王 g4 g5 10.车× e6 后×e6 11.车 f5 后 e4+ 12.王×g5 h6+ 13.王 f6 车 e1 -+（鲁宾斯坦—斯皮尔曼，圣塞瓦斯蒂安，1912）

1077：1.… 车 d2 2.马 a4 车× b2 3.马×b2 c3 4.车×b6 c4 5.车 b4 a5 6.马 a4 ab-+（奥图埃塔—桑兹，马德里，1934）

1078：1.… 后 d7 2.王 b1 象× d3+ 3.车×d3 后 f5 4.e4 马×e4 5.王 a1 0-0 6.车 d1 b5 7.后× b5 马 d4 8.后 d3 马 c2+ 9.王 b1 马 b4 -+（凯列斯—鲍特维尼克，莫斯科，1941）

1079：1.… 后×a2+ 2.王×a2 象 d3+ 3.王 b3 c4+ 4.王 b4 马 a6+ 5.王 b5 ［5.王 a4 马 c5+ 6.王 b5 车 fb8+ 7.王 c6 车 a6+ 8.王 c7 车 b7+ 9.王 c8 车 a8#］5.… 车 fb8+ 6.王 c6 车 c8+ 7.王 b7 ［7.王 b5 马 c7+ 8.王 b4（8.王 b6 象 d4+ 9.王 b7 车 ab8+ 10.王 c6 马 e6+ 11.王 d7 车 c7#；8.王 c6 马 e6+ 9.王 b7 车 cb8+ 10.王 c6 车 a6+ 11.王 d7 车 d8+ 12.王 xe7 车 a7#）8.… 车 cb8#］7.… 车 c7+ 8.王×a8

象 d4 -+（斯蒂凡诺夫—安德里耶夫，保加利亚，1957）

1080：1.… 车×b1+ 2.王×b1 车 a1+ 3.王×a1 后 a5+ 4.王 b1 后 a2+ 5.王 c1 后 a1+ 6.王 d2 后×b2+ 7.王 d3 后 c2+ 8.王 d4 后 c4+ 9.王 e5 后 d5+ 10.王 f6 后 f7+ 11.王 e5 后 f5+ 12.王 d4 c5+ 13.王 c3 后 c2#（韦斯特勒—克雷依茨奇克）

1081：1.… h4 2.车 c6+ [2.象×g4 f8 3.象 e3 h8+ 4.王 g1 车 h1+ 5.王×h1 后 h5+ 6.王 g1 后 h2#] 2.… 后×c6 3.象× c6 hg+ 4.王 g1 马 f2 5.车×f2 车 h1+ 6.王×h1 gf 7.g4 f1 后+ 8.王 h2 后 f2+ 9.象 g2 车 h8#（科雷茨基—塔尔苏科夫，苏联，1967）

1082：1.… 马 e4 2.马×e4 车 g6 3.车 b8 de 4.车×c8+ 王 h7 5.车 c7 车×g2+ 6.王 h1 后 a2 7.后 e5 后 e2 8.车 b1 车 h2+ 9.后×h2 后 f3+ 10.后 g2 后× g2#（萨哈罗夫—霍尔莫夫，苏联，1965）

1083：1.… 车×h3 2.gh 车 g8+ 3.王 h1 马 d4 4.马×d4 象×d4 5.f3 象 c6 6.后 e2 [6.后 e1 象×f3+ 7.车×f3 后 c6 8.后 f1 后×f3 9.后×f3 车 g1#] 6.… 后 b5 7.后 d1 后×f1+ 8.后×f1 象×f3+ 9.后×f3 车 g1#（朱克尔曼—波马尔，马拉加，1968）

1084：1.… 马×e4 2.车×e4 象×e4 3.后×e4 车×b3 4.c5 马×c5 5.马×c5 象×c5 6.象×e5 后 d3 7.后×c6 车×e5 8.马×e5 象×f2+ 9.王×f2 [9.王 h1 车 b1+ 10.车×b1 后×b1 +] 9.… 后 d4+ 10.王 e2 车 b2+ 11.王 f3 车 f2#（弗拉尼西奇—拉尔森，阿姆斯特丹，1964）

1085：1.… 马 f5 2.车×g8 + 车×g8 3.ef 象×b5 4.马×b5 e4 5.后 e2 马 d3+ 6.王 d2 后 e5 7.王 e3 车 g5 下一步 8.… 后 f4#（斯皮尔曼—巴亚塞斯，隆派恩，1978）

1086：1.… 车 g4＋ 2.f8 后 e4+ 3.王 g3 后×g4+ 4.王 f2 后 f4+ 5.王 g2 象 e4+ 6.王 h3 后 f3+ 7.王 h4 后 f2+ 8.王 g4 象 f3+ 9.王 f4 象 e2+ 10.王 g5 后 g3+ 11.王 f5 象 d3#（富德雷尔—帕赫曼，哥德堡，1955）

1087：1.… 车 g3 2.王 g1 ［2.cd 车 h3+ 3.王 g1 后 g3］2.… d4 3.ed e3 4.后 b2 车 h3 下一步 5.… 后 g3 -+（鲁宾斯坦—阿廖欣，德累斯顿，1926）

1088：1.后×g7+ 王×g7 2.车 g4+ 王 h6 3.车 d6+ f6 4.车×f6+ 王 h5 5.车 h4+ 王 g5 6.f4+ 王×h4 7.王 h2 +- ［7.… 后 h5 8.g3#；7.… 后 g3 8.车 h6#；7.… 车×e7 8.车 h6+ 后 h5 9.g3#］（什坦诺科夫—亚什科夫，苏联，1986）

1089：1.… 后×e3+ 2.王×e3 象 d4+ 3.王 f2 e5+ 4.王 f5 车 c6 5.马 e4 象 c8+ 6.王 g5 h6+ 7.王 h4 g5+ 8.马×g5 hg+ 9.王×g5 马 h7+ 10.王 h5 象×h3 11.e3 车 dd6 下着 12.… 车 h6+ -+（阿格达默斯—鲁宾尼蒂，布宜诺斯艾利斯，1971）

1090：1.… 后×d5+ 2.王×d5 马 f6+ 3.王 c4 象 e6+ 4.王 b5 a6+ 5.王 a4 b5+ 6.马×b5 ab+ 7.王×b5 车 a5+ 8.王×c6 象 d5+ 9.王 d6 马 e8#（马茨切戈—法尔克比尔，维也纳，1953）

1091：1.… 马 e4+ 2.王×e3 后 g5+ 3.王×e4 车 e8+ 4.王 d4 后 e5+ 5.王 c4 象 e6+ 6.王 b4 车 b8+ 7.王 a3 后 a5+ 8.后 a4 后 c5+ 9.b4 后 c1#（奥利维拉—佩雷拉，葡萄牙）

1092：1.后 h6+ 王 f6 2.后 f4+ 王 g7 3.车 h7+ 王×h7 4.后×f7+ 王 h6 5.车 h1+ 王 g5 6.f4+ 王 g4 7.后×g6+ +-（克里尔—莱洛雷斯，corr.，1983）

1093：1.… f5 2.象×f5 象×g3 3.车 fe1 象×f2+ 4.王×f2 后 h2+ 5.王 e3 车 g3+ 6.后 f3 车×f3+ 7.王×f3 车 f8 8.王 e4 后 c2+ -+（科甘—索科尔斯基，苏联，1950）

1094：1.… 车 g2+ 2.王×g2 马×f4+ 3.王 g3 ［3.王 g1 马×h3+ 4.王 f1 象 b5+］3.…×h3+ 4.王×f4 后 h2+ 5.王 f3 后×f2+ 6.王 g4 后 g2+ 7.王 f4 后 g5+ 8.王 f3 后×f6+ 9.王 g2 后×e5 10.后 g8+ 王 e7 -+（马丁诺维奇—瓦达兹，南斯拉夫，1965）

1095：1.… e4 2.后×e4 后 c1+ 3.王 g2 车 c2+ 4.王 f3 后

310

f1+ 5.王 g3 后 g1+ 6.王 f3 后 f2+ 7.王 g4 h5+ 8.gh f5+ −+ (奥特尔—波加斯，布达佩斯，1972)

1096：1.… 象 h3 2.f4 [2.王 f1 马×f3 3.后 c3 车 e3 4.象 d3 车 c8 5.马 c4 车×c4 6.后× c4 马 g4] 2.… 象×g2 3.fe 车×e5 4.车 f1 象×f1 5.王×f1 车 f5+ 6.王 g2 后 f2+ 7.王 h1 车 h5 −+（科托夫—鲍列斯拉夫斯基，苏联，1945)

1097：1.… 马×g2 2.王×g2 马 f4+ 3.王 h1 [3.王 g1 马 h3+ 4.王 g2 后×f2+ 5.王×h3 象 d7+ 6.马 f5+ 象×f5+ 7.ef 后× f3+ 8.王 h2 车 d2+] 3.… 后× f2 −+（鲍列斯拉夫斯基—涅日麦特金诺夫，苏联，1958）

1098：1.… 象×g3 2.hg 车 ae8 3.后×e8 后×f3 4.后 e4 [4.车 e2 后×g3+ 5.王 h1 象 g2+ 6.车×g2 后 h3+] 4.… 后×g3+ 5.王 h1 象 g2+ 6.后×g2 后× e1+ 7.后 g1 后 e4+ 8.后 后 d3 9.c4 车 e8 10.马 c3 车 e6 −+（勒特—凯列斯，corr.，1934）

1099：1.车 d8+ 王×d8 2.后 d4+ 王 e7 3.后 g7+ 王×e6 4.车 e1+ 王 f5 5.g4+ 王 f4 6.后 f6+ 王×g4 7.车 e4+ 王 g3 8.后 f3#（梅奇卡罗夫—斯科尔皮克，corr.，1978)

1100：1.… 车 f2+ 2.王×f2 后×h2+ 3.王 f1 后 h3+ 4.王 g1 后×g3+ 5.王 f1 后 h3+ 6.王 g1 象 h2+ −+（鲁卡维纳—拉尔森，列宁格勒，1973）

1101：1.… 后×h3+ 2.王×h3 车 h6+ 3.王 g4 马 f6+ 4.王 f5 马 g4 5.马×f4 车 f8+ 6.王×g4 车 g8+ −+（阿维尔巴赫—科托夫，苏黎世，1953）

1102：1.… 车 h1+ 2.王×h1 后×f1+ 3.王 h2 象×e5+ 4.f4 象×f4+ 5.g3 王 e7 6.后 h3 后 f2+ 7.王 h1 象×g3 8.d4 车 h8 −+（波利亚科夫—贝拉杰，苏联，1967）

1103：1.… 车×e3 2.车×e3 车×e3 3.王×e3 后×f4+ 4.王 f2 马 g4+ 5.王 g2 马 e3+ 6.王 f2 马 d4 7.后 h1 马 g4+ 8.王 f1 马×f3 −+（莱特利尔—菲舍尔，莱比锡，1960）

1104：1.… 马 g4 2.象 f3 [2hg 后 f6 3.象 h3 后 f3+ 4.象 g2

后×g4；2.e5 后 e7 3.象 f3 马 f2+ 4.王 g2 后 h4 5.象 g4 马× g4 6.后 e2 马 f2] 2.··· g2+ 3. 后×g2〔3.象×g2 后 h2#〕3.··· 马 f2+ −+（阿尔兰德—希罗夫，高斯达尔，1990）

1105：1.··· 车×d4 2.车×d4 马 fg4+ 3.王 f1〔3.fg 马×g4+ 4.王 f1 马×h2+ 5.王 g1 后× e1+〕3.··· 马×h2+ 4.王 g2 马 h×f3 5.马 fd5 马×d4 6.象×e8 后 e6 7.后 e3 马 c2 −+（格奥尔吉乌—希罗夫，莫斯科，1989）

1106：1.··· 象×f3 2.gf 车 g8 3.马 h2 象 f8+ 4.王 h1 象 c5 5.车 e2〔5.后 c2 车×d1 6.后× d1 后 g3 7.后 e2 后 g1+ 8. 车×g1 车×g1#〕5.··· 车 d7 6. 马 a4〔6.车 f1 后 g3〕6.··· 象 f2 下着 7.··· 后×h2+ 8.王×h2 车 h7#（鲁班恩—波尔加，格罗宁根，1993）

1107：1.车×h6+ gh 2.g7+ 象× g7 3.马 g6+ 王 h7 4.马×e7 后 b5 5.c3 后 d7 6.车 g1 后×e7〔6.··· 车×e7 7.车×g7+ 王 h8 8.车 g8#〕7.车×g7+ 王 h8 8. 车 h7#（潘塔廖尼—卡利，corr.，1987）

1108：1.车×h6 象×h6〔1.··· 后 c5+ 2.王 h1 车 c1 3.象 e6#〕2.象 e6+ 王 h8 3.后 f6+〔3.··· 象 g7 4.后 h4+；3.··· 王 h7 4.后 f7+ 象 g7 5.象 f5+ 王 h8 6.后 h5+ 王 g8 7.象 e6+〕+−（卡斯帕罗夫—斯米林，苏联，1988）

1109：1.王 g1 王 g7 2.王 f1 王 f7 3.王 e1 王 e7 4.王 f2 王 f6 5.王 e2 王 e6 6.f4 ef 7.gf gf 8.王 f3 王 e5 9.g5 王 f5 10.g6 王×g6 11.王×f4 +−（尤伟，1924）

1110：1.王 b1 王 b7 2.王 c1 王 c8 3.王 d2 王 b7 4.王 c3 王 c7 5.王 d3 王 b7 6.王 e3 王 c7 7.王 f3 王 d7 8.王 g3 王 e7 9.王 h4 王 f6 10.王 h5 +−（Em.拉斯克，K.雷赫尔姆，1901）

1111：1.e7 f1 后 2.e8 后+ 后 f8 3.后 e6+ 王 h8 4.后 e5+ 王 g8 5.后 d5+ 王 h8 6.后 d4+ 王 g8 7.后 c4+ 王 h8 8.后 c3+ 王 g8 9.后 b3+ 王 h8 10.后 b2+ 王 g8 11.后×a2+ 王 h8 12.后 b2+ 王 g8 13.后 b3+ 王

h8 14.后 c3+ 王 g8 15.后 c4+ 王 h8 16.后 d4+ 王 g8 17.后 d7 +－（M.吉纳，1990）

1112：1. 王 c4 王 ×f4 ［1.… 王 ×f3 2.d4 王 ×f4 3.d5 王 e5 4.王 c5 f4 5.d6 王 e6 6.王 c6 f3 7.d7 f2 8.d8 后 f1 后 9.后 e8+ 王 f6 10.后 f8+ 下着 11.后 ×f1］2.d4 a5 3.d5 王 e5 4.王 c5 a4 5.d6 王 e6 6.王 c6 a3 7.d7 a2 8.d8 后 a1 后 9.后 e8+ 王 f6 10.后 h8+ 下着 11.后 ×a1 +－（O.杜拉斯，1942）

1113：1. 王 g3 王 e4 2.王 g2 王 e3 3.王 f1 王 e4 4.王 e1 王 e3 5.王 d1 王 e4 ［5.… 王 f4 6.王 d2 王 g4 7.王 e3 王 g3 8.王 e4 王 ×h4 9.王 f4 王 h3 10.e4 王 g2 11.e5 h4 12.e6 h3 13.e7 h2 14.e8 后 h1 后 15.后 e2+］6.王 d2 王 d4 7.e3+ 王 c4 8.王 c2 王 b4 9.王 d3 王 ×a4 10.王 c4 王 a3 11.e4 王 b2 12.e5 a4 13.e6 a3 14.e7 a2 15.e8 后 a1 后 16.后 e2+ +－（M.吉纳，A.博托卡诺夫，1986）

1114：1. 王 c3 王 c7 2. 王 d3 王 d7 3.王 e4 王 d6 4.王 d4

王 c6 5.王 e5 王 c5 6.王 ×e6 王 b4 7.王 d5 王 ×a4 8.王 c4 王 a3 9.e4 王 b2 10.e5 ［10.王 b5 王 b3 11.王 ×a5 王 c4］10. … a4 11.e6 a3 12.e7 a2 13.e8 后 a1 后 14.后 e2+ 王 c1 15.后 e1+ 王 b2 16.后 d2+ 王 b1 17.王 b3 +－（M.吉纳，1984）

1115：1.车 d8 王 c4 2.车 c8+ 王 b4 3.王 c6 王 c4 4.王 d6+ 王 d4 5.车 b8 王 c4 6.王 e5 b4 7.王 f4 王 c3 8.王 e3 b3 9.车 c8+ 王 b2 10.王 d2 王 a2 11.车 b8 +－（I.克里克赫利，1986）

1116：1.c6 车 f2 2.c7 车 e2+ 3.王 f7 车 f2+ 4.王 g7 车 g2+ 5.王 f6 车 f2+ 6.王 e5 车 e2+ 7.王 d4 车 ×d2+ 8.王 c3 车 d1 9.王 c2 车 d4 10.c8 车 车 a4 11.王 b3 +－（V.赫尔伯斯塔特，1962）

1117：1.d7 车 d5 2.王 g2 王 c2 3.王 f3 王 d3 4.王 f4 王 d4 5.车 c7 王 d3 6.车 b7 王 d4 7.车 a7 王 d3 ［7.… 车 d6 8.王 f5 王 d5 9.车 c7 王 d4 10.车 c1 王 e3 11.车 e1+ 王 d2 12.车 e7］8.车 c7 王 d4 9.车

c1 +- (H.维恩宁克，1925)
1118：1.车 g8 王 d6 2.车 g7 车 b7+ 3.王 c4 车 bc7+ 4.王 b5 车 b7+ 5.王 a6 车×g7 6.车 d8+ 王 c7 7.车 c8+ 王×c8 8.a8 后+ 车 b8 9.后 c6+ 车 c7 10.后 e8# (V.塔拉西乌克，1988)

1119：1.车 b8+ 王 a1 [1.··· 王 a2 2.f7 车 c6+ 3.王 g5 车 c5+ 4.王 g4 车 c4+ 5.王 g3 车 c3+ 6.王 f2 车 c6 7.f8 车] 2.f7 a2 3.车 d8 车 c6+ 4.王 g5 车 c5+ 5.王 g4 车 c4+ 6.王 g3 车 c3+ 7.王 f2 车 c2+ 8.王 e3 车 c3+ 9.王 d2 车 c2+ 10.王 d3 车 f2 11.王 c3 车 f3+ 12.王 c2 车 f2+ 13.车 d2 车× d2+ 14.王×d2 王 b1 15.f8 后 a1 后 16.后 f5+ 王 a2 17.后 d5+ 王 b1 18.后 d3+ 王 a2 19.后 c4+ 王 b1 20.后 c2# (V.卡兰达杰，1981)

1120：1.e6 车 f6 [1.··· 车 f8 2.车×d7 f3 3.车 b7+ 王 a6 4.车 f7 车 d8+ 5.王 c5 车×d2 6.e7 车 e2 7.王×c6 f2 8.车×f2 车×e7 9.车 a2#] 2.车 b7+ 王 a6 [2.··· 王 a4 3.ed 车 d6+

4.王 c5 车×d2 5.车 b4+ 下着 6.车 d4] 3.ed 车 d6+ 4.王 c5 车×d2 5.车 b2 车 d3 6.车 b3 车 d2 7.王×c6 车 c2+ 8.王 d6 车 d2+ 9.王 c7 车 c2+ 10.王 d8 车 e2 11.车 f3 车 e4 12.王 c7 车 c4+ 13.王 d6 车 d4+ 14.王 c6 车 c4+ 15.王 d5 +- (V.普拉托夫，1923)

1121：1.车 d× b7 [1.车 b×b7 车 f8+ 2.王 g5 车 g8+ 3.王 h6 车 g6+] 1.··· 车 f8+ 2.王 e5 车 f5+ 3.王 d4 车 f4+ 4.王 c5 车 c4+ 5.王 d5 车 d4+ 6.王 e5 车 e4+ 7.王 f5 车 f4+ 8.王 g6 车 f6+ 9.王 g7 车 g6+ 10.王 f7 车 f6+ 11.王 e8 车 f8+ 12.王 d7 车 d8+ 13.王 c6 车 d6+ 14.王 c5 车 c6+ 15.王 b4 车 c4+ 16.王 a5 车 a4+ 17.王 b6 车 a6+ 18.王 c5 车 c6+ 19.王 d5 车 d6+ 20.王 e5 车×e6+ 21.王 f5 车 f6+ 22.王 g5 +- (M.亨纳伯格，1919)

1122：1.g4 王 b2 2.车 f2+ 王 b3 3.车 f6 a5 4.车 f1 王 b2 5.车 a1 h6 6.王 d2 王×a1 7.王 c1 h5 [7.··· a4 8.王 c2 a3 9.g3 h5 10.g5 h4 11.g6 h3 12.

g7 h2 13.g8 后 h1 后 14.后 g7# 8.g5 h4 9.g6 h3 10.gh a4 11.g7 a3 12.王 d2 王 b2 13.g8 后 a1 后 14.后 g7+ 王 a2 15.后 f7+ 王 b2 16.后 f6+ 王 a2 17.后 e6+ 王 b2 18.后 e5+ 王 a2 19.后 d5+ 王 b1 20.后 d3+ 王 a2 21.后 c4+ 王 b2 22.后 c2#（P.本科，1980）

1123：1.象 b3 [1.b5 a2 2.b6 cb 3.cb a1 后 4.b7+ 王 d8 5.b8 后+ 王 e7 6.后 e8+ 王 f6=] 1.… e4 2.b5 e3 3.象 a4 a2 [3.… e2 4.b6 cb 5.cb e1 后 6.b7+ 王 d8 7.b8 后+ 王 e7 8.后 e8+ 下着 9.后×e1] 4.b6 cb 5.cb a1 后 6.b7+ 王 d8 7.b8 后+ 王 e7 8.后 e8+ 王 d6 9.后 d7+ 王 c5 10.后 c6+ 王 b4 11.后 b5+ 王 c3 12.后 e5+ 下着 13.后×a1 +-（D.古尔根尼捷，L.米特罗凡诺夫，1989）

1124：1.王 b4 g4 2.王 c5 d6+ 3.王 d4 d5 4.象 b8 王×b8 5.王×d5 王 c8 6.王 e6 王 d8 7.王 d6 王 c8 8.王 e7 王 b8 9.王 d7 王 a8 10.王 e6 王 b8 11.王 f5 王 c8 12.王×g4 王 d7

13.王×g3 王 c6 14.王 h4 [14.王 f4 王×b6 15.g4 王 c7 16.g5 王 d7 17.王 f5 王 e7 18.王 g6 b5 19.王 h7 b4] 14.… 王×b6 15.g4 王 c7 16.g5 王 d7 17.王 h5 b5 18.g6 王 e7 19.王 h6 王 f8 20.王 h7 +-（E.阿萨巴，1981）

1125：1.g7 象 d5 2.a7 象 e6+ 3.象 f5 f2 4.王 g2 象 d5+ 5.象 e4 象 c4 6.象 d3 象 d5+ 7.王 f1 王 b7 8.象 e4 +-（O.杜拉斯，1933）

1126：1.马 g4 王 h1 2.a7 g1 后 3.a8 后+ 后 g2 4.后 h8+ 王 g1 5.后 d4+ 王 h1 6.后 d1+ 后 g1 7.后 d5+ 后 g2 8.后 h5+ 王 g1 9.后 c5+ 王 h1 10.后× c1+ 后 g1 11.后 c6+ 后 g2 12.后 h6+ 王 g1 13.后 c1+ 后 f1 14.后 c5+ 王 h1 15.后 h5+ 王 g1 16.后 h2#（H.林克，1905）

1127：1.王 d6 马 c8+ 2.王 d7 马 b6+ 3.王 c6 马 c8 [3.… 马 a4 4.马 d1 h4 5.王 b5 马 b2 6.马×b2 h3 7.马 d1 h2 8.马 f2] 4.马 f5 王 h7 5.王 c7 王 g6 6.马 h4+ 王 g5 7.马 f3+

王 f4 8.王×c8 王×f3 9.a4 h4 10.a5 h3 11.a6 h2 12.a7 h1 后 13.a8 后+ +-（V.普拉托夫,M.普拉托夫,1923）

1128：1.王 g3 王 c3 2.马 c6 王×c2 3.马×d4+ 王 b2 4.a4 王 c3 5.马 b3 王×b3 6.a5 王 c4 7.a6 h2 8.王×h2 王 d3 9.a7 f2 10.a8 后 f1 后 11.后 a6+ +-（N.克拉林,1989）

1129：1.王 b6 [1.b6 马 g4 2.b7 马 e5 3.王 b6 马 d7+ 4.王 c7 马 c5 5.b8 后 马 a6+] 1.··· 马 g4 2.王 c7 马 e3 3.王 d7 马 d5 4.王 d6 马 b6 5.王 e6 王 h6 6.f6 王 g6 7.王 e7 马 d5+ 8.王 d6 马 b6 9.王 e6 王 h7 10.王 e7 马 d5+ 11.王 d6 马 b6 12.王 c6 马 c4 13.王 d7 王 g6 14.王 e7 马 b6 15.f7 +-（P.本科,1983）

1130：1.f7 马 e7 2.王 b3 王 g3 3.王×c3 c5 4.王 c2 王 f2 5.王 d2 王 g3 6.王 e1 王 h4 7.王 f2 c4 8.王 e1 王 g3 9.王 d2 王 h4 10.王 c3 王 g3 11.马 d7 马 g6 12.王×c4 +-（V.多尔戈夫,1978）

1131：1.王 g2 [1.王 f2 h4 2.王 f3 h3 3.王 g3 g4] 1.··· g4 2.王 g3 王 a5 3.马 c3 王 b4 4.a3+ 王 a5 5.王 h4 王 a6 6.马 d1 王 a5 7.马 b2 王 b6 8.马 c4+ 王 c5 9.a5 王 b5 10.a4+ 王 a6 11.王 g3 王 a7 12.马 d2 王 a6 13.马 b3 王 b7 14.马 c5+ 王 c6 15.a6 王 b6 16.a5+ 王 a7 17.王 h4 王 a8 18.马 d3 王 a7 19.马 b4 王 b8 20.马 c6+ 王 c7 21.a7 王 b7 22.a6+ 王 a8 23.王 g3 h4+ 24.王 g2 g3 25.王 h3 g2 26.王×g2 h3+ 27.王 h1 h2 28.马 b4 +-（V.普拉托夫,1914）

1132：1.车 h2+ 王 g1 2.车 he2 王 h1 3.车 c2 王 g1 4.王 g7 a4 5.王 g8 a3 6.王 g7 a2 7.车×a2 王 h1 8.车 f2 后 g2+ 9.王 f8 后 g1 10.车 ab2 后 g2 [10.··· 后 a1 11.车 h2+ 王 g1 12.车 bg2+ 王 f1 13.车 h1+] 11.车 b1+ +-（V.布朗,1976）

1133：1.象 g4+ 王 g4 2.马 e5+ 王 f4 3.马×f3 王×f3 4.王 c6 王 e4 5.c4 a5 6.王 b5 王 d4 7.c5 a4 8.c6 a3 9.c7 a2 10.c8 后 a1 后 11.后 h8+ 下着 12.后×a1 +-（S.科莱克马

托夫，1987)

1134：1.后 h4+ 后 h7 2.后 d8+ 王 g7 3.车 g5+ 王 f7 4.后 d5+ 王 f8 5.车 f5+ 车 f7 6.后 c5+ 王 g8 7.车 g5+ 车 g7 8.后 c8+ 王 f7 9.车 f5+ 王 g6 10.后 e6#（V.卡兰达捷，1985)

1135：1.后 c3+ 王 g8 2.后 g3+ 王 h8 3.后 b8+ 后 g8 4.后 h2+ 后 h7 5.后 b2+ 王 g8 6.后 g2+ 王 h8 7.后 a8+ 后 g8 8.后 h1+ 后 h7 9.后 a1+ 王 g8 10.后 a8+ 马 d8 11.后×d8+ 王 f7 12.马 g5+ +−（R.盖伊，1938)

1136：1.h7 车 a6 2.d6 [2.c4 马 d2 3.d6 车 a8+ 4.王 c7 马 e4 5.d7 马 g5 6.d8 马 马×h7 7.马 c6+ 王 a4] 2.⋯ 车 a8+ 3.王 c7 马 e3 4.c4 马 f5 5.d7 马 g7 6.d8 马 马 e8+ 7.王 c6 车 a6+ 8.王 d7 马 f6+ 9.王 c7 马×h7 10.马 c6+ 王 a4 11.王 b7 +−（V.弗拉森科，1985)

1137：1.后 a2+ 王 f8 2.后 a3+ 王 g8 3.后 b3+ 王 f8 4.后 b4+ 王 g8 5.后 c4+ 王 f8 6.后 c5+ 王 g8 7.后 d5+ 王 f8 8.后 d8+

王 f7 9.后 e7+ 王 g8 10.后 g7#（V.邦尼，1837)

1138：1.b7 车 d8 2.马 c8 车 d1 3.马 b6 车 d8 4.王 a3 [4.王 c3 王 e8 5.马 c8 王 d7 6.b8 后 车×c8+] 4.⋯ a5 5.马 c8 车 d3+ 6.王 a4 车 d1 7.马 b6 车 d8 8.王 b5 王 e8 9.马 c8 车 d1 10.王 a6 +−（H.马蒂森，1914)

1139：1.象 d6 车 h1+ 2.象 h2 车×h2+ 3.王 g3 车 h1 4.王 f2 车 h2+ 5.王 f3 车 h3+ 6.王 f4 车 h4+ 7.王×f5 车 h5+ 8.王 f4 车 h4+ 9.王 f3 车 h3+ 10.王 g2 +−（V.普拉托夫，1906)

1140：1.象 g1 王×g1 2.马 f5 h2 3.马 g3 h4 4.马 h1 王×h1 5.王 f1 e5 6.a6 e4 7.a7 h3 8.a8 车 e3 9.车 a1 e2+ 10.王 f2+ e1 后+ 11.车×e1#（A.克林科夫，1970)

1141：1.g4+ 王 h4 2.后 h1+ 王 g5 3.后 c1+ 王 g6 4.后 c2+ 王 g5 [4.⋯ 王 f6 5.后 f5+ 王 e7 6.后 h7+ 后×h7+ 7.王×f6 8.王 h6] 5.后 d2+ 王 g6 6.后 d3+ 王 g5 7.后 e3+ 王 g6 8.后 e7 +−（O.马祖尔，1978)

317

1142：1.车 e1+ 王 f7 ［1.…
王 f5 2.车 e5+ 王 g4 3.马 d5］
2.车 e7+ 王 f8 3.象 d6 车×b6
4.象 c5 车 b5 5.象 a3 车 b6
6.王 h8 车 f6 7.象 c5 a5 8.象
a3 +−（V.内斯托雷斯克，
1978）

1143：1.后 a1+ 后 a5 2.后 f1+
王 a7 3.后 f2+ 王 a6 4.后 e2+
王 a7 5.后 e3+ 王 a6 6.后 d3+
王 a7 7.后 d4+ 王 a6 8.后 c4+
王 a7 9.马 b5+ 王 a6 10.后
c6+ 后 b6 11.马 c7+ 王 a5
12.后 a8+ 王 b4 13.马 d5+ +−
（B.霍尔维茨，I.克林格，
1851）

1144：1.象 g8+ 王 h7 2.车
g7+ 王 h8 3.象 e7 后 e1 4.象
f6 后×e2+ 5.王 h1 后 e6 6.象
d4 后 c4 7.象 a1 h4 8.象 f6
后 e6 9.象 d4 后 c4 10.象 a1
h3 11.象 f6 后 e6 12.象 d4 后
c4 13.象 a1 +−（A.特罗伊茨
基，1907）

1145：1.c7 车 h8 2.马 d8 车
h6+ 3.王 b5 车 h5+ 4.王 b4
车 h4+ 5.王 b3 车 h3+ 6.王 c2
车 h2+ 7.王 d3 车 h3+ 8.王
d4 车 h4+ 9.王 d3 车 h5+ 10.

王 d6 车 h6+ 11.王 e7 车 h7+
12.马 f7 +−（M.卡什特德特，
1911）

1146：1.马 e6+ 王 b8 2.王 h7
车 g3 3.马 d8 车 h3+ 4.王 g6
车 g3+ 5.王 f7 车 f3+ 6.王
车 e3+ 7.王 f8 车 f3+ 8.马 f7
车 g3 9.马 d6 车 f3+ 10.王 e7
车 g3 11.王 f7 车 f3+ 12.马 f5
车×f5+ 13.王 g6 +−（V.达克，
1925）

1147：1.车 a7+ 王 d8 ［1.…
王 c8 2.王 d3 e5 3.车 f7 e4+
4.王 c3 h4 5.ab h3 6.a5 h2 7.
a6 h1 后 8.b7+］ 2.王 e5 王
c8 ［2.… b2 3.王 d6 王 c8 4.
王 c6 王 b8 5.车 b7+ 王 a8 6.
王 c7 b1 后 7.车 b8+ 王 a7 8.
ab+ 后×b6+ 9.车×b6］ 3.王 d6
王 b8 4.车 g7 f2 5.王 c6 f1 后
6.车 g8+ 王 a7 7.ab+ +−（R.
塔瓦里阿尼，1976）

1148：1.象 d3 象 g8 2.象 e4
象 h5 3.马 e7+ ［3.王 f2 王 b7
4.马 e7+ 王 c7 5.马 d5+ 王 d6
6.马 f6 王 e5］ 3.… 王 a7 4.
象 d3 ［4.王 f2 王 a6 5.象 d3+
王 a5 6.王 e3 王 a4 7.象 c2+
王 a3 8.王 d4 王 b2 9.象 e4

h4 10.王 e3 h3 11.王 f3 h2 12.王 g2 王 c3〕4.… 王 b7 5.王 f2 王 b8 6.王 e3 王 b7 7.王 d4 h4 8.王 e3 王 b8 9.王 f3 王 b7 10.王 g4 王 b8 11.王 g5 h3 12.王 h6 h2 13.象 e4 +- (An.库兹涅佐夫，1964)

1149：1.h6 gh 2.e7 车 b1+ 3.王 d2 车 b2+ 4.王 d3 车 b3+ 5.王 d4 车 b4+ 6.王 d5 车× b5+ 7.王×d6 车 b6+ 8.王 d5 车 b5+ 9.王 d4 车 b4+ 10.王 e3 车 b1 11.王 f2 车 b2+ 12.王 f3 车 b3+ 13.王 f4 车 b4+ 14.王 f5 车 b5+ 15.王 f6 车 b6+ 16.王 f7 +- (A.特罗伊茨基，1895)

1150：1.后 g4+ 王 a5 2.后 g8 后 a1+ 3.王 g2 后 b2+ 4.王 h3 后 c3+ 〔4.… 后 a3+ 5.后 g3 后 b2 6.后 c7+ 王 a6 7.后 c8+〕5.王 g4 后 d4+ 6.王 h5 后 d1+ 7.后 g4 后 h1+ 8.王 g6 后 c6+ 9.王 g5 后 c1+ 10.后 f4 后 g1+ 11.王 h5 后 h1+ 12.王 g6 后 c6+ 13.后 f6 后 e8+ 14.王 h6 +- (R.方塔纳，1976)

1151：1.象 h6 王 g8 2.马 e4 王 f7 3.马 c5 王 g6 4.象 f8 h5 5.王 c2 王 f5 6.象 d6 王 g4 7.王 d2 王 f3 8.王 e1 王 g2 9.象 e7 王 g3 10.王 f1 王 f3 11.象 d6 王 e3 12.象 e5 王 d2 13.王 g2 王 c2 14.王 h3 王 b1 15.王 h4 王 a2 16.王×h5 王 a3 17.象 c3 +- (A.特罗伊茨基，1929)

1152：1.马 f4+ 王 e5 2.马 g6+ 王 d5 3.马 e7+ 王 e5 4.马 c6+ 王 d5 5.马×b4+ 王 e5 6.马 c6+ 王 d5 7.马 e7+ 王 e5 8.马 g6+ 王 d5 9.象 a6 王 c6 10.象 e2 h1 后 11.象 f3+ 后× f3 12.马 e5+ 王 d5 13.马×f3 王 e4 14.王 d2 王×f3 15.王 d3 +- (H.马蒂森，1923)

1153：1.c6 车×d6 2.c7 车 f6+ 3.王 e3 车 e6+ 4.王 f2 车 f6+ 5.王 g1 〔5.王 g2 车 f8 6.马 c6 h4 7.马 d8 h3+ 8.王 g1 h2+ 9.王×h2 车 f2+ 下着 10.… 车 c2〕5.… 车 f8 6.马 c6 车 e8 7.王 f2 车 f8+ 8.王 e3 车 e8+ 9.王 f4 车 f8+ 10.王 e5 车 e8+ 11.王 d6 车 f8 12.马 d8 车 e1 13.c8 后 车 d1+ 14.王 c7 车 c1+ 15.马 c6 +- (H.

319

马蒂森, 1927)

1154: 1.e6 车e7 2.d6 车xe6 3.d7 车f6+ 4.王g2 车g6+ 5.王f3 [5.王h3 车g8 6.马d6 车a8 7.马c8 车a3+ 8.王g4 车d3] 5.··· 车f6+ 6.王g4 车g6+ 7.王f5 车g5+ 8.王e6 g6+ 9.王d5 车g5+ [9.··· 车g8 10.马d6 王h7 11.马e8 车g1 12.马f6+ 王g6 13.王e6] 10.王c6 车c5+ 11.王d6 车xc4 12.王e5 车c5+ 13.王e4 车c4+ 14.王e3 车c3+ 15.王d2 +− (H.马蒂森, 1927)

1155: 1.后d1+ 车b3 2.后a1+ 车a3 3.后b2 车b3 4.后a2+ 车a3 5.后c2+ 车b3 6.后d1 a6 7.后a1+ 车a3 8.后b2 车b3 9.后a2+ 车a3 10.后c2+ 车b3 11.后d1 a5 12.后a1+ 车a3 13.后b2 车b3 14.后a2+ 车a3 15.后c2+ 车b3 16.后d1 b4 17.王d5 马g5 18.王c4 +− (V.多尔戈夫, 1979)

1156: 1.b7 车c5+ 2.车f5 h6+ 3.王g4 车a4+ 4.车f4 h5+ 5.王g3 车c3+ 6.车f3

h4+ 7.王g2 车a2+ 8.车f2 h3+ 9.王g1 车xf2 10.王xf2 h2 11.b8后 h1后 12.后b1+ 车c1 13.后d3# (V.卡兰达捷, 1973)

1157: 1.h7 车g2+ 2.王e1 车g1+ 3.王d2 车g2+ 4.王c1 车g1+ 5.王b2 车g2+ 6.王a1 车g1+ 7.象c1 车xc1+ 8.王b2 车b1+ 9.王c3 车c1+ 10.王b4 [10.王d2 车c2+ 11.王d1 象h5+] 10.··· 车b1+ 11.王a5 车a1+ 12.王b6 车b1+ 13.王c7 车c1+ 14.王d8 +− (V.普拉托夫, 1908)

1158: 1.h5 马b6+ 2.王d3 马d7 3.h6 马f8 4.象g4 王g3 5.象h5 王h4 6.象g8 王g5 7.h7 马xh7 8.象xh7 王h6 9.象g8 王g7 10.象xf7 王xf7 11.王xd4 王e8 12.王c5 王d7 13.王d5 王e7 14.王c6 王e8 15.王d6 王f7 16.王d7 王f8 17.王e6 王g7 18.王e7 +− (N.格雷奇什尼科夫, 1982)

1159: 1.b6+ 王a8 2.车马xe1 3.g7 h1后 4.g8后+ 象b8 5.a7 马c6+ 6.dc 后xh5+ 7.后g5 后xg5+ 8.王a6 象xa7

9.c7 +-（L.米特罗凡诺夫，1967）

1160：1.象 c4+ 王 a5 2.b7 车 f8 3.象 d3 车 g8 4.b4+ 王 a4 5.象 c2+ 王 a3 6.b5 车 f8 7.象 d1 车 g8 8.象 g4 车 b8 9.王 c6 王 b4 10.象 e2 车 e8 11.王 d7 车 f8 12.王 c7 +- （P.本科，1975）

1161：1.e7〔1.g7 车 g3 2.e7 象 h5 3.车 g6 车×g6 4.e8 后 车 f6+ 5.王 e1 象×e8 6.g8 后 象 d7 7.后 g7 车 d6=〕1.…车 e3 2.g7 象 b3 3.车 c7+ 王 a6 4.王 f2 车 e4 5.车 c6+ 王 b5 6.车 e6 象×e6〔6.…车×e6 7.g8 后 车 f6+ 8.王 g3 象× g8 9.e8 后+ 象~ 10.后 e5 下着 11.后 f6〕e8 后+ +- （P.本科，1977）

1162：1.后 h8 王 b1 2.后 b8 a1 后 3.象×e4+ 王 a2 4.后 a7+ 王 b2 5.后×b7+ 王 c3 6.后 g7+ 王 d2 7.后 g5+ 王 c3 8.后 c+ 王 b3 9.象 d5+ 王 b2 10.后 d4+ 王 b1 11.象 e4+ 王 a2 12.后 a4+ 王 b2 13.后 b4+ 王 c1 14.王 e1 +- （G.伯恩哈德，1948）

1163：1.象 a6+ 王 b8 2.马 c6+ 王 a8 3.王 g2 象 h4 4.王 f3 象 g3 5.象 c8 象 h2 6.王 象 g3+ 7.王 e2 象 h2 8.王 f3 象 g3 9.象 a6 象 h2 10.王 g4 象 g3 11.王 f5 f3 12.王 g4 +- （J.冈斯特，1949）

1164：1.象 f3 王 d4 2.象 e2 王 c3 3.马 b5+ 王 d2 4.马 d4 王 c3 5.马 f5〔5.马 e6 d4 6.马 f4 王 d2 7.王 b2 d3 8.象× d3 e2 9.象×e2 王 e3〕5.…王 d2 6.马 g3 d4 7.象 h5 王 c2 8.马 f1 王 c1 9.王 a2 王 c2 10.王 a3 王 c3 11.王 a4 c4 12.王 a5 王 d3 13.王 b4 e2 14.象 g6# （E.普哈卡，1965）

1165：1.马 f6 c2 2.马 e4+ 王 d3 3.马 f2+ 王 c3 4.车 e3+ 王 d2 5.车 d3+ 王 e2 6.车 c3 王 d2 7.马 e4+ 王 d1 8.车 d3+ 王 e1 9.车 e3+ 王 d1 10.马 c3+ 王 d2 11.王 d4 c1 后 12.车 e2# （D.古尔根尼捷，1975）

1166：1.b6 王 c6 2.d5+ 王×b6 3.de 王 c7 4.e7 王 d7 5.ed g5 6.王 g4〔6.a3 f3 7.a4 王 e8 8.王 g3 g4〕6.…a4 7.a3 王 e8 8.王×g5〔8.王 f5 王 f7 9.王 e4

王 e8 10.王 d5 王 d7] 8.… f3 9.王 f6 f2 10.王 e6 f1 后 11. d7# (P.马克科拉,1941)

1167：1.后 d4 王 g8 2.后 d5+ 王 h8 3.后 e5 后 h7 4.王 e6+ 后 g7 5.马 f6 后 g6 6.后 c7 c2 7.后 e7 后 g8+ 8.马×g8 c1 后 9.王 f7 后 c4+ 10.王 g6 后× g8+ 11.王 h6 +-（V.拉祖门科,1985)

1168：1.后 g2 车 e2 [1.… 后 g3 2.后 f1+ 王 d2 3.车 d5+ 王 c3 4.后 c1+ 王 b4 5.后 c5+] 2.车 d5+ 车 d2 3.车 d8 h4 4. 后 g4+ 后 e2 5.后 a4+ 王 e1 6.后×h4+ 王 d1 7.后 h1+ 王 e1 8.后 f3+ 后 e2 9.后 c6 后 e3 10.后 a4+ 王 e1 11.车 e8 车 d1+ 12.后×d1+ +-（O.帕瓦科夫,1986)

1169：1.车 a6+ 车 a7 2.后 g2+ 后 b7 3.车 c6 车 a5 4.王 h2 王 b8 5.后 g3+ 王 a8 6.后 f3 王 a7 7.后 e3+ 王 a8 8.后 e4 王 b8 9.后 f4+ 王 a8 10.车 c7 后 b2+ 11.王 h3 后 b3+ 12.王 h4 车 b5 13.车 c8+ 车 b8 14.车 c4 车 b5 15.后 e4+ 王 b8 16.后 e8+ 王 a7 17.后

d7+ 王 a6 18.车 c6+ 车 b6 19.车 c8 王 a5 20.车 a8+ 车 a6 21.后 c7+ +-（列文沙尔)

1170：1.g6 王 f6 [1.… e5 2. g7 象 b3 3.h6 马 f3 4.h7 马 g5 5.g8 后] 2.g7 象 h7 3.e4 马 f3 4.e5+ 马×e5 5.王×h7 马 f3 6.g8 后 马 g5+ 7.后×g5+ [7.王 h8 马 f7+ 8.王 h7 马 g5+ 9.王 h6 马 f7+] 7.… 王× g5 8.h6 c4 9.王 g7 c3 10.h7 c2 11.h8 后 c1 后 12.后 h6+ +-（G.纳达列依什维莉,1950)

1171：1.车 e5+ 王 f6 2.车 f5+ 王 g6 3.车 g5+ 王 h6 4.车 a5 [4.车 h5+ 车×h5 5.车 b6+ 王 g5 6.车 a6 车 h2 7.车 a4 王 f5 8.王 b7 王 e5 9.王 c6 车 c2+ 10.王 b5 王 d5] 4.… a1 后 5.车 gb5 后 h8+ 6.车 b8 后 d4 7.车 b6+ 后×b6 8.车 h5+ 王 g7 9.车 h7+ 王 f8 10. 车 f7 += (V.卡兰达捷,1982)

1172：1.车 d1+ 王 f2 2.车 h1 王 f2 3.车 e1 王 f2 4.车 h1 王 g3 5.车 e1 王 f3 6.车 h1 王 g3 7.车 e1 王 f4 8.车 e2 王 f3 9. 车 h2 王 g3 10.车 e2=（V.多

尔戈夫，1979)

1173：1.车 f8+ 王×d7 2.车 b8 a3 3.f6 王 e6 4.车 b6+ 王 f7 5.王 g2 王 g6 6.王 h2 a2 7.车×b2 a1 后 8.车 f2 后 a7 9.王 g2=（V.卡兰达捷，1979)

1174：1.王 e6 c5 2.王 d5 象 e7 3.王 e6 象 d8 4.王 d5 象 e7 5.王 e6 象 f8 6.王 f7 象 h6 7.王 g6 象 f4 8.王 f5 象 g3 9.王 e4 象 h4 10.王 d5 象 e7 11.王 e6=（L.米特罗凡诺夫，1978)

1175：1.h5 车 a3+ 2.王 g2 gh 3.车 g5+ 王 d6 4.车×b5 h4 5.f4 王 c6 6.车 b8 h3+ 7.王 h2 a5 8.f5 王 c7 9.车 b5 王 d6 10.f6 王 e6 11.车 b6+ 王 f7 12.车 a6 王 g6 13.车 c6 a4 14.车 a6 王 f7 15.车 c6 车 d3 16.车 a6 a3 17.王 g1=（M.鲍特维尼克—R.菲舍尔，瓦尔那，1962)

1176：1.d7 马 g5+ 2.王 h4 马 e6 3.de 马［3.de 后 象 g3+ 4.王 h5 马 g7+］3.··· 王 f4 4.王 h5 王 f5 5.王 h6 马 f8 6.马 g7+ 王 f6 7.马 h5+ 王 f5 8.马 g7+ 王 g4 9.马 h5 王 h4 10.马

f6 象×f6=（S.贝洛康，1972)

1177：1.d6 象 b5 2.马 c5 王 f6 3.d7 王 e7 4.d8 后+ 王×d8 5.马 e6+ 王 e7 6.马×g7 象 d3+ 7.王 d2 象 g6 8.王 e2 马 g4 9.王 f3 马 h6 10.王 f4 王 f6 11.马 e6 王×e6 12.王 g5=（E.波戈西安茨，1979)

1178：1.g6 a3 2.g5 a2 3.王 g4［3.王 h4 a1 象 4.g4 象×e5 5.h3 王 g8 6.王 h5 象 g3 7.h4 象×h4 8.王×h4 王 f8 9.王 g3 e5 10.王 f3 王 e7 11.王 e3 王 d6 12.王 e4 王 e6］3.··· a1 后［3.··· a1 象 4.王 f4 象 c3 5.h4］4.王 h5 后×e5 5.h4 后 e1［5.··· 后×b5 6.g4 后×g5+ 7.王×g5 b5 8.王 f4］6.g4 后×h4+ 7.王×h4 王 g8 8.王 g3 王 f8 9.王 f4 王 e7 10.王 e5 王 d7 11.王 d4 王 d6 12.王 e4 e5 13.王 f5 王 d5=（An.库兹涅佐夫，N.克拉林，1975)

1179：1.马 d5 a2 2.a8 后［2.马×c7 a1 后 3.a8 后 后 d4+ 4.王 e1 后 g1 5.后 a3 象 a6+ 6.王 d2 后 h2+ 7.王 c3 后×c7+ 8.王 d4 后 f4+ 9.王 d5 象 b7+ 10.王 c5 后 f8+］2.···

马×a8 3.e7 马 c7 4.马×c7 a1 后 5.e8 后 后 d4+ 6.王 e1 后 g1 7.王 d2 后 f2+ 8.王 d1 后 d4+ 9.王 e1 后 g1 10.王 d2= (V.拉祖门科，L.米特罗凡诺夫，1977)

1180：1. 马 f4+ 王 f3 [1.… 王 f1 2. 车 b1+ 王 f2 3. 马 g6=] 2. 车 c4 王 g3 3. 车 d4 后 g7 4. 车 a4 后 e5+ 5.王 h6 后 e3 6.王 h7 [6.王 g7 后 e3+ 7.王 f8 后 f6+ 8.王 g8 后 d8+ 下着 9.… 后 d7+] 6.… 后 e8 7. 车 d4 后 f7+ 8.王 h6 后 f6+ 9.王 h5 后 g7 10. 车 a4 后 d7 11. 车 d4 后 f5+ 12.王 h6 后 f6+ 13.王 h5 王 f3 14. 车 c4= (S.拉姆扬茨耶夫，1985)

1181：1. 车 c8+ 王 e7 [1.… 王 d7 2.车 f8；1.… 王 f7 2.车 c4] 2. 车 c7+ 王 e6 3. 车 c6+ 王 e5 [3.… 王 d5 4.车 f6 王 e4 5.王 g5 g3 6.车 f4+ 王 e3 7.王 g4] 4. 车 c5+ 王 e4 5. 车 c4+ 王 e3 6. 车×g4 f2 7. 车 g3+ 王 e4 8. 车 g4+ 王 e5 9. 车 g5+ 王 e6 10. 车 g6+ 王 e7 11. 车 g7+ 王 f8 12. 车 g5 f1 后 13. 车 f5 += (V.布朗，1929)

1182：1.a4 王 d4 2.王 h5 [2.王 g6 王 c5 3.王×f6 (3.王 f5 d4 4.王 e4 王 c4 5.a5 d3 6.王 e3 王 c3 7.a6 d2 8.a7 d1 后 9.a8 后 后 e1+ 10.王 f3 后 h1+ 下着 11.… 后×a8) 3.… d4 4.f5 d3 5.王 g6 d2 6.f6 d1 后] 2.… f5 [2.… 王 c4 3.a5 王 b5 4.王 g4 王×a5 5.王 f5] 3.王 h4 [3.王 g5 王 c5 4.王×f5 d4 5.王 e4 王 c4] 3.… 王 c5 4.王 g3 王 b4 5.王 f3 王×a4 6.王 e3 王 b5 7.王 d4 王 c6 8.王 e5 王 c5 9.王×f5 d4 10.王 g6 d3 11.f5 d2 12.f6 d1 后 13.f7= (M.吉纳，1982)

1183：1.d6 马 b5 2.de 王 e5 3.e8 马 象 h8 4.h7 a3 5.王 g8 王×e6 6.王×h8 王 f7 7.马 d6+ 王 f8 8.马×b5 a2 9.马 d4 a1 车 10.马 e6+ 王 f7 11.马 d8+ 王 g6 12.王 g8 车 a8 13.h8 马 += (A.卡赞茨耶夫，1948)

1184：1.马 e8 d3 [1.… c3 2.马 c7+ 王 a7 3.马 b5+ 下着 4.马×d4；1.… 王 a7 2.马 d6 c3 3.马 b5+] 2.a3 [2.马 c7+ 王 a7 3.马 b5+ (3.马 d5 王 a6 4.王 c7 王 a5 5.a3 王 a4) 3.

… 王b6 4.马c3 王c5] 2.…d2 3.马c7+ 王a7 4.马b5+ 王b6 5.马c3 王c6 6.王d8= (A.曼德勒，1970)

1185：1.b6 王d6 2.a5 c5 3.a6 王c6 4.b7 王c7 5.王f2 d5 6.王e3 王b8 7.王d2 王c7 8.王c3 王b8 9.王c2 王c7 10.王b3 王b8 11.王a4 c4 12.王b5 王c7 13.王b4 王b8 14.王c3 王c7 15.王d4 王b8 16.王×d5 c3 17.王c6 c2 18.王b6 c1后 19.a7# (I.范迪斯特，1950)

1186：1.王h2 车g4 2.王h3 h5 3.车d5 王b6 4.车e5 王c6 5.车a5 王d6 6.车b5 王e6 7.车b6+ 王d5 8.车b4 王c5 9.车a4 王b5 10.车d4 王c6 11.车c4+ 王b5= (V.哈尔伯斯塔德特，1935)

1187：1.车c8+ 王h7 2.车c7+ 王h6 3.车c6+ 王h5 4.车c5+ 王h4 5.车c4+ 王h3+ 6.车c3+ 车d3 7.车h2+ 王g3 8.车g2+ 王f3 9.车f2+ 王e3 10.车e2+ 王d4 [10.… 王×e2 11.车×c2+ 车d2 12.车c1 车d1 13.车c2+ 车d2 14.车c1] 11.车c4+ 王d5 12.车c5+ 王d6 13.车c6+ 王d7 14.车c7+ 王d8 15.车c8+ 王d7 16.车c7 += (A.马克西莫夫斯基，1976)

1188：1.f3 [1.h3 王e7 2.王g7 王e8 3.王×h8 王f8 4.f3 (4.h4 g4 5.h5 王f7 6.h6 王f8 7.f4 g3 8.f5 g2 9.f6 g1后 10.f7 后d4#；4.f4 gf 5.h4 f3 6.h5 f2 7.h6 王e7 8.王g7 f1后 9.h8后 后f7#) 4.… 王f7 5.h4 gh 6.f4 h3 7.f5 h2 8.f6 王g6 9.王g8 h1后 10.h8后 后a8#] 1.… 王e7 2.王g7 王e8 3.王×h8 王f7 4.h3 王f8 5.h4 gh 6.f4 h3 7.f5 h2 8.f6 h1后 9.f7 后×h7+ 10.王×h7 王×f7 11.王h8= (E.科莱斯尼科夫，1989)

版 权 声 明

书名：The Manual of Chess Combinations.

作者：Sergey Ivashchenko

©Русский ШахМатнЫй дом

图字：01—2006—6802

本书由中华版权代理总公司代理，由人民体育出版社独家出版。